6. Internationale Sommerakademie St. Marienthal

6. Internationale
Sommerakademie
St. Marienthal

Wasser im 21. Jahrhundert – Perspektiven, Handlungsfelder, Strategien

Die Deutsche Bibliothek – CIP-Einheitsaufnahme

Wasser im 21. Jahrhundert : Perspektiven, Handlungsfelder, Strategien / 6. Internationale Sommerakademie St. Marienthal. [Hrsg.: Fritz Brickwedde]. – Bramsche : Rasch, 2001
ISBN 3-93526-17-3

Herausgeber:
Fritz Brickwedde, Deutsche Bundesstiftung Umwelt
Umschlaggestaltung: Burckhard Kieselbach
Gesamtherstellung: Druckerei Rasch, Bramsche
Gedruckt auf 100 g/m^2 Recycling Papier (aus 100 % Altpapier)
Printed in Germany

Sie lautet
ISBN 3 - 93 53 26 - 17 - 3

Inhaltsverzeichnis

Fritz Brickwedde

Vorwort

Dieser Band dokumentiert die Vorträge, die auf der 6. Internationalen Sommerakademie der Deutschen Bundesstiftung Umwelt vom 16. 07.–22. 07. 2000 im Internationalen Begegnungszentrum St. Marienthal, Ostritz (Sachsen) gehalten wurden.

Die Beiträge basieren zum Teil auf Tonbandabschriften, so dass der Charakter der freien Rede erhalten ist, zum Teil wurde auch von den Autoren eine völlig überarbeitete Fassung vorgelegt.

Ich freue mich, die Vorträge der Sommerakademie nun der interessierten Öffentlichkeit zugänglich machen zu können.

Die Internationale Sommerakademie wurde 1995 mit der Intention ins Leben gerufen, Zukunftsfragen von grundsätzlicher Bedeutung ganzheitlich und interdisziplinär zu diskutieren. Mit der Wahl des Klosterstifts St. Marienthal als Tagungsort im Dreiländereck Deutschland – Polen – Tschechien verbindet sich eine weitere Zielsetzung der Internationalen Sommerakademie: Die Förderung des Dialogs mit den Ländern Mittel- und Osteuropas, dem insbesondere im Hinblick auf eine grenzüberschreitende Zusammenarbeit im Umweltschutz eine entscheidende Bedeutung zukommt.

Ich habe mich daher besonders gefreut, dass an der 6. Internationalen Sommerakademie unter den rund 150 Gästen auch polnische und tschechische Teilnehmer waren. Der internationale Charakter der Tagung wurde des weiteren durch Referenten und Teilnehmer aus Kanada, Lettland und Schweden unterstrichen. Ich hoffe, dass sich aus den interessanten Gesprächen und Diskussionen in Zukunft eine fruchtbare Zusammenarbeit entwickelt.

Ich möchte allen Referenten und Teilnehmern danken, die sich die Zeit genommen haben, die Zielsetzung der Sommerakademie mitzutragen.

Die herzliche Gastfreundschaft der Schwestern des Zisterzienserinnenklosters und der Mitarbeiter des Internationalen Begegnungszentrums hat wesentlich dazu beigetragen, dass wir uns in St. Marienthal wieder sehr wohl gefühlt haben.

Danken möchte ich schließlich allen, die an der Vorbereitung der Sommerakademie mitgewirkt haben.

Besonders erwähnen möchte ich Gabriele Tepferd und Carolin Kunz, die an der Durchführung der Sommerakademie sowie an der Erstellung dieses Tagungsbandes maßgeblichen Anteil hatten.

M. Regina Wollmann

GRUSSWORT

Sehr geehrter Herr Staatsminister Flath,
lieber Herr Brickwedde,
verehrte, liebe Teilnehmerinnen und Teilnehmer an der 6. Internationalen Sommerakademie in St. Marienthal,

als Äbtissin des Klosters begrüße ich Sie herzlich, auch im Namen meiner Mitschwestern, und danke Ihnen zugleich für die über viele Jahre so gute Zusammenarbeit mit der Deutschen Bundesstiftung Umwelt. Ich hoffe, Sie lassen sich durch das regnerische Wetter nicht zu sehr beeinflussen und betrüben. Es passt ja zum Thema, mit dem Sie sich in den nächsten Tagen intensiv beschäftigen werden. Aber ich bin ganz sicher, dass Sie wie in den früheren Jahren auch in diesen Tagen Sonnenschein erleben werden.

Die diesjährige Sommerakademie steht unter dem Thema „Wasser im 21. Jahrhundert – Perspektiven, Handlungsfelder, Strategien". Sie werden mit Sachkenntnis über das Wasser, die Grundlage allen Lebens nachdenken, und Wege suchen, diese Quelle des Lebens zu bewahren. Ihre Arbeitsgruppen werden sich mit dem sichtbaren Wasser über der Erde beschäftigen, mit dem unsichtbaren Wasser unter der Erde, und mit der Sauberkeit dessen, was wir sehen und was wir eben nicht sehen. Das Wasser, das wir der Erde entnehmen, hat sie gespeichert, weil es ihr von oben, aus den Wolken, gegeben worden ist. Und die Wolken wiederum geben zurück, was ihnen die Erde gegeben hat. Das Wasser ist nicht nur immer sprudelnde Quelle, sondern ein ständiger Prozess des Lebens, ein Geben und Nehmen.

Wer ein Christ ist, ist getauft. Wer getauft ist, ist mit Wasser getauft, das wir der Erde entnehmen. Doch das Wasser allein reicht nicht aus. Er ist getauft mit dem Geist, der von oben kommt, und deshalb verbinden Symbol und Geist sich zur Gestaltung des Lebens. Ich möchte Sie darum auch zum Nachdenken über das Leben einladen, das der Erde wie dem Himmel verbunden ist. Unsere Schwester Priorin Hildegard und Herr Rektor Eckstein geben jeden Morgen um 7.30 Uhr in der Kreuzkapelle die Gelegenheit, diesen Gedanken nachzugehen. Ich lade Sie ganz herzlich ein, dieses Angebot zu nutzen. Ihnen, unseren lieben Gästen, möchte ich sagen und versichern, dass wir Ihre Arbeit, Ihr Mühen in dieser Woche besonders mit unserem Gebet begleiten. Wir Schwestern wünschen Ihnen, uns allen, den Segen Gottes, der ja Quelle allen Lebens ist. Ich danke Ihnen.

Fritz Brickwedde

Einführung zur 6. Internationalen Sommerakademie

Nachdem wir uns bei der letzten Sommerakademie dem Thema „Energie“ gewidmet haben, möchten wir in diesem Jahr mit Ihnen die verschiedenen Facetten des Themas Wasser beleuchten, dem als zentraler Bestandteil des globalen Ökosystems eine herausragende Bedeutung für eine nachhaltige Entwicklung zukommt.

Der Tagungsort Ostritz – St. Marienthal ist für die Diskussion des Themas besonders geeignet, denn die Region hat einen besonders engen Bezug zum Wasser. So nutzt die energieökologische Modellstadt Ostritz/ St. Marienthal die Wasserkraft der Lausitzer Neiße als erneuerbare Energiequelle zur Stromgewinnung. Zur Abwasserreinigung wurde im Ortsteil Bergfrieden eine Pflanzenkläranlage mit Unterstützung der Umweltstiftung entwickelt und gebaut. Auch der Hochwasserschutz ist für die Region ein wichtiges Thema. Einige von Ihnen erinnern sich vielleicht an die Sommerakademie vor drei Jahren als die Neisse drohte, über die Ufer zu treten und die Region nur knapp einer Hochwasserkatastrophe entging, die sich zur gleichen Zeit an der Oder ereignete. Um dieses Risiko zukünftig einzudämmen, unterstützt die Umweltstiftung ein Modellvorhaben des Instituts für Wasserwirtschaft, Hydrologie und landwirtschaftlichen Wasserbau der Universität Hannover zum vorbeugenden Hochwasserschutz im Einzugsgebiet der Lausitzer Neisse. Prof. Sieker wird auf dieses Vorhaben sicher noch im Arbeitskreis Oberflächengewässer eingehen.

Die Fördertätigkeit der Stiftung im Bereich Wasser

Dies deutet bereits an, dass die Umweltstiftung dem Thema Wasser in ihrer Förderarbeit besondere Aufmerksamkeit widmet. Seit Aufnahme der Fördertätigkeit 1991 haben wir mehr als 450 Vorhaben zu Themen aus dem Bereich Wasser mit einer Fördersumme von über 183 Mio. DM unterstützt.

Ein großer Teil der Vorhaben lässt sich den drei Bereichen zuordnen, die in den nächsten Tagen in den Arbeitskreisen vertieft behandelt werden:

- Oberflächengewässer
- Grund- und Trinkwasser

sowie

- Abwasser.

Dazu kommen Vorhaben zur Wasserkraftnutzung, die sich nicht im Programm der diesjährigen Sommerakademie finden, weil Wasserkraft bereits im Vorjahr als Aspekt des Themas Energie diskutiert wurde.

Ich möchte gerne die Gelegenheit nutzen, Ihnen die Schwerpunkte der Stiftungsarbeit im Bereich Wasser anhand einiger Beispiele vorzustellen.

Im Bereich **„Oberflächengewässer“** unterstützen wir Projekte aus der Hydrologie, Ökologie, Sanierung und Informationsvermittlung. Förderschwerpunkte bilden dabei modellhafte Konzepte zur Revitalisierung / Renaturierung und Vorhaben zur Eliminierung von Schadstoffen aus Gewässern. Ziel ist es dabei, Gewässer in einen natürlichen bzw. naturnahen Zustand zurückzuführen, um ihre ökologische Funktion für den Wasserhaushalt zu wahren oder wiederherzustellen.

In Niedersachsen förderte die Umweltstiftung beispielsweise eine **Modelluntersuchung des unteren Abschnittes des Flusses Hase**. Hintergrund des Projektes ist, dass sich im Unterlauf der Hase der Hochwasserschutz durch das Rückhaltebecken Alfhausen-Rieste kaum noch auswirkt, so dass auch bei mittleren Hochwassern verschiedene Siedlungsbereiche keinen ausreichenden Hochwasserschutz erfahren. Andererseits soll der relativ naturnahe Zustand der Hase und der umliegenden Gebiete im Unterlauf nicht nur gesichert, sondern in Richtung einer stärkeren Hinwendung zur Natur weiterentwickelt werden. Diese Situation ist beispielhaft für die teilweise konkurrierenden Interessen von Naturschutz, Landwirtschaft, Fremdenverkehr und Wasserwirtschaft bzw. Hochwasserschutz.

Anhand eines Modells, das die Auswirkungen von Ausbau- und Umgestaltungsmaßnahmen auf den Hochwasserschutz simuliert, soll ein optimales Lösungskonzept im Sinne des vorsorgenden Umweltschutzes erarbeitet werden.

Bei dem nächsten Projekt, das ich Ihnen im Bereich der Oberflächengewässer vorstellen möchte, handelt es sich um eine deutsch-polnische Kooperation. Das Vorhaben wird von einem Planungsbüro in Zusammenarbeit mit der BTU Cottbus, der polnischen Gemeinde Swarzędz und der polnischen Universität Posen erarbeitet. Konkret geht es um ein modellhaftes **Maßnahmenkonzept zur Sanierung und Restaurierung des Cybina-Einzugsgebietes**. Die Cybina ist ein Nebenfluss der Warta in Polen und mündet in die Oder. Im südöstlichen Teil von Posen liegt der Swarzedz-See, der von der Cybina durchflossen wird. Bedingt durch eine intensive landwirtschaftliche Nutzungen im Oberlauf der Cybina weist der Swarzedz-See eine starke Eutrophierung auf, die insbesondere hinsichtlich der Erholungsnutzung problematisch ist. Im Rahmen des Vorhabens sollen verschiedene Handlungsalternativen bewertet und ein effektives und finanzierbares Gesamtsanierungskonzept für das Einzugsgebiet der Cybina entwickelt werden. Die Einzugsgebietssanierung soll auch dazu beitragen, die Einträge in die Oder zu verringern.

Auch zum Thema **„Trinkwasser"** möchte ich Ihnen zwei interessante Vorhaben vorstellen.

Beim ersten Projekt geht es um die **Entwicklung eines Verfahrens zur technischen Beurteilung von Trinkwasserversorgungsnetzen**, mit dem Ziel, Mängel des Versorgungsnetzes möglichst zeitnah feststellen und beheben zu können. Das Verfahren wurde modellhaft am Beispiel des Wasserversorgungsnetzes der Stadt Erfurt entwickelt. In Erfurt stammen annähernd 80 % des Netzbestandes noch aus der Vorkriegszeit und wurden nur für geringe Druck- und Durchflussanforderungen installiert. Besonders im historischen Stadtkern, der einen wesentlichen Stadtteil bildet, überwog das veralterte Netz, das etwa 70 bis 75 Jahre alt ist. In diesem unterdimensionierten Leitungssystem herrschen überhöhte Drücke und Durchflussgeschwindigkeiten vor. Korrosion, Verockerungen und Rücklösungen des zeitlich und räumlich fluktuierenden aggressiven Mischwassers, das sich aus weichem Talsperrenwasser und hartem Grundwasser zusammensetzt, schädigen bis heute das gusseiserne Versorgungsnetz der Altstadt sowie die Stahlrohre der Außenbezirke. Die Auswirkungen umfassen neben einem unzureichenden Druck auch unzulässige Beeinträchtigungen der Trinkwasserqualität.

Mit dem neuen Software-Simulationsverfahren werden Mängel in den Wasserversorgungsnetzen identifiziert und daraufhin rehabilitiert. Neben einer Verbesserung des technischen Standes der Wasserversorgung können so Fehlmengen vermindert und damit Ressourcen geschont sowie die Wirtschaftlichkeit der Versorgung erhöht werden.

In einem anderen Vorhaben wird ein neues **Hochleistungsverfahren zur Entsäuerung von Rohwasser zur Trinkwassergewinnung** weiterentwickelt. Die Entsäuerung ist ein zentraler Aufbereitungsschritt bei Aufbereitung von Grundwasser zu Trinkwasser. Mit dem neuen Verfahren erfolgt die Entsäuerung durch Kalkmilchdosierung und eine nachgeschaltete Hochleistungsfiltration. Die Gesamthochschule Duisburg untersucht nun mit 6 kooperierenden Unternehmen, bei welchen Rohwasserqualitäten die potentiellen Verfahrensvorteile und niedrigen Aufbereitungskosten optimal realisiert werden können.

Ein weiteres, für deutsche Trinkwasserverhältnisse exotisches Thema, die **„Meerwasserentsalzung" zur Gewinnung von Trinkwasser**, behandelt ein von uns gefördertes Vorhaben unter der Federführung der Fa. SIEMAG Transplan GmbH. Dr. Peters wird Ihnen das Projekt im Arbeitskreis „Grund- und Trinkwasser" vorstellen.

Im Bereich **„Abwasser"** ist ein Förderschwerpunkt die Entwicklung neuer umweltfreundlicher Reinigungsverfahren in der gewerblichen und kommunalen Abwasserreinigung.

Insbesondere in den abwasserintensiven Industriezweigen und Branchen der Textil-, Lebensmittel- und Papierindustrie wurden neue Behandlungsverfahren von hoch belasteten betrieblichen Abwässern durch innovative Verfahrenskombinationen unterstützt.

Die Textilveredlung Erzgebirge GmbH & Co. KG aus Sachsen entwickelt und erprobt zum Beispiel eine **anaerobe Behandlungsstufe zur Entfärbung von Abwasser**. Hintergrund des Vorhabens ist, dass in Deutschland ca. 1700 Textilbetriebe existieren, davon etwa 170 Veredlungsbetriebe meist klein- und mittelständischer Struktur. In den Betrieben fallen bei der Veredlung und Färbung organisch belastete Abwässer an, die entsprechend behandelt werden müssen. Um eine Tonne Produkt zu färben entstehen bis zu 50 m^3 zum Teil stark farbiges Abwasser. Im Projekt wird zur Reinigung des gesamten Abwasserstromes ein sog. Sequencing-Batch-Reactor (SBR) nach dem Belebtschlamm-Verfahren eingesetzt. Bei diesem Verfahren erfolgt eine chargenweise Zuführung des zu reinigenden Abwassers. Die Reinigungsschritte finden, im Gegensatz zu herkömmlichen Verfahren, hier in hintereinander ablaufenden Schritten im gleichen Becken statt. Die bisherigen Auswertungen zeigen, dass die starke Farbigkeit des Rohabwassers auf diesem ressourcenschonenden Weg sehr gut abgebaut wird.

Ein weiteres interessantes Vorhaben hat die Gröditzer Umwelt Dienst GmbH aus Sachsen mit unserer Unterstützung durchgeführt. Dabei ging es um die **Errichtung einer Behandlungsanlage für ölhaltige Abwässer**. Das Unternehmen hat ein innovatives, mehrstufiges Membranfiltrationskonzept entwickelt und realisiert, das die vielfältigen Anforderungen an Unternehmen bei der Entsorgung von Öl/Wasser-Gemischen abdecken kann. Die Besonderheit der Anlage liegt in dem sehr breiten Annahmespektrum. So ist es beispielsweise möglich, Rückstände aus Ölabscheidern, Kühl-, Schmier- und Schneidemulsionen, Entfettungsbädern, Abfälle aus alten Gasspeichern, aus Autowaschanlagen, metallverarbeitenden Betrieben oder Abwässer aus Altlastenbehandlungen in der Anlage zu verarbeiten.

Durch die Optimierung der Anlage und die ergänzenden wissenschaftlichen Arbeiten war es möglich, die Technologie in einer großen Breite anwendbar und betriebssicher zu gestalten. Es wurde ein Konzept realisiert, mit dem Öl/Wasser-Gemische weitgehend nur auf der Basis physikalischer Trenntechniken, also ohne die Umwelt zusätzlich belastenden Chemikalieneinsatz, behandelt werden können.

Im Bereich der **dezentralen Abwasserreinigung** geht es vor allem um eine flächendeckende Reinigung ohne regionale Lücken, da etwa 8 % der Bevölkerung in Deutschland noch nicht an Abwasserbehandlungsanlagen angeschlossen sind. In diesen sogenannten Streusiedlungsbereichen sind kostengünstige und ökologische dezentrale Abwasserreinigungsverfahren gefragt, um aufwendige Anschlüsse an eine zentrale Kanalisation zu vermeiden.

Hier bieten unter anderem die Pflanzenkläranlagen eine ökonomische und ökologische Alternative zu zentralen Kläranlagen. Im **Verbundprojekt „Bewachsene Bodenfilter"** fördert die Stiftung insgesamt 12 Einzelvorhaben mit 5,5 Mio. DM. Ziele des Vorhabens sind die Demonstration der Leistungsfähigkeit der Anlagen, die Erhöhung der Betriebssicherheit, die Entwicklung einer hydraulischen Steuerung und eine Analyse der hygienischen Standards. An sieben Standorten in Deutschland mit unterschiedlichen Bedingungen wurden Anlagen errichtet und werden unter den vorgenannten Kriterien derzeit erprobt und optimiert.

Ein weiteres von uns gefördertes innovatives Verfahren zur kommunalen Abwasserreinigung im dezentralen Bereich durch den **Einsatz von Membrantechnologie** wird Ihnen Herr Belz von der Busse GmbH im Arbeitskreis Abwasser am Donnerstag vorstellen.

Lösungen für den nachhaltigen Umgang mit Wasser sind nicht nur für Deutschland, sondern insbesondere auch für die Länder Mittel- und Osteuropas interessant, die z.T. mit erheblich größeren Problemen bei der Wasserversorgung und Abwasserbehandlung zu kämpfen haben. Die Umweltstiftung unterstützt daher mit über 2,2 Mio. DM ein Vorhaben der Deutschen Vereinigung für Wasserwirtschaft, Abwasser und Abfall e.V. (ATV-DVWK) zum „**Wissens- und Technologietransfer im Bereich der Abwasser- und Abfalltechnik für die Länder Polen, Tschechische Republik und Ungarn**". Ziel ist es, zu einer nachhaltigen Verbesserung der ökologischen Gesamtsituation in den mittel- und osteuropäischen Ländern durch eine effiziente Weitergabe und Umsetzung bereits vorhandener Wissenspotentiale beizutragen. Insbesondere durch die Verbreitung von Publikationen in der jeweiligen Muttersprache sollen die Entscheidungsträger vor Ort über die Regeln und Methoden informiert werden, mit denen es möglich war, einen hohen Stand im Gewässerschutz in Deutschland zu erreichen. Für die Ökologie liegt der gravierende Vorteil in einer deutlich schnelleren Umsetzung von umweltentlastenden Maßnahmen und Technologien auf Basis abgesicherter, hoher Standards. Dadurch sollen nicht nur grenznahe Projekte erleichtert, sondern auch die Zusammenarbeit in Projekten und Maßnahmen der Nachbarländer - insbesondere auf unternehmerischer Ebene – verstärkt werden.

Zukünftige Förderpolitik

Das Thema „Wasser" und damit verbunden das zu reinigende „Abwasser" wird auch zukünftig einen hohen Stellenwert in der Fördertätigkeit der Umweltstiftung einnehmen. Dabei möchten wir insbesondere kleine und mittlere Unternehmen bei der Entwicklung und Verwirklichung von Projektideen unterstützen.

Ich möchte in diesem Zusammenhang darauf hinweisen, dass unter den Titeln „Innovation Wasser" und „Innovation Abwasser" in Kürze zwei Veröffentlichungen erscheinen werden, die einen ausführlichen Überblick über die bisherigen Förderprojekte der Umweltstiftung in den Bereichen Gewässer, Wasser und Abwasser geben.

Ziel ist es, dadurch eine breite Öffentlichkeit zu erreichen und neue Impulse für wassertechnische Projektideen zu geben. Ich hoffe, dass auch die Sommerakademie einen Beitrag in diese Richtung leisten kann und wünsche uns in diesem Sinne für heute und die nächsten Tage interessante Vorträge, kontroverse Diskussionen und neue Erkenntnisse, die uns dem Ziel einer nachhaltigen Wasserwirtschaft näher bringen.

Steffen Flath

Wasser im 21. Jahrhundert – Perspektiven, Handlungsfelder, Strategien

Sehr geehrte Frau Äbtissin,
lieber Herr Generalsekretär Brickwedde,
sehr geehrter Herr Staatssekretär,
meine sehr verehrten Damen und Herren,

vielen Dank für die Einladung und die Möglichkeit, hier das Eingangsreferat zu halten. Zu Beginn möchte ich mich auch ganz herzlich bedanken, sowohl bei der Deutschen Bundesstiftung Umwelt als auch beim Internationalen Begegnungszentrum, dass Sie hier diese 6. Internationale Sommerakademie durchführen, und darüber hinaus für die zahlreichen Projekte, die die Deutsche Bundesstiftung Umwelt in Sachsen begleitet hat. Wir wissen das sehr zu schätzen.

Es gibt Länder, von denen sagt man, sie hätten ihr Glück auf dem Wasser gemacht. Sachsen zählt zwar nicht zu den großen Seefahrernationen wie z.B. Portugal oder England – aber man kann mit Recht sagen: Sachsen hat sein Glück mit dem Wasser gemacht. Ohne die zahlreichen Wasserkraftwerke im Erzgebirge seit dem ausgehenden Mittelalter wäre der Aufschwung des Bergbaus nicht möglich gewesen und wäre Sachsen nicht zum „Silberland" geworden.

Sachsen hat nicht nur im Erzgebirge zahlreiche Flüsse und Gewässer: Das gesamte Gewässernetz in Sachsen ist länger als 15.000 km. Einer der bedeutendsten Ströme Europas – die Elbe – hat bereits ein Drittel ihres 1.000 km langen Weges zur Nordsee in Tschechien zurückgelegt, wenn sie bei Schmilka in der sächsischen Schweiz in das Elbsandsteingebirge eintritt. Im Gesamteinzugsgebiet der Elbe leben ca. 25 Mio. Menschen (6 Mio. Tschechen und 19 Mio. Deutsche), deren Lebensqualität vom Zustand des Stromes entscheidend beeinflusst wird. 180 km Grenzgewässer teilen wir uns mit unserem Nachbarn Tschechien. Die Lausitzer Neiße bildet auf 125 km den Grenzfluss zu Polen.

Die größten Gewässer unseres Freistaates sind künstlich angelegt. Das Speicherbecken Bärwalde in der Oberlausitz hat eine Wasserfläche von über 1.000 ha. Die zahlreichen Talsperren Sachsens gehören mittlerweile zu den bedeutendsten Bauwerken unserer Kulturlandschaft. Die Talsperre Eibenstock z.B. ist mit einem Stauraum von 74 Mio. Kubikmeter das größte Gewässer Sachsens. Die Talsperren dienen nicht nur der Trinkwasserversorgung, sondern sind ein unverzichtbarer Bestandteil des Hochwasserschutzes.

Diese vorangestellte „kleine Landeskunde" zeigt Ihnen deutlich, dass Sachsen im Grunde ein wasserreiches Land ist. Wenn man bedenkt, dass weltweit über 1 Mrd. Menschen keinen Zugang zu sauberem Trinkwasser haben, dann wird einem bewusst, dass wir in Sachsen, in Deutschland und den relativ wasserreichen Regionen Europas, in einer besonderen Verantwortung stehen. Wasser ist die wichtigste Lebensgrundlage des Menschen, und wir werden mit ihr im 21. Jahrhundert sorgfältig umgehen müssen.

Ich möchte heute aber nicht über die globalen Probleme sprechen, sondern am sächsischen Beispiel der Frage nachgehen, ob die Politik einen Weg eingeschlagen hat, der zu einem nachhaltigen Umgang mit dem knappen Gut Wasser führt. Haben wir zukunftsfähige Lösungen parat? Wenden wir die richtigen Instrumente an? Stellen wir uns überhaupt die richtigen Fragen, aus denen wir dann erst die richtigen Lösungen entwickeln können?

1. EU-Umweltpolitik

Zunächst etwas zur europäischen Umweltpolitik. An den zahlreichen Grenzgewässern, die wir mit unseren Nachbarn teilen, haben Sie bereits gesehen, dass der Schutz unserer Wasserressourcen ein grenzüberschreitendes – ein länderübergreifendes und damit ein europäisches Thema ist. Ich möchte deshalb zunächst fragen, welchen Weg die EU bei der Trinkwasserversorgung und beim Gewässerschutz eingeschlagen hat. Welche Folgen haben die Richtlinien der EU in diesem Bereich für Sachsen? Was müssen wir noch tun? Und welche Lehren können wir eventuell aus dem sächsischen Beispiel für die Osterweiterung der EU ziehen?

Bevor ich auf die Umsetzung des EU-Umweltrechtes in Sachsen im einzelnen eingehe, lohnt ein kurzer Blick auf die historische Entwicklung des Umweltrechtes in der EU, weil dadurch erst deutlich wird, wie es zum heute gültigen Stand an Umweltvorschriften der EU im Wasserbereich gekommen ist.

Die EU – damals noch als Europäische Gemeinschaft – hat sich, beginnend in den siebziger Jahren, zunächst mit Einzelproblemen des Umweltrechtes befasst: Beispiele sind hier die Richtlinien für Oberflächenwasser zur Trinkwassergewinnung oder die Badewasserrichtlinie. Heute entwickelt die Europäische Union, gestützt auf den Titel XIX (Umwelt) des EG-Vertrages, umfassende Umweltschutzkonzepte, setzt sie in Richtlinien um und bestimmt damit in breiter Front die nationale Umweltgesetzgebung. Das geschieht im Rahmen ihrer Zuständigkeit und – idealerweise – unter Berücksichtigung des Subsidiaritätsprinzips – gerade diesen letzten Punkt sollte man immer wieder hervorheben.

Da nicht alle Mitgliedsländer der EU so föderalistisch aufgebaut sind wie Deutschland, ist es meines Erachtens unsere Aufgabe, immer wieder darauf hinzuweisen, insbesondere auch im gegenwärtigen Streit um die Kompetenzverteilung innerhalb der EU. Mein Eindruck ist leider nach wie vor, dass sich die EU immer wieder auf einen Weg begibt, der zu viel in Einzelheiten regeln will, wo es meines Erachtens eher ihre Aufgabe wäre, Rahmenrichtlinien zu setzen.

1.1 Osterweiterung – Sind die Erwartungen der EU realistisch?

Jedes Land, das der Europäischen Union beitreten möchte, muss seine Gesetzgebung auch auf dem Umweltgebiet diesen europäischen Richtlinien anpassen. Dabei ist das Hauptproblem natürlich weniger die formale Rechtsangleichung, sondern die gewaltigen Investitionen, die erforderlich sind, um die Umweltanforderungen flächendeckend zu erreichen. Dabei stehen die investitionsintensiven Richtlinien im Vordergrund: die Richtlinien zu Trinkwasser, zur kommunalen Abwasserbehandlung, zur Abfallwirtschaft und zur Luftreinhaltung. Eine Studie der EU von 1997 hat allein für die Wasserversorgung, Abwasserbehandlung und Abfallbeseitigung einen durchschnittlichen Investitionsbedarf in den Beitrittskandidaten-Ländern von über 1.000 Euro pro Einwohner ermittelt. Am Beispiel der sächsischen Erfahrungen kann man sich die Frage stellen, ob diese Zahl realistisch ist.

1.2 Erfahrungen Sachsens

Bedingt durch den schnellen Beitritt der ehemaligen DDR zur Bundesrepublik Deutschland zum 3. Oktober 1990 waren natürlich Übergangsregelungen bei der Einführung des europäischen Umweltrechts erforderlich. Diese Übergangsregelungen betrugen für den Gewässerschutz zwischen 2 und 5 Jahren. Dabei ist bemerkenswert, dass gerade für die unmittelbar gesundheitsrelevanten, mit dem Trinkwasser verknüpften Richtlinien die längste Übergangsfrist gewährt wurde. Daran wird bereits deutlich, mit wie viel Problemen und Investitionen die Einführung dieser Richtlinie in Sachsen verbunden war. Noch mehr Probleme bereitete uns aber die Richtlinie zur Behandlung kommunalen Abwassers (RL 91/271/EWG), die nach der deutschen Einheit in Kraft trat und keine besonderen Übergangsbestimmungen für die neuen Bundesländer mehr enthielt.

Wie war die Ausgangslage 1990 in dem besonders schwierigen Bereich der kommunalen Abwasserentsorgung?

75 % der Einwohner waren zwar an eine Kanalisation angeschlossen, aber so gut wie keine Kläranlage entsprach den üblichen Normen. Selbst in Verdichtungsräumen waren Grundstückskläranlagen und geschlossene Gruben üblich. Nur die Hälfte (56 %) der Einwohner waren an kommunale Kläranlagen angeschlossen. Aber: lediglich die Hälfte dieser Kläranlagen war mit einer biologischen Reinigungsstufe ausgestattet. Etwa 20 % der vorhandenen öffentlichen Kanalisationen und Kläranlagen waren nicht für die Erweiterung und den Ausbau zentraler Netze verwendungsfähig. Der Nachholbedarf war also noch wesentlich größer, als es die genannten Anschlussgrade dokumentieren.

Man hat sich Anfang der neunziger Jahre natürlich die Frage gestellt, was das alles kosten wird. Damals wurde berechnet, was ein optimaler Ausbau der Abwasserbeseitigung – also nicht nur ein Ausbau, der den gesetzlichen Anforderungen genügen würde, sondern ein aus ökologischer Sicht optimaler Ausbau – kosten würde:

Für Sachsen hätte diese aus Sicht des Gewässerschutzes optimale Variante Kosten von 30 Mrd. DM verursacht.

Da das keinesfalls zu finanzieren war, hat man sich für einen sogenannten stufenweisen Ausbau einer bezahlbaren, flächendeckenden und ordnungsgemäßen abwassertechnischen Infrastruktur entschlossen. D.h. es wurden nur solche Gebiete als empfindliche Gebiete ausgewiesen, die aus gewässerökologischer Sicht dringend notwendig waren. Diese Entscheidung war richtig – weil sie klare Prioritäten gesetzt hat – und der eingeschlagene Weg war erfolgreich:

Was ist nun bisher praktisch erreicht worden?
Von 1990 bis heute wurden über 500 Kläranlagen mit mehr als 100 Einwohnerwerten errichtet bzw. saniert. Damit wurde für ca. 2,9 Mio. Einwohnerwerte eine ordnungsgemäße Abwasserbehandlung geschaffen. Der Anschlussgrad an die Kanalisation hat sich auf 80 % der Bevölkerung erhöht. Aber auch wenn das Ergebnis bedeutende Anstrengungen auf diesem Gebiet dokumentiert, zeigt sich, dass bis heute nur die Hälfte der entsorgten Einwohnerwerte durch neue oder nachgerüstete – und damit richtlinienkonforme – Kläranlagen entsorgt werden.

Der Erfolg dieser Maßnahmen ist messbar: Die Beschaffenheit der sächsischen Gewässer hat sich spürbar gebessert. Der Anteil der Gewässer mit übermäßig starker und sehr starker Verschmutzung hat gegenüber 1991 um mehr als die Hälfte abgenommen. Die Elbe ist wieder sauberer, sie ist wieder Heimat für mehr als 90 Fischarten. Von den seit 1995 ausgesetzten Lachsen sind im vergangenen Jahr erfreulich viele in ihre Laichgebiete zurückgekehrt. Seltene Arten wie die 1950 in Sachsen ausgestorbene Würfelnatter konnten wieder angesiedelt werden.

Der sächsische Weg bei der Ausweisung von empfindlichen Gebieten hat bis vor kurzem Bestand gehabt. Weil aber die norddeutschen Bundesländer – auf sanften Druck der EU-Kommission – mittlerweile die Küstengewässer der Nord- und Ostsee als empfindliche Gebiete ausgewiesen haben, müssen wir den gesamten Freistaat Sachsen als empfindliches Gebiet ausweisen, weil unsere Gewässer in den Wassereinzugsgebieten der Nord- und Ostsee liegen und in diese entwässern. Falls wir dem nicht nachkommen, hat die EU bereits mit dem Klageweg gedroht.

Wir werden deshalb unsere Verordnung entsprechend novellieren und die Ausweisung empfindlicher Gebiete präzisieren. Die rechtliche Umsetzung wird in Sachsen im Laufe der nächsten Wochen geschehen. Für alle Abwasseranlagen, die größer als 10.000 Einwohnerwerte sind, ist zwingend eine 3. Reinigungsstufe zur Eliminierung von Phosphor und Stickstoff vorgesehen. Diese Nachrüstung wird Sachsen ungefähr 700 Mio. DM kosten, und es wird einige Zeit dauern, sie umzusetzen.

Bis Ende 2005 müssen wir in den Bau von Kanalisationen für ca. 530.000 Einwohner und in den Bau, die Erweiterung oder Sanierung von Kläranlagen für rund 800.000 Einwohnerwerte insgesamt noch ca. 3,9 Mrd. DM investieren.

1.2 Was bedeuten die sächsischen Erfahrungen für die Beitrittsländer?

Die durchschnittlichen Kosten betragen in Sachsen nach unseren Erfahrungen:

- bei vollbiologischen Kläranlagen: zwischen 800 und 1.000 DM pro Einwohnerwert
- bei einer biologischen Kleinkläranlage (4 Einwohnerwerte) ca. 3.750 DM pro Einwohnerwert
- für den Bau von Kanälen in großen Städten ca. 4.250 DM pro Einwohner, im ländlichen Raum ca. 6.700 DM pro Einwohner

Der Aufbau einer abwassertechnischen Infrastruktur, die in voller Übereinstimmung mit der Richtlinie zur Behandlung von kommunalem Abwasser steht, wird in Sachsen etwa 15 Jahre dauern. Bisher wurden über 9 Mrd. DM investiert, die Hälfte davon waren Fördermittel von Freistaat, Bundesrepublik und Europäischer Union. Die Gesamtkosten werden auf 13,3 Mrd. DM geschätzt, wobei nur Maßnahmen aufgrund gesetzlicher Anforderungen enthalten sind.

Die Kosten allein für die ordnungsgemäße Abwasserbeseitigung liegen damit deutlich über dem in der zitierten EU-Studie angegebenen Investitionsbedarf von 1.000 Euro pro Einwohner als Durchschnittswert für die Beitrittsländer. Und diese 1.000 Euro pro Einwohner wurden von der EU nicht nur für die Abwasserbehandlung, sondern einschließlich für Investitionen in die Wasserversorgung und Abfallbeseitigung berechnet. Es muss also erlaubt sein, den Realitätsgehalt dieser Berechnung anzuzweifeln.

Ohne eine intensive staatliche Förderung ist die Einhaltung von Zumutbarkeitsgrenzen für die Belastung der Einwohner nicht möglich. Deshalb ist es wichtig, sich zum einen auf rechtskonforme Mindeststandards zu konzentrieren – alles andere ist einfach nicht bezahlbar. Und zum zweiten ist die Schaffung wirtschaftlich sinnvoller Entsorgungsstrukturen und -einheiten von zentraler Bedeutung – hier gibt es leider auch negative Beispiele in Sachsen.

Man macht immer wieder neue Fehler, aber die Nachbarländer müssen ja nicht die gleichen Fehler machen wie Sachsen. An dieser Stelle möchte ich an ein praktisches Problem erinnern, über das in Deutschland gelegentlich gesprochen, das aber nie umgesetzt wurde: Wir haben in diesem Bereich nach wie vor keinen funktionierenden Regelkreis. Ich würde mir wünschen, dass Projektanten und Ingenieure dafür belohnt würden, wenn sie eine vernünftige Lösung zu Papier bringen. Es ist aber nicht so, dass Vernunft belohnt wird, sondern belohnt werden möglichst große Investitionssummen. Das Ansehen eines Bürgermeisters wird meist daran gemessen, wie viele Fördermittel er für seine Kommune akquiriert. Daher ist es ein Leichtes für Projektanten, einer Kommune ein Riesenprojekt aufzuschwatzen. Das Dilemma wird dann noch eine Dimension größer, weil es aus Sicht des Staates unmöglich ist, ein solches Projekt ohne Förderung zu realisieren. Wenn wir dann aber einen Fördersatz von bis zu 90 % gewähren und allein das Anliegen besteht, möglichst viele Fördermittel zu erhalten – der Bürgermeister steht ja auch unter Druck, die Handwerker und die Baubetriebe brauchen ja auch Arbeit – dann hat man im Ergebnis häufig ein zu großes Projekt. Nach fünf Jahren muss man dieses Vorgehen dann den Einwohnern plausibel machen, weil natürlich auch bei einem Eigenanteil der Einwohner von nur 10 % für den einzelnen trotzdem eine ganz schöne Belastung zustande kommt. An diesem Punkt beginnt man darüber nachzudenken, ob denn das alles wirklich so realitätsnah war. Diese Überlegung würde ich unseren Nachbarländern unbedingt von Anfang an empfehlen. Sie haben ein paar Monate mehr Zeit und damit die Chance, in Ruhe darüber nachzudenken.

Insgesamt liegt mit der Übernahme des Umweltrechts der EU eine gewaltige Aufbauarbeit vor den Beitrittsländern. Dabei geht es neben der formalen Umsetzung von Richtlinien auch um den Aufbau funktionierender Vollzugsbehörden und um gewaltige Investitionen, insbesondere auch im Bereich der kommunalen Ver- und Entsorgungswirtschaft. Ohne Zweifel wird es technische, administrative und wirtschaftliche Probleme geben.

Aber es gibt auch eine vielfältige Hilfe von Seiten der europäischen Union und ihrer Mitgliedsländer, das möchte ich einmal positiv herausstellen. Wir hätten in Sachsen manches nicht bauen können, wenn wir nicht diese Hilfen der europäischen Union hätten in Anspruch nehmen können. Ich erinnere an die beiden in diesem Zusammenhang besonders wichtigen Finanzierungsinstrumente PHARE zur Finanzierung von Investitionen und für Maßnahmen des Verwaltungsaufbaus sowie ISPA speziell für Investitionen in den Bereich Umwelt und Transport. In diesem Rahmen leistet der Freistaat Sachsen auch ganz praktische Hilfe durch die Entsendung zweier Kurzzeitexperten für das Management des ISPA-Fonds, Teil Umwelt.

Angesichts unserer eigenen Erfahrungen können wir uns allerdings nicht vorstellen, dass alle Umweltinvestitionen, die zur vollständigen Konformität mit den Anforderungen des EU-Umweltrechts nötig sind, innerhalb weniger Jahre getätigt werden können. Dieses Thema Übergangsfristen zur Umsetzung des EU-Umweltrechts wird bei den Beitrittsverhandlungen sicherlich noch eine wichtige Rolle spielen. Solche Übergangsfristen müssen sein, auf der anderen Seite haben wir ein Interesse daran, dass diese Übergangsregelungen nicht zu sehr zeitlich ausgedehnt werden. Ein Sprung ins kalte Wasser, wie wir ihn 1990 machen mussten, kann auch sehr hilfreich sein.

Sachsen wird sich bemühen, im Interesse realistischer Ziele, die sich letztendlich nicht an Wunschvorstellungen, sondern am finanziell Machbaren orientieren müssen, in Brüssel für die Belange der Beitrittskandidaten einzutreten. Ich habe vor wenigen Wochen eine Gelegenheit genutzt, in einem Gespräch mit Beamten der Kommission in Brüssel noch einmal auf dieses Anliegen mit Polen und Tschechien besonders hinzuweisen.

2. Perspektiven / Ausblick

2.1 Welche rechtlichen Rahmenbedingungen gelten in Zukunft?

Die Europäische Union steht mit der Wasserrahmenrichtlinie vor einer vollständigen Neuausrichtung ihrer Wasser- und Gewässerschutzpolitik. Grundsätzlich begrüße ich das Anliegen, für die europäische Wasserpolitik einen einheitlichen Ordnungsrahmen zu schaffen.

Vor wenigen Tagen wurde mit dem im Vermittlungsausschuss erzielten Kompromiss zwischen dem EU-Parlament, dem Rat und der Kommission ein gewaltiger Schritt nach vorne gemacht. Wir können davon ausgehen, dass die Richtlinie noch vor dem Herbst zustande kommt.

Der Entwurf der Wasserrahmenrichtlinie sieht vor:
1. Ausdehnung des Gewässerschutzes auf alle Gewässer, mit dem Ziel der Erreichung eines „guten Zustandes“
2. Bewirtschaftung von Gewässern auf Grundlage von Flussgebieten über die Grenzen der Länder hinaus
3. „kombinierter Ansatz“ von Emissionsgrenzwerten und Immissionszielen
4. kostendeckende Preise für Wasser und Abwasser

Welche Chancen liegen darin?
Die Richtlinie stellt uns einerseits vor große Herausforderungen, andererseits bietet sie aber auch große Chancen für einen nachhaltigen Gewässerschutz:
- Alle Gewässer Europas werden dem Schutz nach der Wasser-Rahmenrichtlinie unterliegen, Grundwasser und Oberflächengewässer
- Viele in den deutschen Wassergesetzen seit langem festgelegte Grundsätze finden nun auch europaweit Anwendung
- Damit werden vergleichbare Wettbewerbsbedingungen bei der Nutzung der Gewässer hergestellt
- Die Bewirtschaftung der Gewässer endet nun nicht mehr an Ländergrenzen, sie wird nicht nur unter den Mitgliedstaaten der EU, sondern auch mit den übrigen Ländern im Einzugsgebiet abgestimmt.

Dieser letzte Aspekt ist natürlich aus sächsischer Sicht von besonderer Bedeutung. Sowohl der Freistaat Sachsen als auch die zukünftigen Mitgliedsländer Polen und Tschechien haben ein elementares Interesse an einer gemeinsam abgestimmten Nutzung der Gewässer – um ihre ökologische Funktion zu erhalten und gegebenenfalls auch zu verbessern.

Insoweit war es immer das besondere Interesse Sachsens, dass die EU-Wasserrahmenrichtlinie tatsächlich zu Stande kommt. Es ist dann Aufgabe aller Beteiligten, bei der Umsetzung der Richtlinie mit Augenmaß vorzugehen, um nicht die Chancen, die diese Richtlinie bietet, zu verspielen.

2.2 Wie verändern sich die gesellschaftlichen Rahmenbedingungen?

Eine wichtige gesellschaftliche Entwicklung wurde in meinen Augen bei der Diskussion über den weiteren Ausbau der europäischen Umweltinfrastruktur bisher zu wenig beachtet: die Bevölkerungsentwicklung – nicht nur in Deutschland, sondern in ganz Europa.

Deutschland hat gegenwärtig 80 Mio. Einwohner, 2100 bestenfalls noch 50 Mio., aber nur dann, wenn wir eine Einwanderungsquote zulassen, die wir in dieser Höhe bisher nur einmal (1989/90) hatten. Wenn wir das durchhalten – und die Gesellschaft muss es ja auch kulturell, im ganzen Zusammenleben verkraften können – dann hätten wir in 100 Jahren bestenfalls noch 50 Mio. Einwohner. Wenn wir die Bevölkerungsentwicklung der letzten 10 Jahren in Deutschland fortschreiben, ergibt sich hingegen ein Wert von 23–25 Mio. für das Jahr 2100. Nun will ich nicht die Gelegenheit nutzen, um über Familienpolitik zu sprechen. Aber den Optimisten sei gesagt: Selbst wenn man sich in Deutschland entscheiden würde, wieder mehr Kinder zu haben, fehlen ganz einfach die Kinder, die in den letzten Jahrzehnten nicht geboren sind und zukünftig als Eltern ausfallen. Es ergibt sich also ein Korridor zwischen 25 und 50 Mio. Einwohner im Jahr 2100.

Nun ist das gar nicht so weit weg, unsere Kinder und Enkelkinder werden das Jahr 2100 ja erleben. Und ich nehme auch an, unsere Abwasserkanäle, die wir gebaut haben und gegenwärtig bauen, werden dann noch bestehen. Man baut schließlich nicht für 10 oder 20 Jahre – den Eindruck habe ich aber manchmal. Den Eindruck habe ich auch, wenn ich mich, wie auf dem Weg nach Ostritz, gefreut habe, dass so manche Eigenheimsiedlung entstanden ist. Aber mein Eindruck ist manchmal, als würden wir mit dem Denken von 1950/1960 für die nächsten 10–20 Jahre bauen und nicht daran denken, dass das Bauwerk 100 Jahre steht und auch von unseren Kindern und Enkeln noch genutzt werden sollte.

Aber ich möchte zurückkommen auf Wasser und Abwasser. Wenn wir die Rahmenrichtlinie der EU verwirklichen wollen, und da sind wir uns ja einig, weil wir unseren Kindern und Enkelkindern ordentliches Wasser hinterlassen wollen, müssen wir dennoch bei allem, was wir bauen, daran denken, dass es jemand bezahlen muss. Nach vielen Wochen der Diskussion steht dann immer dieser Erkenntnissprung in der Zeitung: Am Ende bezahlen muss es der kleine Mann. So wird es immer sein: Es müssen immer die Einwohner bezahlen. Ganz gleich auch wie hoch die Förderung ist, es kommt immer die Stunde der Wahrheit, wo alles auf die Einwohner umgelegt wird. Und daran müssen wir denken, wenn wir im ländlichen Raum – nicht nur in Sachsen – Bauerngüter anschließen: Den

Kanal bezahlen die, die in dem oftmals abgelegenen Bauerngut wohnen. Hier wird es Grenzfälle geben, wo ich es durchaus für sinnvoll halte, dezentrale Lösungen zu finden. Insgesamt ist also bei allem, was wir jetzt projektieren und umsetzen, wichtig, sich vor Augen zu führen, wie die Bevölkerungsentwicklung sein wird.

2.3 Welche Instrumente können wir noch nutzen?

Angesichts der Situation der öffentlichen Haushalte und der Bevölkerungsentwicklung auf der einen Seite und der notwendigen Verbesserung der ökologischen Situation der Gewässer auf der anderen Seite müssen wir uns fragen, welche Instrumente wir noch nutzen können.

Der Staat hat die Pflicht, auf eine Verbesserung der ökologischen Situation hinzuwirken – er muss aber nicht alles selbst erledigen.

Es gibt ausreichend Beispiele: Die Industrie hat, gerade wenn ich an Emissionsschutz denke, eine ganze Menge erreicht. Die Luft ist in Sachsen wesentlich sauberer geworden als noch 1990. Das ist nicht der Verdienst des Staates, sondern der Wirtschaft und auch der privaten Haushalte, die ihre Heizungen umgestellt haben. Die wichtigste Aufgabe des Staates im Umweltrecht ist es, Rahmenbedingungen zu setzen. Speziell beim Thema Wasser und Abwasser stellt sich die Frage, ob solche Anlagen vom Staat oder von der Kommune betrieben werden müssen, oder ob es nicht möglich wäre, sie durch Private betreiben zu lassen. In Sachsen stehen wir im Moment sogar vor der Frage, ob nicht die gesamte Aufgabe an Private übertragen werden könnte, so dass sie dann keine Pflichtaufgabe der Kommune mehr wäre.

Eine Verbesserung der Wirtschaftlichkeit bei der Wahrnehmung der öffentlichen Ver- und Entsorgungsaufgaben ist also dringend geboten. Die Frage ist nur: Kann es der Staat, kann es die Kommune, oder kann es die Wirtschaft besser?

In den vergangenen Jahren haben einige kommunale Aufgabenträger in Sachsen Erfahrungen mit der Privatisierung in den unterschiedlichen Ausgestaltungsformen sammeln können. Wenn auch diese Erfahrungen nicht in allen Fällen positiv waren, so hat sich doch gezeigt, dass bei entsprechender Gestaltung der vertraglichen Beziehungen zwischen privaten Betreibern und den öffentlichen Aufgabenträgern Vorteile einer Privatisierung sehr wohl möglich sind.

Nachdem im Jahre 1996 der Bundesgesetzgeber durch entsprechende Regelungen im Wasserhaushaltsgesetz es den Ländern überlassen hat, auch die Pflicht zur Abwasserbeseitigung durch landesgesetzliche Regelungen privaten Dritten zu übertragen, hat Sachsen als erstes Bundesland diese Möglichkeit aufgegriffen und entsprechende Regelungen mit der Novelle des Sächsischen Wassergesetzes im Jahre 1998 getroffen. Hierbei sind im Gesetz als einzuhaltende Bedingungen für eine Übertragung auf private Dritte u.a. genannt:

- Nachweis der dauerhaften Gewährleistung von Fachkunde und Zuverlässigkeit
- Nachweis der dauerhaften Aufgabenerfüllung durch technische, organisatorische, rechtliche und finanzielle Vorkehrungen
- Regelung der Verfügungsgewalt über Anlagen und Einrichtungen auch für den Fall der Rückübertragung (weil ein Privater ja auch mal pleite gehen kann)
- Klärung der Mitwirkungsrechte der Kommunen und die Auswirkungen auf die Abwasserüberlassungspflicht bezüglich des privaten Dritten
- Regelungen zu Dauer und Widerruf der Übertragung
- Regelungen zum Verfahren bei der Auswahl des privaten Dritten

Die zur Konkretisierung der vorgenannten Bedingungen notwendige Verordnung ist in Vorbereitung und wird zur Zeit zwischen den Ressorts ausführlich diskutiert. Damit wir uns recht verstehen: Die Verordnung würde die Kommunen nicht zwingen, zu privatisieren, aber sie eröffnet die Möglichkeit, die gesamte Aufgabe der Abwasserentsorgung einem geeignetem Privaten zu übertragen.

Für die Privatisierung öffentlicher Aufgaben gibt es positive Beispiele aus den Bereichen Telekommunikation, Bahn und Strom, aber auch negative Beispiele: So hat die Privatisierung der Trinkwasserversorgung in England zu Kostensteigerungen geführt. Aber allein die Tatsache, dass die Kommune die Aufgabe wahrnimmt, bewahrt ja auch niemanden vor Kostensteigerungen.

Es bleibt also die Frage: Wenn Wasser der wichtigste strategische Rohstoff des 21. Jahrhunderts ist, können wir es uns dann erlauben, die Risiken einer Privatisierung einzugehen, oder sind wir andererseits gezwungen, die Chancen der Privatisierung zu nutzen?

Herr Brickwedde hatte in der Einleitung erwähnt, dass der ehemalige Bundesumweltminister Töpfer an dieser Stelle bereits über die außerordentliche strategische Bedeutung des Wassers im 21. Jahrhundert gesprochen hat. Wir in Sachsen haben das Glück, im Wasser zu schwimmen – nicht bloß an Regentagen wie heute, sondern sogar während Trockenperioden wie im Frühjahr. Wir nutzen nur die Hälfte des zur Verfügung stehenden Trinkwasser. Auch das führt zu Problemen, weil die Bürger natürlich trotzdem das gesamte Angebot bezahlen müssen. Manch einer wundert sich, denn wenn er weniger Wasser verbraucht, müsste es eigentlich billiger werden. Die Talsperren und das gesamte Trinkwassernetz müssen aber trotzdem funktionsfähig gehalten werden.

Zu DDR-Zeiten waren unsere Trinkwassertalsperren in Sachsen zu 105 % ausgelastet. Da sagt man „typisch DDR" – mehr als 100 % ist eigentlich nicht möglich. Was eine Auslastung von 105 % aber bedeutete, wurde damals sichtbar, wenn es mal vier Wochen nicht regnete: Dann sank kontinuierlich der Wasserspiegel der Talsperren. Heute liegen wir in Sachsen in der Auslastung bei einem Durchschnitt zwischen 60 und 65 %. Wenn ich die Bevölkerungsentwicklung betrachte, wird also die Auslastung weiter zurückgehen. Der große Teil der Weltbevölkerung wächst jedoch weiterhin. Wie Kurt Biedenkopf immer so schön sagt: Gegenwärtig sind wir in einer Phase, wo die Weltbevölkerung explodiert und das christliche Abendland implodiert. Vor diesem Problem stehen wir. Wenn wir bedenken, dass Trinkwasser in riesigen Mengen gebraucht wird, stellt sich die Frage, ob das Anlass ist, Talsperren an private Interessenten zu verkaufen. Ist das nun ein Risiko, oder muss man es auch als Chance sehen? Auch nach 10 Jahren Tätigkeit in der Politik bewahre ich mir eine gewisse Distanz zur öffentlichen Verwaltung . Wenn etwas kostengünstig erledigt werden muss, ist es nicht unbedingt der Staat, der das am besten bewältigen kann. Man schwankt also zwischen diesen Risiken und Chancen, und ich erwarte mir auch von dieser Tagung, dass wir mit den hier erarbeiteten Ergebnissen in dieser Überlegung ein kleines Stück weiterkommen. Wir wollen im Herbst eine Abwassertagung in Sachsen durchführen, zu der wir verschiedene Fachleute zusammenholen, die damit zu tun haben: Der Freistaat besitzt die Trinkwassertalsperren, die Kommunen besitzen das Abwasserleitungssystem, und sie besitzen auch das eigentlich wichtigste, nämlich die Kunden. Wir wollen uns in Sachsen mit dem Freistaat und den kommunalen Aufgabenträgern zusammensetzen und uns mit der Frage beschäftigen, ob wir diesen Markt öffnen, wofür vieles spricht, oder ob wir lieber an einer Zwischenlösung, vielleicht auch an einer typisch sächsischen Lösung, arbeiten sollten.

Ich wünsche dieser Tagung einen guten Verlauf, interessante Anregungen und viele Ergebnisse. Ich bedanke mich bei Ihnen für Ihre Aufmerksamkeit und sage, da ich aus dem Erzgebirge komme, ein herzliches „Glückauf!“.

Hartmut Müller

Strategien der Internationalen Kommission zum Schutz der Oder – Grenzüberschreitende Gewässerprobleme und Schutz von internationalen Gewässern

Internationaler Gewässerschutz

Weltweit ist internationaler Gewässerschutz nicht nur eine immer dringendere Notwendigkeit, sondern auch eine weit verbreitete Praxis. Dies ergibt sich einfach aus den geographisch-politischen Gegebenheiten. Viele Flüsse, Seen und praktisch alle Meere haben einen internationalen Charakter, da sie meist mehr als einen Staat als Anlieger haben. Elbe und Oder, zwei uns naheliegende Flüsse, sind mit nur zwei und drei beteiligten Ländern eher die Ausnahme als die Regel. Denken Sie nur an den Rhein mit acht oder gar die Donau mit siebzehn Anliegern. Flüsse wie die Weichsel, die ausschließlich polnisches Territorium durchfließt und deren Einzugsgebiet bis auf wenige Ausnahmen ebenfalls in Polen liegt, sind – zumindest in Mitteleuropa – eine Seltenheit. Es liegt einfach auf der Hand, daß die verschiedenen Anlieger eines Gewässers oft ganz unterschiedliche Ansprüche und Interessen verfolgen. Für die am Oberlauf Ansässigen, ist es eigentlich egal, was weiter unten mit dem Fluß passiert, während die Unterlieger die Fehler und Versäumnissen der Oberlieger auszubaden haben. Besonders bei Flüssen, die aride Gegenden durchfließen, spielt die Wasserentnahme eine entscheidende strategische Rolle und zwingt die Anlieger, auch wenn sie politisch noch so verfeindet sind, an einen Tisch. Eine ökologisch-ökonomische Katastrophe wie am Aralsee wäre vermutlich nicht entstanden, wenn die beiden Zuflüsse nicht innerhalb eines Machtbereiches gelegen hätten.

Internationale Flüsse sind in Spannungsgebieten oft das einzige Thema, über das die verfeindeten Parteien überhaupt noch reden. Es wird auf der anderen Seite allgemein befürchtet, daß Wasserkonflikte zunehmend der Anlaß für bewaffnete Auseinandersetzungen sein werden.

In Mitteleuropa bestehen an den Flüssen zwar keine Konflikte, die friedensgefährdend sein könnten; aus den vielfältigen Nutzungsansprüche, die an die Flüsse gestellt werden, ergibt sich jedoch ein immens hoher Regulierungsbedarf. Denken Sie nur an Schiffahrt, Trink- und Brauchwasserbereitstellung, Abwassereinleitung, Hochwasserschutz, Erholung, Tourismus, Natur- und Landschaftsschutz, Anlage von Speichern, Wehren und Schleusen, Fischerei usw. Es ist offensichtlich, daß die Flüsse Mitteleuropas in den letzten Jahrzehnten, vor allem in der zweiten Hälfte des 20. Jahrhunderts, weit über ihre ökologische Belastbarkeit hinaus in Anspruch genommen worden sind. Die Folgen waren und sind unübersehbar:

- ungenügende, zum Teil sogar katastrophale Wasserqualität mit verheerenden Folgen für Fischerei, Erholung und Wasserbereitstellung
- ernsthafte Bedrohung ganzer Ökosysteme der angrenzenden Schelf- oder Binnenmeere
- zunehmende Hochwassergefahr bei zunehmendem Schadensrisiko
- Vernichtung ganzer Flußökosysteme mit weitreichenden Folgen für Biodiversität, Hochwasserschutz und Landschaft

Zwar sind an einigen mitteleuropäischen Flüssen in den letzten Jahren durchaus schon Erfolge, besonders bei der Wasserqualität, erzielt worden. Insgesamt ist der ökologische Zustand der Flüsse aber weiterhin völlig unbefriedigend. Nehmen Sie als Beispiel den Rhein. Dort hat sich in den letzten fünfzehn bis zwanzig Jahren die Wasserqualität in wirklich beeindruckender Weise verbessert. Dies ist aber nur ein Aspekt eines Flusses. Die Bemühungen, nun in diesem Fluß wieder Lachse anzusiedeln oder natürliche Überschwemmungsflächen wiederherzustellen, muten geradezu hilflos an. Die riesigen Staustufen lassen trotz des Baus von aufwendigsten Fischtreppen kaum eine erfolgreiche Fischwanderung flußabwärts zu, und der Mangel an unbebauten oder gar ungenutzten Flächen degradiert den Versuch, Auen zu renaturieren, zu einem bloßen Flickwerk.

An den Flüssen, die dank des Eisernen Vorhangs keinen so konsequenten Ausbau erlitten haben, melden sich aber die verschiedensten Nutzungsansprüche immer heftiger an. Dies betrifft vor allem den Ausbau als Wasserstraßen und den technischen Hochwasserschutz.

Abb. 1: Unverbaute Uferabschnitte gibt es an der Oder nur noch am Oberlauf oberhalb von Ostrau/Ostrava – Landschaftsschutzpark Poodři.

Geographischen Gegebenheiten

Die Oder entspringt in der nordwestlichen Ecke Tschechiens im Odergebirge (Oderské vrchy) und fließt unmittelbar nördlich von Ostrau (Ostrava) über die Grenze nach Polen. Hier durchströmt sie die südwestlichen Landesteile, also Ober- und Niederschlesien (Śląska, Dolnośląska) ehe sie südlich von Eisenhüttenstadt bis Greifenhagen (Gryfino) Grenzfluß mit Deutschland wird. Das letzte Stück, bevor die Oder nördlich von Stettin (Szczecin) in das Oderhaff (Zalew Szczeciński) einmündet, ist der Fluß wieder polnisch. Eine der Besonderheiten der Oder stellt ihr Mündungssystem dar. Es beginnt praktisch gleich unterhalb von Oderberg mit dem Eintritt des Flußes ins untere Odertal. Auf den letzten 100 Flußkilometern beträgt das Gefälle nur noch 30 cm. Die Folge ist, daß das im Durchschnitt 2 km breite Tal fast wie ein eingeklemmtes Mündungsdelta funktioniert: Es ist eine Sedimentfalle, von unzähligen Altarmen durchzogen, und bei Hochwasser im Haff drängt Salzwasser im Rückstrom bis weit in das untere Odertal hinauf. Eine weitere Besonderheit stellen die vier Mündungen der Oder dar: einmal die Mündung des Hauptstromes in das Oderhaff und dann die drei davon ausgehenden Mündungsarme Peenestrom, Swine (Świna) und Dievenow (Dziwna), die zwischen Festland und der Insel Usedom, zwischen Usedom und Wollin (Wolin) sowie zwischen Wollin und dem polnischen Festland in die Ostsee (Pommersche Bucht/Zatoka pomorska) entwässern. Einzigartig steht dabei das Rückstromdelta der Swine da, das seine Entstehung den starken, windabhängigen Wasserstandschwankungen in der Pommerschen Bucht verdankt. Bei Hochwasser, das sehr plötzlich auftreten kann, spült die heftige Rückwärtsströmung beträchtliche Sandmengen ins Haff, die ein großflächiges Delta gebildet haben. Eine weitere Besonderheit ist die, vor allem aus deutscher Sicht, ausgesprochene Rechtslastigkeit des Entwässerungssystem. Links von Oder und (Lausitzer) Neiße (Nysa Łużycka), das heißt auf deutschem Territorium, liegen nur fünf Prozent des gesamten Einzugsgebietes. Allerdings spielen aus praktischen Gründen die deutschen Zuflüsse ins Oderhaff (Peene, Zarow, Ücker, Randow und Thurbruch/Usedom) in der IKSO keine Rolle, zumal die Oder formal an der Einmündung ins Oderhaff endet.

Das Hochwasser von 1997 hat einmal mehr das unberechenbare Abflußgeschehen der Oder demonstriert. Normalerweise sind die Wasserstände in Spätwinter und Frühjahr, manchmal auch im Frühsommer am höchsten. Gelegentlich können jedoch besondere Wetterlagen im mittleren und oberen Einzugsgebiet der Oder zu plötzlichen, kleinflächigen, im Extremfall auch zu langandauernden, großräumigen Sommerhochwasserereignissen führen. Es kann durchaus passieren, daß Hochwasserwellen in Warthe (Warta) und Oder zusammenfallen, genauso ist es möglich, daß sie nahezu unabhängig voneinander auftreten, so daß die

Abb. 2: Trotz früheren Ausbaus herrschen an der Oder naturnahe Verhältnisse vor, oft mit breiten Vorländern und weitgehend intakten Auwäldern – Grenzoder unterhalb Frankfurt.

Warthe auch wesentlich mehr Wasser führen kann als die Oder. Sehr oft herrscht aber in den Sommermonaten in der Oder ausgesprochener Wassermangel. Dies ist, neben häufiger Vereisung im unteren Odertal, ein limitierender Faktor für die Schiffbarkeit auf der Oder.

Geschichte

Die Oder ist der östlichste Fluß Mitteleuropas der rundum „kultiviert" ist oder wenigstens war. Seit Urzeiten wurde die Oder als Wasserstraße genutzt und etwa seit dem 14. Jhd. Stück für Stück ausgebaut. Bis vor dem zweiten Weltkrieg spielte sie in Niederschlesien eine wichtige Rolle als Transportweg. Über einen Kanal war und ist sogar Oberschlesien (bis Gleiwitz/Gliwice) angeschlossen. Die Städte Breslau/Wrocław, Posen/Poznań und Stettin verdanken ihre Bedeutung der Lage an Oder bzw. Warthe. Auch für Berlin war der Anschluß über den Oder-Spree- und den Oder-Havel-Kanal nach Schlesien auf der einen und Stettin/Ostsee auf der anderen Seite von großer wirtschaftlicher Bedeutung. Die Kultivierung der Oder schloß schon seit dem ausgehenden Mittelalter den Bau von Poldern mit ein. Die letzten großen Maßnahmen waren die

Erschließung des Oderbruchs vor etwa 250 Jahren und die Errichtung des Poldersystems im unteren Odertal am Beginn des 20. Jhd. Mit dem Ende des zweiten Weltkrieges erfuhr diese Entwicklung eine jähe Unterbrechung. Polder wurden am Kriegsende zerstört und teilweise, wie im gesamten polnischen Teil des unteren Odertals, nicht wieder instand gesetzt. Für Investitionen in die Wasserstraße fehlte der Ansporn. Mit der Intensivierung der Landwirtschaft und der Modernisierung von Industrie und Haushalten nahmen die Nähr- und Schadstoffeneinträge exponentiell zu – für entsprechende Investitionen in Kläranlagen fehlte jedoch das Geld, so daß die Belastung der Oder dramatische Ausmaße annahm. Die Folgen waren drastische Einbußen beim Fischfang, große Schwierigkeiten bei der Bereitstellung von Brauch- und Trinkwasser sowie der Niedergang von Schifffahrt und Erholung. Profitiert haben lediglich einige Bereiche der Natur, da sich die an anderen mittel- und westeuropäischen Flüssen weitgehend verschwundenen Auenlandschaften in beachtenswerten Ausmaßen erhalten oder renaturiert haben. Dies ist, von wenigen Veränderungen abgesehen, die speziell die Verbesserung der Wassergüte und die Etablierung von großflächigen Schutzgebieten betreffen, noch zehn Jahre nach der Wende der Istzustand. An der Oder stehen die großen Veränderungen noch ins Haus. Besonders gilt das für eine deutliche Verminderung der Nähr- und Schadstoffracht, für einen effektiven, integrierten Hochwasserschutz sowie für den Erhalt oder gar die Vermehrung/Verbesserung der naturnahen bis natürlichen Flußabschnitte. Diese Ziele müssen untereinander und mit den unterschiedlichsten Nutzungsansprüchen, die wieder an den Fluß gestellt werden (Schiffahrt, Erholung, Fischerei, Kies, Land- und Forstwirtschaft, Siedlung u. a.), in Einklang gebracht werden.

Die Oder heute

Egal von welchem Standpunkt aus man die Oder betrachtet, sie erfüllt in keiner Weise moderne Ansprüche an einen mitteleuropäischen Fluß. Lediglich in der Naturausstattung braucht sie den Vergleich mit anderen Flüssen nicht zu scheuen. Dies trifft ausdrücklich nicht für den limnischen Bereich zu. Trotz des Baus von vielen Kläranlagen und dem Niedergang ganzer Industriezweige innerhalb der letzten zehn Jahre, ist die Wasserqualität und damit das natürliche Potential der daran gebundenen Lebewelt weit von einem befriedigenden Zustand entfernt. Abgesehen von den ersten Quellkilometern im tschechischen Odergebirge weist die Oder nur die (polnischen) Wassergüteklassen drei und vier (stark verschmutzt) auf. Dies hat nicht nur einschneidende Konsequenzen für Fischerei, Erholung, Trink- und Brauchwasserbereitstellung im Odereinzugsgebiet, sondern über den Eintrag in die Ostsee noch viel weitreichendere Folgen. Bisher wird die Oder wie auch ihre Nebenflüsse im großen Stile zur Abwasserableitung mißbraucht. Kläranlagen ganzer Industriezweige sind völlig unzulänglich oder fehlen ganz. Selbst Großstädte im Odereinzugsgebiet leiten ihre Abwässer zu großen Teilen ungereinigt ein. In Kleinstädten, Dörfern oder Einzelgehöften ist dies geradezu Standard. Die Aufwendungen, die nötig sind, um eine nachhaltige Wassernutzung sicherzustellen und dem HELCOM-Abkommen zu genügen sind gewaltig und liegen bei mehreren Milliarden Euro. In einem ersten Schritt, dem von der IKSO beschlossenen Sofortprogramm zum Schutz der Oder 1997–2002, werden mit einem Gesamtvolumen von 1,02 Mrd. Euro insgesamt 138 Kläranlagen mit einer Kapazität von größer 20000 Einwohnergleichwerten oder für Industriebetriebe mit einem Schmutzwasserausstoß von mehr als 1000 m^3 pro Tag neu errichtet oder ertüchtigt. Dadurch verbessert sich die Wasserqualität auf 245,7 Flußkilometern zur Güteklasse 2 und die stark verschmutzten Abschnitte mit der Güteklasse 4 werden sich um 138,8 km verringern. Schon jetzt wird an der Fortschreibung dieses Programmes gearbeitet.

Nach dem verheerenden Hochwasser von 1997 sind zwar viele Deiche repariert, erneuert oder ertüchtigt worden, ein Gesamtkonzept für den Hochwasserschutz an der Oder fehlt aber noch. Alle Analysen weisen darauf hin, daß ein wirksamer und nachhaltiger Hochwasserschutz mit technischen Mittel allein nicht erreicht werden kann. Vielmehr müssen darüber hinaus auch die Instrumente der Raumordnung konsequent eingesetzt werden, um Retentionsflächen zu gewinnen und das Schadenspotential auf gefährdeten Flächen Stück für Stück zu verringern. Es zeichnet sich ab, daß dabei Hochwasser- und Naturschutz durchaus Hand in Hand arbeiten können und beide Aspekte langfristig verbessert werden. Einen beachtlichen ökologischen Wert haben ohne Zweifel die ausgedehnten Auwälder, vor allem am Mittellauf der Oder, naturnahe, wenig oder nicht ausgebaute Flußabschnitte an Ober- und Unterlauf, mit angrenzenden, regelmäßig überschwemmten Wiesenflächen sowie etliche naturnahe Nebenflüsse und Bäche.

Durch jahrzehntelange Vernachlässigung und Umstieg auf andere Transportmittel hat die Oder ihre Bedeutung als Wasserstraße weitgehend verloren. Einigermaßen intakt und relativ leicht zu modernisieren sind lediglich die Strecken im unteren Odertal von Hohensaaten abwärts. Hier sind bei einem Ausbau nur geringe Eingriffe zu erwarten. Viel problematischer, aus ökologischer wie ökonomischer Sicht, würde eine Modernisierung der Wasserstraße an Mittel- und Oberlauf sein – ganz zu schweigen von den immer wieder hervor gekramten Plänen, eine Verbindung zwischen Oder und Donau zu bauen. Wegen der schlechten Wasserqualität und fehlender Infrastruktur spielt die Oder für Erholung, Sport und Tourismus nur eine untergeordnete Rolle, die keinen Vergleich mit der Situation vor 1945 zuläßt. Um das vorhandene Potential auch tatsächlich nutzen zu können, bedarf es einer sehr ausgewogenen Entwicklung unter gleichwertiger Berücksichtigung ökologischer und ökonomischer Belange. Die Oder wird als Wasserstraße nie auch nur annähernd die Bedeutung des Rheines erlangen. Es lohnt also sehr, darüber nachzudenken, wie weit der Ausbau gehen soll. Auf der anderen Seite gibt es keine Chance, den Fluß völlig der Natur zu überlassen.

Abb. 3: Nur die untere Oder scheint über ein bedeutendes Entwicklungspotential als Wasserstraße zu verfügen – Einmündung der Alten Oder bei Hohensaaten.

Irgendwo dazwischen liegt die Gegenwart und irgendwo dazwischen liegt auch die Zukunft!

Internationale Kommission zum Schutz der Oder

Aus naheliegenden geographischen Gründen haben die drei Anliegerländer ganz unterschiedliche Ansprüche an den Fluß. Für Tschechien erlischt eigentlich jegliches Interesse an der Oder, sobald sie die Grenze überfließt – ausgenommen der Vision, einer Schiffbarkeit der Oder bis Ostrau (Ostrava) oder gar weiter bis zur Donau. In Polen macht das Einzugsgebiet der Oder immerhin 30 % des Territoriums aus. Hier leben 13 Millionen Menschen. Für Polen sollte die Oder alles sein: Wasserstraße, Wasserreservoire, Abwasserkanal, Freizeitpark und Naturparadies – und das alles ohne Hochwasserkatastrophen. Eine Strecke lang, entlang der Grenzoder (und Neiße) teilt Deutschland die Wünsche und Ansprüchen Polens an den Fluß. Vierter im Boot ist die Europäische Union, die die verschiedenen Wünsche an den Fluß unter einen Hut bekommen möchte – den einheitlichen Flußgebietsplan, wie ihn die europäische Wasserrah-

Internationale Kommission zum Schutz der Oder (IKSO)

KOMMISSION

Präsident IKSO: Radosław Gawlik			
Polnische Delegation	**Tschechische Delegation**	**Deutsche Delegation**	**Delegation der Europäischen Union**

ARBEITSGRUPPEN

Arbeitsgruppe 1 Aktionsprogramm	**Arbeitsgruppe 2** Außerordentliche Verunreinigungen	**Arbeitsgruppe 3** Rechts- und Organisationsfragen
Arbeitsgruppe 4 Hochwasser	**Arbeitsgruppe 5** Ökologie/Naturschutz	

SEKRETARIAT

menrichtlinie vorschreibt. Dieser Flußgebietsplan wird in nächster Zukunft das einende Ziel der Internationalen Oderschutzkommission sein. Inwieweit die Kommission für die Erarbeitung dieses Planes direkt verantwortlich sein wird, ist noch nicht entschieden. Möglich ist dies aber ohne weiteres.

Noch ist die IKSO ein recht junges Wesen. Schon kurz nach der Wende haben die Bemühungen begonnen, die Kommission zu gründen. Nach vielen Schwierigkeiten wurde dann 1996 endlich der Vertrag durch die Regierungen unterzeichnet und im April 1999 durch die Parlamente ratifiziert. Das dazugehörige Sekretariat, mit Sitz in Breslau/Polen, hat seine Arbeit erst im Frühjahr 2000 vollständig aufgenommen. Trotz dieser Anlaufschwierigkeiten kann die Kommission schon auf eine erfolgreiche Arbeit zurückblicken, da unmittelbar nach Unterzeichnung des Abkommens im Jahre 1996 sich eine vorläufige Kommission konstituierte, die schon einige wichtige Dokumente erarbeitet hat. Ich erwähne:

- Das Sofortprogramm zum Schutz der Oder gegen Verunreinigung 1997–2002
- Das Hochwasser 1997
- Die gemeinsame Strategie und Grundsätze für das „Aktionspropramm Hochwasserschutz im Einzugsgebiet der Oder“
- Der Internationale Warn- und Alarmplan für die Oder

Zum Zeitpunkt der Gründung gab es in der Kommission nur die Arbeitsgruppe 1 (Aktionsprogramm), die sich hauptsächlich mit Fragen der Wasserreinhaltung beschäftigt, die Artbeitsgruppe 2 (Außerordentliche Verunreinigungen) sowie die Arbeitsgruppe 3 (Rechts- und Organisationsfragen). Nach dem Hochwasser von 1997 ist die Arbeitsgruppe 4 (Hochwasser) hinzugekommen und im Frühjahr 1999 wurde als vorläufig letzte die Arbeitsgruppe 5 (Ökologie) gegründet, deren Thema der Natur- und Landschaftsschutz ist.

Es ist durchaus nicht immer leicht, in der Kommission zu konkreten Ergebnissen zu kommen. Schwierigkeiten bereiten nicht nur die unterschiedlichen Sichtweisen auf den Fluß. Unterschiedliche Traditionen und Methoden sind ebenfalls oft große Hemmnisse. Der unterschiedliche Kenntnisstand macht sich besonders im Bereich Ökologie/Naturschutz bemerkbar. Und schließlich setzen die verfügbaren Finanzmittel oft enge Grenzen. Viel wichtiger als die Hemmnisse sind jedoch die vorantreibenden Faktoren. Am wichtigsten ist, wie versichert werden kann, der uneingeschränkte Wille zur Zusammenarbeit. Inzwischen hat sich darüber hinaus zwischen den Akteuren unübersehbar eine ausgesprochen vertrauensvolle Atmosphäre entwickelt, die besonders bei schwierigen Verhandlungen eine große Hilfe ist. Es muß eingestanden werden, daß dabei die zukünftige Mitgliedschaft von Polen und Tschechien in der Europäischen Union eine nicht zu unterschätzende Rolle spielt. Ganz sicher wird die vor wenigen Tagen verabschiedete Europäische Wasserrahmenrichtlinie einen gewaltigen Schub vorwärts bedeuten, da sie viele Dinge ohnehin vorschreibt oder regelt.

Die Oder – ein europäischer Fluß: Ziele und Visionen

Bisher ist es der Kommission zwar schon oft gelungen, sich auf gemeinsame Ziele beim Hochwasserschutz, der Wasserreinhaltung, der Havarievorsorge und auch dem Naturschutz zu einigen und entsprechende Maßnahmen einzuleiten und umzusetzen. Was jedoch noch fehlt, ist eine abgestimmte Entwicklungskonzeption für den ganzen Fluß, die alle Aspekte einbezieht. Je weiter die gemeinsamen Planungen in den einzelnen Teilbereichen vorangetrieben werden, desto mehr macht sich das Fehlen einer solchen Vision bemerkbar. Dies um so mehr, als auch Nutzungsansprüche immer deutlicher formuliert werden. Erwähnt sei das polnische Entwicklungsprogramm „Oder–2006“, das nur unzureichend mit den anderen Oderanliegerstaaten abgestimmt und von Polen nicht in die Verhandlungen der IKSO eingebracht worden ist.

Besonders wichtig wird eine Entwicklungsvision für den Hochwasserschutz werden. Die IKSO hat in ihrem Bericht zum Hochwasser von 1997 unmißverständlich festgestellt, daß ein solches Hochwasser mit den Maßnahmen des technischen Hochwasserschutzes allein nicht zu beherrschen sei. Im Sinne eines integrierten Hochwasserschutzes müssen die Möglichkeiten des natürlichen Wasserrückhaltes, des technischen Hochwasserschutzes, der Hochwasserwarnung und der Hochwasservorsorge effektiv genutzt werden, um die Schäden zu minimieren. Das bedeutet, daß neben den technischen Maßnahmen, die Schaffung von Retentionsflächen unerläßlich ist. Die Frage ist nur, woher nehmen? Als einziger Weg, von Ausnahmen einmal abgesehen, kann das nur gelingen, wenn einer sorgfältigen Planungsphase, eine wirklich konsequente mittel- bis langfristige Umsetzung von raumordnerischen Grundsätzen folgt. Das heißt im Klartext: einige Polder sollten von vorne herein wieder an das natürlich Überflutungsregime angeschlossen und auch in Zukunft ganz von Bebauung und intensiver Landnutzung frei gehalten werden, in anderen Poldern mit wenig Bausubstanz, sollte die Bebauung mittel- bis langfristig reduziert bis ganz beseitigt werden. Und schließlich sollten Polder vorgehalten werden, die im Katastrophenfall trotz vorhandener Bebauung gezielt geflutet werden können, ohne daß größere Schäden entstehen. In diesen Poldern sollten Bauvorhaben strengsten Restriktionen unterliegen. Es ist klar, daß dies ein Programm von Jahrzehnten ist und besser heute als morgen mit seiner Umsetzung begonnen wird. Denn eins haben Abschätzungen deutlich gezeigt, wenn an Ober- und Mittellauf der Oder alle Deiche so ertüchtigt werden, daß sie einem Hochwasserereignis wie 1997 standhalten, dann gibt es am Unterlauf der Oder keine Chance, mit technischen Mittel ein entsprechendes Hochwasser zu beherrschen. Dieses Modell hat noch eine ganz andere, wichtige Komponente. Die an mitteleuropäischen Flüssen so selten gewordenen Auen hätten an der Oder eine reale Chance erhalten oder sogar vermehrt zu werden. Und das möglicherweise trotz der Pläne zum Ausbau einer modernen Wasserstraße.

An der Oder und in ihrem Einzugsgebiet wird sich in den nächsten zehn bis zwanzig Jahren sehr viel verändern. Vieles ist nachzuholen – dies betrifft vor allem die Wasserqualität – und vieles wird modernisiert oder neu errichtet werden – genannt sei das Stichwort Wasserstraße. Schon jetzt macht sich sehr schmerzlich bemerkbar, daß für viele Entscheidungprozesse die nötigen Basisdaten einfach nicht vorhanden sind, von gezielten Untersuchungsprogrammen ganz zu schweigen. Es ist auch nur von begrenztem Nutzen, wenn nur eine Seite entsprechende Daten zur Verfügung stellen kann, für deren Erstellung in den anderen Ländern die entsprechenden Mittel einfach nicht aufgebracht werden können. Wir haben mit großer Befriedigung zur Kenntnis genommen, daß das deutsche Bundesministerium für Bildung und Forschung die Oderforschung verstärkt fördern will und zwar ausdrücklich unter Einbeziehung Polens und Tschechiens. Wir hoffen sehr, daß dieses Beispiel Schule machen wird und ermuntern ausdrücklich dazu.

Wie soll die Oder der Zukunft also aussehen?
- ein Fluß mit sauberem Wasser
- ein Fluß ohne Hochwasserkatastrophen
- ein Fluß mit vielen natürlichen und naturnahen Bereichen
- ein Fluß mit angepaßter Schiffahrt
- ein Fluß als völkerverbindendes Symbol

Fritz Holzwarth

Wasser im 21. Jahrhundert – Handlungsfelder aus der Sicht der Bundespolitik

Wenn ich draußen den Regen sehe, passen die Worte von Adalbert Stifter ganz gut: „Es regnet viele Tropfen, ehe man Einsicht gewinnt, und Jahre vergehen, ehe man weise wird". Dieser Satz passt auch zum Thema, das ich Ihnen zu präsentieren habe: Die Wasserpolitik aus der Sicht des Bundes.

Zehn Jahre erfolgreicher Gewässerschutz in den neuen Ländern

Bevor ich allerdings ins 21. Jahrhundert oder in die Gegenwart blicke, möchte ich einen Blick auf die letzten 10 Jahre des zurückliegenden Jahrhunderts werfen. Mir fiel dieser Tage ein alter Zeitungsartikel in die Hand, und zwar aus der Frankenpost im oberfränkischen Hof vom 10. Februar 1990, wo zu lesen war: „Mit einem Strohbesen fegt Heinz Mittag die klebrige Dreckschicht vom Fischteich in seinem Garten ab. Erst dann sind die Goldfische in der trüben Brühe überhaupt zu erkennen." Dieser Artikel beschreibt eine Situation in der Nähe von Espenhain, 18 km südöstlich von Leipzig, und zeigt exemplarisch, was wir vor 10 Jahren in der alten DDR für eine Umweltsituation gehabt haben. Ich will nicht über die Luftverschmutzung oder die Bodenbelastungen reden. Der Zustand der Umwelt insgesamt war desaströs. Die Gewässerverschmutzungen waren unbeschreiblich. Auf die Wasserpolitik der DDR passt ohne Abstriche das Motto: „Nach uns die Sintflut". Und zwar im wahrsten Sinne des Wortes. Mir ist noch ein Abschnitt aus dem Bericht des runden Tisches vom Januar 1990 in Erinnerung, in dem es heißt, dass auf 8 % der Oberflächengewässer das Bootfahren wegen der Ausgasung von Chemikalien gesundheitsschädlich wäre. Von 10 600 km Wasserläufen waren nur 3 % und von 665 Seen und Talsperren nur 1 % ökologisch intakt. Ca. 45 % der Gewässer waren so stark belastet, dass sie für die Trinkwassergewinnung nicht mehr genutzt werden konnten. In manchen Fällen war die Belastung so hoch, dass keinerlei Nutzung des Wassers mehr möglich war, auch nicht für Bewässerungszwecke oder als Brauchwasser.

Überholte Produktionstechnologien, fehlende oder überalterte Abwasserbehandlungsanlagen, unzureichende Rückhaltung von gefährlichen Stoffen aus dem Abwasser wie z.B. von Schwermetallen, Säuren und Laugen und die Überdüngung in der Landwirtschaft verursachten hohe Schadstoffeinleitungen in die Gewässer.

Eine permanente Grundwasserbelastung insbesondere mit Nitrat führte zu einer Gefährdung der Trinkwasserversorgung. In weiten Bereichen der alten DDR war das Trinkwasser nicht mehr zur Zubereitung von Säuglingsnahrung verwendbar.

Ich spreche dies an, um zu zeigen, welche Wegstrecke wir beim Gewässerschutz zurückgelegt haben und welche unglaubliche Anstrengungen zur Verbesserung des Gewässerschutzes unternommen wurden. Ich denke, dass die Teilnehmer aus Polen oder der Tschechischen Republik Vergleichbares aus ihren Ländern berichten können.

Wenn wir die zurückliegenden 10 Jahre im Zeitraffer Revue passieren lassen, sehen wir erhebliche Verbesserungen an der Oder und an der Elbe. Manche heben hervor, dass es ja noch die Schwarze Elster geben würde. Da sage ich als jemand, der aus Bonn kommt: Wir haben im Ruhrgebiet auch noch die Emscher. Die Belastungen beider Flüsse haben ihre eigene Geschichte in Verbindung mit der Industrieentwicklung in West und Ost. Doch an beiden Flüssen wurden und werden große Anstrengungen unternommen, um die Gewässerqualität zu verbessern. Insofern können wir nicht von einem Spezifikum der neuen Länder sprechen.

Die deutsche Einheit brachte enorme Verbesserungen im Umweltschutz. Und es war eine durchaus schwierige Situation, dass wir das über 40 Jahre entwickelte Umweltrecht der alten Bundesrepublik den neuen Ländern quasi übergestülpt haben. Dies hat einen unglaublichen Druck erzeugt und entspricht keineswegs manchen Forderungen nach großzügigen Anpassungsfristen für die EU-Beitrittskandidaten. Unsere Erfahrungen für diese Frage zu nutzen und die Lektionen, die wir gelernt haben, zu vermitteln, würde helfen, Fehler zu vermeiden und möglichen Fehlentwicklungen gegenzusteuern. Die Entwicklung seit 1989 zeigt, welche Anpassungsleistungen auch im Umweltschutz in den neuen Ländern erbracht wurden, sowohl bezüglich der Investitionen als auch im Gesetzesvollzug. Sicher sind auch Fehler gemacht worden. Und wir sollten nicht vergessen, dass Verbesserungen für die Umwelt auch durch die Schließung maroder Betriebe erreicht wurden. Aber wir sind, wenn wir heute das Erreichte betrachten, einen beachtlichen Schritt weiter.

Und lassen Sie mich einen kurzen Einschub machen, um die Erinnerung wach zu halten. Die menschenverachtende Umweltsituation in der alten DDR war eine treibende Kraft auf dem Weg zur Revolution mit brennenden Kerzen des Jahres 1989. Es waren Umweltgruppen, die zu den treibenden Kräften dieser Veränderung gehörten.

Heute sprechen wir vom Wasser als einer Quelle guter Zusammenarbeit als einem Element das uns eint, an der Oder mit Polen und Tschechien, an der Elbe mit der Tschechischen Republik, mit Österreich und auch mit einem Stück Polen. Der gefallene Eiserne Vorhang hat uns neue Möglichkeiten der Zusammenarbeit im grenzüberschreitenden Gewässerschutz eröffnet.

Nachhaltige Wasserwirtschaft

Für West wie Ost, für Nord wie Süd kam dann noch eine einschneidende Veränderung in der Umweltpolitik, die Erklärung der Konferenz von Rio 1992, die uns u.a. das Konzept ‚Nachhaltigkeit' mit auf den Weg gegeben hat. Dieses Konzept gilt es auch in der Wasserwirtschaft ernsthaft zu thematisieren und zu konkretisieren. Es geht eben nicht nur um Ökologie, sondern auch um Ökonomie und um die sozialen Aspekte. Dieser schillernde Begriff der Nachhaltigkeit, der in der Forstwirtschaft seine klar umrissene Bedeutung hat, stellt uns vor die Aufgabe, die drei Säulen klar zu beschreiben, die Konfliktlinien ausfindig zu machen, Bewertungen vorzunehmen und den Weg zu einem Ausgleich der drei Aspekte zu suchen. Dies sollte sich in der praktischen Wasserpolitik widerspiegeln.

Eine neue Dimension: Die europäische Wasserrahmenrichtlinie

Für die Wasserwirtschaft gibt es, was die Rolle des Bundes in Deutschland angeht, eine etwas komplizierte Situation. Das eigentliche Sagen bei der konkreten Ausgestaltung der Regelungen zum Gewässerschutz haben die Länder. Dem Bund kommt nach der Verfassung lediglich eine Rahmenkompetenz zu. Dies macht einen Spagat zwischen Einheitlichkeit der Wasserpolitik und individuellen Länderregelungen notwendig. Nichtsdestoweniger werden wir von der EU gefordert, gemeinsam, Bund und Länder, die wasserwirtschaftlichen Vorgaben umzusetzen, die von dort auf uns zukommen. Auch hier stehen die Zeichen auf Veränderung durch eine grundlegende Neuordnung der Europäischen Wasserpolitik, denn die wichtigste Vorgabe, und sicher die einschneidendste Veränderung für die Arbeit der nächsten Jahre, wird die Wasserrahmenrichtlinie sein.

1995 kamen die europäischen Institutionen – Rat, Parlament und Kommission überein, eine Überprüfung und Neuordnung von Wasserpolitik und Wassergesetzgebung in Angriff zu nehmen. Die Europäische Kommission nahm entsprechende Arbeiten auf und präsentierte im Februar 1996 die „Mitteilung der Kommission zur Europäischen Wasserpolitik". Mit ihr wurde ein breiter Diskussions- und Konsultationsprozess begonnen, um die Standpunkte von Rat und Parlament, und aller anderen Interessierten kennenzulernen. Ihr folgte Ende Mai 1996 – als Teil dieses Konsultationsprozesses – eine Konferenz der Kommission zur Wasserpolitik, zu der auch Nichtregierungsorganisationen eingeladen waren.

Der Konsultationsprozess war rückblickend betrachtet äußerst erfolgreich und wertvoll. Einerseits ergab sich dabei eine breite Unterstützung der in der Mitteilung dargelegten Grundsätze, andererseits wurden auch wesentliche zusätzliche Gedanken in den Prozess eingebracht. Die Offenheit der Diskussion wurde auch bei der Ausarbeitung des Vorschlages für eine Wasser-Rahmenrichtlinie weitergeführt. Dieser Prozess hat auch einen neuen Stil der Zusammenarbeit zwischen EU-Mitgliedstaaten und der Kommission in Brüssel kreiert und zu einer hohen Akzeptanz der Wasserrahmenrichtlinie in den Mitgliedstaaten geführt.

Die wesentlichen Zielsetzungen dieser Richtlinie sind

- Ausdehnung des Gewässerschutzes auf alle Gewässer, Grundwasser, Oberflächengewässer und Küstengewässer,
- Erhaltung bzw. Erreichung eines zumindest guten Zustandes für diese Gewässer bis spätestens 2015;
- Integrierte Bewirtschaftung der Gewässer auf Grundlage von Flusseinzugsgebieten, aber ohne Eingriffe in Verwaltungsstrukturen der Mitgliedstaaten und ihrer Regionen;

- Kombinierter Ansatz von Emissions- und Immissionsregelungen; in jedem Fall gilt die strengere Regelung;
- Stärkere Beteiligung der Bürger und anderer Interessierter und Betroffener an den Planungsprozessen.
- Kostendeckende Gebühren für Wasser und Abwasser als zusätzlicher Anreiz für einen schonenden Umgang mit Wasser und Gewässern
- Straffung und Vereinfachung der europäischen Wassergesetzgebung.

Der wasserwirtschaftlich-politische Denkansatz der Wasser-Rahmenrichtlinie wird deutlich umfassender sein als im bisherigen Gemeinschaftsrecht: grundsätzlicher Schutz der Gewässer, nicht bloß solcher mit einer bestimmten Nutzung durch den Menschen, wie Badegewässer, Fischgewässer, Gewässer für die Trinkwassergewinnung.

Das vorrangige Ziel der Richtlinie ist die Erreichung eines guten Gewässerzustandes in allen Gewässern bis spätestens 2015. Für Grundwasser bedeutet dies sowohl Güte im physikalisch-chemischen Sinne wie ausreichende Menge (d.h. ein ausgewogenes und nachhaltiges Verhältnis zwischen Grundwasserentnahmen und Anreicherung). Wenn wir das Thema Grundwasser nehmen, sind wir ein sehr reiches Land, aber wir sind auch ein Land mit vielen Problemen. Wenn wir sozusagen die feierlichen Erklärungen zum Thema flächendeckender Grundwasserschutz zur Seite schieben, und die harten Fakten in den Monitoring-Daten betrachten, werden wir auch da in den nächsten Jahren einiges zu tun haben. Für Oberflächengewässer kommt zur Güte im physikalisch-chemischen Sinne noch die ökologische Qualität.

Bei Gewässern, die politische Grenzen von Regionen oder Mitgliedstaaten überschreiten, müssen diese Ziele gemeinsam und kohärent festgelegt werden, wie dies z.B. bereits jetzt am Rhein geschieht.

Zentral wird die Verpflichtung des Mitgliedstaates sein, ein Maßnahmenprogramm zu erstellen und umzusetzen – mit dem Ziel, dass alle Gewässer im jeweiligen Bereich das Ziel eines guten Zustandes erreichen. Maßnahmen werden dort ausgearbeitet und umgesetzt, wo Oberflächengewässer und/oder Grundwässer nicht den Gütezielen entsprechen.

Die Rahmenrichtlinie geht von einer Kombination von Emissions- und Immissionsregelungen aus. In jedem Einzelfall greift die jeweils strengere Regelung.

Das ist ein Punkt, der in langen Diskussionen und durch Zähigkeit in den Verhandlungen auf deutscher Seite in die Richtlinie aufgenommen worden ist. „Kombinierter Ansatz" bedeutet, dass wir nicht nur emissionsseitig bei den Punktquellen etwas tun, sondern dass wir auch fragen, welche Effekte das, was wir emissionsseitig tun, immissionsseitig im Gewässer selber hat.

Diese Richtlinie soll in Europa eine kohärente Wasserpolitik sicherstellen, indem den Mitgliedstaaten eine integrierte Bewirtschaftung des Wassers in Flussgebieten abverlangt wird und ein Dach für alle Wasserrichtlinien schafft.

Die emissionsseitigen europäischen Regelungen bestehen schon weitgehend: Richtlinie kommunale Abwasserbehandlung, Nitrat- und Pestizid-Richtlinien für Gewässerverschmutzungen aus der Landwirtschaft, Richtlinie für die integrierte Vermeidung und Verminderung von Umweltverschmutzungen (IVU-Richtlinie). Für jene Verunreinigungsquellen, für die noch keine emissionsorientierten europäischen Regelungen bestehen, sieht die Wasser-Rahmenrichtlinie Emissionsbegrenzungen auf Basis bester verfügbarer Technik (BVT) vor. Zusätzlich wird besonderer Schutz jenen Gewässern zukommen, die für die Trinkwasserversorgung bestimmt sind.

Der Vorschlag der Kommission soll den Schutz unserer Wasserressourcen auch über andere Mittel sicherstellen, so kostendeckende Preise für Wassernutzungen bis spätestens 2010. Solche kostendeckende Preise sind derzeit in manchen

EU-Mitgliedstaaten seit langem üblich, in anderen dagegen nicht. Bestimmte Ausnahmen und sozialer Ausgleich werden allerdings möglich sein, z.B. um Haushalten ihre Grundver- und Entsorgung zu erschwinglichen Preisen sicherzustellen.

Die Wasser-Rahmenrichtlinie als wesentliches Instrument der neuen europäischen Wasserpolitik ist eine der großen Umweltaufgaben auf europäischer Ebene. Sie trägt der Erkenntnis Rechnung, dass Gewässerprobleme sich nicht an politische oder administrative Grenzen halten, und dass umfassender Gewässerschutz eine europäische Verantwortung ist.

Die Wasser-Rahmenrichtlinie soll für Europa die Voraussetzungen schaffen, sich den Herausforderungen des Wasser- und Gewässerschutzes im neuen Jahrtausend zu stellen.

Diese Wasserrahmenrichtlinie ist eine Chance für uns, der Wasserwirtschaft eine neue Bedeutung zu geben und auch nach außen deutlich zu machen, dass es sich um herausragende Themen handelt.

Neue Herausforderungen: Privatisierung und Liberalisierung in der deutschen Wasserwirtschaft

Über das Thema „Wasserrahmenrichtlinie" hinaus gibt es zwei große Themen, die politisch auch relativ attraktiv sind. Das eine große Thema ist das Thema Privatisierung. Das zweite große Thema ist das Thema Liberalisierung. Meistens werden in der politischen Diskussion beide Themen miteinander vermischt, aber wir sehen nur klar, wenn wir sie sauber voneinander trennen.

Seit einiger Zeit wird kritisiert, dass die Kosten für die Wasserversorgung in Deutschland zu hoch seien und dass die deutsche „Wasserwirtschaft" im Ausland nicht wettbewerbsfähig sei. Als Hauptgründe hierfür werden die kleingliedrige Struktur der Trinkwasserversorgung und die vorwiegend kommunale Eigentümerstruktur mit Versorgungsmonopolen innerhalb der kommunalen Gebietskörperschaft genannt.

Die Kritiker gehen davon aus, dass durch Privatisierung/Liberalisierung der Wettbewerb zunimmt, die damit verbundene Konzentrierung auf wenig große Versorgungsunternehmen generell zu Kostensenkungen führt und die Wettbewerbsfähigkeit der deutschen Wasserversorgungswirtschaft auch im internationalen Bereich erhöht wird.

Neben einer verstärkten Privatisierung der Wasserversorgung wird vor allem eine Liberalisierung des „Wassermarktes" gefordert. Unter Privatisierung wird in diesem Zusammenhang die stärkere Verlagerung der Wasserversorgung auf private Unternehmen verstanden. Liberalisierung bedeutet die Aufhebung der Gebietsmonopole, d.h. die Möglichkeit für Wettbewerber in Versorgungsgebiete einzuleiten bzw. durch Versorgungsgebiete durchzuleiten. Dafür soll § 103 des Gesetzes gegen Wettbewerbsbeschränkungen (GWB) aufgehoben werden, der den Abschluss von Demarkationsverträgen der Wasserversorgungsunternehmen untereinander (Abgrenzung geschlossener Versorgungsgebiete) und von Konzessionsverträgen mit ausschließlichen Wegerechten mit Kommunen erlaubt.

Die Forderungen nach Privatisierung und Liberalisierung sind aus meiner Sicht wie folgt zu bewerten.

In Deutschland bestehen derzeit alle Unternehmensformen nebeneinander, wobei private Unternehmen deutlich in der Minderzahl sind. Die Einbeziehung Privater ist durchaus erwünscht, da Wettbewerb zumindest für Kostenbewusstsein und Kostentransparenz sorgt. Allerdings ist zu berücksichtigen, dass die Kosten der Trinkwasserversorgung in überwiegendem Maße durch die Standortverhältnisse bestimmt sind (Rohwasserbeschaffenheit, Gewinnungssituation, Leitungslänge, Besiedlungsdichte, Geländemorphologie u.ä.). Insofern darf die Wasserversorgung nicht ausschließlich unter Kostengesichtspunkten betrachtet werden, und es ist fraglich, ob verstärkter Wettbewerb generell zu Kostensenkungen führt.

Zu befürchten ist aber, dass die großen standortbedingten Unterschiede in den Gestehungskosten dazu führen, dass kostenintensive Rohwasservorkommen aufgegeben werden und eine Konzentrierung auf günstige Rohwasservorkommen erfolgt, so dass die ortsnahe Wasserversorgung zunehmend aufgegeben wird. Die ortsnahe Wasserversorgung hat aber im Hinblick auf die Schonung des Wasserhaushaltes ökologische Vorteile.

Die Bewirtschaftung des Wasserhaushaltes ist staatliche Aufgabe. Es besteht generell kein Anrecht auf die Erteilung eines Wasserrechtes. Die zulässige Entnahmemenge kann im Einzelfall begrenzt werden, es können auch bestimmte Auflagen erteilt werden. Insofern könnte das wasserrechtliche Instrumentarium grundsätzlich ausreichen, um die ortsnahe Wasserversorgung durchzusetzen. Einige Landeswassergesetze sehen bereits den Vorrang der ortsnahen Wasserversorgung vor.

Es ist allerdings nicht abzusehen, wie im Vollzug das „Regionalprinzip“ durchzusetzen sein wird, wenn auf der anderen Seite starke ökonomische Interessen und Kostengesichtspunkte geltend gemacht werden. Zur Schonung des Wasserhaushalts ist rationelle Wasserverwendung wichtig. Dieses ökologische Erfordernis wird bei rein ökonomischer Betrachtung auf der Strecke bleiben, da die Versorgungsunternehmen primär am Absatz interessiert wären.

Die Verstärkung des Wettbewerbs in der Wasserversorgung unter Kostengesichtspunkten beinhaltet die Gefahr, dass zugunsten der kurzfristigen Rentabilität die Langfristigkeit beim erforderlichen Schutz der Gewässer als Trinkwasserressourcen (Grundwasser) und bei den Investitionen (lange Lebensdauer der Verteilungsnetze) vernachlässigt wird (Generationenvertrag).

Dies könnte dazu führen, dass hinsichtlich der Trinkwasserqualität nur das Notwendigste getan wird, um die Grenzwerte der Trinkwasserverordnung einzuhalten. Diese Stoffe sollen aber im Trinkwasser minimiert werden, da auch durch andere Lebensmittel Schadstoffe aufgenommen werden können (Minimierungsgebot der Trinkwasserverordnung). Eine Vernachlässigung der Netzpflege wegen erhöhten Kostendrucks kann sich u.U. erst langfristig (d.h. nach mehreren Jahrzehnten) auf die Versorgungssicherheit auswirken. Auch könnten anstelle langfristig wirksamer Gewässerschutzmaßnahmen technisch aufwendige Aufbereitungsmaßnahmen Vorrang erhalten, für die erst später bei unmittelbar drohender Überschreitung von Grenzwerten Handlungsbedarf entstünde.

Der Wegfall des § 103 würde die Versorgung einer Gemeinde durch mehrere Versorger möglich machen. Die Durchleitung von Trinkwasser durch oder die Einleitung in die Netze anderer Versorger würde möglich.

Für die Beibehaltung des § 103 GWB sprechen vor allem trinkwasserhygienische Gründe, da z.B. bei Durch- oder Einleitungen unterschiedlicher Wässer Qualitätsproben auftreten können. Dabei spielt auch die Frage der Haftung bei Verstößen gegen die Trinkwasserverordnung eine entscheidende Rolle.

Wenn auch eine Durch- bzw. Einleitung wegen der in der Regel deutlich unterschiedlichen Wasserqualitäten derzeit als wenig realistisch angesehen wird, so ist doch abzusehen, dass durch technische Maßnahmen, wie z.B. verstärkte Chlorung oder Einsatz von Korrosionsinhibitoren, versucht wird, die Durchleitung zu ermöglichen. Damit würde z. B. das Minimierungsgebot der Trinkwasserverordnung unterlaufen.

In der Wasserversorgung betragen die verbrauchsunabhängigen Kosten, vor allem wegen der im Vergleich zum Strom erheblich höheren Kosten für Leitungsbau- und -unterhaltung, bis zu 80%. Die Aufhebung geschlossener Versorgungsgebiete würde dazu führen, dass z.B. kostengünstig zu versorgende Großabnehmer oder Ortsteile von anderen Unternehmen zu geringeren Preisen versorgt werden könnten. Für die verbleibenden Verbraucher (Kleinverbraucher) wären dann Preissteigerungen zu erwarten, da die Netzkosten auf die Kleinverbraucher umgelegt werden müssten.

Wettbewerb kann zur Kostentransparenz und zu einem besseren Kostenbewusstsein einen wesentlichen Beitrag leisten. Privatisierung muss aber mit Augenmaß betrieben werden und darf nicht vordringlich die

Verbesserung der kommunalen Finanzsituation zum Ziel haben. Dies kann sich als kurzsichtig erweisen. Die Gemeinden als für die Trinkwasserversorgung Zuständige müssen bei Verkauf ihrer Anlagen sicherstellen, dass ihnen ausreichend Einwirkungsmöglichkeiten verbleiben, damit nicht langfristig höhere Kosten entstehen. Bevor ernsthaft die Abschaffung des § 103 GWB erwogen wird, ist im Einzelnen zu prüfen, ob und inwieweit die befürchteten nachteiligen Veränderungen eintreten können und wie dies gegebenenfalls verhindert werden kann.

Die globale Wasserfrage

Der Bund hat aber nicht nur Aufgaben, die sich im nationalen Rahmen bewegen. Wir haben auch Aufgaben, und das ist die originäre Zuständigkeit des Bundes, beim Thema Außenvertretung. Das Thema Wasser ist ein wichtiges Element, wo wir in zwei Richtungen unsere Aufgaben wahrzunehmen haben. Eine Richtung ist die Zusammenarbeit in den grenzüberschreitenden Flussgebieten Elbe, Saar, Mosel, Rhein, Oder, Donau. Das ist ein großer Arbeitsbereich, wo wir in unterschiedlichen Positionen sind: Beim einen Oberlieger, beim anderen Unterlieger, was dann auch das Verständnis für die unterschiedlichen Interessenlagen fördert. Der zweite große Arbeitsbereich ist die Frage: Wo können wir unsere gemachten Erfahrungen in dieser Zusammenarbeit, wo können wir Know-how, das wir gesammelt haben, im internationalen Kontext einsetzen und wirksam werden lassen?

Ich möchte nur einige wenige Schlaglichter auf dieses Thema werfen, weil der nachfolgende Redner diese internationalen Aspekte sehr viel stärker herausarbeiten wird. Aber wir sind in der Bundesrepublik und in Mitteleuropa in einer ausgesprochen komfortablen Situation, indem wir eigentlich das Thema Wasserknappheit nicht weiter thematisieren müssen. Und das ist in anderen Regionen dieser Welt eben völlig anders. Robert Maltus hat im Jahr 1798 in seinem Essay über die Bevölkerungsentwicklung geschrieben: Es gibt ein Missverhältnis von Bevölkerungswachstum und Nahrungsspielraum, und damit soziales Elend . Auf unser Thema umformuliert, bedeutet das, wo immer die Bevölkerung zunimmt, sinkt das Pro-Kopf-Angebot an verfügbarem Süßwasser. Hier bin ich mitten in der Diskussion der globalen Wasserfrage. Ausgetrocknete Flüsse und sinkende Grundwasserspiegel sind erste Anzeichen von akutem Wassermangel in vielen Teilen der Welt. Einzelne Länder stoßen immer mehr an die Grenzen ihrer Wasservorräte, was manche Zeitgenossen zu der Einschätzung führt: Wasser ist das Rohöl des 21. Jahrhunderts.

Wie dringlich globale Wasserfrage ist, kann auch daran abgelesen werden, dass der Generalsekretär der Vereinten Nationen in seinem sog. Millenniumsbericht drei Umweltthemen als die Schlüsselthemen für das 21. Jahrhundert ausgearbeitet hat: Klimawechsel, Wasserkrise, und Verlust von fruchtbaren Böden. Klaus Töpfer, der Exekutivsekretär des Umweltprogramms der UN, macht immer wieder deutlich, dass die Wasserfrage eine Quelle für politische Konflikte in Teilen dieser Welt schon ist und in anderen Teilen werden wird. Denn Wasserknappheit bedeutet gleichzeitig Nahrungsmittelknappheit. Für die Produktion von einer Tonne Getreide werden 1 000 Tonnen Süßwasser benötigt. Deshalb spricht man gelegentlich auch vom virtuellen Wassermarkt. Sich darüber Klarheit zu verschaffen und zu sehen, welche Wege die Nahrungsmittel Im- und- Exporte in den letzten Jahren genommen haben, bringt uns zu der Feststellung, eigentlich handeln wir mit Süßwasser. Hier gilt es, mit unseren Erfahrungen, mit unseren technischen Möglichkeiten durch unsere Entwicklungspolitik einen Beitrag zur Lösung der Probleme zu leisten.

Ungefähr zweihundertsechzig Flüsse auf dieser Welt sind grenzüberschreitend, mit ganz anderen Dimensionen als die Oder zum Beispiel. Der Rhein ist ein Rinnsal, wenn wir Flüsse wie den Mekong betrachten. Trotzdem haben wir eine ganze Reihe von Ansatzpunkten, um Erfahrungen auszutauschen.

In die internationale Zusammenarbeit sollten wir unsere Erfahrungen an den grenzüberschreitenden Flüssen einbringen. Ein Blick zurück in die Geschichte zeigt zum Beispiel, dass das Thema Wassermengenmanagement am Rhein durchaus krisenrelevante Dimensionen hatte, wenn wir die Konflikte um das Wasser des Rheines zu Beginn dieses Jahrhunderts betrachten.

Die Zusammenarbeit in Flussgebieten ist ein uraltes Thema. Im Tal der Könige ist in der Grabinschrift bei Ramses dem Dritten zu lesen, was wir heute in der Flussgebietszusammenarbeit als Grundsatz haben. Dort steht: „Niemals habe ich die Wasser des Nils zurückgehalten. Niemals habe ich die Wasser in seinem Fluss behindert. Niemals habe ich den Nil verschmutzt.“

Ich möchte schließen mit einem Zitat zum Wasserkreislauf. In dem Gesang der Geister über dem Wasser bei Goethe finden wir den Kreislaufgedanken sehr schön beschrieben: „Des Menschen Seele gleicht dem Wasser. Vom Himmel kommt es, zum Himmel steigt es, und wieder nieder zur Erde muss es ewig wechselnd."

Arbeitskreis: Oberflächengewässer

Max M. Tilzer

Die synergistische Wirkung von Wasserverknappung und Wasserverschmutzung – ein Kernproblem des 21. Jahrhunderts

Zusammenfassung:
Die Verfügbarkeit von Wasser ist regional sehr ungleich verteilt und deckt sich keinesfalls mit dem jeweiligen Wasserbedarf. Ein Wasserdargebot von unter 1000 m^3 pro Person und Jahr wird als nicht mehr ausreichend angesehen. Wasser hat Lebenserhaltungs- Lebensraum- Regelungs- und Kulturfunktionen, die verschiedene Anforderungen an das Wasser stellen. Durch die meist auftretende Kopplung von Wasserknappheit mit verminderter Wasserqualität wird das bestehende globale Verteilungs-Ungleichgewicht für Süßwasser noch verstärkt.

Im weltweiten Durchschnitt werden etwa 8 % des Süßwassers für private Haushalte, 28 % für die Industrie und 70 % für die Lebensmittelproduktion genutzt. Für die verschiedenen Nutzungsform sind unterschiedliche Wasserqualitäts-Standards erforderlich. Wasser hat größte Bedeutung für die Volksgesundheit, vor allem in der Dritten Welt. Dort sterben jährlich ca. 5 Millionen an wasserbürtigen Krankheiten. Die Lebenraumfunktionen von Wasser werden durch Überdüngung, Schadstoffeintrag, Versauerung und durch Einführung bestandsfremder Arten beeinträchtigt, wodurch auch die Nutzungmöglichkeiten von wäßrigen Ökosystemen eingeschränkt werden. Künstliche Bewässerung trägt wesentlich zur Erhöhung der landwirtschaftlichen Produktion bei. Etwa 40 % der an Land produzierten Lebensmittel werden auf bewässerten Landflächen produziert, die lediglich 18 % der insgesamt landwirtschaftlich genutzten Landfläche ausmachen. Daher ist die Verfügbarkeit von Süßwasser untrennbar mit der Lebensmittlversorgung verknüpft. Lediglich die Nutzung erneuerbarem Wassers ist nachhaltig. Eine Maximierung der Nutzungseffizienz kann durch die Minimierung von Verlusten und durch die Einhaltung einer der jeweiligen Nutzung entsprechenden Wasserqualität erreicht werden. Das größte Einsparpotential für Süßwasser besteht in der Landwirtschaft durch die Einrichtung verlustarmer Bewässerungstechniken und die Nutzung von gereinigtem Brauchwasser für die Bewässerung.

Die Versorgung mit Süßwasser von ausreichende Menge und Qualität gehört zu den fundamentalen Menschenrechten. Die Lösung der globalen Wasserkrise ist dabei nicht so sehr eine Frage der Technologie, sondern der Organisation, der Wirtschaftskraft und des politischen Willens.

1. Einleitung

Die Verfügbarkeit von Trinkwasser stößt an ihre Grenzen. Zwei Milliarden Menschen sind ohne Zugang zu ausreichend Trink- und Sanitärwasser [1,2]. Jeder zweite Mensch in den Entwicklungsländern leidet an wasserbürtigen Krankheiten. Pro Jahr sterben etwa 5 Millionen Menschen in Entwicklungsländern an Krankheiten, die mit der Verunreinigung von Trinkwasser und der Ausbreitung anderer wasserbürtiger Krankheiten im Zusammenhang stehen. Weltweit werden nur etwa 5 % allen Abwassers einem Reinigungsprozeß unterzogen. Etwa 70 % allen Süßwassers wird für die Erzeugung von Lebensmitteln verwendet [1]. Es wird damit gerechnet, daß bedeutende regionale Konflikte im 21 Jahrhundert nicht um Energiequellen oder andere Ressourcen ausgefochten werden, sondern um die Verfügbaren Süßwasserressourcen. Aus allen diesen Gründen stellt die Bereitstellung von Wasser in ausreichender Menge und Qualität eine der größten Herausforderung an das 21. Jahrhundert dar [3].

Dabei sind vor allen die folgenden Probleme zu beachten:

- Die *Verfügbarkeit von Wasser* deckt sich keinesfalls mit dem Bedarf der Bevölkerung. Das Wasserpotential eines Landes ist durch die natürlich sich erneuernde Wassermenge definiert, die im Durchschnitt pro Einwohner und Jahr zur Verfügung steht.
- Wie bei allen lebensnotwendigen Ressourcen ist der Wasserbedarf durch das Produkt Bevölkerungszahl x pro Kopfverbrauch definiert. Gerade in jenen Ländern, deren Bevölkerung am stärksten wächst, ist das Wasserdargebot am geringsten. So ist etwa der Pro-Kopf-Verbrauch an Wasser in den USA 70 x so hoch wie in Ghana. Zwischen den USA und Benin, wo pro Person und Tag lediglich 4 Lliter zur Ver-

fügung stehen, ist das Verhältnis gar 160 : 1 [4]!. Das Problem besteht daher darin, daß gerade in jenen Regionen, in denen das größte Bevölkerungswachstum herrscht, auch der größte Nachholbedarf im Hinblick auf die Versorgung mit Süßwasser besteht[1] [4]. Es wird damit gerechnet, daß der Weltenergieverbrauch sich bis zum Jahr 2025 verdoppeln wird. Wir können davon ausgehen, daß der weltweite Wasserbedarf etwa im selben Maße steigen wird.

Im Vergleich zur Energieproblematik weißt aber die Wasserproblematik einen noch höheren Komplexitätsgrad auf:

(1) *Wasser ist eine nicht substituierbare Ressource*: Während man im Falle der Energie – zumindest theoretisch – durch eine Diversifizierung der Energiequellen (vor allen in Richtung auf erneuerbare Energieträger) und durch Effizienzsteigerung der Energienutzung eine Entschärfung des Problems herbeigeführt werden könnte, gibt es für Wasser keinen Ersatz. Daher ist eine Diversifizierung der Quellen nicht möglich. Als einzige Strategie bleibt die Steigerung der Nutzungseffizienz.

(2) *Die Wasserverfügbarkeit ist von seiner Qualität abhängig*: Zusätzlich zur Wassermenge spielt die Qualität des Wassers eine entscheidende Rolle. Wasser unzureichender Qualität kann durch den Menschen nicht genutzt werden, wobei die Qualitätsanforderungen für verschiedene Nutzungsformen sich voneinander unterscheiden. Die Verfügbarkeit von Wasser kann daher nicht ausschließlich durch das Mengendargebot definiert werden. In der Regel ist die Wasserqualität gerade in jenen Ländern am schlechtesten, in denen auch die geringsten Mengen zur Verfügung stehen.

(3) *Wasser kann nicht über große Entfernungen transportiert werden*: Während Versorgungsengpässe und -überschüsse von Elektrizität zumindest theoretisch ohne Zeitverzögerungen kontinentweit Leitungs-Verbundsysteme ausgeglichen werden können, ist die Möglichkeit des Transports von Süßwasser über weite Strecken stark eingeschränkt. Dieser erfordert eine extrem aufwendige Infrastruktur (Leitungssysteme, Rückhaltebecken, kontinuierliche Qualitäts-Überwachung, Maßnahmen zur Aufrechterhaltung der Wassserqualität. z.B. durch Nachchlorung). Aus allen diesen Gründen kann Wasser maximal ca. 400 km weit transportiert werden.

(4) *Süßwasser hat eine Mehrzahl von Funktionen*: Die Sicherung bzw. Wiederherstellung bestimmter Wasserfunktionen erfordert spezifische Managementstrategien, die sich zum Teil gegenseitig widersprechen. Die folgenden Wasserfunktionen können unterschieden werden:

- Lebenserhaltungsfunktion: Die Erfordernisse an Wasser zur Deckung unseres physiologischen Wasserbedarfs sowie zur Erzeugung von Lebensmitteln.
- Lebensraumfunktion: Die Bedeutung des Süßwassers als Lebensmedium für die Binnengewässer-Ökosysteme und die in ihnen enthaltenen Pflanzen- und Tierarten.
- Regelungsfunktionen: Die Bedeutung von Wasser für die Kontrolle des Klimas sowie der biogeochemischen Stoffkreisläufe.
- Kulturfunktionen: Die Bedeutung von Wasser für unsere Zivilisation und Kultur. Die Einstellung des Menschen zum Wasser weist starke interkulturelle Unterschiede auf [1].

Würde man die Situation in den Industrieländern des Nordens zum Maßstab nehmen, könnte von einem Wasserproblem kaum die Rede sein: In den letzten drei Jahrzehnten hat sich die Qualität der meisten Oberflächengewässer (Beispiel: Bodensee), aber auch die Trinkwasser Qualität sehr wesentlich verbessert. Dies war allerdings nur durch extrem hohem technischen und organisatorischen Aufwand unter entsprechend hohen finanziellem Einsatz möglich. Weltweit hat das Süßwasserproblem jedoch weiter zugenommen.

2. Wasserverfügbarkeit und Wasserbedarf :

Nur 3,5 % des insgesamt auf der Erde vorhandenen Wassers ist Süßwasser. Lediglich 3 % des insgesamt auf der Erde vorhandenen Süßwassers befindet sich in Oberflächengewässern, die sehr unregelmäßig über die Erde verteilt sind. So befinden sich faßt 20 % des insgesamt in Seen vorhandenen Süßwassers im Baikalsee. Etwa die selbe Wassermenge ist in sämtlichen nordamerikanischen Großen Seen vorhanden [5]. Lediglich das im Umsatz befindliche Wasser kann durch den Menschen genutzt werden. Es ist dies im wesentlichen der Oberflächenabfluß, der pro Jahr weltweit 41.000 km^3 ausmacht. Von diesem Gesamtabfluß, der sich aus den Niederschlägen, auf die Landflächen, abzüglich der Verdunstung ergibt, stehen tatsächlich aber nur zwischen 9.000 und 12.000 km^3 zur Verfügung, der Rest ist aus den verschiedendsten Gründen nicht nutzbar [3]. Diese Größe ist das *erneuerbare Wasserpotential.* Dieses schwankt innerhalb weiter Grenzen, vor allem in Abhängigkeit vom Klima und der Bevölkerungsdichte (Tabelle 1). Weltweit werden derzeit etwa 10 % des vorhandenen Wasserpotentials durch den Menschen genutzt. Von akutem Wassermangel spricht man, wenn pro Person und Jahr insgesamt weniger als 1.000 m^3 zur Verfügung stehen oder 40 % des Wasserpotentials genutzt werden.[2]. Für die Erzeugung von Lebensmitteln werden im weltweiten Durchschnitt 70 % des insgesamt vom Menschen verwendeten Süßwasser genutzt, 23 % durch die Industrie und 8 % durch die privaten Haushalte (Trink- und Sanitärwasser). Die Anteile des Wasserverbrauchs für die verschiedenen Nutzungsformen weisen allerdings erhebliche regionale Unterschiede auf [1]. *Die Nutzung von Süßwasser durch den Menschen ist nur dann nachhaltig, wenn sich diese auf die natürlich erneuerbare Wassermenge beschränkt, die dem natürlichen Abfluß entspricht.*

Tabelle 1: Das Wasserpotential (m^3 person^{-1} Jahr^{-1}), nach [3]}*

Schwerer Wassermangel		Wassermangel		Ausreichend Wasser	
Land	m^3 person^{-1} J^{-1}	Land	m^3 person^{-1} J^{-1}	Land	m^3 person^{-1} J^{-1}
Kuwait	10	*Großbritanien*	1,207	*Indien*	1,882
Libyen	107	*Südafrika*	1,238	*Iran*	2,031
Saudi Aràbien	111	*Somalia*	1,337	*Deutschland*	2,080
Israel	346	*Libanon*	1.463	*U.S.A.*	8,902
Ägypten	851	*Peru*	1,559	*Österreich*	10,998

* Das Wasserpotential ist definiert durch die Menge an Wasser. Welche pro Person und Jahr zur Verfügung steht. Es hängt ab von der jährlichen Niederschlagsmenge, abzüglich der Verdunstung und des Abflusses.

3. Die Bedrohung der globalen Süßwasserressourcen:

In diesem Abschnitt werden die weltweitsam bedeutendsten Bedrohungen der globalen Süßwasserreserven und ihre Folgen für die Menschheit kurz dargestellt.

3.1. Eingriffe in den natürlichen Wasserhaushalt :

Durch Eingriffe in den natürlichen Wasserhaushalt mittels technischer Methoden können lokale Wassermangelsituationen beseitigt oder doch gemildert werden. Derartige Maßnahmen haben jedoch häufig erhebliche Probelme zur Folge, auf Grund derer sie nicht nachhaltig sind. Negative Folgen können sowohl für benachbarte Regionen auftreten (z.B. für stromabwärts gelegeneRegionen) als auch mit zeitlicher Verzögerung im selben Gebiet. Für beides werden wir in der Folge Beispiele geben. [3]

- *Nutzung von fossilem Grundwasser*. Besonders in einigen trockenen Gebieten dieser Erde nutzen einige Länder wesentlich mehr Wasser, als durch den natürlichen Kreislauf bereitgestellt wird. Der größte Teil dieses Fehlbetrags wird durch die Nutzung von fossilem Grundwasser gedeckt. In Tiefen von ca. 1.000 m befinden auch in extrem trockenen Gebieten große Grundwasservorräte, die aus erdgeschichtlichen Perioden mit feuchterem Klima stammen (fossiles Grundwasser). In Saudi Arabien wird fossiles Grundwasser für den Anbau von Getreide in großem Stile genutzt. Dieses wurde mit Kosten, die dem achtfachen Weltmarktpreis entsprachen, produziert und für den Export massiv subventioniert. Seit Anfang der 90er Jahre wurde die Subventionierung allerdings wieder zurückgenommen [7]. Auch in Libyen gibt es Großprojekte zur Ausbeutung des unter der Sahara gespeicherten fossilen Grundwassers [4]. Würde sämtliches Irrigationswasser in Ägypten (1,4 Meter pro Jahr) aus fossilem Grundwasser bezogen, wäre dieses etwa in 20 Jahren erschöpft [6].
- *Staudamm-Projekte*: Weltweit gibt es etwa 40.000 Staudämme. Sie dienen zur Energiegewinnung und zur Bereitstellung von Oberflächenwasser für landwirtschaftliche Bewässerung sowie für den häuslichen Wasserbedarf großer Siedlungen. Die Errichtung von Staudämmen hat insbesondere in Trockengebieten zahlreiche Probleme zur Folge:

– Erhöhung der Wasserverluste durch *Verdunstung*

– Ablagerungen von *Sedimenten* im Staubecken, damit Ausbleiben der natürlichen Düngung der stromabwärts gelegenen Gebiete.

– *Zerstörung wertvoller Ökosysteme* und Auslöschung von biologischen Arten[4]

– Zerstörung kostbaren *Kulturerbes* (Nasser-Staudamm, Drei-Schluchten-Projekt, Atatürk-Staudamm).

– *Gefahr von Dammbrüchen*: Im Falle des 1990 begonnenen Atatürk-Staudamms besteht zusätzlich noch die Gefahr einer Großkatastrophe im Falle eines Erdbebens, da dieser in einer Zone mit hoher seismischer Aktivität liegt.
– *Gefahr internationaler Konflikte*: Durch die erhöhte Wasserverdunstung wird stromabwärts gelegenen Ländern Wasser entzogen (Ägypten durch mögliche Baumaßnahmen in Äthiopien und Sudan; Syrien und Irak durch den Atatürk Staudamm in der Türkei).

• *Bewässerungsprojekte:* Die Zerstörung des Aralsee-Ökosystems und in der Folge der Lebensgrundlagen für die Bevölkerung in diesem Gebiet ist wahrscheinlich die bisher größte vom Menschen ausgelöste Umweltkatastrophe [8]. Die Hauptzubringer des Aralsees (Syr-Darya und Amu-Darya) werden für die Bewässerung von Baumwollplantagen genutzt.[5] Als Folge kam der Wasserzufluss in den Aralsee praktisch zum Erliegen. Seit 1960 sind als Folgen am Aralsee eine Vielzahl von Veränderungen mit katastrophalen ökologischen und wirtschaftlichen Auswirkungen zu verzeichnen:
– Abnahme der *Seeoberfläche* um 60 %, des Wasservolumens um 80 %,
– Zunahme des *Salzgehalts* auf das fünffache. (von 10 auf 45 g l^{-1}),
– Zusammenbruch der *Fischerei* (ursprünglich 44.000 Tonnen pro Jahr) infolge der Versalzung,
– Zusammenbruch der Landwirtschaft durch Bodenversalzung,
– Veränderung des Klimas, insbesondere die Zunahme von Sandstürmen,

Tabelle 2: Nicht nachhaltige Wassernutzung in Ländern mit akutem Wassermangel. Quelle [3]

Land	Wasserverbrauch (% der erneuerbaren Vorräte)
Vereinigte Arabische Emirate	1.405 %
Saudi Arabien	709 %
Libyen	374 %
Qatar	174 %
Jemen	135 %
Jordanien, Israel	110 %

– Verschlechterung der Lebensbedingungen für die lokale Bevölkerung einschließlich der Zunahme von Erkrankungen.

3.2. Bedrohung der Lebensraumfunktionen:
Eine wichtige Voraussetzung für die Nutzbarkeit von Oberflächengewässern ist die Erhaltung der Lebensraumfunktion von Binnengewässer-Ökosystemen. Diese besitzt auch aus ökologischen Gründen sowie aus Gründen des Natur- und Artenschutzes große Bedeutung. Die Lebensraumfunktionen werden vor allem durch Veränderungen der Wasserbilanz und die Zufuhr von Substanzen sowie durch direkte Eingriffe in die betroffenen Ökosysteme beeinträchtigt.

- *Eutrophierung*: Unter Eutrophierung versteht man die Überdüngung eines Gewässers in Folge der Zufuhr von Nährstoffen aus dem Einzugsgebiet [9]. Als Folge der Eutrophierung kommt es zur einer Verringerung der Wasserqualität, vor allem zu einem Schwund des Sauerstoffs im Tiefenwasser. In Extremfällen kommt es zur Freisetzung von toxischen Substanzen, insbesondere durch Cyanobakterien [11], die Neurotoxine und Lebertoxine freisetzen. Des weiteren kommt es zur Abscheidung übelriechender Ausscheidungsprodukte von Planktonalgen. Als Ergebnis sind mehrere Nutzungsfunktionen von Gewässern beeinträchtigt: Der Sauerstoffschwund gefährdet die Fischerei, insbesondere von kälteliebenden als Speisefische besonders geschätzten lachsartigen Fischen. Die Freisetzung von Algentoxinen beeinträchtigt die Erholungsnutzung und hat Gesundheitsrisiken zur Folge [10]. Übelriechende Substanzen beeinträchtigen die Nutzung als Trinkwasserspeicher [11, 12]. In den Industrieländern hat sich durch die Elimination von Phosphor aus Abwässern die Qualität der Oberflächengewässer in den letzten 2–3 Jahrzehnten wieder stark verbessert. Im Gegensatz dazu verschärft sich das Problem der Gewässereutrophierung in weniger entwickelten tropischen Ländern weiter.
- *Gewässerverschmutzung und -vergiftung*: Die Gewässerverschmutzung rührt von Schädlingsbekmöpfungsmitteln (Pestiziden), Schwermetallen, hormonell wirksamen Stoffen, radioaktiven Stoffen[6], toxischen Substanzen sowie von pathogenen Keimen und Parasiten her. Persistente organische Stoffe (POPs) können bei geringen Konzentrationen bereits das endokrine System von Wassertieren beeinflussen und Einfluß auf die Fortpflanzung und Entwicklung von Wasserorganismen

haben. Besonders schwerwiegend ist die Anreicherung (Bio-Akkumulation) von Schadstoffen. Toxische Verunreinigungen verringern die Nutzbarkeit von Süßwasser für die Trinkwassergewinnung. So können nur noch 3 % der über 8.000 Kilometer langen Uferlinie der nordamerikanischen Großen Seen für die Entnahme von Trinkwasser genutzt werden [11]. Im Februar 2000 kam es an den Flüssen Theiss und Szamos im ungarisch-rumänisch-jugoslawischen Grenzgebiet zu einem Umweltdesaster größten Ausmaßes durch die Freisetzung von hochgiftigen Cyaniden aus einem Berwerksbetrieb. Es ist damit zu rechnen, daß für viele Jahre die Lebensgemeinschaften der betroffenen Flüsse auf das schwerste in Mitleidenschaft gezogen sind. Die Trinkwasserversorgung von Belgrad und zahlreicher kleinerer Städte war betroffen. Etwa 6 Wochen nach diesem Desaster kam es infolge der Schneeschmelze und starkem Regen zu einem Eintrag von stark verschmutzem Schlamm mit hohen Konzentrationen von Blei, Kupfer und Cadmium.[7]

- *Versauerung von Gewässern*: Industrieabgase, insbesondere schwefel- und stickstoffhaltige Gase, vor allem aus der Verbrennung fossiler Brennstoffe herrühren, werden über die Niederschläge Oberflächengewässern zugeführt. In Gebieten mit elektrolydarmen Gesteinen kommt es in der Folge wegen der geringen Pufferkapazität des Wassers zur Versauerung.[8] Als Folge kann der Ionenhaushalt von Wasserorganismen beeinträchtigt werden. In Extremfällen kommt es zum Absterben von Wasserorganismen. Fische sind hierbei besonders betroffen. Außerdem werden toxische Metallionen aus Bodensedimenten freigesetzt (vor allem Aluminium, Kupfer, Cadmium, Zink und Blei). Durch Maßnahmen zur Emmissionsminderung von Industrieabgasen ist die Belastung mit Säurebildnern in einigen Ländern (so auch in Deutschland) zurückgegangen. Signifikante Auswirkungen auf Gewässer ist jedoch noch bisher nicht nachweisbar. Es steht zu befürchten, daß es insbesondere in Entwicklungsländern, denen zum Teil zur Deckung des Energiebedarfs minderwertige Brennstoffe (z.B. schwefelhaltige Braunkohle) genutzt werden, mit einer beträchtlichen Zunahme von sauren Regen und damit der Gewässerversauerung zu rechnen ist. Dies gilt insbesondere für China [1].
- *Einführung bestandsfremder Arten*: Bestandsfremde (exotische) Arten breiten sich nach Einwanderung in für sie neue Lebensräume zunächst

explosionsartig aus. Besonders schwerwiegend ist hierbei die Einführung fremder Arten in Gewässerökosysteme mit einem hohen Anteil von endemischen Arten, d.h. von Arten, welche nur in diesem System vorkommen. Ein besonders dramatisches Beispiel ist der Viktoriasee, in welchem der Nilbarsch (*Lates niloticus*) zur Ankurbelung der Fischerei eingeführt wurde und tatsächlich innerhalb weniger Jahre zu einem der wichtigsten Wirtschaftsfaktoren in allen drei Anrainerstaaten (Tanzania, Kenya und Uganda) wurde. Die Einführung des Nilbarsches hatte aber das Massenaussterben eines hohen Anteils der über 300 nur im Viktoriasee heimischen Buntbarscharten (Cichliden) zur Folge. Die Verschlechterung der ökologischen Bedingungen im Viktoriasee, vor allem durch die Eutrophierung [9]als Folge der Verdichtung der Bevölkerung in ufernahen Regionen, führte gemeinsam mit der Überfischung des Nilbarsches zu einem Zusammenbruch der Fischerei [10]. Es ist zu befürchten, daß die Einfuhr fremder Arten auch in anderen Seen mit hohem Endemismus zum massenhaften Aussterben biologischer Arten führen könnte. Besonders schwerwiegend wäre dies im Falle des Baikalsees,[10] welcher etwa 2000 endemischen Pflanzen- und Tierarten (über 80% seines gesamten Arteninventars) aufweist [16].[11]

3.3. Wasserverschmutzung und Gesundheit:

Die Wasserqualität hat erhebliche Bedeutung für die Gesundheit. Risiken entstehen sowohl durch die chemische Belastung als auch durch Verkeimung von Wasser.

- *Nitratbelastung von Trinkwasser*: Etwa 25 % des im Dünger enthaltenen Stickstoffs wird ausgewaschen und gelangt in die Gewässer. Neben landwirtschaftlicher Düngung spielen als potentielle Stickstoffquellen auch häusliche Abwässer sowie Abwässer aus Massentierhaltungen eine Rolle. Kleinkinder mit einem Alter von unter 6 Monaten können durch überhöhte Nitratkonzentrationen gefährdet werden, da bei ihnen der Blutfarbstoff Hämoglobin, welcher für den Transport des Sauerstoffs im Körper verantwortlich ist, geschädigt wird. Aus diesem Grunde darf im Trinkwasser ein bestimmter Grenzwert für Nitrat (in der EU 50 mg l^{-1}) nicht überschritten werden [1].
- *Wasserbürtige Krankheiten*: Die Verdichtung der Bevölkerung bei gleichzeitig unzureichender Hygiene fördert die Entwicklung wasserbür-

tiger Krankheiten. Auch in Europa und Nordamerika spielten Typhus und Cholera zur Zeit des Wachstums der Großstädte im 19 Jahrhundert eine erhebliche Rolle. Nur der Verbesserung der hygienischen Bedingungen ist es zuzuschreiben, daß diese Krankheiten ausgemerzt werden konnten In den armen Ländern des Südens hingegen breiten sich wasserbürtige Krankheiten weiter aus. Infolge der großen Mobilität werden tropische Krankheiten häufig in Industrieländer eingeschleppt. Die wasserbürtigen Krankheiten lassen sich im Hinblick auf ihre Erreger in drei große Gruppen einteilen:

- Virale Infekte: Die wichtigste über das Wasser übertragene Viruserkrankung ist *Hepatitis A*, von der weltweit etwa 1,4 Millionen Menschen befallen sind. Eine Immunisierung durch Vorbeugung ist möglich, nicht aber eine Behandlung. Hepatitis A tritt weltweit auf.
- Bakterielle Infektionen: Unter den bakteriellen Infektionen spielt weltweit Typhus die größte Rolle. 2–3 % der Typhuserkrankten scheiden ihr ganzes Leben Keime aus, die über das Wasser verbreitet werden (Dauerausscheider). Von baktieriellen wasserbürtigen Infektionen ist vor allem der Mangen-Darmtrakt betroffen. Kinder sind besonders gefährdet; Magen- Darmerkrankungen sind ein wichtiger Grund für die hohe Säuglings- und Kindersterblichkeit in den armen Entwicklungsländern. Dabei können bereits sehr einfache Behandlungsmethoden, vor allem die Bekämpfung der Entwässerung und die Ergänzung der verlorenen Elektrolyte, Abhilfe schaffen.[12]
- Parasiteninfektionen: Die weitaus größte Rolle unter den wasserbürtigen Krankheiten spielen Infektionen, die durch tierische Parasiten ausgelöst werden. Diese Erkrankungen sind in der Regel schwer zu beherrschen. Die Erreger weisen meist einen komplizierten Entwicklungszyklus mit Zwischenwirten in Wassertieren auf, der nur schwer zu durchbrechen ist. Maßnahmen zur Bekämpfung der Zwischenwirte in ihrem natürlichen Milieu, vor allem durch DDT, haben häufig verheerende Auswirkungen auf die gesamte Lebensgemeinschaft der betroffenen Gewässer. Die Vorbeugung bzw. kurative Behandlung befallener Patienten durch Chemotherapeutica wird durch häufige Resistenzbildung unter den Erregern und starke Nebenwirkungen der eingesetzten Medikamente erschwert.

Nach Schätzungen der WHO sind gegenwärtig 300–500 Millionen Menschen an *Malaria* erkrankt, die jährlich zwischen 1,5 und 2,7 Tote fordert. Etwa 80 % aller Fälle treten in Afrika auf, daneben sind aber auch Indien, Brasilien, Afghanistan und andere tropische und subtropische Länder betroffen. Durch den Ferntourismus werden zunehmend auch Reisende aus den Industrieländern befallen. In Deutschland treten etwa 1.000 Erkrankungen jährlich auf. Die Malariaerreger (mehrere Arten des einzelligen Sporozoon *Plasmodium*) weisen extreme Anpassungen an den Menschen auf. Die Bekämpfung der Malaria ist nach wie vor außerordentlich schwierig. Neben der Trockenlegung von Sümpfen, die zu einem weltweiten Verlust von Feuchtgebieten geführt hat, werden sowohl die übertragenden Stechmücken bekämpft, als auch der Erreger selber. Nach anfänglichen Erfolgen ist die Malaria wiederum in Vormarsch.[13]

Die *Bilharziose* ist die zweitwichtigste der wasserbürtigen Krankheiten. Sie ist insbesondere in den Tropen (Afrika, östlicher Mittelmeerraum, Arabische Halbinsel und indischer Subkontinent) verbreitet. Mindestens 200 Millionen Menschen sind infiziert. Die Zahl der Erkrankungen nimmt derzeit zu, da die Verbreitung der Krankheit durch Bewässerungsmaßnahmen und Dammbauten, gefördert wird. Die Bilharziose wird durch einen Saugwurm (*Schistosoma*) ausgelöst. Als Zwischenwirt fungiert eine im Flachwasser lebende Schnecke. Die erwachsenen Würmer leben bis zu 15 Jahre. Während dieser Zeit kann eine infizierte Person jedes Gewässer verseuchen, das die als Zwischenwirte fungierende Wasserschneckenart enthält. Man unterscheidet verschiedene Formen der Bilharziose. In schweren Fällen kann die Krankheit zum Tode führen. Zur Bekämpfung werden sowohl Wurmmittel als auch Schnecken-bekämpfungsmittel eingesetzt. Durch das Vermeiden des Badens in Bilharziose infizierten Gewässern kann die Ansteckung vermieden werden.[14]

Etwa 120 Millionen Menschen, davon 96 % in Afrika sind von der *Oncocerkose (Flußblindheit)* betroffen. Die Krankheit wird durch einen parasitischen Wurm ausgelöst, sie führt in zahlreichen Fällen zur Erblindung. Als Zwischenwirt tritt eine im Wasser lebende Kribelmückenlarve (*Simulium*) auf. Seit 1987 wird durch einen deutschen Pharmakonzern ein wirkungsvolles Chemotherapeutikum zur Bekämpfung der Flußblindheit zur Verfügung gestellt. Die Maßnahmen haben zu einer wirkungsvollen Eindämmung der Flußblindheit in Lateinamerika, aber auch in Teilen von Westafrika geführt.

In den letzten zwei Jahrzehnten haben sich insbesondere in Nordamerika zwei einzellige Parasiten (*Giardia* und *Chryptosporidium*) ausgebreitet. Diese über den Stuhl verbreitenden wasserbürtigen Infektionen führen zu fiebrigen Erkrankungen bei Trinken von verseuchtem Wasser. Obwohl die Parasiten in Europa noch wenig verbreitet sind, wird auch in Deutschland das Trinkwasser nach ihnen routinemäßig untersucht.

Insbesondere die Ausbreitung von Krankheiten, die über die Exkremente verbreitet werden, ist sehr wesentlich von der hygienischen Situation abhängig. In zahlreichen der ärmsten Länder stehen bestenfalls Latrinen zur Verfügung. Dies trifft für Afrika aber auch für Bangladesh und Teile von China zu. Grundsätzlich sind die Lösungsoptionen aber günstig. Hingegen sind wasserbürtige Krankheiten infolge von Parsiteninfektionen schwerer zu bekämpfen, da sie in der Regel Eingriffe in die aquatischen Ökosysteme erfordern. Meist ist die vorbeugende oder die kurative Behandlung der betroffenen Personen der beste Weg.

4. Wege zur Lösung der Wasserkrise:

Die Sicherung der Reserven an Süßwasser in ausreichender Menge und Qualität muß die Bewahrung sämtlicher Süßwasserfunktionen gewährleisten. Die Erhaltung oder Wiederherstellung aquatischer Ökosysteme sowie der Qualität von Trink- und Brauchwasser ist technisch möglich. Verfahren zur Verbesserung der Wasserqualität auf allen Ebenen erfordern einen gewissen technischen und organisatorischen Minimalstandard. Sie sind stark vom politischen Willen der jeweiligen Länder abhängig. Derzeit sind auch in relativ wohlhabenden Schwellenländern kaum städtische Kläranlagen vorhanden. Durch die fortschreitende Urbanisierung, vor allem in den armen Ländern des Südens, werden sich voraussichtlich wasserbürtige virale und bakterielle Erkrankungen in naher Zukunft weiter ausbreiten. Das ungebremste Bevölkerungswachstum, die weiterhin zunehmende Disparität zwischen den reichen Ländern des Nordens und den armen Ländern des Südens sowie der Umstand, daß die regionale Verteilung von Süßwasser sich keinesfalls mit den Bedürfnissen der Menschen decken führt dazu, daß die Wasserproblematik sich in den nächsten Jahrzehnten weiter verschärfen wird [3]. Internationale Anstrengungen zur Lösung der Wasserprobleme müssen die Randbedingungen in den am stärksten betroffenen Ländern mit berücksichtigen.

Insbesondere die folgenden Aufgaben sind vordringlich:

- *Nachhaltige Nutzung vorhandener Wasserreserven*: Durch das Bereitstellen angemessener Vorsorgungs-Infrastrukturen, wassersparender Bewässerungs-technik und Wiederverwendung von Brauchwasser überall dort, wo dieses technisch möglich ist, können auch mit vergleichsweise geringem technischen Aufwand Lösungen erzielt werden. Da im weltweiten Durchschnitt etwa 70 % des Süßwassers zur Erzeugung von Lebensmitteln benötigt werden, besteht hier das größte Einsparpotential. Durch Effizienzsteigerung der Wassernutzung (z.B. durch die Einführung wassersparender Bewässerstechniken) alleine sind aber die Engpässe nicht lösbar. Die meisten Länder sind immer noch bestrebt, im Hinblick auf ihre Lebensmittelproduktion autark zu sein. In Gegensatz dazu deckt Israel, welches trotz des traditionell hohen Standards der landwirtschaftlichen Produktion einen nicht unerheblichen Teil seines Lebensmittelbedarfs durch Import. Auf diese Weise konnte der gesamte Pro-Kopf-Wasserverbrauch auf etwa 600 qm pro Einwohner und Jahr gesenkt werden. Für die Erzeugung von einer Tonne Getreide sind 1000 m^3 Wasser erforderlich. Der Wasserverbrauch für die Produktion von Lebensmitteln erhöht sich bei der Produktion von tierischer Nahrung signifikant. Für die Erzeugung von Nahrung mit einem Fleischanteil von etwa 20 % wird etwa doppelt so viel Wasser verbraucht wie für die Produktion von rein pflanzlicher Nahrung [18]. Zur Lösung dieses Dilemmas wäre es sinnvoll, daß Länder mit Wassermangel Lebensmittel in größerem Umfang einführen und der Anteil von Fleisch an der Diät verringert wird. Der Import von Lebensmitteln erfordert allerdings in der Regel harte Devisen, die gerade in armen Entwicklungsländern meist nicht vorhanden sind. Diese Strategie könnte aber von reichen ölproduzierenden Ländern des nahen und Mittleren Ostens wie Libyen und Saudi Arabien verfolgt werden, deren Wassernutzung derzeit nicht nachhaltig ist (vgl. Tabelle 2).
- *Erhaltung bzw. Wiederherstellung der Lebensraumfunktionen*: Auch mit vergleichsweise bescheidenem technischen Aufwand ist vorbeugender Gewässerschutz möglich. Dieser müßte insbesondere darin bestehen, die Zufuhr von Abwasser in Oberflächengewässer auf ein Minimum zu reduzieren. Die Nachsorge (Sanierung) bereits geschädigter Gewässer erfordert in der Regel wesentlich größeren technischen Aufwand.

- *Eingriffe in den hydrologischen Kreislauf* durch Bewässerung bzw. durch die Errichtung von Staudämmen sind schwer rückgängig zu machen. Das derzeit in Bau befindlich Dreischluchten-Projekt, durch welches der Yankzekiang aufgestaut wird, läßt nach übereinstimmender Auffassung zahlreicher Experten eine Vielzahl verheerender Folgen erwarten, die in keinem günstigen Verhältnis zu den Vorteilen stehen.[15] Trotzdem wird das Projekt weiterverfolgt. Obwohl sich unter anderen die Weltbank nicht bereit erklärt hat, das Dreischluchten-Projekt finanziell zu fördern, ist durch zahlreiche internationale Bankenkonsortien sowie durch die Übernahme von Ausfallbürgschaften durch die Industrieländer eine substantielle internationale Unterstützung dieses Projektes erfolgt [16].
- *Nutzer-spezifische Wasserqualitätsstandards*: Die Wasserqualitätsanforderungen an verschiedenen Nutzungsformen sind unterschiedlich. Die von der WHO festgesetzten Wasserqualitäts-Minndeststandards müßten weltweit eingehalten werden. Nur auf diese Weise kann eine nachhaltige Verbesserung der Volksgesundheit erzielt werden. Die Ausbeutung fossiler Grundwasservorräte ist zu vermeiden; die Entnahme muß auf die natürliche Erneuerungsrate dieser Wasserkörper begrenzt werden. Für die landwirtschaftliche Bewässerung ist die Wiederverwendung von aufbereiteten Brauchwasser neben der Einsparung der beste Weg. Die Bereitstellung von Süßwasser durch die Entsalzung von Meerwasser ist außerordentlich energieaufwendig und erfordert erhebliche Investitionen. Lediglich durch die Verwendung erneuerbarer Energie (Photovoltaik) in Ländern, in welchen große Landflächen und reichlich Sonnenlicht zur Verfügung stehen, könnte ein Teil des Süßwasserbedarfs, durch Meerwasserentsalzung gedeckt werden. Dies ist aber bisher in größerem Umfange nur ölexportierenden devisenstarken Ländern wie z.B. für Saudi Arabien möglich.
- *Verteilungsgerechtigkeit durch Interessenausgleich*: Die Vielfalt der Funktionen, die Süßwasser innerhalb der Natursphäre und der Anthroposphäre besitzt, führt häufig dazu, daß die Notwendigkeit besteht, unterschiedliche Funktionen miteinander im Einklang zu bringen, die auf Grund ihrer Anforderungen im Gegensatz zu einander stehen. So ist für die Nutzung eines Sees als Fischereigewässer eine hohe biologische Produktion wünschenswert. Für die Nutzung des Wassers als Rohwasser für die Aufbereitung von Trinkwasser jedoch ist es wün-

schenswert, daß die biologische Produktivität des Gewässers möglichst niedrig ist, da dann der technische Aufwand für die Aufbereitung geringer ist. Auch innerhalb von Einzugsgebieten gibt es häufig unterschiedliche Prioritäten. Die Nutzung eines Gewässers als Erholungsgebiet führt in der Regel zur Notwendigkeit von Baumaßnahmen im Uferbereich und damit zu einer Beeinträchtigung von Lebensgemeinschaften. In Extremfällen kann eine bestimmte Nutzung eines Einzugsgebiets zur Zerstörung eines ganzen Ökosystems führen wie das Beispiel des Aralsees zeigt. Noch schwieriger wird die Situation bei grenzüberschreitenden Gewässern. Unterschiedliche Nutzungsansprüche bzw. die Konkurrenz um Wasserressourcen bergen das Potential internationaler politischer Konflikte. Als Beispiel kann die Nutzung des Jordanwassers, das Atatürk-Staudamm-Projekt oder Probleme der grenzüberschreitenden Umweltverschmutzung (Beispiel Theiss-Donau) gelten.

- Für das Management gesamter Wasser- Einzugsgebiete sind übergreifende Konzepte und – wenn die Einzugsgebiete mehrere Staaten umfassen – zwischenstaatliche Übereinkommen erforderlich. Dabei muß das Bestreben vorherrschen, zwischen unterschiedlichen Nutzungsformen für alle Parteien akzeptable Kompromisslösungen zu finden. Voraussetzung für ein erfolgreiches länderübergreifendes Wassermanagement sind vor allem:
- Abstimmung der Schutzziele,
- Entwicklung und Implementierung eines einheitlichen Wasserqualitäts-Monitoring-Systems
- Entwicklung und Implementierung eines Hochwasser-Frühwarnsystems (bei Flüssen)
- Ständiger Informationsausgleich im Rahmen gemeinsamer Expertenkommissionen.

Es sehr erfolgreiches Beispiel sind die zwischenstaatlichen Abkommen zwischen den USA und Kanada bezüglich der großen Seen. Diese werden seit 1909 durch einen Grenzwasservertrag geregelt. Eine gemeinsame Kommission ist die für alle Fragen der Wasserqualität der großen Seen zuständig. An Rhein und Donau bestehen internationale Übereinkommen, an der Oder ist kürzlich eine internationale Kommission gegründet worden. Die Nutzung des Jordanwassers durch Israel und Jordanien ist ein wichtiger Bestandteil des Friedensvertrages zwischen diesen beiden Ländern. Die Regelungen bezüglich einer angemessenen Wasserversorgung der palästinensischen Bevölkerung ist aber noch keineswegs ausreichend.[17] Es ist zu hoffen, daß auch in anderen Konfliktregionen wie etwa zwischen der Türkei, dem Irak und Syrien in naher Zukunft zwischenstaatliche Übereinkommen getroffen werden können, um internationalen Konflikten vorzubeugen. Möglicherweise könnten die Vereinten Nationen hier eine vermittelnde Rolle spielen.

5. Schlußfolgerungen und Ausblick:

Die Lösung der Wasserkrise ist eine der wichtigsten Voraussetzungen für das Überleben der Menschheit. Dies ist insbesondere vor dem Hintergrund des fortgesetzten und ungebremsten Bevölkerungswachstums in den Ländern der Dritten Welt von Bedeutung.

Im Einzelnen ergeben sich die folgenden Erfordernisse:

- Trinkwasser muß als wichtigstes Lebensmittel in ausreichender Menge und Qualität sichergestellt sein.
- Die Verfügbarkeit von Wasser als Voraussetzung der Lebensmittelerzeugung muß vor allem durch sparsame Bewässerungsmethoden verbessert werden.
- Die Lebensraumfunktion von Süßwasserökosystemen als Reservoire für Nutzwasser, als Quelle für lebende Ressourcen und für andere Nutzungsformen (z.B. Erholung) ist durch Vor- und/oder Nachsorge sicherstellen. Hier gelten vor allem die folgenden Prioritäten:
  - Erhaltung der Wasserbilanz
  - Kontrolle von Einleitungen (Fernhaltung von Abwasser, landwirtschaftlichen Abflüssen, Pesticiden)
  - Nachhaltige Nutzung der lebenden Ressourcen
  - Artenschutz

Die Frage der Nutzung sowie des Schutzes von Süßwasser ist an sich ein regionales Problem, hat aber insofern eine globale Dimension, da die Probleme im Zusammenhang mit der Süßwasserversorgung weltweit auftreten. Gemäß Artikel 25 der allgemeinen Erklärung der Menschenrechte von 1948 und Artikel 11 des Internationalen Paktes über die wirtschaftlichen, sozialen und kulturellen Menschenrechte von 1966 hat jeder Mensch das Recht auf Nahrung, was Trinkwasser mit einschließt [19].

Der wissenschaftliche Beirat der Bundesregierung globale Umweltveränderungen (WBGU) hat die folgenden normativen Leitlinien für einen „*guten Umgang mit Wasser*" formuliert [1]:

1. Die Grundversorgung jetziger Generationen mit Trinkwasser und wasserspezifischen Hygieneleistungen muß sichergestellt werden.
2. Das globale Süßwaserdargebot muß für künftige Generationen erhalten werden, wobei beim Zugriff auf nicht-essentielle fossile Reservoire die langfristige Substitution sicherzustellen ist.
3. Faire Zugangs- und Nutzungsrechte, auch im Hinblick auf grenzüberschreitende Süßwasserressourcen, müssen garantiert werden.
4. Die Schädigung anderer Menschen durch die Beeinflussung der Wasserqualität oder der Ablußcharakteristik (Überflutungen muß vermieden werden.
5. Die kulturelle Identität und die politische Selbstbestimmung im Umgang mit Süßwasser muß beachtet werden.
6. Alle international geschützten Süßwasser bestimmten Ökosysteme müssen in ihrer Gesamtheit bewahrt werden.
7. Die Funktion der übrigen Süßwasser bestimmten Ökosysteme muß auch als Voraussetzung für die nachhaltige Bewirtschaftung dieser Systeme gesichert werden.

Um auf internationaler Ebene die Einhaltung dieser Prinzipien sicherzustellen, hat der WBGU einen globalen Verhaltens Codex zur Umsetzung des Rechts auf Wasser (Weltwassercarta) formuliert. Diese Charta, die als Absichtserklärung und nicht als bindende Übereinkunft verstanden werden will, schreibt die o.g. Grundsätze fest und formuliert Prinzipien für ihre internationale Umsetzung [1].

Literatur:

[1] WBGU (1997): Welt im Wandel. Wege zu einem nachhaltigen Umgang mit Süßwasser. Springer Verlag, 419 pp.

[2] Gleick, P.H. [Ed.](1993): Water in Crisis. A Guide to the World's Fresh Water Resources. Oxford University Press, Oxford.

[3] Engelmann, R, Dye, B. & LeRoy, P. (2000): Mensch, Wasser. Report über die Entwicklung der Weltbevölkerung und die Zukunft der Wasservorräte. Hrsg.on der Deutschen Stiftung Weltbevölkerung, Balance Verlag, 123 S.

[4] Tilzer, M.M. & Khondker, M. (1993): Hypertrophic and polluted freshwater ecosystems: Ecological bases for water resources management. Prof. Int. Symp. Limnol. 25–28 November 1991, Department of Botany, University of Dhaka, Bangladesh, 229 pp.

[5] Wetzel, R.G. (1983): Limnology. 2nd Edition. Saunders, Philadelphia, 767 pp plis References and Index.

[6] James Simpson: Aswan High Dam impacts; Fossil groundwater in North Africa. http://rainbow.ldeo.columbia.edu/ees/SIPA/Lectures/Lecture_6b.html
[7] TED Case Studies (Saudi Arabia Wheat Exports; Atatürk Dam and Environment; Aral Sea Loss and Cotton; Three Gorges Dam; http://www.american.edu/projects/
[8] German Remote Sensing Data Center (DFD)(2000): Background information on the Aral Sea disaster. http://dfd.dlr.de/app/land/aralsee/
[9]Vollenweider, R.A. (1976): Advances in defining critical loading levels for phosphorus in lake eutrophicaltion. Mem. Ist. Ital. Idrobiol. 33: 53–83
[10] Chorus, I, Klein, G., Fastner, J. & Rotard, W. (1991): Off flavors in surface waters – how effective is bank-filtration for their abatement in drinking water ? Water Sci. Technology
[11] Fastner, J., Neumann, U., Wirsing, J., Weckesser, J., Wiedner, C., Nixdorf, B., & Chorus, I. (1997): Microcycstins (Hepatotoxic hepatopewptides) in German freshwater bodies. John Wiley
[12] Chorus, I., Ringelband, U., Schlag, G., & Schmoll, O. [Eds.] (2009): Water, Sanitation, and Health.Schriften des Vereins für Wasser-, Boden- und Lufthygiene 105, 440 S.
[13] Abramowitz, J.N. (1995): Süßwasser: Alles fließt. World Watch (Novermer/Dezember), 30–45.
[14] Anonymus: Summary of the environment catastrophe caused vby the cyabid pollution to the River Tisza, and Hungary's position and action to deal with the subsequant damage. http://www.matra.com.au
[15] Goldschmift, T (1997): Darvins Traumsee. Hachrichten von meiner Forschungsreise nach Afrika. CV.H. Beck, München, 349 S.
[16] Kozhov, M. (1963): Lake Baikal and its life. Junk, Den Haag.
[17] WHO(2000): World Health Organisation Report on Infectious Diseases. Removing obstacles to healthy developmennt. http.//www.who.int/infectious-disease-report/
[18] Zehnder, A. J. B., Schertenleib R., und Jaeger C. (1997): Herausforderung Wasser. EAWAG-Jahresbericht 1997. Dübendorf: 1–7.
[19] McCaffrey, S (1962): A human right to water: Domestic and international implications. Georgetown Internatioanal Law Review 5 (1): 1–24.

Fußnoten:

1 Ein besonders drastisches Beispiel stellt der Gaza-Streifen dar, dessen Bevölkerungsdichte 2.200 Menschen pro Quadratkilometer beträgt und der mit 4,4 % jährlich die weltweit höchste Bevölkerungs-Wachstumsrate aufweist [3].

2 Vgl. Beitrag von J. Alcamo in diesem Heft!

3 Die Verfügbarkeit von Süßwasser wird auch durch den globalen Klimawandel beeinflußt. Es ist zu erwarten, daß in einigen Teilen der Erde mehr Niederschläge fallen werden (z.B. in hohen geographischen Breiten), während sich in anderen Regionen (z.B. Brasilien und Westafrika) die Niederschlagsmenge verringern wird [1].

4 Die Lebensgemeinschaften in Stauhaltungen unterscheiden sich weitgehend von jenen natürlicher Fließgewässer. Dementsprechend werden in Stauhaltungen zahlreichen biologische Arten die Lebensgrundlagen entzogen. Davon sind auch endemische Arten betroffen, d.h. Arten, welche ausschließlich in dem betroffenen Lebensraum vorkommen. Derartige Arten werden durch die Zerstörung ihres natürlichen Lebensraums ausgelöscht. Ein besonderes Problem ergibt sich auch für wandernde Fischarten. Im Falle großer Staudämme sind Fischpässe kaum realisierbar.

5 Die Bewässerung zur Produktion von Baumwolle im Einzugsgebiet des Aralsees hat inzwischen zur Versalzung der Böden und einem Rückgang der Baumwollproduktion geführt.

[6] Im Gefolge der Reaktorkatastrophe von Chernobyl im April 1986 gelangten erhebliche Mengen von ^{137}Cs und ^{134}Cs u.a. auch in die Binnengewässer. Nuch durch den Umstand, daß Tonmineralien Caesium effektiv zu binden vermögen, wurden die Radioisotope relativ rasch dem Stoffkreislauf. entzogen und lagerten sich am Seegrund ab, wie aus Untersuchungen am Bodensee hervorgeht.

[7] In der Zwischenzeit ist es zu einem Rechtsstreit zwischen Ungarn und Rumänien gekommen. Beide beabsichtigen überdies, die australische Firma, welche Eigentümer des verursachenden Bergbaubetriebs ist, zu belangen.

[8] Ein auch politisch schwieriges Problem entsteht dadurch, daß es durch den atmosphärischen Transport von Säurebildern über weite Entfernungen hinweg zu einer räumlichen Entkopplung zwischen Verursachern und Betroffenen kommt. Ein Beispiel hierfür ist die Versauerung der skandinavischen Binnengewässer infolge von atmosphärischen Emissionen aus Mittel- und Westeuropa.

[9] Endemische Arten entstehen vor allem in isolierten Lebensräumen, in welche unter natürlichen Bedingungen Organismen aus benachbarten Ökosystemen nicht einwandern können, wie z.B. auf Inseln. In der Regel ist die Artentzahl auf "Inselstandorten" von der Größe des jeweiligen Bereichs abhängig.

[10] Der hohe Endemismus des Baikalsees steht mit dem hohen geologischen Alter dieses Sees (zwischen 20 und 35 Millionen Jahren) in Zusammenhang.

[11] Neben der Zerstörung von Lebensräumen wird der Einführung bestandsfremder biologischer Arten die größte Schuld an dem derzeit weltweit beobachteten Massensterben von Pflanzen- und Tierarten gegeben.

[12] Cholera, welche im 19. Jahrhundert auch in Verdichtungsräumen von Europa und Nordamerika zu großen Epidemien geführt hatte, spielt heute nur vereinzelt eine Rolle.

[13] Die Vorbeugung bzw. Bekämpfung von Malaria mittels Chemotherapeutica ist durch die Resistenzbildung der Erreger besonders erschwert.Aus diesem Grunde sowie infolge der starken Nebenwirkung ist die medikamentöse Dauerprophylaxe für Personen mit ständigem Infektionsrisiko (d.h. wenn diese in verseuchten Gebieten leben) praktisch unmöglich.

[14] Die Ausbreitung der Bilharziose wurde durch die Errichtung von Staudämmen in tropischen Ländern (Nasser-Damm, Kariba Stausee) stark begünstigt.

[15] Die als mögliche Alternative vorgeschlagene Errichtung mehrerer kleiner Dämme anstelle eines großen, welche wesentlich geringere negative Auswirkungen gehabt hätte, jedoch auch eine geringere Energieproduktion ermöglicht hätte, wurde nicht ernsthaft verfolgt.

[16] Auch die Bundesrepublik Deutschland fördert das Projekt durch Übernahme einer Ausfallbürgschaft (Hermesbürgschaft) für deutsche Lieferfirmen.

[17] Die Nutzung des See Genezareth für die Süßwasserversorgung führte in den letzten Jahren zu einer starken Absenkung des Seespiegels, auch in Jahren mit reichlichem Niederschlag während der Wintermonate. Gleichzeitig traten erhebliche ökologische Probleme auf wie der Zunahme des Salzgehaltes des Sewassers.

Ulrich Irmer

Qualitätsanforderungen an Oberflächengewässer und Grundsätze des Gewässerschutzes

1. Einleitung

Die Bundesrepublik Deutschland ist eines der wasserreichsten Länder der Erde; trotz hoher Bevölkerungsdichte (225 Einwohner pro km^2) und intensiver industrieller Produktion bestehen bei ordnungsgemäßer Bewirtschaftung in der Regel keine Probleme mit der Wassermenge. Hierzu einige Daten: Das Wasserdargebot in Deutschland setzt sich zusammen auf der „Positivseite" aus dem Niederschlagswasser (274 Milliarden m^3) und dem Wasserzufluß von den Oberliegern (94 Milliarden m^3) sowie auf der „Verlustseite" aus dem Oberwasserabfluß zu den Unterliegern (97 Milliarden m^3) und der Verdunstung aus dem Boden und der Pflanzenproduktion (178 Milliarden m^3); es stehen dabei potentiell unter Wahrung der Grundwasserreserven über 100 Milliarden m^3 Wasser für die Wassernutzung zur Verfügung. Genutzt werden davon rund 45 Milliarden m^3, von denen etwa 40 Milliarden m^3 nach Gebrauch wieder abfließen (zum Teil Mehrfachnutzung) und 5 Milliarden m^3 über die Verdunstung in den Wasserkreislauf zurückgelangen. Der größte Teil wird als Kühlwasser von Kraftwerken vorübergehend „verbraucht" (etwa 28 Milliarden m^3), der industrielle Bereich beansprucht rund 10 Milliarden m^3, für die öffentliche Wasserversorgung werden ca. 6 Milliarden m^3 und für die Landwirtschaft knapp 2 Milliarden m^3 benötigt. Für die Trinkwassergewinnung werden überwiegend Grund- und Quellwasser genutzt (73 %), gefolgt von Oberflächenwasser (22 %) und Uferfiltrat (5 %).

Die Bundesrepublik Deutschland verfügt somit über ausreichende Wasservorräte, allerdings werden diese über punktförmige und diffuse Stoffeinträge zum Teil verschmutzt. Negative Folgewirkungen der Verschmutzung sind Schädigungen der aquatischen Lebensgemeinschaften sowie Beeinträchtigungen der Gewässernutzungen, z.B. der Trinkwassergewinnung. Hauptverursacher sind industrielle und kommunale Einleitungen sowie Einträge aus diffusen Quellen, etwa aus der landwirtschaftlichen Praxis und aus dem Kraftfahrzeugverkehr. Die regelmäßige Überwachung der Fließgewässer auf gefährliche Stoffe wie Schwermetalle, chlorierte Kohlenwasserstoffe und Pestizide, Nährstoffverbindungen wie Phosphat und Nitrat sowie sauerstoffzehrende organische Stoffe stellt daher eine wichtige Maßnahme im Gewässerschutz dar. Sie dient vor allem der Identifizierung von Belastungsschwerpunkten und der Kontrolle der Wirksamkeit von Maßnahmen, die zur Verringerung der stofflichen Belastung unserer Gewässer getroffen wurden. Zentrale rechtliche Instrumente zum Schutz unserer Gewässer sind das Wasserhaushaltsgesetz und das Abwasserabgabengesetz.

Zukünftig wird die neue EG-Wasserrahmenrichtlinie die Gewässerbewirtschaftung europaweit bestimmen. Mit der Richtlinie wird ein guter Gewässerzustand angestrebt, wobei neben stofflichen Aspekten auch die Gewässerstruktur als ein entscheidendes den Gewässerzustand prägendes Merkmal in die Bewertung der ökologischen Gewässerqualität eingeht.

Nachfolgend wird ein Überblick über die chemische, biologische und hydromorphologische Beschaffenheit der Fließgewässer in der Bundesrepublik Deutschland gegeben. Ferner werden die Ziele der EG-Wasserrahmenrichtlinie dargestellt und mögliche Schwerpunkte zukünftiger Gewässerschutzmaßnahmen diskutiert.

2. Chemische Gewässerbeschaffenheit

2.1 Entwicklung der stofflichen Belastung (Trends)

Die weitere Verbesserung der Abwasserreinigung in immer mehr Kläranlagen bei Kommunen und Industrie hat in den letzten Jahren zu einem Rückgang der Belastung der Gewässer mit sauerstoffzehrenden organischen Stoffen und mit Ammonium geführt (Tabelle 1). Dadurch stieg der für die Fischfauna lebenswichtige Sauerstoffgehalt in den meisten Gewässern deutlich an. Tabelle 2 gibt exemplarisch einen Überblick über die Entwicklung der Sauerstoffkonzentrationen (Jahresminima) in Donau, Rhein, Weser, Elbe und Oder.

Die verbleibende Stickstoffbelastung ist dennoch beträchtlich, da die Nitratkonzentrationen weiterhin fast unverändert hoch ausfallen

(Haupteintragsquelle ist die Landwirtschaft mit ihren hohen stickstoffhaltigen Düngegaben). Der Einsatz von phosphatfreien Waschmitteln und die Phosphoreliminierung in Kläranlagen führte ab Mitte der 80er

Tabelle 1: Ausgewählte Kenngrößen der großen Fließgewässer (Mittelwerte).

Kenngröße	Gewässer	1975	1980	1985	1990	1995	1998
Abfluß in m^3/s	Donau, Jochenstein	1.580	1.600	1.330	1.240	1.630	1.400
	Rhein, Kleve-Bimmen	2.320	2.580	1.990	1.930	2.850	2.470
	Weser, Bremen		345	275	259	416	452
	Elbe, Schnackenburg			558	447	908	598
	Oder, Hohensaaten		758	504	291	483	384
Chlorid in mg/l	Donau, Jochenstein	14,4	17,3	19,9	14,5	14,3	14,6
	Rhein, Kleve-Bimmen	168	161	193	182	116	122
	Weser, Bremen		794	938	862	303	296
	Elbe, Schnackenburg			250	278	113	147
	Oder, Hohenwutzen		87	135	169	114	92
DOC in mg/l	Donau, Jochenstein					3,1	2,6
	Rhein, Kleve-Bimmen		4,0	4,5	4,1	3,6	2,6
	Weser, Bremen		7	4,9	3,7	4,2	3,8
	Elbe, Schnackenburg			15	10	5,9	5,3
	Oder, Hohenwutzen					5,8	6,3
Ammonium-N in mg/l	Donau, Jochenstein	0,3	0,2	0,2	0,2	0,1	0,1
	Rhein, Kleve-Bimmen	1,2	0,6	0,5	0,2	0,2	0,1
	Weser, Bremen		0,5	0,4	0,2	0,1	0,1
	Elbe, Schnackenburg			3,6	1,5	0,2	0,1
	Oder, Hohenwutzen		0,7	1,2	0,8	0,2	0,1
Nitrat-N in mg/l	Donau, Jochenstein	1,3	2,2	2,5	2,4	2,5	2,1
	Rhein, Kleve-Bimmen	3,0	3,6	4,2	3,9	3,1	3,2
	Weser, Bremen		3,1	6,5	5,0	4,5	4,2
	Elbe, Schnackenburg			3,2	5,1	5,1	4,1
	Oder, Hohenwutzen		3,3	3,0	2,3	2,6	2,5
o-Phosphat-P in mg/l	Donau, Jochenstein	0,12	0,14	0,14	0,06	0,03	0,03
	Rhein, Kleve-Bimmen	0,69	0,22	0,35	0,11	0,09	0,10
	Weser, Bremen		0,30	0,30	0,19	0,06	0,08
	Elbe, Schnackenburg			0,25	0,19	0,07	0,07
	Oder, Hohenwutzen		0,17	0,21	0,18	0,09	0,07
Ges.-Phosphor in mg/l	Donau, Jochenstein		0,18	0,21	0,13	0,11	0,08
	Rhein, Kleve-Bimmen		0,36	0,48	0,22	0,09	0,16
	Weser, Bremen		0,7	0,8	0,4	0,18	0,24
	Elbe, Schnackenburg			0,78	0,71	0,21	0,25
	Oder, Hohenwutzen		0,30	0,45	0,56	0,20	0,14

Quelle: Wasserwirtschaft in Deutschland (BMU), LAWA, UBA-Datenbank QUADAWA

Jahre in den alten und ab 1991 in den neuen Bundesländern hingegen zu einer merklichen Reduzierung der Phosphorkonzentrationen. Auch beim Chlorid und, wie oben ausgeführt, beim organischen Kohlenstoff sind Verbesserungen zu verzeichnen (Tabelle 1).

Auch die Schwermetallbelastung der Flüsse hat insgesamt erheblich abgenommen. Schwermetalle gelangen mit häuslichen und vor allem industriellen Abwässern aber auch über diffuse Eintragspfade (z.B. Bodenerosion) in die Gewässer und reichern sich in Schwebstoffen und Sedimenten an. Probleme entstehen bei zu hohen Schwermetallkonzentrationen, wenn z.B. die zur Freihaltung der Schiffahrtsstrecken ausgebaggerten Sedimente nicht mehr in der Landwirtschaft verwendet werden können. Sie müssen kostspielig auf Deponien abgelagert oder aufbereitet werden.

Tabelle 2: Entwicklung der Sauerstoffkonzentration der großen Fließgewässer 1982–1998, Darstellung: Jahresminima in mg/l.

Jahr	Donau (Jochenstein)	Rhein (Kleve Bimmen)	Weser (Bremen)	Elbe (Schnackenburg)	Oder (Hohenwutzen)
1982	8,7	5,3	2,9	0,9	8,8
1983	8,3	5,3	4,4	0,5	8,0
1984	8,1	5,7	5,5	2,4	6,4
1985	7,0	6,0	5,9	< 0,1	3,9
1986	8,4	5,8	5,9	1,0	4,1
1987	8,7	6,1	7,2	3,9	4,7
1988	8,9	7,1	6,0	2,9	6,1
1989	9,0	8,0	5,8	1,5	4,6
1990	8,1	6,7	3,5	2,6	6,7
1991	9,2	6,9	6,0	5,8	5,9
1992	8,2	7,4	5,6	7,2	7,6
1993	9,2	7,4	4,9	7,0	8,2
1994	9,1	6,5	7,0	8,1	5,5
1995	9,4	7,3	5,9	6,7	7,8
1996	8,8	7,3	6,3	8,6	4,7
1997	9,0	6,7	6,5	8,3	4,9
1998	8,9	6,9	6,9	9,5	8,3

Quelle: Länderarbeitsgemeinschaft Wasser (LAWA), UBA-Datenbank QUADAWA

Tabelle 3 gibt einen Überblick über die zeitliche Entwicklung der Schwermetallbelastung der Flüsse Donau, Rhein, Weser, Elbe und Oder: Deutlich wird für sämtliche dargestellten Schwermetalle – von einigen

Tabelle 3: Zeitliche Entwicklung der Schwermetallbeladung des suspendierten partikulären Materials in mg/kg (Trockenmasse). Dargestellt sind das 50-Perzentil (hell: Rhein*, Weser* 1994–1998, Elbe**, Oder** (1996, 1998: Mittelwert)) bzw. der Maximalwert (schattiert: Donau***, Weser 1988–1992).

Kenngröße	Gewässer	1988	1990	1992	1994	1996	1998
Blei	Donau, Jochenstein	213	110	38	37	33	37
	Rhein, Kleve-Bimmen		110	105	71	83	91
	Weser, Bremen	130	200	220	97	120	150
	Elbe, Schnackenburg	153	215	164	178	156	164
	Oder, Schwedt					149	134
Cadmium	Donau, Jochenstein	0,4	0,7	0,6	0,4	0,3	0,5
	Rhein, Kleve-Bimmen		1,8	1,7	1,2	1,3	1,2
	Weser, Bremen	11,0	9,6	25,0	3,6	2,1	3,9
	Elbe, Schnackenburg	9,7	11,5	14,7	13,0	8,5	8,5
	Oder, Schwedt					7,7	7,2
Chrom	Donau, Jochenstein	53,0	58,0	51,9	46,0	39,0	40,0
	Rhein, Kleve-Bimmen		86,0	80,5	54,0	71,5	68,0
	Weser, Bremen	69,0	86,0	79,0	45,0	48,0	51,0
	Elbe, Schnackenburg	248	304	237	150	140	131
	Oder, Schwedt					126	101
Kupfer	Donau, Jochenstein	49,0	50,0	51,6	47,0	42,0	43,0
	Rhein, Kleve-Bimmen			77,5	55,0	70,0	65,0
	Weser, Bremen	110	85,0	100	42,0	47,0	66,0
	Elbe, Schnackenburg	211	325	276	170	139	139
	Oder, Schwedt					142	119
Nickel	Donau, Jochenstein	41,0	33,3	38,0	46,0	41,0	37,0
	Rhein, Kleve-Bimmen			47,5	43,0	46,5	47,0
	Weser, Bremen	49,0	66,0	83,0	30,0	43,0	50,0
	Elbe, Schnackenburg	67,8	103	64,7	81,1	66,8	61,0
	Oder, Schwedt					65	53,7
Quecksilber	Donau, Jochenstein	0,56	0,40	0,80	0,50	0,20	< 0,10
	Rhein, Kleve-Bimmen		0,60	0,72	0,39	0,58	0,66
	Weser, Bremen	0,58	0,58	0,58	0,28	0,29	0,27
	Elbe, Schnackenburg	16,3	21,1	11,9	7,5	4,1	3,9
	Oder, Schwedt					2,5	1,4
Zink	Donau, Jochenstein	757	280	392	167	209	207
	Rhein, Kleve-Bimmen		540	490	360	435	430
	Weser, Bremen	1.000	990	1.300	470	600	690
	Elbe, Schnackenburg	1.460	2.180	2.340	1.840	1.355	1.560
	Oder, Schwedt					1.314	1.109

* Zentrifuge, ** Absetzbecken (Monatsmischprobe), *** Schwebstoffsammelkasten
Quelle: Wasserwirtschaft in Deutschland (BMU), LAWA, BfG (Berlin), UBA-Datenbank QUADAWA

Ausnahmen abgesehen – eine mehr oder minder ausgeprägte Abnahme der Schwermetallbelastung im Zeitraum 1988–1998. Bei einem Vergleich der Belastungssituation der vier Fließgewässer läßt sich folgendes feststellen: Schwebstoffe der Elbe bei Schnackenburg und der Oder bei Schwedt zeigen eine merklich höhere Belastung mit allen Schwermetallen (insbesondere Quecksilber, Cadmium und Zink) als Schwebstoffe aus der Weser bei Bremen, aus dem Rhein an der deutsch/niederländischen Grenze bei Kleve-Bimmen und aus der Donau bei Jochenstein.

Auch die Belastung mit organischen Schadstoffen ist insgesamt zurückgegangen, zum Beispiel sind merkliche Reduzierungen der Gewässerbelastung mit Trichlormethan (Chloroform) durch den Ersatz von Chlor als Bleichmittel in der Zellstoffindustrie zu verzeichnen. Die Belastung mit Hexachlorbenzol (HCB) hat sich seit Mitte der 90er Jahre an Rhein und Elbe ebenfalls verringert. Die gegenwärtige HCB-Belastung der Fließgewässer, die zur stellenweise Überschreitung der Lebensmittel-Höchstwerte in Fischen führt, ist überwiegend auf bestehende Altlasten, aber auch, wie im Fall der Elbe, auf Vorbelastungen durch die Oberlieger (Tschechische Republik) zurückzuführen. Weitere Problemstoffe sind DDT und Derivate sowie Tetrabutylzinn und Tributylzinn, die in der Elbe trotz rückläufigen Entwicklung der Belastung auch in jüngster Zeit noch in erheblichen Konzentrationen gemessen wurden (Tabelle 4).

2.2 Zielvorgaben für gefährliche Stoffe

Eine von Bund und Ländern erarbeitete „Konzeption zur Ableitung von Zielvorgaben zum Schutz oberirdischer Binnengewässer vor gefährlichen Stoffen“ wurde am 5./6. Mai 1993 von der 40. Umweltministerkonferenz unter dem Vorbehalt der weiteren Erprobung verabschiedet und 1997 von der LAWA publiziert. Auf der Grundlage dieser Konzeption wurden von der Länderarbeitsgemeinschaft Wasser (LAWA) in Zusammenarbeit mit dem Umweltbundesamt – getrennt für einzelne Schutzgüter und Nutzungsarten – für eine Reihe von gefährlichen Stoffen Zielvorgaben abgeleitet und begründet. Bei den Schutzgütern handelt es sich um „Aquatische Lebensgemeinschaften“, „Berufs- und Sportfischerei“, „Schwebstoffe und Sedimente“, „Trinkwasserversorgung“ und „Bewässerung landwirtschaftlich genutzter Flächen“. Bei Einhaltung der Werte ist eine Einschränkung von Nutzungen oder eine Gefährdung der ökolo-

Tabelle 4: Vorkommen organischer Schadstoffe in Rhein und Elbe, gemessen in der Schwebstoffphase (in µg/kg bzw. mg/kg):

	Kleve-Bimmen/Rhein 1998				Schnackenburg/Elbe 1998			
Stoffname	n	Min.	Mittel	Max.	n	Min.	Mittel	Max.
Organische Chlorverbindungen in µg/kg								
1.2-Dichlorbenzol	11	5,6	8,5	14	12	< 0,6	< 0,6	< 0,6
1.3-Dichlorbenzol	11	3,1	4,3	6,7	12	< 0,5	< 0,5	< 0,5
1.4-Dichlorbenzol	11	6,5	9,9	16	9	< 1,1		< 1,1
1. 2. 3-Trichlorbenzol	11	1,1	1,5	1,9	12	< 0,03		6,9
1. 2. 4-Trichlorbenzol	11	5,2	10	15	12	9,0	67	400
1. 3. 5-Trichlorbenzol	11	1,9	3,1	5,7	11	48	150	320
Pentachlorbenzol	11	1,1	1,8	2,5	12	2,7	7,2	14
Hexachlorbenzol	11	7,6	12	17	12	85	250	590
PCB–28	11	1,1	3,5	8,0	12	< 0,02	16	53
PCB–52	11	2,7	3,9	6,4	12	< 0,4	9,4	43
PCB–101	11	5,4	7,6	11,5	12	1,3	5,0	7,4
PCB–118	11	4,1	5,5	7,7	12	1,6	4,3	14
PCB–138	11	13	17	21	12	5,7	12	17
PCB–153	11	11	14	19	12	3,9	8,3	17
PCB–180	11	7,0	8,3	10	12	4,9	8,9	14
Octachlorstyrol	11	< 1	< 1	< 1	12	1,3	5,6	10
Chlor-Pestizide in µg/kg								
a-HCH					12	0,3	12	72
b-HCH					12	9,5	17	28
Lindan					12	< 0,06	2,9	10
PCP					12	< 0,05	< 0,05	< 0,05
4.4'-DDE					12	11	18	29
4.4'-DDD					12	19	72	130
4.4'-DDT					12	< 0,01	15	68
Organische Zinnverbindungen in µg/kg								
Tributylzinn-Kation (TBT)	10	9,6	18	36	12	29	58	83
Triphenylzinn-Kation	10	< 2		18	12	< 3	< 3	< 3
Tetrabutylzinn	10	< 2	< 2	< 2	12	18	64	164
PAK *) in mg/kg								
Fluoranthen	10	0,47	0,70	1,1	10	0,55	1,01	1,20
Benzo-b-fluoranthen	10	0,32	0,45	0,57	10	0,25	0,47	0,56
Benzo-k-fluoranthen	10	0,15	0,22	0,30	10	0,13	0,25	0,30
Benzo-g.h.i-perylen	10	0,30	0,39	0,50	10	0,17	0,37	0,47
Benzo-a-pyren	10	0,31	0,42	0,61	10	0,25	0,43	0,54
Indeno–1. 2. 3-cd-pyren	10	0,16	0,29	0,51	10	0,17	0,37	0,49

*) Polyzyklische aromatische Kohlenwasserstoffe
Quelle: LUA Nordrhein-Westfalen, ARGE Elbe, UBA-Datenbank QUADAWA

gischen Gewässerbeschaffenheit nach dem derzeitigen Stand des Wissens nicht zu befürchten.

Bislang existieren Zielvorgaben für 28 organische Stoffe und 7 Schwermetalle. Auch die Zielvorgaben für Pestizide werden in der wasserwirtschaftlichen Praxis bereits angewandt, allerdings bislang nur für das Schutzgut Trinkwasserversorgung (je PSM-Wirkstoff 0,1 µg/l). Die Zielvorgaben für Pestizide zum Schutz der aquatischen Lebensgemeinschaften sind derzeit noch als vorläufig zu betrachten, da eine Erprobung der Werte im Rahmen der laufenden Arbeiten noch nicht abgeschlossen ist. Sämtliche Zielvorgaben haben eine Anhörung durchlaufen, d.h. sie wurden unter Beteiligung „interessierter Kreise" fachlich abgestimmt. Eine Übersicht über die Zielvorgaben für die 28 gefährlichen organischen Umweltchemikalien (ergänzt um Werte für EDTA und NTA) und die 7 Schwermetalle sowie über die teilweise noch vorläufigen Zielvorgaben für Pestizide geben die Tabellen 5 bis 7.

Die Zielvorgaben für Industriechemikalien, Schwermetalle und Pestizide werden im Rahmen von Arbeiten der Länderarbeitsgemeinschaft Wasser in Kooperation mit dem Umweltbundesamt seit 1990 anhand von Gewässerzustandsdaten regelmäßig auf Einhaltung überprüft (Ist/Soll-Vergleich an den 153 Meßstellen des LAWA-Meßstellennetzes); als Überwachungswert werden Jahreskennwerte, i.d.R. 90-Perzentile verwandt. Bei Überschreitungen der Zielvorgaben werden die Ursachen ermittelt. Hierbei haben sich die Zielvorgaben als wichtiges Instrument zur Beurteilung von Gewässerbelastungen erwiesen. Es können Belastungsquellen und Erfolge von Sanierungsmaßnahmen besser erkannt und Maßnahmen zur Verminderung der Gewässerbelastung vorbereitet werden.

Der Ist/Soll-Vergleich von Gewässerzustandsdaten (Jahreskennwerte) und den Zielvorgaben kennzeichnet die gegenwärtige Belastungssituation der Fließgewässer und gibt Hinweise auf prioritäre Stoffe. Es ergibt sich folgendes Bild (siehe Tabellen 5 und 7):

Bei den **organischen Umweltchemikalien**. (Tabelle 5) sind für 1.4-Dichlorbenzol, Hexachlorbenzol, Nitrobenzol, 3.4-Dichloranilin und EDTA häufiger Überschreitungen der Zielvorgabe an den LAWA-Meßstellen (> 25 % der untersuchten Meßstellen) zu verzeichnen. Vereinzelte Überschreitungen treten bei Dichlormethan, Trichlormethan, 1.2-Dichlorethan, Trichlorethen, Tetrachlorethen, 1. 3. 5-Trichlorbenzol, 3-Chloranilin, 4-Chloranilin und NTA auf. Für weitere 17 Stoffe sind die aufgetrete-

Tabelle 5: Übersicht über die Überschreitung der Zielvorgaben für organische Umweltchemikalien im Zeitraum 1996–1998

Stoff	Zielvorgabe in µg/l		Zielvorgabenüberschreitung				Bestimmungsgrenze > ZV [1)]
	(A)	(T)	0 %	bis 10 %	> 10 – 25 %	> 25 %	
Dichlormethan	10	1		A	T		
Trichlormethan (Chloroform)	0,8	1		A, T			
Tetrachlormethan	7	3	A, T				
1,2-Dichlorethan	2	1		A, T			
1,1,1-Trichlorethan	100	1	A, T				
Trichlorethen	20	1	A	T			
Tetrachlorethen	40	1	A	T			
Hexachlorbutadien	0,5	1	A, T				
1,4-Dichlorbenzol	10	1	A, T			F[2)]	F
1,2,3-Trichlorbenzol	8	1	A, T				
1,3,5-Trichlorbenzol	20	0,1	A	T			
1,2,4-Trichlorbenzol	4	1	A, T				
Hexachlorbenzol	0,01	0,1	T		A	F[3)]	F
Nitrobenzol	0,1	10	T			A	
1-Chlor–2-nitrobenzol	10	1	A, T				
1-Chlor–4-nitrobenzol	30	1	A, T				
1,2-Dichlor–3-nitrobenzol	20	1	A, T				
1,4-Dichlor–2-nitrobenzol	20	1	A, T				
1,2-Dichlor–4-nitrobenzol	20	1	A, T				
2-Nitrotoluol	50	10	A, T				
3-Nitrotoluol	50	10	A, T				
4-Nitrotoluol	70	10	A, T				
4-Chlor–2-nitrotoluol	20	1	A, T				
2-Chlor–4-nitrotoluol		1	T				
2-Chloranilin	3	1	A, T				
3-Chloranilin	1	0,1	A		T		
4-Chloranilin	0,05	0,1			A, T		
3,4-Dichloranilin	0,5	0,1	A			T	
DTPA		10	T				
EDTA		10				T	
NTA		10			T		

1) Bestimmungsgrenze liegt an mindestens 50 % der beprobten Meßstellen oberhalb der Zielvorgabe (Wasserphase); an diesen Meßstellen ist sowohl eine Überschreitung als auch eine Unterschreitung der Zielvorgabe möglich

2) Zielvorgabe Schutzgut „Fischerei“: 0,02 µg/l

3) Zielvorgabe Schutzgut „Fischerei“: 0,001 µg/l bzw. 40 µg/kg im Schwebstoff

T = Schutzgut „Trinkwasserversorgung“, A = Schutzgut „Aquatische Lebensgemeinschaften“, F = Schutzgut „Fischerei“.

nen Konzentrationen als unbedenklich einzustufen. Allerdings ist die Prüfung auf Einhaltung der Zielvorgaben aufgrund einer unzureichend hohen Bestimmungsgrenze insbesondere bei Dichlormethan, 1.2-Dichlorethan, 1.4-Dichlorbenzol, Hexachlorbenzol, Nitrobenzol, 3- und 4-Chloranilin und 3.4-Dichloranilin nicht an allen Meßstellen möglich. Trendmäßig ist im Zeitraum 1993 bis 1998 für Trichlormethan, Trichlorethen und Tetrachlorethen eine Abnahme der Belastung und für EDTA und NTA eher eine gleichbleibende Belastung zu verzeichnen. Mit fortschreitender Reduktion der produktionsbedingten Stoffeinträge hat sich das Schwergewicht der Einträge bei einzelnen Stoffen auf anwendungsbedingte Quellen verlagert, die es weiterhin zu reduzieren gilt.

Die Belastung der Gewässer mit **Schwermetallen**, die anhand von Messungen im Schwebstoff beurteilt wird (Überwachungswert ist das 50-Perzentil), ist insgesamt problematischer. Die Datenerhebung erfolgt vorrangig an größeren und mittleren Gewässern, an denen eine erhöhte Belastung zu erwarten ist. Die jeweils strengste Zielvorgabe für die Schutzgüter „Aquatische Lebensgemeinschaften" und „Schwebstoffe / Sedeimente" (Tabelle 6) wurde 1998 für Zink an 11 %, für Kupfer an 37 %, für Cadmium an 41 %, für Nickel an 59 %, für Blei an 73 %, für Chrom an 76 % und für Quecksilber an 77 % der 70 untersuchten LAWA-Meßstellen eingehalten. Deutlich wird für die 7 Schwermetalle – von einigen Ausnahmen abgesehen – eine mehr oder minder ausgeprägte Abnahme der Schwermetallbelastung im Zeitraum 1988–1998. Auch bei Schwermetallen haben diffuse Quellen einen hohen Anteil am Gesamteintrag. Im Durchschnitt sind etwa die Hälfte aller diffusen Einleitungen auf die Regenabwässer von Straßen und Dächern der Städte zurückzuführen. Die Konzentrationen fast aller Schwermetalle sind im Regenabwasser heute höher als im städtischen Schmutzwasser, dem „eigentlichen" Abwasser.

Tabelle 6: Zielvorgaben für Schwermetalle im Schwebstoff (mg/kg); es bedeuten: A = Schutzgut „Aquatische Lebensgemeinschaften", S = Schutzgut „Schwebstoffe und Sedimente" (jeweils strengste Anforderung)

Stoff	ZV	Schutzgut
Blei	100	A, S
Cadmium	1,2	A
Chrom	100	S
Kupfer	60	S
Nickel	50	S
Quecksilber	0,8	A
Zink	200	S

Tabelle 7: Übersicht über die Überschreitung der Zielvorgaben für Pestizide im Zeitraum 1996–1998

Stoffname	Zielvorgabe AL in µg/l	Zielvorgabenüberschreitung 0%	bis 10%	>10 – 25%	> 25 %	prozentuale Angabe der Überschreitung nicht möglich 1)
2.4-D	2	A		T		
a-Endosulfan	0,005	T			A	
b-Endosulfan	0,005	T		A		
Ametryn	0,5	A	T			
Atrazin	-			T		
Azinphos-methyl	0,01		T		A	
Azinphos-ethyl	-	T				
Bentazon	70	A		T		
Bromacil	0,6	A, T				
Chloridazon	10	A		T		
Chlortoluron	0,4			A, T		
Dichlorprop	10	A		T		
Dichlorvos	0,0006		T			A
Dimethoat	0,2		A	T		
Diuron	0,05				A, T	
Etrimphos	0,004	T			A 2)	
Fenitrothion	0,009	T				A
Fenthion	0,004			A, T		
Hexazinon	0,07		A, T			
Isoproturon	0,3				A, T	
Lindan	0,3	A, T				
Linuron	0,3	A, T				
Malathion	0,02	T		A		
MCPA	2	A		T		
Mecoprop	50	A			T	
Metazachlor	0,4	A	T			
Methabenzthiazuron	2	A	T			
Metolachlor	0,2	A	T			
Parathion-methyl	0,02	T				A
Parathion-ethyl	0,005	T				A
Prometryn	0,5	A, T				
Propazin	-		T			
Simazin	0,1		A, T			
Terbuthylazin	0,5	A	T			
Triazophos	0,03				T 2)	A
Tributylzinn-Kation	0,0001	T		A 2)		
Trifluralin	0,03	A, T				
Triphenylzinn-Kation	0,0005	–				

Zielvorgabe Schutzgut „Trinkwasserversorgung“: 0,1 µg/l
T = Schutzgut „Trinkwasserversorgung“
A = Schutzgut „Aquatische Lebensgemeinschaften“
1) Zielvorgabe überschritten; prozentuale Angabe nicht möglich, da die Bestimmungsgrenze an mindestens 50 % der Meßstellen größer Zielvorgabe ist
2) statistisch nicht gesichert, da Anzahl Meßstellen < 15

Bei den **Pestiziden** stehen die Wirkstoffe im Blickpunkt, deren Eintrag in die Gewässer erwartet werden kann (Produktion, Einsatzmenge). Für den Ist/Soll-Vergleich für 38 potentiell gewässerrelevante Wirkstoffe wurden für das Schutzgut „Trinkwasserversorgung" die beschlossenen Zielvorgaben in Höhe von 0,1 µg/l je Wirkstoff und für das Schutzgut „Aquatische Lebensgemeinschaften" derzeit noch vorläufige Zielvorgaben angewandt (Tabelle 7). Im Zeitraum 1996 bis 1998 wurden die Zielvorgaben für a-Endosulfan, Azinphos-methyl, Diuron, Isoproturon und Mecoprop häufiger überschritten (> 25 % der untersuchten Meßstellen). Bei 27 der 38 Pestizide traten vereinzelt Überschreitungen der Zielvorgaben auf. Nur für 6 Pestizide wurden die Zielvorgaben sowohl für das Schutzgut „Trinkwasserversorgung" als auch für das Schutzgut „Aquatischen Lebensgemeinschaften" an allen untersuchten Meßstellen eingehalten. Da bei den Pestiziden die ermittelten Konzentrationen häufig im Bereich der Bestimmungsgrenze liegen, können nur für relativ wenige Pestizide Aussagen über die Entwicklung der Belastung getroffen werden. Für Atrazin, Simazin und Lindan ist eine Abnahme der Belastung zu verzeichnen. Für Diuron und Isoproturon ist sie hingegen gleichbleibend. Pestizide können produktions- oder anwendungsbedingt (in der Landwirtschaft, auf Industrie- und Verkehrsflächen, im privaten Haus- und Gartenbereich), durch Altlasten und durch unsachgemäße Anwendung und Entsorgung in die Gewässer eingetragen werden. Einträge aus dem landwirtschaftlichen Anwendungsbereich können durch Verwehungen (Abdrift), Abschwemmungen, Auswaschung in Dränagen und das Grundwasser, Verdunstung mit nachfolgender nasser und trockener Deposition (z.B. Lindan) und Abläufe von landwirtschaftlichen Höfen (z.B. nach der Spritzen- oder Fahrzeugreinigung) erfolgen. Es gilt inzwischen als gesichert, daß durch die Reinigung der Spritzen und Fahrzeuge auf den Höfen der an die kommunalen Kläranlagen angeschlossenen landwirtschaftlichen Betriebe sowie durch Tropfverluste der Spritzgeräte auf der Straße bedeutende Pestizidmengen in die Kläranlagen und damit in die Gewässer gelangen können.

2.3 Chemische Gewässergüteklassifikation

Um die Vielzahl der bestehenden Bewertungsansätze zu harmonisieren, wurde von Bund und Ländern eine einheitliche chemische Gewässergüteklassifikation erarbeitet, die in Analogie zur biologischen Gewässergü-

Tabelle 8: Chemische Gewässergüteklassifikation: Beschreibung der Güteklassen

Güteklasse	Bezeichnung
I	anthropogen unbelastet: Geogener Hintergrundwert (bei Naturstoffen) bzw. „Null“ (bei Xenobiotika)
I-II	sehr geringe Belastung: bis halber Wert der Zielvorgabe
II	mäßige Belastung: Einhaltung der Zielvorgabe
II-III	deutliche Belastung: bis zweifacher Wert der Zielvorgabe
III	erhöhte Belastung: bis vierfacher Wert der Zielvorgabe
III-IV	hohe Belastung: bis achtfacher Wert der Zielvorgabe
IV	sehr hohe Belastung: größer achtfacher Wert der Zielvorgabe

teklassifikation 4 Haupt- und 3 Unterklassen aufweist (Tabelle 8). Die Stoffkonzentrationen, die der Güteklasse I entsprechen, charakterisieren einen Zustand ohne anthropogene Beeinträchtigung. Dreh- und Angelpunkt der Klassifikation sind die „Zielvorgaben“ für gefährliche Stoffe: Die jeweils strengste Zielvorgabe für die Schutzgüter aquatische Lebensgemeinschaften, Trinkwasserversorgung, Schwebstoffe/Sedimente und Fischerei definiert die Güteklasse II und damit die angestrebte gute Gewässerqualität. Für alle anderen Kenngrößen (z.B. Nährstoffe) beinhaltet die Güteklasse II aus anderen Bewertungsansätzen resultierende Werte. Die nachfolgenden Klassen bis Klasse III-IV ergeben sich aus der Multiplikation des Zielvorgabenwertes mit dem Faktor 2 in dem siebenstufigen System. Die Güteklasse I-II weist i.d.R. den halben Wert der Zielvorgabe auf, die Güteklasse IV einen größer achtfachen Wert.

Tabelle 9 zeigt beispielhaft die chemische Gewässergüteklassifikation für die Kenngrößen Gesamt-Phosphor und Nitrat-Stickstoff. Für die Eingruppierung in die Klassen werden als Jahreskennwerte 90-Perzentile genutzt.

Die Gesamtphosphor-Konzentrationen halten derzeit nur an wenigen Meßstellen die Güteklasse II in Höhe von 0,15 mg/l ein. Einhaltungen

Tabelle 9: Güteklassifikation für Nährstoffe in mg/l (Überwachungswert 90-Perzentil)

Stoffname	Stoffbezogene chemische Gewässergüteklasse						
	I	I – II	II	II – III	III	III – IV	IV
Nitrat-Stickstoff	≤ 1	≤ 1,5	≤ 2,5	≤ 5	≤ 10	≤ 20	> 20
Gesamt-Phosphor	≤ 0,05	≤ 0,08	≤ 0,15	≤ 0,3	≤ 0,6	≤ 1,2	> 1,2

der Güteklasse II konzentrieren sich auf den süddeutschen Raum, wo hohe Abflüsse die Phosphoreinträge verdünnen, das Bergbaugebiet in der Lausitz, wo eisenhaltige Grubenwässer den Phosphor ausfällen und sedimentieren lassen, sowie auf einige wenige gering belastete Gebiete (Referenzmeßstellen). In 1998 wird die Güteklasse II und besser an 19 % der Meßstellen erreicht. Eine deutliche Belastung (Güteklasse II-III) weisen 37 % der Meßstellen auf, 39 % sind erhöht belastet (Güteklasse III). 7 Meßstellen (Schwarzbach, Nidda, Pleiße, Wipper, Vereinigte Mulde, Hunte und Weser bei Nordenham) weisen eine hohe Belastung (Güteklasse III-IV) auf. Eine sehr hohe Belastung (Güteklasse IV) liegt an keiner Meßstelle vor.

Die Gesamtphosphor-Konzentrationen haben sich in den Fließgewässern durch die Einführung phosphatfreier Waschmittel und den Bau von Phosphatfällungsanlagen deutlich verringert. Beim Rhein und der Weser zeigen sich diese Verbesserungen seit Mitte der 80er, in der Elbe seit Anfang der 90er Jahre. Derzeit ist die Gesamt-P-Belastung in der Elbe und der Weser am höchsten, gefolgt von Oder, Rhein und der Donau.

Auch die Nitrat-N-Konzentrationen halten derzeit nur an wenigen Meßstellen die Güteklasse II in Höhe von 2,5 mg/l ein. Sehr geringe Konzentrationen sind wiederum nur im Alpenvorland bei hohen Abflußspenden, am Rhein bis Mannheim, an der Havel und an den Referenzmeßstellen anzutreffen. In 1998 werden die Güteklasse II und besser an 14 % der Meßstellen erreicht. Eine deutliche Belastung weisen 37 % der Meßstellen auf, 47 % sind erhöht und 4 Meßstellen hoch belastet (Wupper, Stever, Niers und die Aller bei Grafhorst). Eine sehr hohe Belastung liegt an keiner Meßstelle vor.

Die Nitratbelastung der Fließgewässer hat sich seit Mitte der 80er Jahre – sieht man von abflußbedingten Schwankungen ab – nicht wesentlich geändert. Eine Ausnahme ist die Elbe. Hier haben die zwischen 1986 und 1990 beginnenden starken Rückgänge der Ammonium-Konzentrationen zu einem Nitrat-Anstieg geführt (bakterielle Umsetzung von Ammonium zu Nitrat). Am Rhein hat um 1990 ein leichter Rückgang eingesetzt. Derzeit sind die Nitratkonzentrationen in Weser und Elbe am höchsten, gefolgt von Rhein, Oder und Donau.

Die größten Eintragsanteile stammen beim Phosphor aus den kommunalen Kläranlagen und aus erodiertem Bodenmaterial von landwirtschaftlich genutzten Flächen, beim Stickstoff aus dem Eintrag landwirtschaftlicher Stickstoffverluste über das Grundwasser und ebenfalls aus kommunalen Kläranlagen. In diesen Bereichen liegen auch die größten Reduzierungspotentiale.

3. Biologische Gewässerbeschaffenheit

Die biologische Gewässergüte der Fließgewässer der Bundesrepublik Deutschland wird über ein mehrstufiges Beurteilungsraster klassifiziert, welches in erster Linie die Belastung mit organischen, unter Sauerstoffzehrung biologisch abbaubaren Wasserinhaltsstoffen berücksichtigt. Die Einteilung und Darstellung der Gewässergüte beruht dabei auf der Erfassung von für den Grad der Belastung besonders charakteristischen Organismen bzw. Organismenkombinationen, deren Auftreten und Häufigkeit in die Berechnung des Saprobienindexes als Bewertungsgrundlage einfließen. Zusätzlich können chemische Meßgrößen zur Stützung der biologischen Befunde herangezogen werden (Tabelle 10).

Tabelle 10: Die Klassen des Saprobiensystems (Biologische Gewässergütekarte)

Gewässergüteklasse	Farbe	Grad der Belastung	Kurze Definition der Gewässergüteklassen
I	dunkelblau	unbelastet bis sehr gering belastet	Gewässerabschnitte mit reinem, stets annähernd sauerstoffgesättigtem und nährstoffarmen Wasser; geringer Bakteriengehalt; mäßig dicht besiedelt, vorwiegend mit Algen, Moosen, Strudelwürmer und Insektenlarven; sofern sommerkühl, Laichgewässer für Salmoniden.
I–II	hellblau	gering belastet	Gewässerabschnitte mit geringer anorganischer Nährstoffzufuhr und organischer Belastung ohne nennenswerte Sauerstoffzehrung; dicht und meist in großer Artenvielfalt besiedelt; sofern sommerkühl, Salmonidengewässer.
II	dunkelgrün	mäßig belastet	Gewässerabschnitte mit mäßiger Verunreinigung und guter Sauerstoffversorgung; sehr große Artenvielfalt und Individuendichte von Algen, Schnecken, Kleinkrebsen, Insektenlarven; Wasserpflanzenbestände können größere Flächen bedecken; artenreiche Fischgewässer.
II–III	gelbgrün	kritisch belastet	Gewässerabschnitte, deren Belastung mit organischen sauerstoffzehrenden Stoffen einen kritischen Zustand bewirkt; Fischsterben infolge Sauerstoff-

Gewässer-güte-klasse	Farbe	Grad der Belastung	Kurze Definition der Gewässergüteklassen
			mangels möglich; Rückgang der Artenzahl bei Makroorganismen; gewisse Arten neigen zu Massenentwicklung; fädige Algen bilden häufig größere flächendeckende Bestände.
III	gelb	stark verschmutzt	Gewässerabschnitte mit starker organischer, sauerstoffzehrender Verschmutzung und meist niedrigem Sauerstoffgehalt; örtlich Faulschlammablagerungen; Kolonien von fadenförmigen Abwasserbakterien und festsitzenden Wimperntieren übertreffen das Vorkommen von Algen und höheren Pflanzen; nur wenige gegen Sauerstoffmangel unempfindliche tierische Makroorganismen wie Egel und Wasserasseln kommen bisweilen massenhaft vor; mit periodischen Fischsterben ist zu rechnen.
III–IV	orange	sehr stark verschmutzt	Gewässerabschnitte mit weitgehend eingeschränkten Lebensbedingungen durch sehr starke Verschmutzung mit organischen sauerstoffzehrenden Stoffen, oft durch toxische Einflüsse verstärkt; zeitweilig totaler Sauerstoffschwund; Trübung durch Abwasserschwebstoffe; ausgedehnte Faulschlammablagerungen; durch Wimpertierchen, rote Zuckmückenlarven oder Schlammröhrenwürmer dicht besiedelt; Rückgang fadenförmiger Abwasserbakterien; Fische nicht auf Dauer und nur ausnahmsweise anzutreffen.
IV	rot	übermäßig verschmutzt	Gewässerabschnitte mit übermäßiger Verschmutzung durch organische sauerstoffzehrende Abwässer; Fäulnisprozesse herrschen vor; Sauerstoff über lange Zeit in sehr niedrigen Konzentrationen vorhanden oder gänzlich fehlend; Besiedlung vorwiegend durch Bakterien, Geißeltierchen und freilebende Wimperntierchen; Fische fehlen; bei starker toxischer Belastung biologische Verödung.

Die biologische Gewässergütekarte, die die Ergebnisse der saprobiellen Gewässergüteklassifizierung darstellt, wird seit 1975 alle 5 Jahre von der Länderarbeitsgemeinschaft Wasser (LAWA) publiziert. Wie der Vergleich der biologischen Gütekarten 1975, 1990 und 1995 zeigt, haben die seit den 70er Jahren verstärkten Abwasserreinigungsmaßnahmen inzwischen ihren Niederschlag in einer Verbesserung der biologischen Gewässergüte gefunden. So haben sich in den 11 alten Bundesländern während der letzten 20 Jahre der gesamte Rhein, die Donau im Raum Regensburg, der Neckar unterhalb von Stuttgart, der hessische Untermain, die Weser und die Leine deutlich verbessert. Obwohl eine Vielzahl von Fließgewässern heute in weiten Abschnitten die angestrebte Gewässergüteklasse II (mäßig belastet) aufweist, gibt es jedoch erst wenige Flußstrecken, die als unbelastet (Güteklasse I) oder gering belastet (Güteklasse I-II) bezeichnet werden können. Bei den Problemflüssen mit sehr starker Verschmutzung (Güteklasse III-IV) oder übermäßiger Verschmutzung (Güteklasse IV) handelt es sich um die Emscher in Nordrhein-Westfalen, kleinere abwasserbelastete Fließgewässer im Einzugsgebiet der Ems und Fließgewässer in Gebieten mit dichter Besiedlung und intensiver landwirtschaftlicher Nutzung (Bsp. Rheinhessen).

Bei der ersten gesamtdeutschen Gewässergütekarte 1990 mußte zur Beschreibung der Elbwasserqualität eine zusätzliche 8. Stufe, die Gewässergüteklasse IV (ökologisch zerstört), eingeführt werden, um der teilweise besorgniserregend schlechten Gewässerqualität im Elbeeinzugsgebiet gerecht zu werden. Durch Veränderung von Produktionsprofilen, die Stillegungen bedeutender Industriebetriebe und Neubau von Kläranlagen verbesserte sich die Wasserqualität bis 1995 in den am stärksten verschmutzten Flußabschnitten unterhalb und oberhalb von Dresden und unterhalb von Pirna von Gewässergüteklasse IV – übermäßig verschmutzt – und Güteklasse IV – ökologisch zerstört – um 3 bzw. 4 Stufen auf die Gewässergüteklasse II-III – kritisch belastet. Die Elbe weist nun von der deutsch/tschechischen Grenze bis zur Mündung in die Nordsee die Gewässergüteklasse II-III auf. Auch zwei bedeutende Zuflüsse der Elbe, die Mulde und die Schwarze Elster, verbesserten sich in ihren Unterläufen von Güteklasse IV auf Güteklasse III bzw. II-III.

Tabelle 11: Biologische Gewässergüteklassifikation 1995

Güteklasse	Grad der Belastung	Anteil Flusskilometer am Gewässernetz (ca. 30.000 km)
I	unbelastet bis gering belastet	0,7 %
I-II	gering belastet	3,8 %
II	mäßig belastet	42,7 %
II-III	kritisch belastet	43,6 %
III	stark verschmutzt	7,4 %
III-IV	sehr stark verschmutzt	1,1 %
IV	übermäßig verschmutzt	0,7 %

In der Biologischen Gewässergütekarte 1995 weisen 48 % des kartierten Gewässernetzes (ca. 30.000 Flusskilometer) die angestrebte Güteklasse II und besser auf (Tabelle 11).

4. Gewässerstruktur und Gewässerausbau

Die ökologische Qualität eines Gewässers wird nicht nur durch die Wasserqualität (Verschmutzungsgrad), sondern auch durch den hydromorphologischen Zustand (Strömungsverhältnisse, Morphologie des Flußbettes und der Ufer) bestimmt. Dabei wirken sich die aufgrund von Nutzungsansprüchen (Schiffahrt, Wasserkraft, Hochwasserschutz und andere Zwecke) an den Gewässern durchgeführten wasserbaulichen Maßnahmen negativ auf die Gewässerbeschaffenheit aus, wenn sie die natürliche Vielgestaltigkeit der Lebensräume und die Dynamik der Wasserführung vereinheitlichen, die Durchgängigkeit des Fließgewässers unterbrechen (Wehre, Staustufen) und die Einheit von Fluß und Aue zerstören. Damit tritt u.a. eine Verarmung des ursprünglichen Artenbestandes sowie eine Verschiebung des Artenspektrums im Fluß ein.

Tabelle 12: Strukturgüteklassifikation der LAWA

Klasse	Grad der Beeinträchtigung
1	unverändert
2	gering verändert
3	mäßig verändert
4	deutlich verändert
5	stark verändert
6	sehr stark verändert
7	vollständig verändert

Ein von der Länderarbeitsgemeinschaft Wasser (LAWA) entwickeltes siebenstufiges System zur Bewertung der ökomorphologischen Qualität kleiner und mittelgroßer Fließgewässer beinhaltet 25 Einzelparameter (z. B. Laufkrümmung, Breitenvarianz, Uferverbau), die den 6 Hauptparametern Laufentwicklung, Längsprofil, Sohlenstruktur, Querprofil, Uferstruktur und Gewässerumfeld zugeordnet sind. Durch Aggregation der Einzelparameter wird die Strukturgüteklasse ermittelt und der Grad der Beeinträchtigung im Verhältnis zu einem naturnahen Zustand beschrieben.

Auf dieser Grundlage liegen erste Ergebnisse in den Bundesländern Rheinland-Pfalz und Hessen vor. In Rheinland-Pfalz wurden 80 % der Gewässer mit mehr als einem Meter Breite kartiert (ausgenommen Lahn, Mosel, Rhein und Saar). Nur ca. 20 % der kartierten Gewässerläufe konnten den Klassen 1, 2 oder 3 zugeordnet werden. In Hessen wurden ebenfalls ca. 20 % der kartierten Fließgewässer mit den Klassen 1, 2 oder 3 bewertet. Bemerkenswert ist, daß in Hessen etwa 80 % der Gewässer die biologische Gewässergüteklasse II und besser aufweisen. Dies zeigt, daß die den Sauerstoffhaushalt reflektierende biologische Gewässergüteklassifikation strukturelle Defizite, die ökologisch relevant sind, nicht oder nur sehr unzureichend abbildet. Neue biologische Verfahren, die dies leisten sollen, sind derzeit in Entwicklung.

Derzeit wird durch die LAWA eine bundesweit einheitliche Kartierung der Strukturgüte aller Fließgewässer vorgenommen. Diese Übersichtskartierung soll bis Ende 2001 abgeschlossen werden.

Als ein Beispiel für die nutzungsbezogene Beeinträchtigung der Gewässerstruktur können Beeinflussungen durch den Bau und Betrieb von Wasserkraftwerken genannt werden. Neubau und Wiederinbetriebnahme kleiner Wasserkraftwerke führen zu einem Zielkonflikt in der Umweltpolitik: Sie stärken zwar den Anteil regenerativer Energie (Vermeidung von CO_2-Emissionen), können aber andererseits zur Beeinträchtigung des Naturhaushalts führen, da Bau und Betrieb oft einen schwerwiegenden Eingriff in die Fließgewässer darstellen. Eine Kosten-Nutzen-Abwägung ergab, daß für kleine Wasserkraftwerke (< 1 MW Leistung), die nur 8,3 % der in Deutschland aus Wasserkraft gewonnenen Energie bereitstellen und damit nur zu 0,09 % zur CO_2-Emissionsverminderung in Deutschland beitragen können, der Schaden durch Naturzerstörung meist höher zu bewerten ist als der Nutzen der CO_2-Einsparung. Unabhängig von Kosten-Nutzen-Abwägungen sollten Wasserkraftanlagen und Stauhaltungen für Auf- und Abwärtswanderungen von Organismen durchgängig gemacht werden (z.B. Fischpässe). Bei Wasserkraftanlagen sind auch direkte Schädigungen der Tiere durch Turbinen mit geeigneten technischen Maßnahmen zu vermeiden. Ferner ist ein ökologisch orientierter Mindestwasserabfluß einzuhalten.

Ein zweites Beispiel ist der Hochwasserschutz: Um das Wasser schneller abzuführen, wurden die meisten Flüsse erheblich verkürzt. Auch sind die natürlichen Überschwemmungsgebiete durch Ein- und Vordeichungen erheblich zurückgegangen (z.B. am Rhein auf weniger als 15 % der ursprünglich vorhandenen Flächen). Im Zusammenwirken mit einer Zunahme der Bodenversiegelung und -verdichtung führte dies zu einer Beschleunigung der Hochwasserwellen und zu einem Anstieg der Hochwasserscheitel. Der Hochwasserschutz der Oberlieger hat die Hochwassergefahr für die Unterlieger verschärft, insbesondere in den stetig intensiver genutzten Talauen. Die Reaktivierung von Überschwemmungsauen, eine Wiederanbindung von Altarmen und Nebengewässern, eine Verbesserung der Strukturvielfalt im Uferbereich sowie die Entwicklung naturnaher Flußbettstrukturen nützt dem Hochwasserschutz und verbessert die Lebensgrundlagen für die naturraumtypischen Lebensgemeinschaften.

5. Die neue EG-Wasserrahmenrichtlinie

Auf EU-Ebene wird mit der neuen EG-Wasserrahmenrichtlinie ein guter Zustand aller Oberflächengewässer angestrebt. Die Richtlinie sieht eine Beurteilung der chemischen Gewässerqualität (EU-weit gültige Umweltqualitätsnormen für etwa 30 prioritäre Stoffe) sowie eine 5stufige Klassifizierung der ökologischen Gewässerqualität mit den Stufen sehr gut, gut (Zielaspekt), mäßig, unbefriedigend und schlecht vor. Bezugspunkt der Bewertung im Teil Ökologie sind dabei die Referenzbedingungen, die der sehr guten Gewässerqualität entsprechen und einen anthropogen weitgehend unbeeinflussten Gewässerzustand charakterisieren sollen. Standorte, die die Referenzbedingungen in den einzelnen Gewässertypen repräsentieren, sind nach hydromorphologischen und physikalisch-chemischen Merkmalen auszuwählen und anschließend über biologische Merkmale zu charakterisieren. Für Oberflächengewässer sind dabei drei Merkmalskomplexe vorgesehen, und zwar

1) prioritär die Biologie – im Fall der Fließgewässer – mit den vier Merkmalen Phytoplankton, Makrophyten/Phytobenthos, Makrozoobenthos und Fischfauna,
2) unterstützend die Hydromorphologie, z.B. bei den Fließgewässern mit den drei Merkmalen Wasserhaushalt, Durchgängigkeit und Morphologie sowie
3) ebenfalls unterstützend die physikalisch-chemischen Bedingungen mit den drei Merkmalsgruppen klassische Meßgrößen, synthetische Schadstoffe und nichtsynthetische Schadstoffe (andere als die o.g. prioritären Stoffe).

Die sehr gute Gewässerqualität als Klasse I entspricht dabei vollständig oder weitgehend vollständig den natürlichen Bedingungen, während die gute Gewässerqualität als Klasse II geringfügig und der mäßige Zustand als Klasse III mäßig von den Referenzbedingungen abweicht. Für künstliche und erheblich veränderte Gewässer wurde abweichend hiervon das höchste ökologische Potenzial als Referenz definiert, das dem Zustand nach Durchführung aller praktikablen Maßnahmen (Sanierungspotenzial) und nicht dem natürlichen Zustand entspricht.

Zur Erreichung des guten chemischen Zustands werden von der EU-Kommission rechtlich verbindliche Umweltqualitätsnormen formuliert, die alle Nutzungen und Schutzaspekte abdecken. Darüber hinaus sind Umweltqualitätsnormen für weitere relevante Stoffe erforderlich (siehe 3.), die die Mitgliedstaaten nach einem festgelegten Schema abzuleiten haben, um die gute ökologische Qualität zu gewährleisten.

In Deutschland werden die Anforderungen der Wasserrahmenrichtlinie im Hinblick auf die Bewertung der Merkmalskomplexe Hydromorphologie und Chemie bereits heute weitgehend erfüllt. Beträchtliche Defizite bestehen jedoch bei der Ausfüllung der biologischen Merkmale. Über die Entwicklung und Anwendung einheitlicher Bewertungsverfahren in den großen Flußeinzugsgebieten soll eine möglichst problemlose Umsetzung der Richtlinie in Deutschland ermöglicht werden.

Im Rahmen der Umsetzung der EG-Wasserrahmenrichtlinie sind in den kommenden 15 bis 27 Jahren weitere Verbesserungen der Gewässerqualität, stofflich und strukturell, erforderlich. Unter der Prämisse für die Oberflächengewässer den guten ökologischen Status erreichen zu wollen, wird der Schwerpunkt der Maßnahmen im Bereich Gewässerstruktur liegen müssen. Dies setzt voraus, daß die Ausweisungsmöglichkeit als „erheblich verändertes Gewässer“ mit seinem minderen Ziel eines guten ökologischen Potentials allenfalls kleinräumig in Anspruch genommen wird.

6. Schlußfolgerungen

(1) Seit Mitte der 70er Jahre hat sich insbesondere durch konsequenten Kläranlagenaus- und -neubau, aber auch durch Verwendung weniger umweltbelastender Produkte (Waschmittel) die Wasserqualität der meisten Flüsse in Deutschland deutlich verbessert. Folge der verbesserten Wasserqualität sind u.a. die Einhaltung von Qualitätsanforderungen zum Schutz der aquatischen Biozönose und zur Sicherstellung von Nutzungen („Zielvorgaben“) für eine Reihe von Schadstoffen, aber auch eine Erholung der naturraumtypischen Lebensgemeinschaften im Gewässer selbst. Ein zum Teil drastischer Rückgang der Belastung wurde bei den sauer-

stoffzehrenden organischen Stoffen, bei Schwermetallen und vielen Industriechemikalien erzielt.

(2) Während die Einleitung aus Punktquellen deutlich reduziert werden konnte, resultieren nach wie vor hohe Belastungen aus dem Eintrag über diffuse Quellen. Als Problembereiche sind die Nährstoffe, die zu einer Eutrophierung der Gewässer führen, und Pestizide zu nennen, die in sehr niedrigen Konzentrationen wirksam sind und die aquatischen Lebensgemeinschaften schädigen. Haupteintragspfad ist die Abschwemmung vom Lande, Hauptverursacher die Landwirtschaft. Pestizide gelangen oftmals durch unsachgemäße Anwendung, Nährstoffe aus dem Abfluss von Böden mit zu hohen Nährstoffüberschüssen in die Gewässer.

(3) Die ökologische Qualität eines Gewässers wird nicht nur durch die Wasserbeschaffenheit (Verschmutzungsgrad), sondern auch durch den hydromorphologischen Zustand (Strömungsverhältnisse, Morphologie des Flußbettes und der Ufer) bestimmt. Dabei wirken sich die aufgrund von Nutzungsansprüchen (Schiffahrt, Wasserkraft, Hochwasserschutz) an den Gewässern durchgeführten wasserbaulichen Maßnahmen (Wehre, Staustufen, Uferverbau) negativ auf die Gewässerbeschaffenheit aus. Es tritt in Folge solcher Maßnahmen u.a. eine Verarmung des ursprünglichen Artenbestandes sowie eine Verschiebung des Artenspektrums ein. Etwa 80 % unserer Flüsse gelten heute als deutlich bis vollständig verändert.

(4) Schwerpunkte des Gewässerschutzes sollten sich im stofflichen Bereich auf die Einhaltung der Zielvorgaben konzentrieren. Darüber hinaus sollten die Erhaltung, Verbesserung und Wiederherstellung möglichst natürlicher Lebensräume für Pflanzen und Tiere im Gewässer und den angrenzenden Auen konsequent angestrebt werden. Beispielsweise gehört die mittlere Elbe zu den letzten naturnahen aquatischen Lebenräumen in Mitteleuropa und sollte daher unter dem Gesichtspunkt der nachhaltigen Entwicklung für zukünftige Generationen entgegen bestehenden Nutzungsinteressen (Schiffahrt) erhalten bleiben.

(5) Hochwasserereignissen ist nur dadurch zu begegnen, daß dem Fluß Ausuferungsmöglichkeiten, Rückhalt des Wassers in Auengebieten und auf der Fläche, d.h. Wiedergewinnung von Überschwemmungsgebieten und Begrenzung versiegelter Flächen, geboten wird. Siedlungen in Überschwemmungsgebieten sind grundsätzlich zu vermeiden.

(6) Die neue EG-Wasserrahmenrichtlinie ist die erste ökologisch orientierte Richtlinie im Gewässerschutz, zudem mit einer umfassenden Öffentlichkeitsbeteiligung. Das operative Ziel der Richtlinie besteht in dem Erreichen einer guten ökologischen und chemischen Qualität der Oberflächengewässer sowie eines guten ökologischen Potentials erheblich veränderter oder künstlicher Gewässer. Bei der Überwachung der Ziele werden neben chemischen Parametern neue biologische Güteklassen eingeführt. Die Biologie und die diese beeinflussende Hydromorphologie der Gewässer erhalten einen erhöhten Stellenwert in der künftigen Gewässerpolitik der EG. Es ist zu hoffen, daß in den kommenden 15 Jahren und ggf. in den nachfolgenden zwei Bewirtschaftungszyklen von 12 Jahren die gute Gewässerqualität europaweit erreicht werden wird.

Literatur

BMU (Bundesministerium für Umwelt, Naturschutz und Reaktorsicherheit): Wasserwirtschaft in Deutschland, Reihe Umweltpolitik, Februar 1998.

Bosenius, U.: Ziele, Anforderungen und Umsetzung der europäischen Wasserrahmenrichtlinie. Wasser Abfall *3*, 8–13, 1999.

Commission of the European Communities (2000): Proposal for a European Parliament and Council Decision establishing to the list of priority substances in the field of water policy, 2000/0035 (COD), 7. February 2000.

European Union: Directive of the European Parliament and of the Council establishing a framework for Community action in the field of water policy, ENV 221, CODEC 513, Brussels 18. July 2000.

Gottschalk, Chr.: Zielvorgaben für gefährliche Stoffe in Oberflächengewässern. UBA-Texte 44/94, Berlin 1994.

Irmer, U., Markard, Chr., Blondzik, K., Gottschalk, Chr., Kussatz, C., Rechenberg, B., Schudoma, D.: Ableitung und Erprobung von Zielvorgaben für gefährliche Stoffe in Oberflächengewässern. UWSF-Z.Umweltchem. Ökotox. 6 (1), 19–27, 1994.

Irmer, U., Markard, Chr., Blondzik, K., Gottschalk, Chr., Kussatz, C., Rechenberg, B., Schudoma, D.: Quality targets for concentrations of hazardous substances in surface waters in Germany. Ecotoxicology and Environmental Safety *32*, 233–243, 1995.

Irmer, U.: Die neue EG-Wasserrahmenrichtlinie: Bewertung der chemischen und ökologischen Qualität von Oberflächengewässern. Acta Hydrochim. Hydrobiol. 28 (1): 7–14, 2000.

Kussatz, C., Schudoma, D., Throl, C., Kirchhoff, N., Rauert, C.: Zielvorgaben für Pflanzenschutzmittelwirkstoffe zum Schutz oberirdischer Binnengewässer, UBA-Texte 76/99, Berlin 1999.

LAWA (Länderarbeitsgemeinschaft Wasser): Gewässergüteatlas der Bundesrepublik Deutschland – Biologische Gewässergütekarte 1995, Berlin 1996.

LAWA (Länderarbeitsgemeinschaft Wasser): Erprobung von Zielvorgaben für gefährliche Stoffe an ausgewählten Fließgewässern: Vergleich von Belastungsdaten und Zielvorgaben für 28 organische Stoffe (1990–1993). UBA-Texte 17/96, Berlin 1996.

LAWA (Länderarbeitsgemeinschaft Wasser):Erprobung von Zielvorgaben für gefährliche Stoffe an ausgewählten Fließgewässern – Vergleich von Belastungsdaten und Zielvorgaben für Schwermetalle (1991–1994), UBA-Texte 14/97, Berlin 1997.

LAWA (Länderarbeitsgemeinschaft Wasser): Zielvorgaben zum Schutz oberirdischer Binnengewässer, Band I, Teil I: Konzeption zur Ableitung von Zielvorgaben zum Schutz oberirdischer Binnengewässer vor gefährlichen Stoffen, Teil II: Erprobung der Zielvorgaben von 28 gefährlichen Wasserinhaltstoffen in Fließgewässern, Berlin 1997.

LAWA (Länderarbeitsgemeinschaft Wasser): Zielvorgaben zum Schutz oberirdischer Binnengewässer, Band II (Schwermetalle), Berlin 1997.

LAWA (Länderarbeitsgemeinschaft Wasser): Zielvorgaben zum Schutz oberirdischer Binnengewässer, Band III (Biozide und Pflanzenbehandlungsmittel), Berlin 1998.

LAWA (Länderarbeitsgemeinschaft Wasser): Beurteilung der Wasserbeschaffenheit von Fließgewässern in der Bundesrepublik Deutschland – Chemische Gewässergüteklassifikation, Berlin 1998.

LAWA (Länderarbeitsgemeinschaft Wasser): Wasserbeschaffenheit in ausgewählten Fließgewässern der Bundesrepublik Deutschland – Datensammlung Pestizide, UBA-Texte 56/98, Berlin 1998.

LAWA (Länderarbeitsgemeinschaft Wasser): Wasserbeschaffenheit in ausgewählten Fließgewässern der Bundesrepublik Deutschland – Datensammlung organische Umweltchemikalien (1993–1997), UBA-Texte 26/99, Berlin 1999.

LAWA (Länderarbeitsgemeinschaft Wasser): Gewässerstrukturgütekartierung in der Bundesrepublik Deutschland – Verfahren für kleine und mittelgroße Fließgewässer, Entwurf Januar 1999.

Schudoma, D.: Ableitung von Zielvorgaben zum Schutz oberirdischer Binnengewässer für die Schwermetalle Blei, Cadmium, Chrom, Kupfer, Nickel, Quecksilber und Zink. UBA-Texte 54/94, Berlin 1994.

Ingo Fitting

Wasser und Gewässer in der Umweltforschung – Die Förderaktivitäten des BMBF

1 Integrierte Umwelttechnik

Ziele sind der Anstoß umweltentlastender Innovationen (reduzierter Energieeinsatz, geringe Materialintensität, geringe Umweltbelastungen und hohe Wirtschaftlichkeit) sowie die Schaffung neuer Märkte

Förderbereiche / Branchen:
Wald- und Holzwirtschaft, Gießerei-, Verpackungs-, Textil-, Keramik-, Kautschuk- und Kunststoffindustrie, Agrartechnik, Metallerzeugung, usw.

2 Globale Umweltaspekte

Ziele sind verläßlichere Entwicklungsprognosen sowie die Verbesserung des Grundlagenwissens zur Beurteilung der Erde als Gesamtsystem (Atmosphäre, Ozeane, Biosphäre, Eis, Landoberfläche)

Förderbereiche:

- Atmosphärenforschung
- Wirkungsforschung des Globalen Wandels
  - „Globaler Wandel des Wasserkreislaufes (GLOWA)"
    - Niederschlagsvariabilität/Wasserkreislauf
    - Wechselw. Wasserkreislauf/Biosphäre/Landwirtschaft
    - Wasserverfügbarkeit/Nutzungskonflikte in großen Flußgebieten Deutschlands und Afrikas
- Biodiversität und Biosphärenforschung

3 Regionale Nachhaltigkeit/sozial-ökologische Forschung

Ziel: regionale Potenziale für nachhaltiges Wirtschaften erschließen durch:

- Konzepte die ökologische Gestaltungsmaßnahmen in Landschaften mit Verbesserungen der Wirtschaftlichkeit und der sozialen Tragfähigkeit von Lösungen verbinden,

- technologische Lösungen,
- Wissensgrundlagen zum Verhältnis von Umwelt und Gesellschaft

Förderbereiche:
- Forschung zum Verhältnis von Mensch und Umwelt
- Technologische Ansätze zur Sanierung und zur Unterstützung regenerativer Prozesse im Boden und im Grundwasser (Bekanntmachung)
  - Kontrollierter natürlicher Rückhalt und Abbau von Schadstoffen bei der Sanierung (4/00)
  - Reinigungswände für die Altlastensanierung (5/99)
  - Sickerwasserprognose (10/99)
- Konzepte für Regional Nachhaltiges Wirtschaften
  - Kostensenkung in der Wasserversorgung sowie Abwasser- und Abfallentsorgung (4/98)
  - Flußeinzugsgebietsmanagement (1/00)

4 Gewässerökologische Forschung des BMBF

- bis 1990 im Rahmen der Ökosystemforschung (Kiel) und der Ökotoxikologie (z.B. „Wirkungstest Rhein")
- seit 1990 als eigener Förderschwerpunkt „Gewässerökologie" bzw. „Konzeptionen für Fluß- und Seenlandschaften"

Themenschwerpunkte:

1. „Sanierungskonzepte für kleine Fließgewässer"	– bis 1995
2. weiterführende Vorhaben	– fortlaufend
3. „Nahrungskettenmanipulation"	– abgeschlossen
4. „Elbe-Ökologie"	– 1996–2002
5. „Flußeinzugsgebietsmanagement"	– 2001–2006

=> weitere Themen im Rahmen der Förderschwerpunkte „Biotop- und Artenschutz" (z. B. Renaturierung von Niedermooren, Alpine Wildflüsse), „Stadtökologie" (Naturnahe Regenwasserbewirtschaftung) und „Bergbaufolgelandschaften"

5 Sanierungskonzepte für kleine Fließgewässer

Gewässer:

Warnow, Vils, Lahn, Hunte, Ilm, Stör
(40–245 km Länge, 756–5900 km^2 Fläche)

Ansatz:
Betrachtung Gesamtsystem, Nutzung Wissensstand, Leitbildentwicklung, unterschiedliche Schwerpunkte z.B. Siedlungswasserwirtschaft, Landwirtschaft, gewässerinterne Prozesse

Ergebnisse:
veröffentlicht im DVWK-Merkblatt 240/1996

weiterführende Forschungsvorhaben (Ergebnisse):
- Fließgewässerdurchgängigkeit/Fischaufstiegsanlagen (Handbuch Angewandte Limnologie)
- GIS-gestütztes Modellsystem für Abfluß und Transport
- Ökomorphologische Bewertung der Mulde (DVWK-Materialien 3/97)
- Fließgewässertypologisierung im Norddeutschen Tiefland (Parey-Verlag)
- Stoffeintrag und Umsetzung in der Spree (IGB-Berichte)
- Bilanzierung PSM-Einträge in einem kleinen EZG
- Bestimmung von Sedimentationsraten in Fließgew. (Patentanmeldung)
- mittelfristige Gewässergüteentwicklung der Spree bei bergbaubedingter Durchflußreduktion
- Blaualgentoxine (Springer-Verlag; Ende 2000

6 Flußeinzugsgebietsmanagement

Themenschwerpunkte:

1. Biologische, chemisch-physikalische und hydromorphologische Gewässerbewertung
- Entwicklung leitbildorientierter Klassifikationsverfahren für Fließgewässer, Seen, Übergangs- und Küstengewässer (Makrozoobenthos, Phytoplankton, Makrophyten, Fische)
- hydrologische Kenngrößen naturnaher Abflußdynamik
- Bewertung stark veränderter und künstlicher Gewässer
- Verfahren zur Selektion und Bewertung von Schadstoffen
- Verfahren zur biologischen und chemisch-physikalischen Beurteilung des Grundwasserzustandes

2. Wasser- und Stoffhaushalt

- Stoffumsetzungsprozesse im hyporheischen Interstitial und in der fließenden Welle
- Beurteilung mengenmäßigen Zustands Grundwasser
- Bestimmung der Trendumkehr von GW-Belastungen
- Ermittlung flächen-, ereignis- und einzugsgebietsbezogener Erosionseinträge, Bestimmung von Emissionsgrenzwerten für landwirtschaftliche Flächennutzungen, Entwicklung physikalisch basierter Abfluß- und Transportmodelle (Kopplung von ober- und unterirdischem Wasser und Stofftransport) sowie deren Verknüpfung mit Landnutzungsmodellen
- Quantifizierung des Nitratabbaus (Denitrifikation) und des Abbaupotentials in der ungesättigten Zone, im Grund-wasser, in der Übergangszone Grund-/Oberflächenwasser und in Oberflächengewässer, naturräumliche Differenzierung der diffusen Eintragspfade für gelöstes und gebundenes Phosphat
- Quantifizierung der Abflußkomponenten für Flußgebiete

3. Sozioökonomie

- Bestimmung sozialer und ökonomischer Nachhaltigkeits-indikatoren, Verknüpfung mit ökologischen Indikatoren
- methodische Grundlagen zur monetären Bewertung von Wasserressourcen (Kosten-Nutzen-Analysen, Bewertung ökologischer Leistungen)
- Prüfung der Einsatzmöglichkeiten ökonomischer Instrumente (kostendeckende Preise, Zertifizierungen, Honorierung ökologischer Leistungen, Ressourcenbepreisung, Kooperationsmodelle) unter regionalen und rechtlichen Bedingungen
- Entwicklung partizipativer Ansätze zur Konfliktvermeidung sowie institutioneller Strukturen auf den unterschiedlichen Stufen der Einzugsgebietsplanung

4. Entwicklung von Managementinstrumenten

- Nutzung Datenbanken und verschiedener Datenformate
- Kopplung naturwissenschaftlicher mit technischen und ökonomischen Modellen zur Ableitung von Managementstrategien
- Kopplung GIS mit Prozeßmodellen, Entwicklung regional- und pro-

blembezogener Entscheidungssysteme, modellhafter Aufbau internetfähiger Informations- und Entscheidungssysteme

Aktueller Stand

- 152 Projektvorschläge bewertet
- ca. 30 Anträge Ende 2000/Anfang 2001
- Förderbeginn I. und II. Quartal 2001
- bis zu 50 Mio. DM Fördermittel werden bis 2006 bereitgestellt

Verena Starke

Grenzüberschreitende Gewässerprobleme und Gewässersanierung am Beispiel der Neisse

Die einseitige Betrachtung der Oberflächengewässer aus technischer und funktionaler Sicht führte zu massiven Eingriffen in deren Struktur und Beschaffenheit. Die kritische Situation unserer Gewässer hat und muss heute zu einem prinzipiellen Umdenken führen. Seit der Gründung der AG „Saubere Neiße" im Jahr 1994 sind 6 Jahre vergangen. 6 Jahre intensiver gemeinsamer Arbeit zwischen Polen, Tschechien und Deutschland mit der Zielstellung, die Wasserqualität der Neiße zu verbessern. 1994 haben wir das erste Mal in Zgorzelec gemeinsam getagt und über Probleme und Ziele diskutiert. Dabei wurde deutlich, dass es sowohl Aufgabe jedes einzelnen Landes ist, aber es auch gemeinsam trilateral abgestimmter Maßnahmen bedarf, um die Neiße zu einem attraktiven, d. h. naturnahem mit guter Wasserqualität sich auszeichnenden Gewässer zu entwickeln. Allen Teilnehmern des Symposiums 1994 war klar, dass wir einen langen oft steinigen Weg gemeinsam gehen werden. Es wurde deutlich, dass insbesondere auch die Kommunen ihren Beitrag leisten müssen. Gestatten sie mir Resümee zu ziehen über die Aktivitäten der deutschen AG. Mit der Darlegung aller Faktoren, die die Neiße direkt bzw. indirekt beeinflussen. 1994/95 erfasste die AG „Saubere Neiße" in enger Zusammenarbeit mit StUFA und staatlichen Behörden

- Direkteinleiter
- Altablagerungen, Altlasten
- die Lager wassergefährdender Stoffe und deren Haupttransportwege
- sowie die Gewässer II. Ordnung, also die Vorfluter der Neiße und deren Wasserqualität.

Deutschland hatte damals 30 Direkteinleiter ausgewiesen und die geplanten weiteren Maßnahmen wie Modernisierung oder Stillegung dargestellt. Der heutige Zustand umfasst 16 Direkteinleiter. Die davon 10 kommunalen Kläranlagen entsprechend dem Stand der Technik. Der gleiche Sachverhalt stellt sich für die anderen Direkteinleiter der Papierindustrie und Holzindustrie dar. Handlungsbedarf zeichnet sich ab bei einem Textilhersteller in Großschönau.

Analog verhält es sich in Polen und in der Tschechischen Republik. Auch hier wurden große Anstrengungen unternommen, um die vorhandenen Direkteinleiter entsprechend Stand der Technik zu modernisieren bzw. neu zu bauen. Zu nennen wären für die Tschechische Republik die Kläranlage Liberec, Chrastava, Hradek nad Nisou, Frydland, Visnove und Hejnice.

Die Aktivitäten Polens weist die Anlage 1 aus.

Nr.	*Standort*	*Beschreibung der Maßnahme*	*Ausführungsdauer*
1	**Sieniawka-Porajów**	Bau der Kläranlage Modernisierung und Ausbau der Sanitärkanalisation	1995 – 1996
2	**Braunkohlentagebauwerk TURÓW** Entwässerung des Tagebaus in Lausitzer Neiße	Modernisierung der Oberflächenentwässerung des Tagebaus	1994 – 1995
3	**Braunkohlentagebauwerk TURÓW** Entwässerung des Tagebaus in Miedzianka	Modernisierung der Oberflächenentwässerung des Tagebaus	1994 – 1995
4	**Bogatynia** – Kläranlage für kommunales Abwasser und Industrieabwasser aus Baumwollebetrieb DOLTEX	Bau der Kläranlagen Modernisierung und Ausbau der Sanitärkanalisation, Bau der Vorkläranlage für Baumwollebetrieb DOLTEX	1994 – 1995
5	**Braunkohlentagebauwerk TURÓW** Außenkippen	Modernisierung der Absetzbecken, des Systems der Kippenentwässerung, Rekultivierung (Bewaldung)	1994 – 1995
6	**Bratków-Posada** – Kläranlage	Bau der Container-Kläranlage, Bau der Sanitärkanalisation	1995 – 1996
7	**Radzimów**- Kläranlage für Molkereigenossenschaft	Bau der Kläranlage	1993 – 1994

8	**Sulików** – Kläranlage	Bau der Kläranlage und Ausbau der Sanitärkanalisation	1995 – 1996
9	**Zgorzelec**- Bau des Abwasserpumpwerkes	Bau des Abwasserpumpwerkes für Stadtbezirk Ujazd in Zgorzelec	1994
10	**Pieńsk**- Kläranlage	Modernisierung der Kläranlage	1994
11	**Przewóz**- Kläranlage	Bau der kommunalen Kläranlage	1995 – 1996
12	**Łęknica**- Kläranlage	Bau der kommunalen Kläranlage	1995 – 1996

Ich möchte an dieser Stelle, auf weitere Aktivitäten und Ergebnisse der AG „Saubere Neiße" eingehen, insbesondere aus Sicht der Stadt Görlitz, dem Zuständigkeitsbereich meiner Behörde. Ausgehend von der Tatsache, dass die Direkteinleiter in die Neiße nicht allein die Wasserqualität bestimmen, konzentrierte sich die AG auf kommunale Möglichkeiten. Unterstrichen wird unsere Auffassung dahingehend, dass die Neiße sich über die Jahre positiv bezüglich der Wasserqualität entwickelt hat. Von Gewässergüte 3 = stark verschmutz unterhalb Görlitz 1992–94 könnnen wir eine Verbesserung auf die Gewässergüte 2–3, d. h. kritisch belastet, verzeichnen.

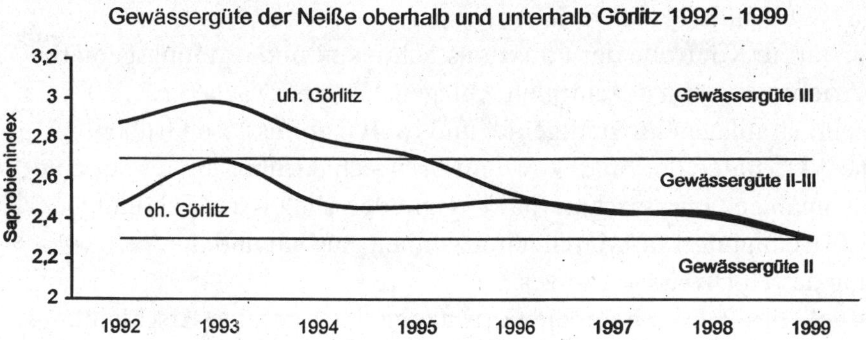

Anlage 2 – Gewässergüte

Die Verbesserung der Gewässergüte in diesem Bereich ist wesentlich auf die Modernisierung der Görlitzer Kläranlage zurückzuführen, wie auch auf die Einbindung des Direkteinleiters Landskronbrauerei in das städtische Abwassernetz, was eine Aufbereitung des Abwasser nun mehr nach Stand der Technik garantiert.

Trotz dieser vielfältigen Aktivitäten auf dem Bereich der Direkteinleiter zeichnete sich für uns als Kommune weiterer Handlungsbedarf ab.

Betrachten wir uns die Gewässer 2. Ordnung also die Vorfluter der Neiße, so müssen wir feststellen, dass es in Görlitz Handlungsbedarf gibt.

Die Stadt Görlitz ist für 26 Fließgewässer 2. Ordnung zuständig mit einer Gesamtlänge von ca. 60 km. Die wenigsten Gewässer haben eine bessere Wasserqualität als die Neiße. Die meisten Gewässer haben ebenfalls wie die Neiße eine Gewässergüte von 2- 3, d. h. kritisch belastet. Aber es gibt auch Gewässer, die eine schlechtere Güte ausweisen. Dabei reicht die Güte bis übermäßig stark verschmutzt. Hier setzt die Verantwortung der Kommune ein. Neben einer kontinuierlichen Feststellung der Gewässergüte gilt es, die Ursachen schlechter Wasserqualität festzustellen und zu beseitigen.

Gemeinsam mit den Stadtwerken Görlitz haben wir Kanalbefahrungen durchgeführt. Fehleinbindungen von Abwasserkanälen in das Regenwassersystem wurden festgestellt und mussten beseitigt werden.

Wie sieht der Maßnahmeplan für die weitere Verbesserung der Gewässergüte aus?

- Verstärkte Kanalinspektionen in Zusammenarbeit mit den Stadtwerken Görlitz AG, um eine weitere Reduzierung von Fehleinbindungen im Regenwassernetz, welches letztlich über die Görlitzer Vorfluter in die Neiße mündet, zu erreichen.
- Verstärkte Kontrolle der Funktionstüchtigkeit und ordnungsgemäße Betriebsweise von dezentralen Anlagen. Wir überwachen ca. 250 Kleinkläranlagen im Stadtgebiet und ca. 100 abflusslose Gruben.
- Die Aktivitäten der Stadt konzentrieren sich darüber hinaus auf eine regelmäßige Gewässerunterhaltung mit den Zielen der Erhöhung der Selbstreinigungskraft durch naturnahmen Ausbau und der Verbesserung des Hochwasserschutzes.
- Es geht des Weiteren um die Fortsetzung der zentralen Erschließung bisher nicht erschlossener Stadtgebiete

Ich erwähnte anfangs die Zuständigkeit der Stadt Görlitz (untere Wasserbehörde) für 26 Fließgewässer.

Um diesen anspruchsvollen Aufgaben gerecht zu werden, haben wir im Rahmen des Prozesses „Lokale Agenda 21“ erste Schritte unternommen, um auch die Bevölkerung für die Belange des Gewässerschutzes zu sensibilisieren.

Die Arbeitsgruppe „Saubere Neiße“ versteht sich nicht ausschließlich als Expertenrunde, vielmehr ist uns daran gelegen durch breite Öffentlichkeitsarbeit die Bevölkerung mit heranzuziehen und genau da treffen wir auch den Grundgedanken der Lokalen Agenda, der Auftruf der Umweltkonferenz von Rio zu kommunalen Aktivitäten auf dem Gebiet des Umweltschutzes, der Wirtschaft und auf sozialem Gebiet.

Eines der vielfältigen Projekte die in der Stadt Görlitz initiiert wurden, sind die Bachpatenschaften, wir haben zurzeit 8 Bachpatenschaften. (Anlage 5 Bachpatenschaften)

Das Aufgabenspektrum erstreckt sich von

- Beobachtung der Entwicklung des Gewässers
- Bestimmung der Gewässergüte
- gezielte Suche nach Belastungsquellen
- Pflanzen und Pflege bis
- Erfassung und Beseitigung von Müll im Gewässer und Auenbereich

Schüler und Bürger der Stadt Görlitz arbeiten gemeinsam an dieser Aufgabe. Weitere Bachpatenschaften sind in Vorbereitung.

Neben den Aktivitäten der deutschen Arbeitsgruppe „Saubere Neiße“ in der eigenen Kommune, haben wir auch trilateral Maßnahmen initiiert und unterstützt.

So konnte durch die Unterstützung des Sächsischen Staatsministeriums für Umwelt und Landesentwicklung 1995 dem Abwasserwerk in Zgorzelec ein Abwassermessplatz zur Verfügung gestellt werden.

Durch Unterstützung der Bundesumweltstiftung unter Leitung des Ingenieurbüros Eppler von Dippoldiswalde konnte die konzeptionelle Untersuchung und Pilotlösung zur schrittweisen Entwicklung der ländlichen Abwasserentsorgung in den Gemeinden Zgorzelec und Pensk gemeinsam mit einem polnischen Ingenieurbüro und den Hochschulen Breslau und Zittau/Görlitz durchgeführt werden.

Innerhalb dieses Projektes ging es um die abwassertechnische Zielplanung in den Gemeinden Zgorzelec und Pensk.

Zielstellung war für den bisher abwassertechnisch nicht oder ungenügend erfassten ländlichen Bereich, der charakterisiert ist durch eine erhebliche diffuse Belastung von Oberflächen- und Grundwasser, konkrete Maßnahmen zur Abwasserfortleitung und -behandlung vorzuschlagen und zu einem späteren Zeitpunkt zu realisieren.

Im Rahmen dieser Studie wurden allgemein gütige Kriterien für die Planung kommunaler Abwasserentsorgungssysteme entwickelt. Zielsetzungen hierfür waren:
- hohe Wirtschaftlichkeit
- Umweltverträglichkeit
- Berücksichtigung regional vorhandener Planungen
- Berücksichtigung der Praxiserfahrungen im Betreiben der abwassertechnischen Anlagen im Untersuchuhngsgebiet

Vorgeschlagen wurde
- der Ausbau der KA Piensk und die Anbindung der umliegenden Gemeinden
- Bau der KA Radomierzyce und KA Przesieczany und
- Anschluss der umliegenden Gemeinden an die KA Zgorzelec Jedrzychowice, sofern diese nicht an die o. g. Kläranlagen angeschlossen werden.

Durch die geplante Abwasserentsorgung nach dem Stand der Technik ist mit einer Reduzierung des Schadstoffeintrages aus dem untersuchten Gebiet um mehr als 90 % zu rechnen.

In diesem Projekt sehe ich persönlich einen wichtigen Schritt, um gemeinsam nach Lösungen im Abwasserbereich zu suchen, die sowohl einen bedeutenden ökologischen Einfluss auf die Neiße haben als auch wirtschaftliche und soziale Belange berücksichtigen.

Auf Initiative des Umweltamtsleiters Löbau/Zittau wurde gemeinsam mit dem Ingenieurbüro IDUS bei Förderung durch die Bundesumweltstiftung das Projekt „Erfassung und Bewertung des natürlichen Revitalisierungsprozesses der Neiße“ ins Leben gerufen und zurzeit umgesetzt.

Zielstellung für die weitere Arbeit ist ein gemeinsam abgestimmtes Gewässermanagement, d. h. eine länderübergreifende Betrachtung aller Einflussfaktoren. Es gilt alle, die Wasserbeschaffenheit beeinflussenden Faktoren zu ermitteln, was das Gewässerumland mit einschließt, zugleich aber den Menschen und seine Aktivitäten in angemessener Weise, als Teil des Systems integriert. Es geht um die trilaterale Interessenübereinstimmung von Bauern, Fischern, Wasserwirtschaftlern, Erholungssuchenden, Gewerbe und Industrie unter dem Aspekt der Wahrnehmung kommunaler Verantwortung. Schwerpunkt wird für uns sein länderübergreifende kommunale Konzepte und Maßnahmepläne zu entwickeln.

Prof. Dr-Ing. Friedhelm Sieker

Vorbeugender Hochwasserschutz – Massnahmen im Bereich der Siedlungswasserwirtschaft und der Landwirtschaft

1. Einführung

Hochwasser entstehen bekanntlich dadurch, daß in Folge starker Niederschläge bzw. Schneeschmelze flächenhaft verteilt Abflüsse auftreten, die entsprechend den Gefällverhältnissen kurzfristig dem vorhandenen Gerinnesystem zufließen und sich dort zu gefahrauslösenden bzw. schadenbringenden Abflüssen einander überlagern. Entsprechend werden Hochwasser als solche im allgemeinen erst im Bereich der Niederungen und Talauen zur Kenntnis genommen, obwohl – wie gesagt – die Ursachen in den flächenhaft verteilten Abflüssen liegen. Der Neigung des Menschen entsprechend, eher die Wirkungen als die Ursachen zu bekämpfen, sind die Hochwasserschutzmaßnahmen hauptsächlich darauf ausgerichtet, unter Hinnahme der abfließenden Wassermengen erst im Bereich der Niederungen und Talauen tätig zu werden und Hochwasserschäden durch reaktive Maßnahmen wie Deicherhöhungen, Deichrückverlegungen, Flußpolder usw. abzuwenden oder in Grenzen zu halten.

Tatsächlich bleibt in den Talauen auch nichts anderes übrig als die dort bereits angekommenen Wassermengen hinzunehmen und sich dagegen mit entsprechenden Maßnahmen zu schützen. Eine andere Frage ist, ob die im Hochwasserfall den Gewässern und Niederungen von den Flächen der Einzugsgebiete zufließenden Wassermengen wie selbstverständlich und unabänderlich hinzunehmen sind. Dahinter steht die Frage, ob nicht auch das „Hinterland" der Talauen mitverantwortlich gemacht werden sollte für die von ihm im Hochwasserfall erzeugten Abflüsse, in dem schon auf den abflußbildenden Flächen der Einzugsgebiete wirksame Maßnahmen zur Reduzierung und Verzögerung dieser Abflüsse ergriffen werden.

Dieser sicherlich nicht unbilligen Forderung steht eine allgemein als selbstverständlich empfundene Denkungsart entgegen, die man auch mit Egoismus bezeichnen kann, daß man glaubt, einen Anspruch darauf zu haben, die Regenabflüsse zur Abwendung eigener Schäden so schnell und so gründlich wie möglich in den jeweiligen Unterliegerbereich ableiten zu können. Aus dieser Denkungsart heraus sind unsere Kanalisationsnetze in den Siedlungsgebieten entstanden oder die Drän- und Entwässerungssysteme der landwirtschaftlichen Flächen, einschließlich der viel kritisierten „Begradigungen" der Vorfluter. Nun besteht andererseits kein Zweifel, daß es für die Siedlungsgebiete einen besonderen Schutz vor Vernässungen und Überflutungen geben muß, den man auch als Anspruch auf einen zivilisatorisch gewachsenen „Entwässerungskomfort" bezeichnen kann. Auch die Landwirte werden nicht auf einen optimalen Wasserhaushalt ihrer Anbauflächen, wozu eine angemessene Entwässerung gehört, verzichten wollen. Es kommt jedoch darauf an, die Entwässerung auf das notwendige Maß zu beschränken und dabei auch an den jeweiligen Unterliegerbereich zu denken.

Inzwischen ist die Einsicht gewachsen, daß man in der Vergangenheit das Prinzip der Ableitung der Regenabflüsse überzogen angewendet hat. Diese Einsicht ist zumindest auf Neuanlagen bezogen gewachsen, so daß man beispielsweise heute in neuen Siedlungsgebieten schon vielfach neue Wege geht, bei denen die optimale Bewirtschaftung der Regenabflüsse im Vordergrund steht und nicht mehr die rigorose Ableitung.

Nun kann allerdings diese Einsicht – auf Neuanlagen bezogen – nur dazu beitragen, weitere entwässerungsbedingte Verschärfungen der Hochwasserabflüsse zu vermeiden, nicht aber die bereits eingetretenen Zustände überhöhter Ableitung zu verbessern. Dazu gehört vielmehr, daß es Veranlassungen geben muß, auch bei bestehenden Entwässerungssystemen eingreifen zu können, um die mutmaßlich eingetretene anthropogen bedingte Hochwasserverschärfung wenigstens teilweise rückgängig zu machen. Solche Veranlassungen, die sich zu dem für alle Beteiligten ökonomisch rechnen müssen, werden im Bereich der Siedlungswasserwirtschaft und der Landwirtschaft gesehen, was im folgenden näher ausgeführt werden soll.

2. Thesen

Den weiteren Ausführungen zu den Möglichkeiten eines vorbeugenden Hochwasserschutzes im Bereich der Siedlungswasserwirtschaft und der Landwirtschaft werden die folgenden zwei Thesen vorangestellt:

1. Im Hochwasserfall existiert in weiten Bereichen der Einzugsgebiete im ungesättigten Bodenbereich zwischen einer durch die Starkniederschläge weitgehend gesättigten Oberbodenschicht und dem voll gesättigten Grundwasser ein bisher ungenutztes Speicherpotential. Als Beispiel sei ein ungesättigter Bodenbereich mit einer Mächtigkeit von 1 m und einem nutzbaren Porenvolumen von 20 % angenommen. Daraus ergibt sich ein theoretisches Speicherpotential für eine Niederschlagshöhe von 200 mm. Da dieses Potential im Fall hochwasserverursachender Niederschläge durch natürliche Versickerung allein nicht ausgeschöpft wird, sind zusätzliche Maßnahmen erforderlich, die das Eindringen von Regenmengen in diesen Bereich ermöglichen.
2. Sowohl im Bereich der Siedlungswasserwirtschaft wie der Landwirtschaft gibt es – aus unterschiedlichen Gründen – Eigeninteressen an abflußhemmenden Maßnahmen, die eine Speicherung von Niederschlagsabflüssen im ungesättigten Boden einschließen und damit im Sinne eines Synergieeffektes dem vorbeugenden Hochwasserschutz dienen können. Solche Eigeninteressen sind für die Akzeptanz und die Finanzierbarkeit der nach (1) notwendigen Maßnahmen erforderlich.

Im folgenden wird im besonderen auf die Belange der Siedlungswasserwirtschaft eingegangen. Die Aspekte der Landwirtschaft werden nur kurz angesprochen.

3. Maßnahmen im Bereich der Siedlungswasserwirtschaft

3.1 Eigeninteressen der Siedlungswasserwirtschaft an abflußhemmenden Maßnahmen

Die Eigeninteressen der Siedlungswasserwirtschaft, das bisher übliche Prinzip der vollständigen und weitgehend ungedrosselten Ableitung der Regenabflüsse aufzugeben und statt dessen dem Prinzip der möglichst dezentralen Bewirtschaftung dieser Abflüsse unter Ausschöpfung der Versickerungs- und Retentionsmöglichkeiten „vor Ort“ zu folgen, resultieren aktuell insbesondere aus den folgenden beiden Gründen:

1. Die vollständige Regenwasserableitung in konventionellen Kanalisa-

tionen verursacht erhebliche Kosten. Dieses wird erst in jüngster Zeit bewußt, seit in den Gemeinden zunehmend die gesplittete Gebühr getrennt für Regen- und Schmutzwasser eingeführt wird. Die Regenwassergebühr wird dabei i.a. nach der an die Kanalisation angeschlossenen abflußwirksamen Fläche berechnet. Sie betrug im Jahre 1998 im Durchschnitt rd. 1,60 DM je m2 und Jahr. Dieses Bewußtwerden der tatsächlichen Kosten der Regenwasserableitung erhöht die Bereitschaft, Flächen von der Kanalisation ganz oder teilweise abzukoppeln, das Regenwasser stattdessen „vor Ort" ganz oder teilweise zu versickern und dafür auch die Kosten der Umstellung zu übernehmen.

2. In Bestandsgebieten mit Mischwasserkanalisationen ist es notwendig, die Schmutzbelastung der Gewässer durch überlaufendes Mischwasser weiter zu verringern. Die bisher übliche Praxis, zu diesem Zweck Regenüberlaufbecken oder Stauraumkanäle zu bauen, ist erstens sehr teuer – die Kosten können mit 50.000–100.000 DM je ha angeschlossene abflußwirksame Fläche angenommen werden – und kann zweitens negative Auswirkungen auf den Betrieb der Kläranlagen haben. Die Alternative, statt dessen den Regenwasseranteil in der Mischkanalisation durch Abkoppelungsmaßnahmen zu verringern, kann nicht nur die Wirkung von Regenüberlaufbecken ganz oder teilweise ersetzen, sondern übt außerdem noch positive Nebenwirkungen auf die hydraulische Auslastung der Kanalisationen und die Belastung der Kläranlagen aus.

3.2 Ziele der Regenwasserbewirtschaftung in Siedlungsgebieten

Wie vorstehend erwähnt, gibt es in den Siedlungsgebieten einen zivilisatorisch gewachsenen Anspruch auf einen „Entwässerungskomfort", der einen weitgehenden Schutz vor Personen- und Sachschäden sicherstellen und darüber hinaus auch einen gewissen „Komfort" bezüglich der Nutzbarkeit von Siedlungsflächen im Vergleich zu außerörtlichen Flächen bieten soll. Dieser Entwässerungskomfort, der etwa durch die Überflutungssicherheit unserer heutigen Kanalisationsnetze charakterisiert wird, muß auch durch ein Bewirtschaftungskonzept gewährleistet sein, das entgegen dem Prinzip der vollständigen Ableitung die Versickerungs- und Retentionsmöglichkeiten ausschöpft.

Ein anderes, zunehmend anerkanntes, auf den natürlichen Wasserhaushalt ausgerichtetes Ziel der Regenwasserbewirtschaftung in bebauten

Gebieten lautet etwa wie folgt: „Der natürliche Wasserhaushalt des bebauten Gebietszustandes ist dem des vorher unbebauten Zustandes weitestgehend anzunähern! Dieses betrifft insbesondere die Grundwasserneubildungsrate, die Höhe und zeitliche Verteilung des Oberflächenabflusses" und den Gütezustand des bewirtschafteten Regenwassers".

Die Verfolgung des zuletzt genannten Zieles bedeutet zwangsläufig, daß die nach dem reinen Ableitungsprinzip bisher üblichen hohen Oberflächenabflüsse aus Siedlungsgebieten verringert, die bisher zu geringen Grundwasserneubildungsraten erhöht und die bisher in den Niederschlagsabflüssen enthaltenen Verschmutzungen vor der Einleitung in den natürlichen Wasserkreislauf signifikant reduziert werden müssen. Konzeptionell bedeutet die Verfolgung dieses Zieles, daß man erstens insbesondere den Boden der unbebauten Flächenanteile der Siedlungsgebiete als „Bewirtschaftungsmedium" heranziehen sollte, denn dieser übt die gewünschten Wirkungen auf ganz natürliche Weise aus, und daß man zweitens die Bewirtschaftung so dezentral wie möglich vornehmen sollte, um die Funktionen des Bodens nicht durch Überlastung zu überfordern.

Das erst genannte Ziel ist bei der Dimensionierung der zu schaffenden Bewirtschaftungsanlagen zu beachten.

3.3 Allgemein anwendbares Bewirtschaftungskonzept

Das Konzept, den Boden der unbebauten Flächen innerhalb der Siedlungsgebiete als Bewirtschaftungsmedium zu nutzen, bedeutet, daß man sich hinsichtlich der technischen Ausführung der Bewirtschaftungsanlagen darauf einstellen muß, mit einem relativ kleinen Flächenanteil auszukommen. So stellen die unbebauten Flächen immer nur einen begrenzten Anteil der Gesamtflächen dar, der je nach Siedlungsstruktur zwischen 20 % (z. B. in Innenstadtbereichen und Gewerbegebieten) und 70 % (z. B. in aufgelockerten Einfamilienhausgebieten) liegen kann. Weiterhin gibt es innerhalb der unbebauten Flächen Einschränkungen, den Boden zu nutzen, wie z. B. die Notwendigkeit, Abstände zu unterkellerten Gebäuden und Grundstücksgrenzen einzuhalten oder konkurrierende Nutzungen auf den unbebauten Flächen, wie z. B. vorhandene Bäume.

Soll das Konzept darüber hinaus auf beliebige Böden anwendbar sein, also auch auf Böden, die nicht in der Lage sind, das zugeführte Niederschlagswasser in kurzer Zeit und vollständig durch Versickerung aufzunehmen, muß das Konzept Speicherelemente enthalten, die im Bedarfsfall den Versickerungsvorgang verlängern und verstärken können. Ferner muß bei Bedarf auch die Möglichkeit bestehen, „überschüssiges" Wasser abzuleiten, um Vernässungen und Überflutungen zu vermeiden und damit das Gebot des notwendigen „Entwässerungskomforts" zu erfüllen.

Letztlich sollte das Konzept berücksichtigen, daß ein belebter und begrünter Oberboden die bestmögliche Reinigung der Niederschlagsabflüsse bewirkt, d.h., das Konzept sollte obligatorisch eine entsprechende oberirdische Versickerung vorsehen.

Ein Konzept, das die vorgenannten Eigenschaften in sich vereinigt und damit auf den allgemeinen Fall beliebiger Bodenverhältnisse anwendbar ist, hat sich unter dem Namen „Mulden-Rigolen-System" in Deutschland etabliert (Abb. 1, oben).

3.4 Grundfunktionen des Mulden-Rigolen-Systems

Die Funktionen des Mulden-Rigolen-Systems lassen sich in 7 Punkten zusammen fassen:

1. Oberirdische Speicherung in Mulden
   Eine oberirdische Speicherung ist in jedem Fall erforderlich, da die Niederschlagszuflüsse oberirdisch versickert werden sollen und kurzzeitige Zuflußspitzen (z.B. infolge sommerlicher Starkregen) wegen der begrenzten Versickerungsfähigkeit des Oberbodens an der Oberfläche aufgefangen werden müssen. Der Begriff „Mulde" soll darauf hindeuten, daß es sich im Vergleich zur Flächenausdehnung um flache, begrünte Speicherelemente handelt. Der Begriff gilt auch für oberirdische Speicherelemente die scharfkantig eingefaßt sind. Da Mulden die Niederschlagszuflüsse im Vergleich zur unterirdischen Speicherung (vgl. Pkt. 3) immer nur kurzzeitig speichern, werden sie auch als „Kurzzeitspeicher" des Systems bezeichnet.
2. Reinigung durch Oberbodenpassage
   Ein belebter und begrünter Oberboden – auch mit „Mutterboden" bezeichnet – besitzt die Fähigkeit, Niederschlagsabflüsse auf physikalischem, chemischem und biologischem Wege zu reinigen. Damit läßt sich die Forderung erfüllen, daß nur „unschädlich verunreinigte" Niederschlagsabflüsse in den Boden bzw. das Grundwasser eingeleitet werden dürfen. Nach den vorliegenden Messergebnissen (z.B. DBU, 1998) behält der Oberboden, mit dem Mulden von Bewirtschaftungs-

anlagen ausgekleidet werden, diese Fähigkeit über eine nach Jahrzehnten zu messende Zeitspanne bei, bevor gegebenenfalls ein Austausch der obersten Bodenschicht erforderlich wird. Voraussetzung ist dabei ein humushaltiger, pH-neutraler, gut durchlässiger Boden (k_f @ 10^{-5} m/s) mit tonig-schluffigen Bestandteilen. Der k_f-Wert des Bodens und die maximale Einstauhöhe der Mulde sind so aufeinander abzustimmen, daß der Einstau der Mulde wenige Stunden nach Ende der Zuflüsse beendet ist. Unter dieser Voraussetzung bleibt die Durchlässigkeit des Bodens auf Dauer erhalten (DBU, 1998).

3. Unterirdische Speicherung
   Falls die Durchlässigkeit des anstehenden Bodens gleich oder größer als die des Muldenbettes ist, genügt als Bewirtschaftungsanlage die unter Pkt. 1 und 2 beschriebene Mulde (vgl. Abb. 1, unten)
   Falls jedoch die Durchlässigkeit des anstehenden Bodens im Bereich der Bewirtschaftungsanlage geringer ist als die des Muldenbettes und dennoch eine weitergehende Versickerung des Regenwassers beabsichtigt ist, bietet sich die Anlage eines unterirdischen Speichers in Form einer mit grobporigem Material (Kies, Lavagranulat, Kunststoffe) gefüllten „Rigole“ an. Damit läßt sich der Versickerungsvorgang in den anstehenden Boden sowohl verlängern (durch die Speicherung) wie auch verstärken (durch Vergrößerung der Kontaktfläche zum anstehenden Boden)
4. Muldenüberlauf
   Das Flächenangebot für die Anlage des oberirdischen Speichers ist häufig begrenzt (z.B. im Straßenraum). Die Infiltrationsfläche des oberirdischen Speichers reicht dann nicht aus, den unterirdischen Speicher zeitgleich zu befüllen. Für diesen Fall ist eine „Kurzschlußverbindung“ zwischen den ober- und unterirdischen Speichern erforderlich, ein sogenannter „Muldenüberlauf“. Bei Erreichen des Einstauziels im oberirdischen Speicher springt der Muldenüberlauf an und leitet das Niederschlagswasser auf direktem Wege in die Rigole. Der Überlauf kann technisch auf verschiedene Weise ausgeführt werden. Da jedoch durch den Muldenüberlauf die Oberbodenpassage umgangen wird und damit die Vollreinigung für diesen Teil des Niederschlagswassers entfällt (es findet nur eine Teilreinigung durch Absetzvorgänge statt), muß die Überlaufhäufigkeit in Grenzen gehalten werden. Erfahrungsgemäß werden bei einer Überlaufhäufigkeit von 5 pro Jahr dennoch mehr als

95 % der Jahreszuflüsse vollgereinigt und nur weniger als 5 % teilgereinigt.

5. Gedrosselte Ableitung

Falls die Durchlässigkeit des anstehenden Bodens geringer ist als erforderlich wäre, um den gemeinsamen Speicherinhalt aus Mulde und Rigole jederzeit unschädlich an Ort und Stelle zu versickern oder wenn allgemein ein besonderes Sicherheitsbedürfnis gegen Vernässungen besteht oder wenn eine Anhebung des Grundwasser- bzw. Schichtenwasserspiegels vermieden werden soll, ist die Rigole mit einem Dränsystem zu versehen, das in der Regel an der Rigolen-Sohle verlegt wird. Das Dränsystem mündet in einen Kontrollschacht, von dem aus der Abfluß des Dränsystems über eine eingebaute Drossel geregelt werden kann. Durch eine üblicherweise vorzunehmende Festeinstellung der Drossel kann gleichzeitig die gewünschte Versickerungsleistung der Rigole eingestellt werden: Bei voll geöffneter Drossel und damit geringst möglicher Versickerung wirkt das System auf die zugeführten Niederschlagszuflüsse eher wie ein kurzzeitiges Speichersystem, auf den anstehenden Boden eher wie ein langfristiges Dränsystem. Bei voll geschlossener Drossel wird dagegen die Versickerungsleistung der Rigole voll ausgeschöpft und die Dränwirkung nahezu auf Null gesetzt. Zwischen diesen Grenzzuständen sind Zwischenzustände möglich und einstellbar. Die Abflüsse des Dränsystems werden entweder über ein weiterführendes Ableitungssystem nach dem Prinzip des Trennsystems abgeleitet oder bei Anwendungen

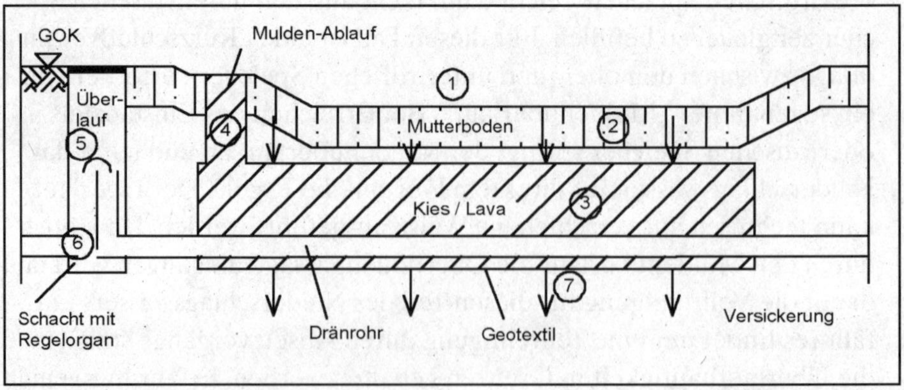

Mulden-Rigolen-System ($k_f < 10^{-6}$ m/s)

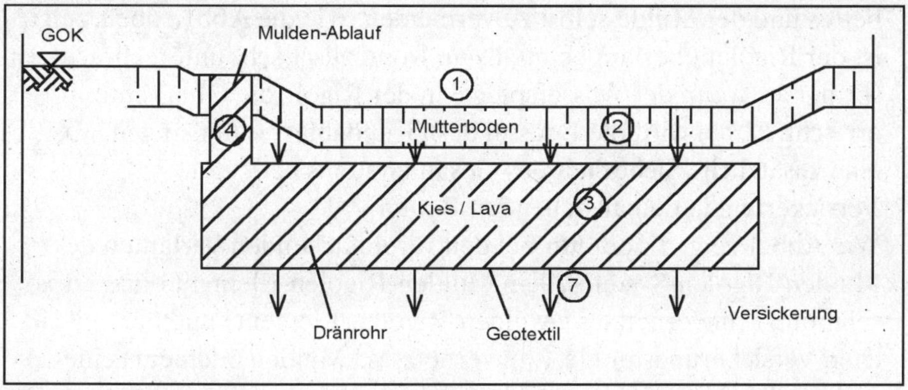

Unvernetztes Mulden-Rigolen-Elemente ($10^{-6} < k_f < 5 \times 10^{-6}$ m/s)

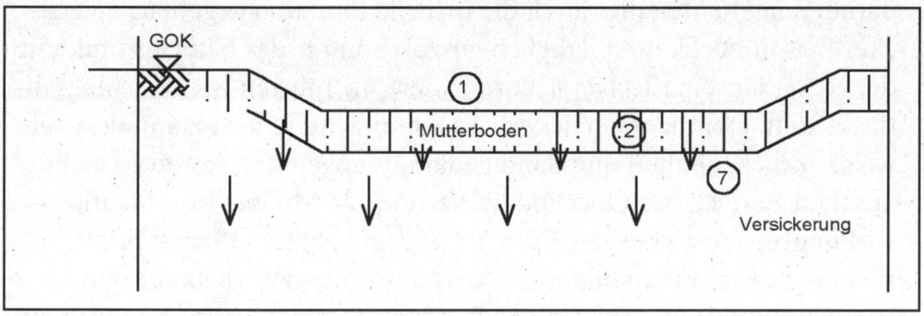

Unvernetztes Mulden-Elemente ($k_f > 5 \times 10^{-6}$ m/s)

(1) Oberirdische Kurzzeitspeicherung in Mulden
(2) Reinigung bei Durchsickerung des belebten Oberbodens
(3) Unterirdische Langzeitspeicherung in Rigolen
(4) Kurzschlußverbindung zwischen Mulde und Rigole
(5) Rigolenüberlauf
(6) Gedrosselte Ableitung über Grundablaß und Rigolenüberlauf
(7) Versickerung in den anstehenden Boden

Abb. 1: Das Mulden-Rigolen-System und seine Untervarianten

im Mischsystem an dieses unter Verwendung von Rückstausicherungen angeschlossen.

6. Rigolenüberlauf
   Ein weiteres Element zur Kontrolle und Regelung des Mulden-Rigolen-Systems ist der Rigolenüberlauf, der die Aufgabe hat, eine Überfüllung der Rigole und damit unkontrollierte Vernässungen des Mulden-

bettes und der Mulde selbst zu vermeiden. Wie die Abb1., oben, zeigt, ist der Rigolenüberlauf ebenfalls im Kontrollschacht untergebracht. Er springt an, wenn der Wasserspiegel in der Rigole die Oberkante erreicht. Dabei wird die Drossel des Grundablasses umgangen, was eine zusätzliche Sicherheit des Gesamtsystems bedeutet.

7. Versickerung in den anstehenden Boden
   Wie Abb. 1 zeigt, findet nur bei den vereinfachenden Varianten des Mulden-Rigolen-Systems, dem Mulden-Rigolen-Element ohne Drosselabfluß („unvernetztes" Mulden-Rigolen-Element) und der einfachen Versickerungsmulde, („unvernetztes" Mulden-Element) eine vollständige Versickerung der zugeleiteten Niederschlagsabflüsse statt. Das eigentliche Mulden-Rigolen-System (Abb. 1, oben) ist dagegen darauf eingerichtet, die durch die örtliche Situation gegebenen Versickerungsmöglichkeiten lediglich auszuschöpfen, das heißt, es findet in der Regel nur eine Teilversickerung der zugeführten Niederschlagsabflüsse statt. Der nicht versickerbare Anteil wird jedoch zumindest zeitweise zurückgehalten und dann gedämpft abgeleitet, soweit er nicht aus dem Bereich des Oberbodens verdunstet. Mit der Kombinationswirkung aus Versickerung, Speicherung und gedrosseltem Abfluß kommt dieses System damit der Wirkung eines natürlichen Bodens auf den Niederschlag nahe, wenn auch zwangsläufig in einem komprimierten Raum.

3.5 Weitere abflußhemmende Maßnahmen in der Siedlungswasserwirtschaft

Neben dem vorstehend beschriebenen Mulden-Rigolen-System, das als allgemein anwendbare Alternative zum konventionellen Ableitungssystem anzusehen ist und als solche auch die wirkungsvollste abflußhemmende Maßnahme in der Siedlungswasserwirtschaft gelten kann, gibt es einige weitere Maßnahmen, die zusätzlich in Betracht kommen. Dazu gehören z.B. durchlässige Pflasterungen, Gründächer und der Gesamtbereich der Regenwassernutzung. Es ist allerdings zu bemerken, daß diese Maßnahmen zwar den Wasserhaushalt insgesamt begünstigen, daß ihre abflußhemmende Wirkung bei hochwasserverursachenden Niederschlägen jedoch nur eine sehr untergeordnete Rolle spielt, im Gegensatz zum Mulden-Rigolen-System, dessen Wirkung im folgenden nachgewiesen wird.

4. Wirkungen des Mulden-Rigolen-Systems bei hochwasserverursachenden Niederschlägen

4.1 Simulationsergebnisse

Hochverursachende Niederschläge heben sich dadurch aus dem allgemeinen Niederschlagsgeschehen heraus, daß sie erstens räumlich relativ gleichmäßig verteilt und ausgebreitet auftreten und daß sie zweitens im allgemeinen eine zeitlich ausgedehnte Periode von Niederschlägen umfassen, die sich über die Periode hinweg zwar zu großen Niederschlagssummen akkumulieren, deren mittlere Intensität (Niederschlagsgesamthöhe dividiert durch die Gesamtdauer) jedoch relativ gering ist im Vergleich zur mittleren Intensität kurzer sommerlicher Starkregen. Letztere liegt jedoch im allgemeinen der Bemessung von Mulden-Rigolen-Systemen zugrunde, weshalb die Vermutung angestellt werden kann, daß das System nicht nur auf sommerliche Strakregen abflußhemmend wirkt, sondern auch auf hochwasserverursachende Niederschlagsperioden. Die folgenden Ausführungen beziehen sich auf ein laufendes Forschungsprojekt im Einzugsgebiet der Saar, das von der Deutschen Bundesstiftung Umwelt gefördert wird.

Den Untersuchungen liegt die in Abb. 2 dargestellte Niederschlagsperiode aus dem Jahre 1995 zugrunde:

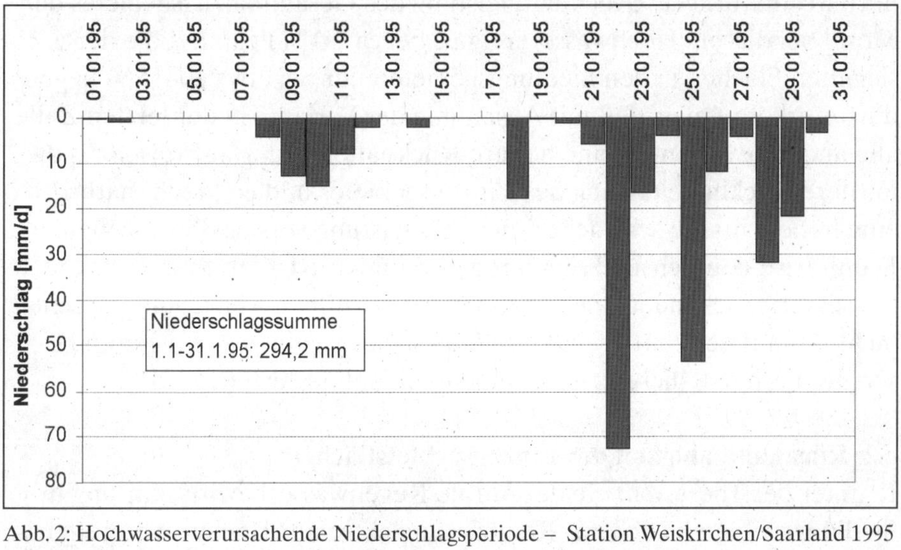

Abb. 2: Hochwasserverursachende Niederschlagsperiode – Station Weiskirchen/Saarland 1995

Tab. 1: Rückhalteleistungen bei hochwasserverursachenden Niederschlägen

Bewirtschaftungsanlage mit Kf Wert	Rückhalteleistungen
Versickerungsmulde, Kf= 1 x 10^{-5}	100 %
Versickerungsmulde, Kf= 5 x 10^{-6}	95 %
Versickerungsmulde, Kf= 1 x 10^{-6}	56 %
Mulden-Rigolen Element, Kf= 1 x 10^{-6}	93 %
Mulden-Rigolen System, Kf= 5 x 10^{-7}	72 %
Mulden-Rigolen System, Kf= 1 x 10^{-7}	21 %

Die Niederschlagsperiode wurde als Input-Datenfolge in Simulationsrechnungen eingebracht, mit denen die Rückhalteleistungen verschiedener Varianten des Mulden-Rigolen-Systems bezogen auf diese Hochwasserperiode errechnet wurden. Den Anlagen liegen die in der Praxis gebräuchlichen Abmessungen zugrunde, wobei generell ein Speicherinhalt von 400 m^3 je ha angeschlossene abflußwirksame Fläche vorgegeben wurde. Der Drosselabfluß des Mulden-Rigolen-Systems wurde mit 5 l/s.ha angenommen, ein Wert, der sich in der Praxis noch weiter reduzieren läßt, insbesondere wenn die Ableitung nur über den Rigolenüberlauf geführt wird. Die Durchlässigkeit des anstehenden Bodens wurde zwischen 10^{-5} und 10^{-7} m/s variiert, was im wesentlichen den in den Einzugsgebieten vorkommenden Böden entspricht. In der folgenden Tab. 1 sind als Ergebnis der Simulationen die Rückhalteleistungen der Varianten bezogen auf den Gesamtniederschlag der hochwasserverursachenden Niederschlagsperiode dargestellt. Berücksichtigt man, daß die mittlere „natürliche" Rückhalteleistung des Gesamteinzugsgebietes der Mosel bei diesem Hochwasserereignis bei ca. 50 % liegt und die der versiegelten Flächen in den Siedlungsgebieten nur bei etwa 10–15 % liegen dürfte, erkennt man, daß mit Ausnahme der Variante in der letzten Zeile alle anderen Varianten eine höhere Rückhalteleistung aufweisen als die mittlere Rückhalteleistung des Einzugsgebietes und erst recht natürlich eine höhere als die schwache Rückhalteleistung versiegelter Flächen. Damit wird deutlich, daß sich mit dem Mulden-Rigolen-System bei hochwasserverursachenden Niederschlägen die Abflüsse versiegelter Flächen nicht nur auf den mittleren Abfluß des Einzugsgebietes reduzieren lassen, sondern daß dieser z.T. noch deutlich unterschritten wird.

4.2 Rückhaltefähigkeit der Einzugsgebietsflächen

Kritiker der These, daß die dezentrale Regenwasserbewirtschaftung in Siedlungsgebieten auch zur Reduzierung extremer Hochwasserereignisse beitragen kann, beziehen sich insbesondere auf Feldmessungen, bei denen als Reaktion auf natürliche Regen oder künstliche Beregnungen kurzfristig auftretende unterirdische Zuflüsse zu Gewässern festgestellt wurden. Die Kurzfristigkeit wird teilweise durch relativ hohe Fließgeschwindigkeiten in „bevorzugten Bahnen" des Untergrundes (preferential pathways) erklärt, teilweise aber auch durch die Bedingungen einer Pfropfenströmung, bei der „Altwasser" durch vom nachdrängenden Wasser ausgehenden Druck in die Gewässer gelangt. Letzteres läßt darauf schließen, daß es sich um die Austrittsflächen gespannter Grundwasserleiter handelt.

Es besteht kein Zweifel, daß beide Phänomene in einem gewissen Umfang in den Einzugsgebieten existieren. Es ist nur die Frage, welchen Anteil diese „hydraulisch kurz geschlossenen Flächen" innerhalb der Gesamtgebiete einnehmen und mit welchen Anteilen die Siedlungsgebiete, um deren Regenwasserbewirtschaftung es gehen soll, in diesen Teilgebieten liegen.

Prüft man die Veröffentlichungen über Feldmessungen zu den vorgenannten Phänomen auf ihre jeweiligen örtlichen Verhältnisse, so fällt auf, daß die Meßgebiete im allgemeinen eine deutliche Hangneigung aufweisen und daß die Bodenauflage zumindest in Teilbereichen der Meßgebiete häufig relativ gering ist. Es gibt ferner Hinweise auf Gleybodenbildung und Bodenverdichtungen durch landwirtschaftliche Bodenbearbeitung (Pflugsohlenverdichtungen). Beschreibungen des Ausgangsge-steins lassen häufig auf vorliegendes Kluftgestein schließen.

Alle vorgenannten Einflüsse begünstigen das Entstehen kurzfristiger Abflußreaktionen. Es gilt jedoch auch die Umkehrung, das heißt, geringe Hangneigung, stärkere Bodenauflagen mit geringer Neigung zu Verdichtungshorizonten, Ausgangsgestein mit geringer Kluftbildung usw. begünstigen ein langsames unterirdisches Abflußgeschehen.

Welchen Anteil – großräumig gesehen – nun die Flächen mit kurzfristigen (in Stunden zu messenden) Reaktionen im Vergleich zu Flächen haben können, deren Reaktionszeit mindestens in Tagen zu messen ist, läßt sich am Beispiel des Moselhochwassers 1995 wie folgt grob abschätzen: Die Abflußfülle des Hochwassers (minus Basisabfluß) betrug rd. 50 % der zugehörigen Niederschlagsperiode. 50 % des Niederschlags wurden also offensichtlich über die Dauer des Hochwasserereignisses hinaus im Einzugsgebiet zurückgehalten bzw. verdunstet. Legt man weiter zugrunde, daß von der abgeflossenen Niederschlagssumme etwa ein gutes Drittel oberirdisch abgeflossen sein könnte (dieses ist sicherlich nicht zu hoch gegriffen), verbleibt für den unterirdischen Abfluß, der zur Entstehung des Hochwasserereignisses beigetragen hat, ein Anteil von 30 % des Gesamtniederschlags. Dieses könnte auch etwa dem Anteil der kurzfristig reagierenden Flächen entsprechen.

Daß die Niederschlagsabflüsse, um deren Bewirtschaftung es in den Siedlungsgebieten gehen soll, zum überwiegenden Teil nicht zu den kurzfristig auftretenden und damit hochwasserverschärfenden Abflüssen gehören, wird an folgender Überlegung deutlich: Flächen mit geringer Bodenauflage von z. B. weniger als 1,5 m Mächtigkeit entfallen für eine Bewirtschaftung im allgemeinen deswegen, weil in der Regel eine ungesättigte Bodenschicht von mindestens 1 m unter der Sohle der Bewirtschaftungsanlage erwünscht ist. Nimmt man z.B. eine mittlere nutzbare Bodenmächtigkeit von 1 m an und legt man für die Durchlässigkeit den Mittelwert von 10^{-6} m/s zugrunde, so ergibt sich bei einer Abstandsgeschwindigkeit von etwa dem Dreifachen der Filtergeschwindigkeit eine Dauer von etwa drei Tagen bis die Durchsickerungsfront die Bodenpassage zurückgelegt hat. Bis das Sickerwasser das nächste Gewässer erreicht, vergeht zusätzliche Zeit, so daß unter den genannten Umständen von einer ausreichenden Verzögerung gesprochen werden kann, um den (unterirdischen) Abfluß der Bewirtschaftungsanlage den extremen Hochwasserabflüssen zu entziehen.

Dennoch sollte bei flächendeckenden Untersuchungen über die Auswirkung von Maßnahmen der naturnahen Regenwasserbewirtschaftung in Siedlungsgebieten auf Hochwasserereignisse dem potentiell auftretenden Phänomen kurzfristiger Abflußreaktionen Rechnung getragen werden. Dazu ist es erforderlich, die Flächenanteile zu identifizieren, die mit hoher Wahrscheinlichkeit für Kurzfristreaktionen prädestiniert sind. Praktisch kann diese Aufgabe dadurch gelöst werden, daß die vorgenannten Einflüsse, die Kurzfristreaktionen begünstigen, also z.B. große Hangneigung, geringe Bodenmächtigkeit usw. digital erfaßt und miteinander in GI-Systemen verschnitten werden. Siedlungsflächen, die in die so identifizierten Flächenanteile fallen, sind hinsichtlich der hydrologischen Niederschlag-Abfluß-Simulation anders zu behandeln, als die Siedlungsflächen, die in Gebiete mit geringer Hangneigung, hoher Bodenauflage usw. fallen.

4.3 Erkenntnisstand

Nach den bisher vorliegenden Erkenntnissen, die im Rahmen des laufenden DBU-Forschungsprojektes (Az 07147) durch konkrete Untersuchungen in drei Gemeinden des Saarlandes gewonnen wurden, besteht in den Siedlungsgebieten ein signifikantes Abkoppelungspotential in der Größenordnung von 10 bis 30 % der bisher an Kanalisationen angeschlossenen Flächen. Eine Umstellung der abkoppelbaren Flächen auf dezentrale Bewirtschaftungsmaßnahmen nach dem Konzept des Mulden-Rigolen-Systems ist realistisch und kann zu Kosteneinsparungen gegenüber konventionellen Sanierungsmaßnahmen am bestehenden Entwässerungssystem führen. Eine Übertragung der gewonnenen Erkenntnisse auf die Siedlungsflächen des Gesamteinzugsgebietes der Saar erscheint zulässig und wird zu Erkenntnissen über die Gesamtwirkung der Umstellungsmaßnahmen auf den natürlichen Wasserhaushalt im allgemeinen und die Hochwasserreduzierung im besonderen führen. Eine Reduzierung des Abflußvolumens extremer Hochwasserereignisse bis zu 5 % kann erwartet werden. Diese prozentual gering erscheinende Reduzierung kann sich hinsichtlich der Schadensgrenze von Wasserständen jedoch signifikant auswirken.

5. Vorbeugender Hochwasserschutz im Rahmen der Landwirtschaft

Wie in der Siedlungswasserwirtschaft ist man auch in der Landwirtschaft auf die Zusammenarbeit mit den Landwirten und deren Akzeptanz bei der Umsetzung abflußhemmender Maßnahmen angewiesen. In Anbetracht der schwierigen wirtschaftlichen Lage eines großen Teils der Landwirtschaft ist es nur zu verständlich, wenn die Bereitschaft, bei abflußhemmenden Maßnahmen mitzuwirken, an die Frage geknüpft ist, ob sich dieses mit ökonomischen Vorteilen verbinden läßt. Diese Frage ist nicht unbegründet, wenn man bedenkt, daß für Hochwasserschutzmaßnahmen in den Talauen hohe Summen aufgewendet werden müssen, die alternativ auch in abflußhemmende Maßnahmen im Bereich der Landwirtschaft investiert werden könnten, wenn nachgewiesen wird, daß deren Effekt gleich gut oder besser ist. Der Landwirt müßte dann allerdings vertraglich verpflichtet werden, diese Maßnahmen auf Dauer zu betreiben und gegebenenfalls zu unterhalten. Dafür müßte der Landwirt dann allerdings auch entlohnt werden. Der Landwirt also im Nebenberuf ein zukünftiger „Wassermanager"? Daß dieser Gedanke nicht so abwegig ist, soll das folgende Gedankenexperiment zeigen:

Angenommen, es sei möglich, während einer hochwasserverursachenden Niederschlagsperiode auf landwirtschaftlichen Flächen eine Niederschlagshöhe von 100 mm hochwasserreduzierend zusätzlich zum bisherigen Rückhaltevermögen zurückzuhalten oder in den Boden zu infiltrieren. Dieses entspricht einer Rückhaltung oder Infiltration von 1.000 m^3 pro ha. Die Schaffung von Rückhalteraum in Form eines Flußpolders sei mit DM 5,– pro m^3 Speicherraum angenommen. Damit entspricht die Rückhalteleistung der landwirtschaftlichen Fläche einem Wert von DM 5.000,– pro ha. Würde dieser Betrag über einen Zeitraum von z. B. 20 Jahren für die Schaffung und Unterhaltung abflußhemmender Maßnahmen in gleichmäßigen Raten ausgezahlt, entspräche dieses einem Betrag von DM 250,– pro Jahr und ha. Dabei ist zu unterstellen, daß der Landwirt die betroffene Fläche auch weiterhin – wenn auch mit gewissen Einschränkungen – hinsichtlich ihres eigentlichen Zwecks nutzen kann.

Im Rahmen eines derzeit laufenden, von der Deutschen Bundesstiftung geförderten Projektes (Az 15877) wird der Frage nachgegangen, welche Infiltrationssteigerung bei einer konservierenden Bodenbearbeitung (Mulchsaatprinzip) gegenüber der herkömmlichen Bodenbearbeitung zu erreichen ist. Daß ein konservierend bearbeiteter Boden bei Starkregenereignissen weniger Oberflächenabluß aufweist und damit weniger erosionsempfindlich ist als ein herkömmlich bearbeiteter Boden ist bekannt und ein wesentlicher Grund, weshalb sich die konservierende Bearbeitung im landwirtschaftlichen Bereich stark ausweitet. Hinzu kommen Kosteneinsparungen durch die Einsparung von Arbeitsgängen und Energieverbrauch. Allerdings ist die konservierende Bearbeitung auch mit Nachteilen verbunden, wie z. B. Schneckenbefall der Saat usw. Der Nebeneffekt der Infiltrationssteigerung, insbesondere bei langdauernden, hochwasserverursachenden Niederschlägen, ist bisher im Hinblick auf den vorbeugenden Hochwasserschutz wenig beachtet worden. Die Beispielsuntersuchung im Einzugsgebiet der Lausitzer Neiße wird dieser Frage nachgehen. Untersucht wird dabei über flächendetaillierte Niederschlag-Abfluß-Modelle, wie sich vorausschauend angenommene Anwendungen der konservierenden Bodenbearbeitung auf die Hochwasserabflüsse auswirken.

6. Schlußfolgerungen

Sowohl im Bereich der Siedlungswasserwirtschaft wie im Bereich der Landwirtschaft gibt es ein bisher unausgeschöpftes Potential vorbeugendesr Hochwasserschutzmaßnahmen. In beiden Fällen liegen die durchzuführenden Maßnahmen auch im Interesse der unmittelbar Betroffenen, das sind im Bereich der Siedlungswasserwirtschaft die Grundeigentümer, sowie die Gemeinden, Verbände und Privatunternehmen als Träger der Entwässerungssysteme und im Bereich der Landwirtschaft sind es in erster Linie die Landwirte selbst. Die verstärkte Umsetzung der Maßnahmen scheint eher ein Problem der Aufklärung der breiten Fachöffentlichkeit zu sein als daß es wesentliche fachliche Einschränkungen und Einwendungen geben könnte.

Literatur

Sieker, Friedhelm (Hrsg.) (1998): Naturnahe Regenwasserbewirtschaftung, Analytica-Verlag, Berlin

Sieker, Friedhelm (1996): Dezentrale Regenwasserbewirtschaftung in Siedlungsgebieten – Ein Beitrag zur Dämpfung extremer Hochwasserereignisse ?

Zeitschrift Geowissenschaften, Heft 12

Bodo Weigert

Nachhaltiges Wassermanagement – Ansätze zu einer integrierten Bewertung regionaler Massnahmen

1 Einleitung

Wasser ist eine erneuerbare Ressource, die aber, anders als fossile Rohstoffe, nicht verbraucht, sondern nur gebraucht wird. Wasser ist nicht gleichmäßig auf der Erde verteilt, viele Regionen der Erde haben mit Wasserknappheit zu kämpfen. Die Verfügbarkeit von Wasser ist das Resultat von klimatischen, naturräumlichen und topographischen Randbedingungen einer Region. In welchem Umfang Wasser durch den Menschen vor Ort genutzt werden kann, hängt im wesentlichen von der zeitlichen Verteilung von Niederschlägen und Zuflüssen sowie der Speicherfähigkeit des jeweiligen Gebietes ab. Die in der Öffentlichkeit als globale Wasserkrise diskutierten Phänomene einer weltweit zunehmenden Wasserknappheit sind daher eher die Summe regionaler wasserwirtschaftlicher Probleme, die auch nur auf dieser räumlichen Ebene gelöst werden können.

Es ist mittlerweile Konsens, dass wasserwirtschaftliche Aktivitäten zukünftig unter Berücksichtigung des Leitbildes der Nachhaltigen Entwicklung erfolgen sollen. Allerdings sind bis heute nur wenige Bemühungen erkennbar, aus diesem Leitbild konkrete Planungsinstrumente für wasserwirtschaftliche Entscheidungsprozesse abzuleiten.

Im Rahmen eines von der DBU geförderten interdisziplinären Forschungsvorhabens wird ein Entscheidungshilfesystem entwickelt, das die Umsetzung des Leitbildes Nachhaltigkeit für lokale/regionale wasserwirtschaftlicher Planungen unterstützen soll. Einzelne Aspekte der Projektstrategie dieses Vorhabens werden in nachfolgenden Ausführungen vorgestellt.

2 Das Leitbild Nachhaltige Entwicklung in der Wasserwirtschaft

Die in den 70er Jahren sich abzeichnenden weltweiten Veränderungen in der Umwelt haben zu internationalen Aktivitäten geführt mit dem Ziel, diesen bedrohlichen Entwicklungen mit weltweit abgestimmten Aktivitäten entgegenzuwirken.

Meilenstein war hierbei die UN-Konferenz von Rio, auf der ein von 170 Staaten getragenes Aktionsprogramm mit dem Leitbild der *Nachhaltigen Entwicklung* (Agenda 21) verabschiedet wurde.

Die Ziele der Agenda 21 lassen sich folgendermaßen zusammenfassen:

- schonender Umgang mit Ressourcen: dazu zählen fossile Energieträger, Rohstoffe, Wasser und die gesamte Ökosphäre
- Berücksichtigung der lokalen wirtschaftlichen und gesellschaftlichen Randbedingungen, d.h. alle Maßnahmen müssen mit breiter Akzeptanz der Gesellschaft erfolgen

Ausgehend von den weltweit wachsenden Problemen bei der Einhaltung von Mindeststandards in der Trinkwasserversorgung wird in der Agenda 21 dem Kapitel 18 „Schütz der Güte und Menge des Süßwassers" eine zentrale Bedeutung beigemessen. Dabei werden hier neue Wege in Richtung einer *integrierten Planung und Bewirtschaftung* von Wasser gefordert (UNCED, 1993).

Im 5. Rahmenprogramm der EU-Kommission finden sich Forderungen zur Umsetzung einer nachhaltigen Wasserwirtschaft in Europa, wo neben primär auf den *vorsorgenden Gewässerschutz* bezogenen Zielen in der europäischen Wasserpolitik auch das Ziel einer *rationelleren Wasserverwendung* und -bewirtschaftung angestrebt werden solle. (zitiert nach Kraemer, 1995)

Das Bundesumweltministerium sieht in der Realisierung von Nachhaltiger Entwicklung die konsequente Anwendung des *Vorsorgeprinzips und Minimierungsgebotes* des Wasserhaushaltsgesetzes. Die hier dargelegten Einschätzungen decken sich weitgehend mit der Einschätzung vieler wasserwirtschaftlicher Akteure, Nachhaltige Entwicklung sei mit der konsequenten Umsetzung von Gewässerschutzmaßnahmen gleichzusetzen (BMU, 1996).

In einer Studie des Umweltbundesamtes (UBA, 1998) werden zur Umsetzung des Nachhaltigkeitsprinzips im Gesamtsystem Wasserwirtschaft auf nationaler Ebene nach einer Analyse der deutschen wasserwirtschaftlichen Strukturen schon differenziertere Empfehlungen formuliert. Es wird hier u. a. vorgeschlagen, sich zukünftig in der Wasserwirtschaft an ausgewählten Nachhaltigkeitsprinzipien zu orientieren. Beispielswiese wird in diesem Zusammenhang die Empfehlung zur Umsetzung eines *Ressourcenminimierungsprinzips*, d. h. Minimierung des *indirekten und direkten Ressourcenverbrauches*, gegeben. Lehn et al. (1999) schlagen die Einhaltung von Nachhaltigkeitsregeln vor, die aus den Managementregeln der Enquête-Kommision des Deutschen Bundestages (1997) abgeleitet wurden:

1. Durch die Inanspruchnahme der erneuerbaren Ressource Wasser sollten nicht-erneuerbare Ressourcen (z.B. Pumpenenergie aus fossilen Energieträgern) möglichst wenig in Anspruch genommen werden.
2. Die Inanspruchnahme der Ressource Wasser sollte sich an ihrem Regenerationsvermögen orientieren. Dabei ist darauf zu achten, daß ein ausreichender Grundbestand im Ökosystem verbleibt.
3. Die Inanspruchnahme von Wasser als Senke für Stoffe und Abwärme darf die Selbstreinigungskraft nicht übersteigen. Dabei sollte auf ausreichende Sicherheitsabstände zu Grenzwerten geachtet werden.
4. Die Inanspruchnahme der Ressource Wasser durch eine Region der Erde darf die Nachhaltigkeit in anderen Regionen nicht gefährden.

Alle bisher entwickelten Leitlinien sind allerdings eher als Orientierungshilfe im administrativen Bereich geeignet. Instrumente zur Planung und Bewertung konkreter wasserwirtschaftlicher Maßnahmen auf lokaler und regionaler Ebene, über die einzelne oder miteinander verknüpfte wasserwirtschaftliche Projekte systematisch auf Nachhaltigkeit geprüft werden können, sind noch nicht verfügbar. Genau dieses Defizit spricht auch der Umweltrat in seinem Jahresgutachten 2000 (SRU, 2000) an, indem er bemängelt, dass es immer noch an Vorgaben für Problemdiagnose- und Zielbildungsprozessen zur Umsetzung Nachhaltiger Entwicklung fehle.

3 Analyse und Visualisierung von Ursachen und Wirkungen in der Wasserwirtschaft

Wasserwirtschaft ist die Summe einer Vielzahl von z. T. eng vernetzten technischen Maßnahmen zur Bereitstellung von Trinkwasser, zur Ableitung und Behandlung von Abwasser (Hygiene), zur Regulierung von Gewässern (Gefahrenabwehr), zur Umsetzung von Maßnahmen des

Gewässerschutzes u.v.m.. Die Wechselbeziehungen einzelner technischer Maßnahmen sind hier sehr komplex und ohne Hilfsmittel nicht zu identifizieren. Voraussetzung für die Erarbeitung eines Bewertungsrahmens für wasserwirtschaftliche Maßnahmen ist es, möglichst umfassende Informationen über wasserwirtschaftliche Aktivitäten und deren Wirkungen auf Mensch und Umwelt zu erfassen und transparent zu machen.

Die Gliederung wasserwirtschaftlicher Maßnahmen nach Ursache und Wirkungen ist eine Möglichkeit, die hier vorhandenen Komplexen Wechselwirkungen in eine Struktur zu bringen und damit die Voraussetzung zu schaffen, regionale Probleme der Wasserwirtschaft leichter zu identifizieren.

Grafische Hilfsmittel wie Beziehungsgeflechte sind hier sehr gut geeignet, diese Zusammenhänge zu visualisieren.

Das in Abb. 2 entwickelte Beziehungsgeflecht wurde konsequent aus dem nachfolgend dargestellten Grundschema abgeleitet. Von den an die Wasserwirtschaft gestellten Nutzungsanforderungen werden Maßnahmen zugeordnet, aus denen sich einzelne Wirkungen ableiten lassen.

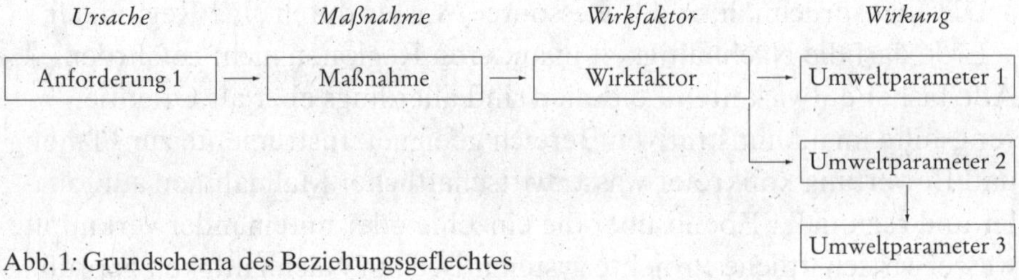

Abb. 1: Grundschema des Beziehungsgeflechtes

1. Anforderungen an die Wasserwirtschaft:

- **Nutzungsansprüche**, im Beziehungsgeflecht als Ursachen der Auswirkungen wasserwirtschaftlicher Maßnahmen definiert, sind u.a. die Versorgung der Bevölkerung mit Trinkwasser und Brauchwasser, die Wasserversorgung der Industrie und der Energiewirtschaft, die Entsorgung sowohl kommunalen als auch gewerblich/industriellen Abwassers einschließlich der Niederschlagswasserableitung etc.
- **Randbedingungen**, die wasserwirtschaftliche Maßnahmen zur Erfüllung der Nutzungsansprüche wesentlich determinieren, sind beispielsweise Versiegelung, die die Grundwasserneubildung vermindert, einen stärkeren Oberflächenabfluß verursacht und die Wasserbilanz negativ

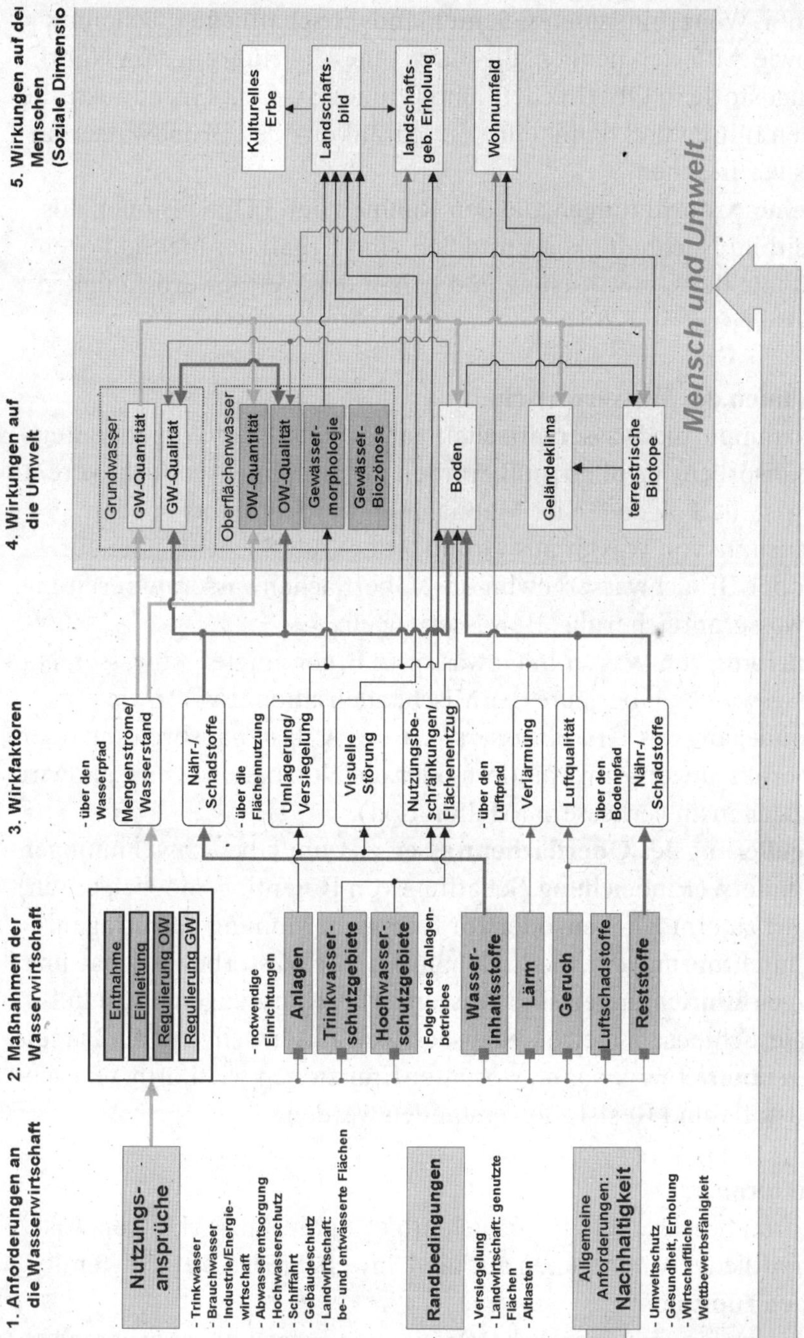

Abb. 2: Beziehungsgeflecht Wasserwirtschaf

beeinflußt. Weiterhin lassen sich hier landwirtschaftliche Flächennutzung sowie Altlasten nennen, die durch eine Überführung von Nähr- und Schadstoffe in Oberflächen- und Grundwasser zu Grundwasserbelastungen führen und damit eine Einschränkung des Grundwasserdargebotes verursachen.

- **allgemeine Anforderungen**, die den Rahmen der 3 Dimensionen aus dem Leitbild Nachhaltigkeit umreißen, sind Erhalt der menschlichen Gesundheit, der Umweltschutz und Erhalt der Wettbewerbsfähigkeit der Wirtschaft.

2. Maßnahmen der Wasserwirtschaft

Die Maßnahmen, die Wasserwirtschaft zur Erfüllung der vorgenannten Nutzungsansprüche erfüllen muß, werden im Beziehungsgeflecht vereinfacht dargestellt. Folgende vier Maßnahmen werden unterschieden:

- die **Entnahme** von Wasser aus Grund- oder Oberflächenwasser zur Trink- oder Brauchwassergewinnung, Oberflächenwasseraufbereitung, Grundwasseranreicherung, Bewässerung etc.
- die **Einleitung** von Wasser in Gewässer (z.B. gereinigtes Abwasser, Niederschlagswasser, Überläufe der Mischkanalisation usw.) sowie
- die **Regulierung des Grundwassers**, z.B. um Altlastenausbreitung oder Kellervernässungen zu verhindern oder die Nutzbarkeit von Landwirtschaftsflächen zu verbessern (Melioration),
- die **Regulierung des Oberflächenwasser**, z.B. um Überschwemmungen zu verhindern (Eindeichung, Schaffung von Retentionsmöglichkeiten), Schiffahrt zu ermöglichen, oder zur Energiegewinnung beizutragen.

Die zur Durchführung der Maßnahmen, d.h. zur Wasserbewirtschaftung **notwendigen Einrichtungen** sind Wasserwerke, Kläranlagen, Rieselfelder, Kanäle, Schleusen, Deiche, Stauseen usw. Zusätzlich sind die **Folgen des Anlagenbetriebes** genannt, worunter Emissionen wie Lärm, Geruch, Luftschadstoffe und Reststoffe verstanden werden.

3. Wirkfaktoren

Wirkfaktoren beschreiben im betrachteten Fall die Auswirkungen wasserwirtschaftlicher Maßnahmen auf die Umwelt. Sie lassen sich vier Wirkpfaden zuordnen:

- dem Wasserpfad als wesentlicher Träger von Folgen wasserwirtschaftlicher Maßnahmen und untergeordnet,

- der Flächennutzung (z. B. Versiegelung, Altlasten …),
- dem Luftpfad und
- dem Bodenpfad (Reststoffe wasserwirtschaftlicher Maßnahmen und ihre Verwertung).

4. Wirkungen Umwelt und Menschen
Die Wirkungen wasserwirtschaftlicher Aktivitäten auf Mensch und Umwelt werden durch geeignete Parameter beschrieben, die die von der Wasserwirtschaft betroffenen Aspekte der Schutzgüter Mensch, Landschaft Kultur, Wasser, Boden, Klima (beschränkt auf Geländeklima) und Tier und Pflanze (beschränkt auf terrestrische Biotope und Gewässerbiozönose) erfassen.

Vorgenommene Vereinfachungen
Bei der Erarbeitung des Beziehungsgeflechtes zeigte sich, daß sehr komplexe Wirkungszusammenhänge entstehen können, wenn alle der möglichen (Rück)-Kopplungen berücksichtigt werden. Ein derartiges Geflecht wäre zu unübersichtlich und stände dem Ziel der Visualisierung von Ursache-Wirkungs-Beziehungen entgegen. Im vorliegenden Beziehungsgeflecht werden deshalb nur die Hauptwirkungen berücksichtigt. Untergeordnete Wirkungen, wie z. B.:

- Indirekte Folgen (z.B. des Klärschlammtransportes) wie Abgas, Lärm, Straßenbenutzung usw.

finden in der Darstellung keine Berücksichtigung. Ebenfalls vernachlässigt wurden in der übergeordneten Darstellung z. B.

- ökologische Folgen des Stoffin- und outputs (Energieerzeugung, Baustoffe, Hilfsstoffe usw.), und
- globale Wirkungen, die sich z.B. aus den Emissionen von klimawirksamen Gasen (CO_2, CH_4, N_2O) ergeben.

Ihnen sind keine raumbezogenen, konkreten Ursache-Wirkungs-Beziehungen zuzuordnen, z.B. kann der CO_2-Emission eines Klärwerkes keine konkrete Klimaänderung im Betrachtungsraum zugeordnet werden.

Dennoch ist es notwendig, diese Wirkungen bei einer Bewertung von wasserwirtschaftlichen Maßnahmen im Sinne des Leitbildes Nachhaltigkeit mit zu berücksichtigen, was über die Auswahl von nachfolgend beschriebenen Bewertungskriterien (Indikatoren) erfolgen soll.

4 Entwicklung von Indikatoren als Bewertungsrahmen für wasserwirtschaftliche Maßnahmen

Über Indikatoren als Hilfsmittel zur Bewertung von Nachhaltiger Entwicklung werden auf internationaler, nationaler aber auch regionaler/lokaler Ebene sehr intensive Diskussionen geführt. In der Agenda 21 wird die Entwicklung von Indikatoren als wesentliche Voraussetzung zur Überprüfung von nationalen Nachhaltigkeitsprozessen gesehen. Mit Nachhaltigkeitsindikatoren, die durch Erweiterung des bereits bestehenden Systems von Umweltindikatoren erarbeitet werden, soll dieses Ziel erreicht werden. Dabei hat sich als Modellrahmen das Pressure-State-Response-Modell der OECD durchgesetzt, das Belastungs-, Umweltzustands- und Maßnahmen-Indikatoren unterscheidet. Die in diesem Rahmen entwickelten Indikatoren werden auf nationaler Ebene zur Abbildung von sehr unterschiedlichen Umweltproblembereichen (Klimaänderung, Zerstörung der Ozonschicht, Eutrophierung, Versauerung, toxische Kontamination, urbane Umweltqualität, biologische Vielfalt, Abfall, Gewässerqualität, Wald- und Fischbestände) angewandt.

Die angesprochenen Indikatorensysteme der OECD oder der UN-CSD sind ausschließlich auf nationaler Ebene aggregiert. Wasserwirtschaftliche Maßnahmen sind dagegen regionale Prozesse, die sich noch dazu auf eine „Branche" konzentrieren.

Die Entwicklung von Indikatoren als Hilfsmittel einer Bewertung von Maßnahmen auf regionaler Ebene erfordert daher neue Betrachtungs-

Tabelle 1: Indikatoren zur umfassenden Bewertung wasserwirtschaftlicher Maßnahmen

Indikatorname	**Indikatorentyp**
Indikatoren Teilprojekt 2: Ökologische Funktion der Ressource Wasser	
Abflußdynamik	State
Ständiger Mindestabfluß	State
Verbindung zum Grundwasserkörper	State
Kontinuität des Flusses (Längsdurchlässigkeit)	State
Laufkrümmung	State
Breitenvarianz	State
Ufer- und Sohlverbau	State
Querprofil	State
Phosphor Gesamtkonzentration	State
Differenz zu P-Grenzkonzentration nach Behrendt,Opitz (1996)	State

Indikatorname	**Indikatorentyp**
Stickstoff-Immission	State
Schadstoffkontamination	State
Temperatur	State
Versauerungsgefahr	State
Leitfähigkeit	
Sauerstoff-Sättigungsindex	
Sichttiefe	
AOX	
BSB / CSB	
Gewässerrandstreifen	State
Umfeldstruktur	State
Bakterielle Belastung	State
Indikatoren Teilprojekt 3: Bewertung der Grundwasserressource	
Anteil dominant anthropogen beeinflußter Grundwässer	State
Nutzungspotential der Grundwasserressource (verfügbares Grundwasserdargebot)	State
Anteil nicht eindeutig erkennbar beeinflußter Grundwässer	State
Anteil dominant geogen beeinflußter Grundwässer	State
Grundwasservorrat	State
Grundwassernutzungsrate	Pressure/State
Anteil der Grundwässer mit geogenen Normalgehalten	State
Indikatoren Teilprojekt 4: Wassernutzung/technische Systeme	
Personenbezogener Wasserverbrauch	Pressure
Stoffeinträge in die Gewässer	Pressure
Stoffeinträge in den Boden	Pressure
Stoffeinträge in die Luft	Pressure
Rückführung von Stoffen in den Natur- oder Wirtschaftskreislauf	Response
Emission von CO_2-Äquivalenten	Pressure
Ressourcenverbrauch	Pressure
Abfallmenge	Pressure
Indikatoren Teilprojekt 5: Naturraum	
Flächennutzung	Pressure
Wasserstandsregulierte Fläche Landwirtschaft	Sicht Ökologie: Pressure; Sicht Ökonomie: response
Vernässung/Überflutung von Siedlungsflächen	State
Grundwasserflurabstand	State
Toxische Kontamination Boden	State
Natürlichkeitr und Seltenheit Boden	State
Nutzbarkeit Boden	State
Wohnumfeld	State
Naturnähe und Seltenheit terrestrischer Biotope	State
Landschaftswasserhaushalt	State
Landschaftsbild	State
Badegewässer	State

und Aggregationsebenen. Dabei soll dennoch Wert auf eine Einbindung und Orientierung von bereits bestehenden Indikator-Systemen gelegt werden:

- Verwendung des P-S-R-Ansatzes
- Berücksichtigung bestehender Indikatoren aus der internationalen/nationalen Diskussionen, sofern diese für die Wasserwirtschaft von Bedeutung sind

Die Darstellung von wasserwirtschaftlichen Aktivitäten als Beziehungsgeflecht hat gezeigt, wie komplex die Zusammenhänge und Wechselwirkungen wasserwirtschaftlicher Maßnahmen sind. Ein Indikatorensystem sollte in der Lage sein, all diese Facetten unter Berücksichtigung der Nachhaltigkeitsdimensionen Ökologie, Ökonomie sowie Soziales abzubilden. Bisher wurden im Rahmen des vorgestellten Forschungsvorhabens aufgrund der Komplexität dieser Aufgabe als wasserwirtschaftlicher Schwerpunkt die Wasserver- und entsorgung untersucht. Für die identifizierten Wirkungen dieses Teilbereichs der Wasserwirtschaft auf Gewässer, Boden und Grundwasser wurden Indikatoren entwickelt.

Oben aufgeführte Zusammenstellung enthält bisher nur ökologisch relevante Indikatoren. Zur Vervollständigung der Nachhaltigkeitsdiskussion wird die Aufstellung z.Zt. noch durch Indikatoren zur Beschreibung von wasserwirtschaftlichen Wechselwirkungen mit ökonomischen und sozialen Faktoren erweitert. Für eine praxisnahe Anwendung der genannten Indikatoren ist eine umfangreiche Dokumentation unumgänglich. Jeder einzelne Indikator wird daher in einem Datenblatt eingehend erläutert, das sich im wesentlichen an einem Vorschlag zur Erstellung von Umweltindikatoren orientiert (Walz et. al., 1997). Die Allgemeine Grundstruktur des genannten Datenblattes ist in nachfolgender Tabelle dargestellt.

Die Zusammenstellung von Indikatoren mit der Möglichkeit ihrer Anwendung auf regionaler Ebene ist ebenso wie auch die vorangegangen Schritte zur Definition von Problembereichen eine konsensualer Prozess. Welche der aufgeführten Indikatoren letztendlich in einen Bewertungsprozess einfließen kann, muss in Abstimmung aller beteiligten Akteure erfolgen. Die Praktikabilität der Vorschläge wird letztendlich auch von der Datenverfügbarkeit abhängen.

Tabelle 2: Dokumentation der Indikatoren

Indikator Bezeichnung des Indikators
Definition und Erläuterung Genaue Beschreibung, was der Indikator ausdrückt und wie er zu bilden ist
Primär angesprochener Problembereich Benennung des Problembereiches, zu dem der Indikator zugeordnet werden kann
Maßeinheit Dimension, in der die Daten angegeben werden
Lokale, regionale, nationale oder globale Bedeutung Relevanzebene bzw. Aggregierungsebene, evtl. mögliche zeitliche oder sachliche Differenzierung
Bezug oder Normierungsoptionen Angeführt werden können übergeordnete Zielvorstellungen, zu denen der Indikator in Beziehung gestellt werden kann oder soll, dies können Maximal- oder Minimalziele oder allgemein akzeptierte Ziele sein Falls die Möglichkeit besteht, den Indikator normiert, d.h. bezogen auf eine bekannte Größe auszudrücken, so ist dies an dieser Stelle anzuführen
Indikatorentyp Driving Force/Pressure – State – Response (OECD/UN-CSD) Driving Force/Pressure: Indikator beschreibt eine bestimmte Belastung, einen Druck auf die Umwelt, Bsp: Emissionen State: Indikator beschreibt einen bestimmten Zustand, Bsp: Konzentration eines Stoffes in einem Gewässer Response: Indikator beschreibt eine bestimmte gesellschaftliche Reaktion auf erkannte Probleme, Bsp: ergriffene Maßnahmen
Nationale/Internationale Kompatibilität Quellenangabe, aus welchen Vorschlägen der Ind. gewählt wurde, bzw. inwieweit der Indikator mit nationalen oder internationalen Indikatoren korrespondiert
Zugrundeliegende allgemeine Ziele, Qualitäts- oder Handlungsziele Ausführliche Beschreibung, in welchem Kontext der Indikator zu begreifen ist und wie er eingeschätzt werden kann
Verbindung zu anderen Indikatoren Aufzeigen von inhaltlichen Schnittstellen, Einordnung in das gesamte Indikatorensystem
Korrespondierende Nachhaltigkeitsprinzipien Nennen der Nachhaltigkeitsgrundsätze, die durch den Indikator berücksichtigt werden
Relevanz und Übertragbarkeit in andere urbane Regionen Einschätzung der Bedeutung für andere Anwendungsfälle
Bedeutung für den betrachteten Problembereich Skalierung: – / – / 0 / + / + +
Verständlichkeit Skalierung: – / – / 0 / + / + +

Stellenwert in der öffentlichen Diskussion Skalierung: – / – / 0 / + / + +
Überblickscharakter Skalierung: – / – / 0 / + / + +
Sensitivität gegenüber zeitlichen Veränderungen Skalierung: – / – / 0 / + / + +
Quantifizierbarkeit/Datenverfügbarkeit Skalierung: – / – / 0 / + / + +
Datenermittlung Skalierung: – / – / 0 / + / + +
Quellen/Literatur relevante weiterführende Literatur, Quelle, aus der der Indikator stammt

5 Systematische Schritte zur Umsetzung des Nachhaltigkeitsprozesses in der regionalen/lokalen Wasserwirtschaft

Zielbildung zur Umsetzung einer anspruchsvollen Nachhaltigkeitsstrategie soll auf Basis einer umfassenden Problemdiagnose und Problemdarstellung erfolgen. Wie der Umweltrat in seinem jüngsten Jahresgutachten empfiehlt, sollten Kataloge mit übergreifenden Umweltqualitätszielen und Umwelthandlungszielen entwickelt werden als Orientierungshilfe für Entscheidungsträger und Agenda-Aktivitäten auf lokaler/regionaler Ebene (SRU, 2000).

Die bisher aus dem Leitbild Nachhaltigkeit abgeleiteten allgemeinen Managementvorschläge (z.B. Managementregeln der Enquête-Kommission, 1997) bieten noch keine ausreichende Basis, auf regionaler/lokaler Ebene konkrete Maßnahmen zur Umsetzung der Nachhaltigkeitsstrategie abzuleiten.

Wie der Umweltrat betont, sollte die Umsetzung des Leitbildes Nachhaltigkeit ein Entscheidungsprozess sein, der im Konsens mit Entscheidungsträgern und der Öffentlichkeit zu entwickeln ist. Wichtig für den Erfolg solcher Prozesse ist es, dass die notwendigen Informationen und die Schritte der Entscheidungsfindung für alle Beteiligten möglichst transparent bleiben.

Nachfolgend skizzierte Schritte sind ein Vorschlag zur systematischen Ableitung von wasserwirtschaftliche Maßnahmen auf regionaler/lokaler Ebene, die dem Leitbild Nachhaltigkeit entsprechen (Enders et al., 2000):

1. Das Leitbild Nachhaltige Entwicklung und Identifizierung von Problembereichen der Wasserwirtschaft

2. Ursachenanalyse
3. Ableitung von Maßnahmen und Szenarien
4. Vergleichende Bewertung der Szenarien

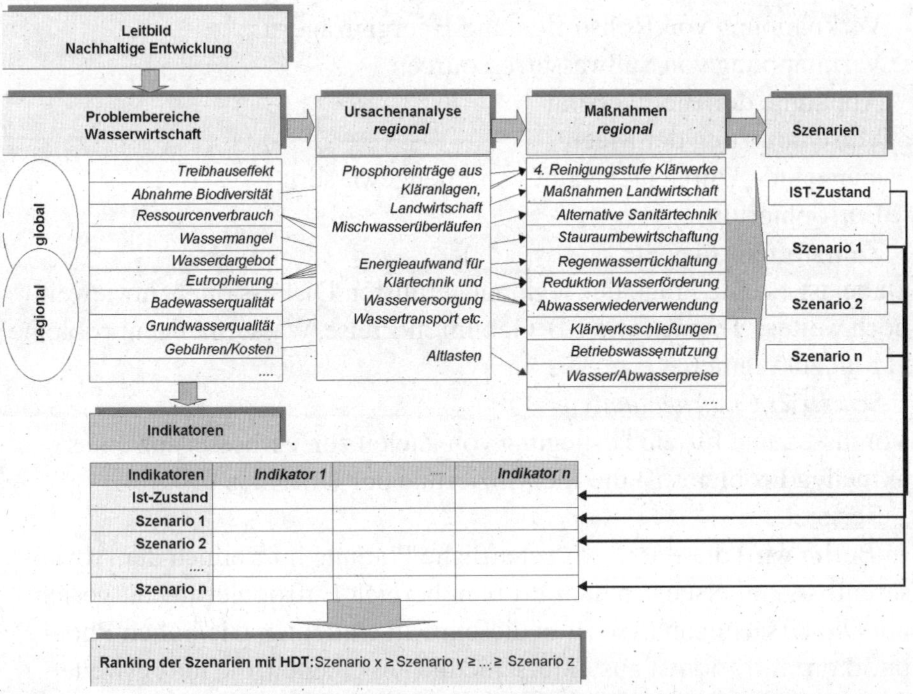

Abb. 3: Strategie zur Umsetzung des Leitbildes „Nachhaltige Enticklung“ in der Wasserwirtschaft

Insbesondere der erste Schritt ist als konsensualer Diskussions-Prozess zu verstehen und sollte von regionalen Verwaltungen unter Einbeziehung der Öffentlichkeit organisiert und geleitet werden. Die Ursachenanalyse sowie die Ableitung von Maßnahmen ist ausschließlich die Aufgabe von Fachleuten, allerdings immer unter der Vorgabe eine maximalen Transparenz.

Schritt 1: *Das Leitbild Nachhaltige Entwicklung und Problembereiche*
Die Diskussionen zum Leitbild Nachhaltige Entwicklung wurden oben schon kurz skizziert. Das Leitbild Nachhaltige Entwicklung fordert eine Harmonisierung von ökologischen, ökonomischen und sozialen Interessen. Um die Zukunftsfähigkeit aller wasserwirtschaftlichen Aktivitäten auf regionaler Ebene beurteilen zu können, ist zuerst eine Identifizierung aller wesentlichen Problembereiche notwendig, die durch wasser-

wirtschaftliche Aktivitäten mit verursacht werden. Beispielhaft werden nachfolgend eine Reihe von Problembereichen aufgeführt, die teilweise auch globale Umwelteffekte darstellen:

Treibhauseffekt
Verknappung von Rohstoffen und Energieträgern
Verknappung von Süßwasserressourcen
Abnahme der Biodiversität
Verschmutzung der Meere
mangelnde Durchgängigkeit von Fließgewässern
Eutrophierung
Zehrstoffeinträge etc.

Dabei ist es eine Frage der regional geführten Diskussionen, inwieweit noch weitere Themen wie z.B. Gebühren/Preise, Wassermengenprobleme etc. hinzukommen.

Schritt 2: *Ursachenanalyse*

Voraussetzung für die Festlegung von Zielen zur Verbesserung eines aktuellen Problems ist die Identifizierung der Ursachen.

Beispiel:

In Berlin wird die wasserwirtschaftliche Planung im Bereich der Abwasserentsorgung bisher an dem Problembereich Eutrophierung ausgerichtet. Die Ursachenanalyse ist in diesem Fall eindeutig. Die hohen Phosphorkonzentrationen aus unterschiedlichen Quellen, die mittlerweile quantifiziert wurden, lösen regelmäßig intensive Algenentwicklungen aus mit den bekannten Wirkungen. Ziel der zu entwickelnden Maßnahmen muss es sein, die Phosphorkonzentration in einem definierten Zeitrahmen in einen für die Algenentwicklung limitierenden Bereich zu bringen.

Schritt 3: *Ableitung von Maßnahmen und Szenarien*

Phosphor kann, wie das Beispiel des Ballungsraumes Berlin zeigt, über ganz unterschiedliche voneinander unabhängige Pfade in die Gewässer eingetragen werden. Maßnahmenplanungen müssen dieser Tatsache Rechnung tragen. Eine genaue Bilanzierung der Phosphorfrachten hat für Berlin ergeben, dass nur kombinierte Maßnahmen unter Einbeziehung aller Eintragspfade langfristig erfolgversprechend sind. Ein wesentlicher Eintragspfad sind auch die Berliner Kläranlagen. Maßnahmen zur Reduzierung der Phosphorfrachten können mit ganz unterschiedlichen technischen Maßnahmen erreicht werden.

Beispiel:
Realisierung alternativer Sanitärtechnik zur Reduzierung des Phosphoreintrages an der Eintragsquelle (Haushalte);
Verbesserung der bestehenden Klärtechnik durch Membranverfahren;
Weitere Wege und Kombinationen von unterschiedlichen Maßnahmen sind möglich und werden diskutiert.

Die oben genannten Maßnahmen sind nur einzelne Beispiele von Maßnahmenalternativen, die sich aus dem Problembereich Eutrophierung entwickeln lassen. Idealerweise sollten im Prozess der Entwicklung von wasserwirtschaftlichen Nachhaltigkeitsstrategien an dieser Stelle alle sinnvollen Maßnahmenalternativen zusammengetragen werden, die sich aus allen vorab zusammengetragenen Problembereichen ableiten lassen.

Es ist zu erwarten, dass hierdurch eine große Anzahl von Einzelmaßnahmen zusammengetragen wird, die sich z.T. wechselseitig beeinflussen oder voneinander abhängen. Die Vielzahl der Möglichkeiten erfordert eine Auswahl und Kombination sinnvoll erscheinender Maßnahmen zu Szenarien. Diese Vorauswahl kann mit Hilfe eines vereinfachten Screenings durch Fachleute erfolgen.

***Schritt 4**: Bewertender Vergleich von Szenarien*

Das Leitbild Nachhaltigkeit fordert integrierte Lösungen unter gleichberechtigter Berücksichtigung von ökologischen, ökonomischen und sozialen Faktoren. Die oben aufgeführten Beispiele machen deutlich, dass dieses Ziel über ganz unterschiedliche Maßnahmen und Maßnahmenkombinationen erreicht werden kann. Der Weg zu einer „richtigen“ Entscheidung muss daher über einen Abwägungsprozess führen.

Eine wie oben beispielhaft skizzierte Entscheidung zwischen den Maßnahmen Membran- und/oder alternativer Sanitärtechnik setzt allerdings einen einheitlichen Bewertungsrahmen voraus, über den eine Abwägung bzgl. Aufwand und Nutzen, unter der Maßgabe des Nachhaltigkeitsprinzips ermöglicht wird. Dies kann durch Einsatz Indikatoren realisiert werden, die es ermöglichen, wasserwirtschaftliche Prozesse mit ihren resultierenden vielschichtigen Wirkungen in der Umwelt abzubilden.

6 Strategie zur Bewertung wasserwirtschaftlicher Maßnahmen

Einsatz von Hasse-Diagrammtechnik zum Vergleich der entwickelten wasserwirtschaftlichen Szenarien

Eine Beurteilung des „Nachhaltigkeitsgrades“ der aus den regionalen Problembereichen entwickelten wasserwirtschaftlichen Szenarien erfolgt durch ein mathematisches Verfahren, der Hasse-Diagrammtechnik (HDT). Die HDT basiert auf der mathematischen Theorie der partiell geordneten Mengen und stellt ein multikriterielles Entscheidungshilfeverfahren dar, das vermeidet, subjektive Werthaltungen in den Entscheidungsprozess einfließen zu lassen (Simon, 2000). Mit Hilfe der HDT werden die aufgestellten Szenarien allein durch ihre Eigenschaften, den Indikatoren, „GUT“ und „SCHLECHT“ sortiert und gibt Aufschluss darüber, welches Szenario am bestem dem Leitbild Nachhaltigkeit entspricht.

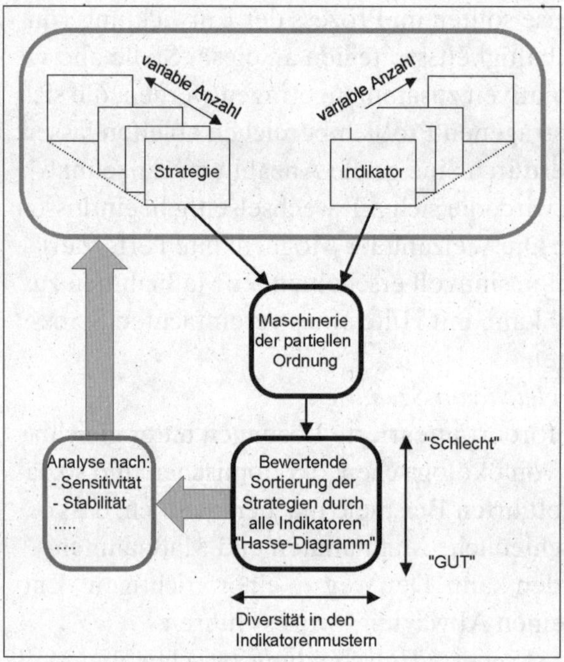

Abb. 4: Entscheidungshilfesystem Hasse-Diagrammtechnik (*aus Simon, 2000*)

Ergebnis dieses mathematischen Verfahrensschrittes ist die Identifizierung von optimalen und weniger optimalen Szenarien hinsichtlich der aufgestellten Nachhaltigkeitskriterien (Indikatoren).

Abschließender Schritt wird es sein, mit Fachleuten und Akteuren die Plausibilität des Ergebnisses zu prüfen. Die HDT liefert hier zusätzliche Informationen bzgl. der Bedeutung von einzelnen Indikatoren im Bewertungsprozess, so dass diese Informationen zu einer Optimierung des Bewertungsprozess herangezogen werden können.

7 Ausblick

Zur Zeit werden im Rahmen eines Forschungsvorhabens sechs verschiedene Szenarien mit dem wasserwirtschaftlichen Status quo am Beispiel des Ballungsraumes Berlin untersucht. Die hier aufgestellten Szenarien wurden dabei aus Problembereichen wie Gewässergüte, Wasserdarbebot, Vernässung von Siedlungsflächen Ressoucenverbrauch, Rückhaltung der Ressource Wasser in der Landschaft aber auch globalen Faktoren wie Klimaschutz und Meeresumweltschutz, abgeleitet. Weiterhin sind in die Szenarien auch aktuelle regionale wasserwirtschaftliche Planungen eingeflossen, um hier einen direkten Anwendungsbezug zu behördlichen Planungen zu ermöglichen. Über einen an die regionale Datenlage angepaßten reduzierten Satz von Indikatoren werden die Szenarien mit Daten belegt und sollen in Kürze über die Hasse-Diagrammtechnik miteinander verglichen werden.

Danksagung:
Die Ausführungen sind Ergebnisse eines von der Bundesstiftung Umwelt finanzierten Forschungsvorhabens, an dem als neben dem Wasserforschung e.V. das Institut für Gewässerökologie und Binnenfischerei, die TU-Berlin mit dem Fachgebiet Wasserreinhaltung sowie die Umweltvorhaben Möller & Darmer GmbH beteiligt sind. Allen Mitarbeitern danke ich für die fachlichen Diskussionen und die Bereitstellung von Daten.

Literatur

UNCED [United Nations Conference on Environment and Development]: Agenda 21, No. E. 93. .1. 11, New York, UN Pub. 1993.

Kraemer, R. A.: Nachhaltigkeit als Zielvorstellung für den Gewässer und Ressourcenschutz. In: Wachsen oder Weichen? – Neue Wege im Gewässerschutz, Herbsttagung des Landesverbandes Bürgerinitiativen Umweltschutz Niedersachsen, Hannover 1995.

BMU: Wasserwirtschaft in Deutschland, Drucksache, 1996.

Kahlenborn, W.; Kraemer, R.A.: Nachhaltige Wasserwirtschaft in Deutschland, Forschungsbericht des Uba-Vorhabens 102 04 110, Berlin 1998.

Enquete-Kommission: Konzept Nachhaltigkeit. Fundamente für eine Gesellschaft von morgen. Zwischenbericht der Enquete-Kommission „Schutz des Menschen und der Umwelt" des 13. Deutschen Bundestages. Zur Sache 1/97. Deutscher Bundestag, Referat Öffentlichkeitsarbeit, Bonn 1997.

Lehn, H., Renn, O. und Steiner, M.: Nachhaltiger Umgang mit Gewässern – Ökologische, ökonomische und soziale Zieldimensionen der Agenda 21, gwf Wasser-Abwasser, 140, 13 (1999).

Umweltrat (Der Rat von Sachverständigen für Umweltfragen): Umweltgutachten 200, Schritte ins nächste Jahrtausend, Stuttgart, Metzler-Poeschel, 2000.

Simon, U.: „Ansätze zur integrativen Bewertung wasserwirtschaftlicher Maßnahmen am Beispiel Berlins", Schriftenreihe Wasserforschung, Band 6, Berlin, 2000.

Enders, R.; Grangler, A.; Jekel, M.: Wege zu einer zukunftsfähigen Wasserver- und Abwasserentsorgung, wwt, 2000, im Druck.

Volker Wachendörfer

Matthias Kleinke

Volker Wachendörfer/Matthias Kleinke

Zusammenfassung des Arbeitskreises Oberflächen-gewässer

Im vergangenen Jahrzehnt hat sich die Qualität der Oberflächengewässer in Deutschland zunehmend verbessert. Dies gelang zunächst einmal dadurch, dass punktförmige Emissionen in Form von Abwässern unterschiedlichster Art abgestellt wurden. Oberflächengewässer sind jedoch noch immer durch diffuse Einträge beeinträchtigt. Des Weiteren ist die Morphologie bzw. die Struktur von Oberflächengewässern weiterhin stark anthropogen überprägt. Lösungskonzepte können nur greifen, wenn Sie auf integrierten, einzugsgebietsbezogenen Ansätzen basieren, was sich u. a. in der neuen EU-Wasserrahmenrichtlinie entsprechend niederschlägt. Diese muss zwar erst mittelfristig umgesetzt werden, das hohe Maß an Komplexität, welches mit dieser Aufgabe einhergeht, erfordert gleichwohl eine gewisse Dynamik. In diesem Sinne sollte auch die Sommerakademie 2000 in Marienthal einen Beitrag zur Identifizierung von Defiziten und ggf. auch zur Erarbeitung von Ansätzen zur Lösung von Problemen im Gewässerschutz beitragen. Daraus ergab sich der Einstieg in den Arbeitskreis Oberflächengewässer mit der Frage an die Teilnehmer, welches nach ihrer Meinung die aktuellen Probleme im Bereich der Oberflächengewässer seien. Erwartungsgemäß kamen zahlreiche Antworten, die den folgenden Themenbereichen zugeordnet werden konnten:

Landwirtschaft	**Ökologie**
Industrie	**Nährstoffe/Schadstoffe**
Aquakultur	**Hochwasserausbaumethodik**
Trinkwasser	**Tourismus**
Forstwirtschaft	**Gesellschaft (Life Style)**

Viele der genannten Bereiche wurden im Vortrag von *Herrn Professor Tilzer, AG Aquatische Ökologie der Universität Konstanz*, angesprochen, welcher mit der These schloss, dass die Lösung der Umweltprobleme von Oberflächengewässern keine Frage der Technologie, sondern eher eine Frage der Organisation des politischen Wirkens bzw. des Bewusstseins wäre.

Aber auch wenn politisches Handeln und Bewusstseinsbildung gefördert werden sollen, müssen zunächst (Qualtitäts-) Kriterien und Leitbilder entwickelt werden, an denen man sich orientieren kann. Diesbezüglich wurde den Teilnehmern die Frage gestellt, was denn die Qualität von Oberflächengewässern ausmache. Die Antworten lassen sich wie folgt zusammenfassen:

Biodiversität	**Abfluss**
Durchgängigkeit	**Grundbelastung**
Nutzungspotential	**stoffliche Belastung**
hohe Eiweißproduktion	**Funktionalität**
Krankheiten	**Sauberkeit**
Transportweg	**Dynamik**
Vorfluterqualität	**Ausgewogenheit der Nutzungen**
Abwärme	**Naturnaher Zustand**
Selbstreinigungskräfte	**Erholung**

Die in loser Reihenfolge genannten Punkte unterstreichen die komplexen Anforderungen, welche der Entwicklung nachhaltiger Qualitätskriterien für Oberflächengewässer zugrunde liegen. Entsprechende Grundsätze, die seitens des Umweltbundesamtes vertreten werden, wurden von *Herrn Dr. Irmer* dargestellt. In der sich anschließenden Diskussion wurde deutlich, dass es insbesondere hinsichtlich der Gewässertypologie und der biotischen Validierung von Oberflächengewässern noch umfangreiche Defizite gibt. Auch auf zu erwartende Probleme bei der Umsetzung der EU-Wasserrahmenrichtlinie wurde hingewiesen.

Der Arbeitskreis sollte sich im folgenden Teil Lösungsansätzen für Probleme der Oberflächengewässer nähern. Ausgangspunkte dafür war eine Darstellung der Förderaktivitäten des BMBF in Zusammenhang mit einer ökologischen Konzeption für Fluss- und Seenlandschaften, die von *Herrn Dr. Fitting, PT BEO des BMBF*, vorgestellt wurden. Gemeinsam mit den Teilnehmern wurden danach zur Zeit laufende Forschungsaktivitäten gesammelt, um ausgehend von diesem Bestand weitere Ansätze für Forschungs- und Umsetzungsprojekte zu identifizieren. In der nachfolgenden Tabelle ist das Ergebnis dieser Zusammenstellung stichwortartig dargestellt.

Tab 1.: Aktuelle Ansätze und Bedarf in der Gewässerforschung/Umsetzung von Forschungsergebnissen

Aktuelle Ansätze	**Bedarf**
	Internationale Kooperation
Sozioökonomie	Mediation / Kommunikation
Kostensenkung	Biotische Validierung
Grundwassersanierung	Simulationsmodelle
Biodiversität	Gewässertypologie
Management von Flusseinzugsgebieten	Entwicklung von Leitbildern
Technologie	Vernetzung von Datenbanken
Elbeökologie	Decision-Support-Systems (DSS)
Sanierung von Fließgewässern	Langzeitmonitoring
Biotop- und Artenschutz	Umweltbildung
GLOWA-Programm des BMBF	Standardisierung (grenzüberschreitend)
	Naturschutzbezogene Entwicklung
	Metadatenbanken
	Populationsbiologie

Besonders herausgestellt wurde u. a. das Problem eines fehlenden Langzeitmonitorings von Gewässerrenaturierungen, was sich in die allgemein mangelnde Kontinuität in der Forschungsförderung einordnen lässt.

Das Problem grenzüberschreitender Gewässerprobleme wurde im folgenden Vortrag von *Frau Starke, Leiterin des Umweltamtes der Stadt Görlitz*, angesprochen. Zuvor wurden die Teilnehmer aufgefordert, einzelne Problembereiche hinsichtlich ihrer Priorität zu bewerten. Daraus ergab sich folgende Verteilung (Abb. 1)

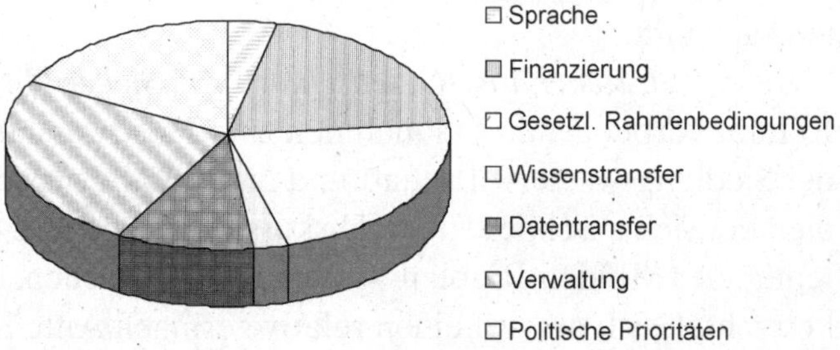

Abb. 1: Bewertung einzelner Problembereiche bei grenzüberschreitenden Gewässerprojekten

Insgesamt wurde die Bewertung der Teilnehmer durch Frau Starke bestätigt und durch Fakten untermauert. Insbesondere hinsichtlich der Reduktion diffuser Einträge, die in jedem Falle grenzüberschreitender, einzugsgebietsbezogener Ansätze bedarf, gibt es weiterhin großen Bedarf.

In der nächsten Phase wurde die Hochwasserproblematik als ein Teilbereich des Themas Oberflächengewässer aufgegriffen, um zu versuchen, gemeinsam mit den Teilnehmern Lösungsansätze aufzuzeigen und diese Lösungsansätze zu bewerten.

Die Voraussetzung dafür war zunächst, Sachverhalte zu sammeln, welche zu Problemen mit Hochwasserereignissen führen können. Die zahlreichen Beiträge fokussierten letztendlich alle das Fehlen ausreichender Retentionsflächen. Als Ursachen dafür wurden u. a. genannt:

- Verlust natürlicher Auenflächen,
- Hoher Versiegelungsgrad,
- Störung der Lebensraumfunktion.

Ein weiteres Problem in Zusammenhang mit Hochwasserereignissen ergibt sich auch aus der Nutzung bzw. Bebauung gefährdeter Flächen. Die zunehmende Veränderung der Gewässerstruktur führt zu extremen Abflussspitzen. Andererseits mangelt es in weiten Teilen der Bevölkerung jedoch am Verständnis für die natürliche Gewässerdynamik, welche nun einmal Hochwasserereignisse z. B. in Auenbereichen mit sich bringen. Aus dieser Zusammenstellung wurde abgeleitet, dass eine Lösung für die Probleme primär in der Schaffung von Retentionsräumen zu suchen sei. Grundlage dafür müsste ein einzugsgebietsbezogenes Management sein. Des Weiteren bedürfe es einer entsprechend ausgerichteten Raumplanung, die u. a. dafür sorgen müsste, dass eine Nutzung bzw. eine Bebauung in gefährdeten Räumen unterbleibt. Als wesentlich wurde auch eine intensive Aufklärungsarbeit zur Erhöhung der Akzeptanz genannt.

Herr Prof. Sieker, Ing.-Gesellschaft Prof. Sieker GmbH, stellt in seinem Referat vorbeugende Maßnahmen zum Hochwasserschutz im Bereich der Siedlungswasserwirtschaft und in der Landwirtschaft vor. Im Rahmen der sich anschließenden Diskussion wurde u. a. das Substitutionspotential der Mulden-Rigolen-Systeme angesprochen, da dies, bundesweit betrachtet, sich nur auf einen relativ geringen Anteil der Fläche bezieht.

Zudem wurden Vor- und Nachteile des vorgestellten Mulchsaat-Prinzips erörtert.

Herr Prof. Dister, Leiter des WWF-Auen-Instituts, Rastatt, zeigt anhand einiger Beispiele die Problematik und die Umsetzung eines umweltverträglichen Hochwasserschutzes am Beispiel des Rheins auf. Dabei wurde deutlich, dass es dringend integrierter Konzepte auf der Basis ökologischer Leitbilder bedarf. Ein wesentlicher Punkt dabei wäre vielerorts die Umstellung der Landwirtschaft in wiederherzustellenden Retentionsräumen. Prof. Dister stellte jedoch auch fest, dass vieles an den Widerständen eines konservativen Naturschutzes scheitern würde. Die dargestellten Probleme mit der Akzeptanz umweltverträglicher Hochwasserschutzmaßnahmen unterstreichen die Notwendigkeit partizipativer Entscheidungsfindungen bzw. an einer für jeden nachvollziehbaren Mediation bzw. Kommunikation der jeweiligen Konzepte. Exemplarisch wurde in dem anschließenden Gespräch noch einmal das Problem Landwirtschaft und Hochwasserschutz aufgegriffen. Gemeinsam mit den Teilnehmern wurde versucht, über die gesamte Bandbreite von Möglichkeiten der Enteignung bis hin zur Entschädigung von Landwirten umsetzbare Lösungsansätze zu finden. Als die für alle Beteiligten akzeptabelste Lösung resultierte aus der intensiven Diskussion die Honorierung der Landwirte für ökologische Leistungen.

Im Laufe der Erörterungen im Arbeitskreis Oberflächengewässer zeigte sich auf verschiedenen Ebenen, dass zur Bewertung der komplexen Zusammenhänge bis hin zur Umsetzung entsprechender Lösungen der Einsatz von Entscheidungshilfesystemen durchaus sinnvoll sein könnte. Ein solches System wurde von *Herrn Dr. Weigert, Interdisziplinärer Forschungsverbund Wasser Berlin*, dargestellt. Die Diskussion des Vortrages ergab einige wesentliche Punkte und Fragen, die bei der Entwicklung von Entscheidungshilfesystemen zu beachten sich:

- Inwieweit sind Entscheidungshilfesysteme objektiv?
- Wie stark ist die subjektive Komponente durch die Auswahl der Indikatoren?
- Wesentlich ist die Definition der Indikatoren aus Basis des Nachhaltigkeitsprinzips?

Kritisch hinterfragt wurde u. a. inwieweit solche Entscheidungshilfesysteme z. B. für Überzeugungsarbeit mit Landwirten geeignet seien. Die offenen Fragen konnten jedoch nur unzureichend geklärt werden, da eine Darstellung des methodischen Hintergrundes des Vorhabens in der Kürze der Zeit nicht möglich war.

Zusammenfassung

Viele Probleme der Oberflächengewässer ließen sich im Rahmen der Veranstaltung auf konkurrierende Leitbilder zurückführen, die von den unterschiedlichen Nutzern der Gewässer verfolgt werden. Zusammenfassend kann dargestellt werden, dass für die einzelnen Problembereiche integrierte Konzepte erarbeitet werden müssen, die auf einem partizipativen Ansatz basieren. Zum Beispiel sollten Landwirte, ggf. unter Zuhilfenahme von Anreizsystemen, direkt in die Bewirtschaftung von wiederhergestellten Auen einbezogen werden. Wesentlich für eine Umsetzung dieser Konzepte ist ein die jeweiligen Maßnahmen begleitendes Controlling, das nach deren Abschluss durch ein Langzeit- bzw. Leitbildmonitoring abgelöst werden muss. Dies setzt eine Kontinuität voraus, welche durch die bisherige Förderpraxis nicht gewährleistet werden kann. Hier gilt es folglich, Wege aufzuzeigen, die es ermöglichen, langefristig angelegte Maßnahmen im Sinne eines nachhaltigen Umgangs mit Oberflächengewässern zu implementieren.

Arbeitskreis: Grund- und Trinkwasser

Jens Jedlitschka

Schadstoffe im Grundwasser, Schadstoffquellen und Ansätze des Grundwasserschutzes

1. Einleitung – Bedeutung des Grundwassers

Das Grundwasser galt lange Zeit als gut geschützte Ressource, die u.a. auch direkt zur Trinkwasserversorgung verwendet werden kann, und das aufgrund der Selbstreinigungskräfte des Untergrundes sowie der in der Regel über dem Grundwasser liegenden schützenden Deckschichten.

Die vielen Grundwasserschadensfälle – allein in Bayern haben wir derzeit fast 3.300 Grundwasserschäden mit vor allem leichtflüchtigen Halogenkohlenwasserstoffen –, flächenhafte diffuse Belastungen sowie die Sorge um eine sichere Trinkwasserversorgung haben hier jedoch eine Bewußtseinsänderung hervorgerufen. Und das zu Recht!

Ist doch das Grundwasser für die Trinkwassergewinnung von größter Bedeutung: in Deutschland stammen 70 % des Trinkwassers (in Bayern gar 93 %) aus dem Grundwasser, in vielen Mitgliedsstaaten der Europ. Union gelten ähnliche Zahlen.

Grundwasserschutz ist aber weit mehr als nur Trinkwasserschutz. Das Grundwasser speist als Teil des Wasserkreislaufs die Oberflächengewässer. Belastungen des Grundwassers wirken sich daher auch auf Flüsse und Bäche aus. So gelangt etwa die Hälfte des Nitrats, das in die Nordsee eingetragen wird, über das Grundwasser dorthin (immerhin rd. 300.000 t jährlich). Das bedeutet u.a., daß Grundwasserschutz nicht nur eine nationale Aufgabe sein kann, sondern daß der Schutz grenzüberschreitender Gewässer und vor allem der Meere gemeinsame Anstrengungen auch beim Grundwasserschutz erfordert. Schließlich hat das Grundwasser auch wichtige ökologische Funktionen. Oberflächennahe Grundwasservorkommen dienen der Wasserversorgung der Pflanzen und sind Voraussetzungen für wertvolle Feuchtbiotope.

Und letztlich stellt das Grundwasser mit dem Grundwasserleiter einen wertvollen Lebensraum für die Vielzahl von Mikro- und Makroorganismen dar, die um ihrer selbst zu schützen sind.

2. Gefahren für das Grundwasser

Grundwasser ist aus folgenden Gründen stärker gefährdet als Oberflächengewässer:

- eine Verschlechterung des Grundwassers wird erst sehr spät festgestellt.
- das Ausmaß der Verschmutzung und die Gründe sind oft sehr schwer fest zu stellen.
- Schadstoffe werden durch Grundwasserströme über lange Strecken transportiert.
- Verunreinigungen sind beständig (der biologische Abbauprozeß ist langsamer als in Oberflächengewässern; die Fließgeschwindigkeit ist langsamer, die Reinigung ist sehr schwierig, zeitaufwendig und teuer; positive Ergebnisse sind schwer zu erreichen). Das ist besonders bei hartnäckigen und beständigen sowie bioakkumulativen Schadstoffen der Fall.
- Die Zahl der Schadstoffe ist ziemlich hoch – viele davon kommen nicht in der Natur vor.
- Die Prüfverfahren sind nicht immer zuverlässig und noch nicht kodifiziert worden; die Kenntnisse über die Auswirkungen gefährlicher Substanzen und ihrer Nebenprodukten aber auch ihrer Synergieeffekte sind in vielen Fällen noch ungenügend.

Gefahren für das Grundwasser gehen von verschiedenen menschlichen Tätigkeiten aus:

Ursachen für Verunreinigungen	Schadstoffquellen
1. Landwirtschaft	Düngemittel und Pestizide
2. Urbanisierung	Heizung, Abwasser, Hausmüll, undichte Rückhaltesysteme
3. Industrialisierung	Luftverschmutzung, Industrieabwasser, kontaminierte Abfälle, Altlasten, Pipelines
4. Verkehr	Abgase, Versauerung
5. Verunreinigungen durch Unfälle	Unfälle mit wassergefährdenden Stoffen

3. Aktuelle Situation

3.1 Landwirtschaft

Die landwirtschaftliche Tätigkeit mit steigendem oder hohem Einsatz von Mineraldünger, mit hohem Viehbesatz und Gülleanfall zum einen und Pflanzenschutzmitteleinsatz zum anderen hat in Deutschland zu einer zunehmenden Belastung des Grundwassers geführt. Nach neueren Erhebungen (Stand 1996) sind bei rd. 4 % der bayerischen Wasserversorgungsanlagen (mit 4 % des geförderten Wassers) Nitratgehalte über 50 mg/l (Trinkwasserabgabe mit Ausnahmegenehmigung, Sanierungsmaßnahmen angelaufen) festgestellt worden.

Für ganz Deutschland liegt ein LAWA – Bericht zur Nitratsituation aus dem Jahr 1995 vor. Danach ergibt sich folgende Häufigkeitsverteilung für Nitrat:

< 1 mg/l	36 %
> 1–10 mg/l	25 %
> 10–25 mg/l	13 %
> 25–50 mg/l	15 %
> 50–90 mg/l	7 %
> 90 mg/l	4 %

Ebenso kritisch ist die Belastung des Grundwassers mit Pflanzenschutzmitteln und deren Rückständen zu sehen. In Bayern wurden 1996 57 % der zentralen Wasserversorgungsanlagen ein- oder mehrmals auf Pflanzenschutzmittelrückstände untersucht (vor allem Atrazin und dessen Metaboliten). Bei rd. 8 % der untersuchten Anlagen wurde der Grenzwert von 0,1 mg/l überschritten. Nach neuesten Untersuchungen wurden Pflanzenschutzmittel auch im Regenwasser in Konzentrationen z.T. über 0,1 mg/l gefunden (vor allem die Triazine Atrazin und Simazin).

3.2 Umgang mit wassergefährdenden Stoffen

Wassergefährdende Stoffe, d.h. Stoffe, die bei einem Eintrag ins Grundwasser geeignet sind, nachhaltig seine physikalische, chemische und biologische Beschaffenheit nachteilig zu verändern, werden in Industrie und Gewerbe in z.T. großer Menge hergestellt, verwendet, behandelt, gelagert und transportiert. In diesem Zusammenhang ist auch die private Heizöllagerung von Bedeutung. Spektakuläre Schadensfälle beim

Umgang mit diesen Stoffen erinnern von Zeit zu Zeit an das erhebliche Gefahrenpotential, das von ihnen ausgeht.

3.3 Altlasten einschließlich Abfalldeponien

Abfälle wurden in der Vergangenheit verhältnismäßig sorglos an Stellen abgelagert, die aus den verschiedensten Gründen geeignet erschienen. Bis vor nicht allzu langer Zeit wurden Abfalldeponien ohne oder mit mangelhaften Schutzeinrichtungen gebaut. Als Beispiel seien nur die Hausmülldeponien Augsburg, München oder Gallenbach genannt. Diese „Altablagerungen" häuslicher, industrieller und gewerblicher Abfälle sowie Produktionsrückstände können erhebliche Umweltgefährdungen bewirken. So konnten unterhalb der Hausmülldeponie Gallenbach bis über 2 mg/l Arsen im Grundwasser beim Austritt in den Altarm der Paar festgestellt werden. Neuere Untersuchungen haben hier ergeben, daß aller Wahrscheinlichkeit nach das Sickerwasser der ungedichteten Mülldeponie geogen vorhandenes Arsen in Lösung bringt (mobilisiert). Eine zweite Arsen-Kläranlage ist hier inzwischen in Betrieb genommen worden.

Auch von Flächen ehemaliger Industrie- und Gewerbebetriebe, auf denen vormals gefährliche Stoffe gelagert wurden oder wo mit solchen Stoffen umgegangen wurde („Altstandorte") können erhebliche Grundwassergefährdungen ausgehen (markantestes Beispiel in Bayern: Chemische Fabrik Marktredwitz). In der Bundesrepublik Deutschland wird die Zahl der altlastverdächtigen Flächen auf rd. 150.000 geschätzt. Die Art der Schadstoffe bei den Untergrundverunreinigungen wechselt, es überwiegen leichtflüchtige Halogen-Kohlenwasserstoffe (LHKW).

Während die Zahl der altlastverdächtigen Flächen in Bayern bei über 12.000 liegt, hat sich die Zahl der bekannten Untergrundverunreinigungen mit tatsächlicher Grundwasserbelastung von unter 500 im Jahre 1987 auf fast 3.300 im Februar 1997 erhöht. Erwartungsgemäß konzentrieren sich diese punktförmigen Untergrundverunreinigungen mit Grundwasserbelastung auf die Siedlungsschwerpunkte. Die wichtigsten Stoffgruppen im Grundwasser in Bayern sind dabei

– LHKW	39 %
– Metalle	19 %
– Mineralölkohlenwasserstoffe	10 %
– BTX-Aromate	9 %

- PAK 8 %
- Anionen 7 %
- Phenole 2 %

Neben Betrieben der Metallverarbeitung sind es vor allem Chem. Reinigungen, Tankstellen, Kfz-Gewerbe und Abfalldeponien die zu diesen Belastungen führen.

Die Sanierung von Altlasten stößt häufig auf Schwierigkeiten. Das Erkennen und die Beurteilung des Gefährdungspotentials eines kontaminierten Standortes sowie die Entwicklung und Durchführung spezieller Sanierungsmaßnahmen kostet oft Millionenbeträge. Nach dem Verursacherprinzip kann dies für einen Verursacher existenzbedrohende Ausmaße annehmen und auch Verluste von Arbeitsplätzen mit sich bringen. Sind Verursacher nicht mehr ausfindig zu machen, fallen die Kosten der öffentlichen Hand zu.

3.4 Belastungen durch den Luftpfad

Es ist bekannt, daß die Atmosphäre weltweit – bedingt durch menschliche Aktivitäten – mit einer Fülle von Schadstoffen belastet ist. Einige davon tragen zunehmend zur Schadstoffbelastung von Boden und Grundwasser bei bzw. lösen Grundwasserbelastungen aus (SO_2, NO_X, NH_3).

Hauptemittenten sind Kraftwerke, die auf der Basis fossiler Brennstoffe arbeiten, der Verkehr (Pkw, Lkw, Flugzeuge u.a.), Müllverbrennungsanlagen, Raffinerien und chemische Großbetriebe aber auch die Gebäudeheizungen. Ein weiterer wichtiger Emittent ist die Massentierhaltung: Ammoniak aus den Tierexkrementen entweicht dabei in großen Mengen in die Atmosphäre.

Der ermittelte pH-Wert des Regens liegt in der Bundesrepublik Deutschland bei etwa 4,0 bis 4,6. Damit ist er deutlich niedriger und die Säurezufuhr höher, als es den natürlichen Verhältnissen entspricht. Eine fortschreitende Versauerung äußert sich schließlich in einer Erniedrigung des pH-Wertes des Grundwassers und in einer Auswaschung von unerwünschten Stoffen aus dem Untergrund ins Grundwasser und bei entsprechender Nutzung ins Trinkwasser. An bedenklichen Stoffen sind zu nennen:

- Aluminium, Eisen, Mangan und Titan, die zu Korrosionsschäden in metallischen Leitungen führen können,

- Fluorid, das bei pH-Werten unter 5,5 zunehmend mobilisiert wird und bei erhöhten Gehalten zu Gesundheitsschäden führen kann,
- Beryllium und Barium, die als Begleitelemente von Aluminium auftreten können und in hohen Konzentrationen als gesundheitsgefährdend einzustufen sind.

Ein in Bayern laufendes Forschungsvorhaben ergab, daß bei Böden mit geringer Pufferungskapazität (Bayerischer Wald, Fichtelgebirge) die Säurezufuhr aus den Niederschlägen ausreicht, um eine Versauerung des Grundwassers zu erreichen, die unerwünschte Stoffe mobilisiert. Bei dort ca. 450 untersuchten Wasserfassungen treten in rd. 17 % der betreffenden Grundwässer Aluminiumgehalte von über 0,2 mg/l (Grenzwert Trinkwasserverordnung) auf.

4. Flächendeckender Grundwasserschutz – Grundwasserphilosopie in Deutschland

Betrachtet man die wertvolle Ressource Grundwasser und die Gefahren, denen es ausgesetzt ist, dann ist ein flächendeckender Grundwasserschutz unverzichtbar. Ziel dieses flächendekenden Grundwasserschutzes ist es, eine anthropologen möglichst unverschmutztes Grundwasser zu erhalten. Dieses Ziel ist festgeschrieben in den „deutschen Anforderungen an eine progressive (nach vorne schauende) Grundwasserschutzpolitik in der EU" und in den folgenden Grundsätzen, die das Ergebnis des Grundwasserseminars von Den Haag (1991), das auf Ministerebene stattfand, sind:

- Erhalt der Qualität unverschmutzten Grundwassers
- Vermeiden weiterer Schäden an bereits verschmutztem Grundwasser
- Sanierung von verunreinigtem Grundwasser soweit als möglich
- Erhalten eines langfristigen Gleichgewichtes zwischen der natürlichem Grundwasserneubildung und der Entnahme von Grundwasser unter Berücksichtigung des Ökosystems
- Bewirtschaftung und Schutz von Grund- und Oberflächenwasser als Einheit

Da in den meisten Teilen Deutschland die Wasserqualität normalerweise ausreicht, machen wir uns an erster Stelle um die Grundwasserqualität Sorgen. Ein wesentliches Element ist dabei der flächendeckende Schutz. Warum fordern wir einen flächendeckenden Schutz? Warum reicht es nicht aus, das Grundwasser in seinen Schutzzonen zu schützen?

Es gibt viele Gründe, die uns veranlaßt haben, einen Schutz innerhalb und außerhalb von Grundwasserschutzgebieten zu verlangen:

- Grundwasser ist die wichtigste Trinkwasserressource für Deutschland.
- Derzeit noch nicht genutzte Grundwasserressourcen mögen für unsere Kinder und Enkel wesentliche Wasserressourcen darstellen. Grundwasserschäden können oft sehr lange anhalten und sind oft nicht vollständig sanierbar.
- In Ländern wie Bayern, mit 12 Mio. Einwohnern und einer Fläche von 70 000 m^2 gibt es über 4 200 öffentlichen Trinkwassergewinnungsanlagen. Hierzu kommen mehr als 100 000 private Trinkwasserbrunnen ohne Schutzzone. Sie alle brauchen einen flächendeckenden Schutz.
- Wassergefährdende Stoffe werden von weither bis in die Schutzzonen transportiert.
- Grundwasserschichten sind oft miteinander verbunden. Die Schadstoffe können dadurch auch in tiefere Grundwasserschichten gelangen.
- Grundwasser fließt in Oberflächenwasser, weshalb Grundwasserverunreinigungen auch Oberflächengewässer gefährden können.
- Grundwasser ist nicht nur als Ressource für Trinkwasser zu sehen sondern ist überall wichtiger Bestandteil des aquatischen Ökosystems.

Deshalb ist Deutschland strikt gegen eine Normung der Grundwasserqualität und gegen eine Grundwasserklassifizierung, da dies nach unserer Ansicht zu einer „Auffüll"-Mentalität führen könnte.

5. Maßnahmen als Abhilfe

5.1 Grundwasserüberwachung

Wegen der Vielzahl der Gefährdungsmöglichkeiten kommt der regelmäßigen Überwachung der Grundwasserbeschaffenheit eine große Bedeutung zu, weil nur dann für das Grundwasser schädliche Entwicklungen rechtzeitig erkannt und Gegenmaßnahmen ergriffen werden können. Wegen des komplexen Zusammenhangs zwischen Ursache und Wirkung, verbunden meist mit erheblichen räumlichen und zeitlichen Verschiebungen, ist dazu eine systematische, langfristige Beobachtung erforderlich. Diese Überwachung hat folgende Aufgaben:

- Dokumentation des aktuellen Standes und der Veränderung der Grundwasserbeschaffenheit,

- Frühzeitiges Erkennen von Grundwasserverunreinigungen, um rechtzeitig Gegenmaßnahmen ergreifen zu können,
- Langzeit-Kontrolle der Wirksamkeit von Sanierungsmaßnahmen (z.B. bei Altlasten) bzw. von staatlichen Regelungen zum Grundwasserschutz.

Diese Erkenntnis hat dazu geführt, daß die Bundesländer im Rahmen der LAWA 1983 ein Rahmenkonzept zur Erfassung und Überwachung der Grundwasserbeschaffenheit – das Grundwasserüberwachungskonzept 1983 – aufgestellt haben. Die alten Bundesländer haben darauf ihre Grundwasserüberwachung aufgebaut.

In Bayern z.B. gliedert sich das Überwachungsnetz im Einklang mit dem LAWA-Konzept in drei Blöcke:

- die gewässerkundliche Überwachung,
- die nutzungsbezogene Überwachung
  und
- die emittentenbezogene Überwachung.

Das Grundnetz zur gewässerkundlichen Überwachung besteht in Bayern aus 280 Meßstellen.

Dazu kommt noch das quantitative Grundwasserüberwachungsnetz (Grundwasserstände) mit über 3.300 Meßstellen.

5.2 Landwirtschaft

Grundsatz aller Maßnahmen ist es, daß die Probleme nicht durch Schuldzuweisungen an die Landwirtschaft, sondern nur durch gemeinsames Handeln zu lösen sind. Durch Ord-nungsstrafen erzwingt man kaum eine umweltverträgliche Landwirtschaft.

An erster Stelle steht daher die Kooperation mit der Landwirtschaft.

Daneben werden noch folgende Maßnahmen durchgeführt:

- Beratung, Aufklärung und Fortbildung der Landwirte (z.B. Beratungsprogramm „Umweltgerechter Pflanzenbau").
- Sachgerechter Umgang mit Wirtschaftsdünger (bayer. Güllegrubenprogramm: Forderung von 35.000 Güllegruben mit insgesamt 10 Mio. m^3 Lagerraum für Gülle) (Gesamtkosten 276 Mio. DM).
- Verhinderung der Bodenerosion und umweltgerechter Anbau (Zwischenfruchtanbau, umweltfreundliche Anbautechniken).
- Gewässerrandstreifen
  Uferrandstreifen von möglichst zehn Metern Breite, die aus der inten-

siven landwirtschaftlichen Nutzung herausgenommen werden, verhindern wirkungsvoll den Nährstoff- und Pflanzenschutzmitteleintrag in die Gewässer. Im Rahmen des bayer. Kulturlandschaftsprogramms wird z.B. die extensive Nutzung von Uferrandstreifen gefördert. Daneben erwirbt der Freistaat Bayern Randstreifen an Gewässern I. und II. Ordnung (bisher erworben 3 500 km bei Gew I. Ordnung und 1 000 km bei Gew II. Ordnung).

- Flächenbindung des Tierbestandes
  Durch eine flächenabhängige Begrenzung des Tierbestandes soll der Anfall von Wirtschaftsdünger und damit die Gefahr zu hoher Nitrateinträge in den Boden und in die Gewässer vermieden werden. Folgende Begrenzungen werden vorgeschlagen:
  - 2,2 Dungeinheiten je Hektar für Grünland,
  - 1,4 Dungeinheiten je Hektar für Ackerland
    wobei eine Dungeinheit 80 kg Stickstoff entspricht.
- Nichtzulassung und Anwendungsverbot für Pflanzenschutzmittel, die eine nachteilige Beeinflussung des Grundwassers besorgen lassen. Dabei konzentriert man sich zunächst auf Pflanzenschutzmittel, die im Grundwasser in größeren Mengen nachgewiesen wurden. Als Beispiel sei Atrazin genannt, dessen Anwendung seit dem 01. 04. 91 verboten ist.
- Allgemeine Reduzierung des Einsatzes von Pflanzenschutzmitteln.
- Gearbeitet wird derzeit an einer Konzeption zum standortgerechten Anbau.
- Bedarfsgerechte Düngung (DüngeVO).
  Nach der am 07. 02. 96 in Kraft getretenen Düngeverordnung, die u.a. auch die EU-Nitratrichtlinie (91/676/EWG) ins nationale Recht umsetzt, sind Düngemittel zeitlich und mengenmäßig so auszubringen, daß
  - die Nährstoffe von den Pflanzen weitestgehend ausgenutzt werden können
  - Nährstoffverluste bei der Bewirtschaftung und
  - ein direkter Eintrag von Düngemitteln in ein Oberflächengewässer vermieden wird.

5.3 Umgang mit wassergefährdenden Stoffen

Die Anlagen, in denen wassergefährdende Stoffe hergestellt, verwendet, behandelt, gelagert und transportiert werden, müssen hohen Sicherheitsanforderungen genügen. Sie müssen mit Mehrfachsicherheitssystemen ausgerüstet werden. Das Vier-Komponenten-System hat sich in Deutschland bewährt:

- Allgemeine Sicherheit (primäre Sicherheit)
  Eignung und Zuverlässigkeit aller Anlagenteile gegenüber allen Belastungen und Einwirkungen unter Berücksichtigung der technischen Regeln und Erkenntnisse (Dichtheit, Standfestigkeit, Beständigkeit)
- Mehrfachsicherheit (sekundäre Sicherheit)
  Doppelwandigkeit mit Leckanzeige, Auffang- bzw. Rückhaltesysteme, redundante technische Schutzvorkehrungen
- Eigen- und Fremdüberwachung (teritäre Sicherheit)
  Kontrollen und Prüfungen durch Betreiber, anerkannte Sachverständige und Überwachungsbehörden
- Reparative Maßnahmen (quartäre Sicherheit)
  Möglichkeiten der Schadensbegrenzung und Erfolgsaussichten für die Behebung von Schäden an Anlagen bzw. an der Umwelt.

5.4 Ersatz wassergefährdender Stoffe

Gefährliche Stoffe müssen soweit als möglich durch umweltverträgliche Stoffe ersetzt werden. Die Anstrengungen, umweltverträgliche Stoffe und Produkte zu erforschen, zu entwickeln und anzuwenden, müssen verstärkt und honoriert werden (ökonomische Instrumente z.B. durch Steuervergünstigungen). Soweit gefährliche Stoffe nicht oder noch nicht ersetzbar sind, muß deren Abgabe an die Umwelt durch Maßnahmen an der Quelle der Verschmutzung weitestgehend vermindert werden. Diese Forderung kann bei besonders gefährlichen Stoffen und bei fehlenden Vermeidungstechnologien bis zum Produktions- und Anwendungsverbot führen. Erwähnt seien hier die Verordnungen vom 19. 07. 89 über das Verbot von Stoffen, die PCB's PCT's und Vinylchlorid enthalten, vom 13. 12. 89 über das Verbot von Pentachlorphenol und vom 01. 04. 91 über das Verbot der Anwendung von Atrazin.

5.5 Abfalldeponien

Abfalldeponien sind so zu erstellen und zu betreiben, daß auf Dauer keine Grundwasserbelastungen entstehen können (zu besorgen sind). Dies beginnt bei der Wahl eines geeigneten Standortes. Hierzu sind für Bayern Ausschlußkriterien in der Bekanntmachung des Bayer. Staatsministeriums für Landesentwicklung und Umweltfragen vom 30. Juni 1995 aufgeführt. Es sind dies in wasserwirtschaftlicher Hinsicht

- Festgesetzte, vorläufig sichergestellte oder geplante Trinkwasserschutz- und Heilquellenschutzgebiete sowie sonstige Flächen, von denen eine nachteilige Beeinflussung öffentlicher Trinkwasserversorungsanlagen ausgehen kann
- Wasserwirtschaftliche Vorranggebiete, die in Regionalplänen ausgewiesen sind
- Amtlich festgesetzte und behördlich erfaßte Überschwemmungsgebiete
- Karstgebiete ohne ausreichend mächtige und schwer durchlässige Deckschichten.

Außerdem wird grundsätzlich eine geologische Barriere gefordert. Die geologische Barriere besteht grundsätzlich aus natürlich anstehenden schwach durchlässigen Locker- oder Festgesteinen von mehreren Metern Mächtigkeit und hohem Schadstoffrückhaltepotential, die eine über den Ablagerungsbereich hinausgehende flächige Verbreitung aufweisen soll.

Sofern diese Anforderungen nicht vollständig erfüllt sind, sind nach TA Siedlungsabfall die Anforderungen durch zusätzliche technische Maßnahmen sicherzustellen. Die TA Siedlungsabfall sowie auch die TA Abfall regeln im übrigen die technischen Schutzmaßnahmen für Bau und Betrieb von Deponien sehr ausführlich.

Eine Abfalldeponie muß außerdem technische Sicherungseinrichtungen nach dem Stand der Technik besitzen, der in der TA-Siedlungsabfall festgeschrieben ist.

5.6 Altlasten – Grundwasserschäden

Sowohl die von der UMK verabschiedeten „Deutschen Anforderungen an einen fortschrittlichen Grundwasserschutz in der Europ. Gemeinschaft" wie auch das im Nov. 91 in Den Haag verkündete Grundwasseraktionsprogramm der EU fordern:

- Grundwasser ist grundsätzlich in seiner natürlichen Beschaffenheit zu erhalten

  und
- Grundwasserverunreinigungen sind möglichst zu sanieren.

Die Altlasten wurden daher z.B. in Bayern systematisch erfaßt und nach Prioritäten geordnet. Sofortmaßnahmen waren zu ergreifen, wenn die menschliche Gesundheit akut gefährdet war. Die LAWA-Arbeitsgruppe „Grundwasser und Wasserversorgung" jetzt „Ständiger LAWA-Ausschuss „Grundwasser und Wasserversorgung" (Obmannschaft Bayern) hat Empfehlungen zur Erkundung, Bewertung und Behandlung von Grundwasserschäden im Januar 1994 veröffentlicht, die ein einheitliches Vorgehen in ganz Deutschland ermöglichen.

In der Bundes-Bodenschutz- und Altlasten Verordnund vom 12. 07. 1999 werden Prüfwerte für Schadstoffkonzentrationen im Sickerwasser angegeben für die Bewertung von Auswirkungen von Altlasten auf das Grundwasser.

Grundwasserschäden werden in Deutschland entsprechend der LAWA-Empfehlungen in folgenden Phasen behandelt:
- Erfassung und Erstbewertung
- Sofortmaßnahmen
- Vor- und Hauptuntersuchung
- Bewertung
- Festlegung der Dringlichkeit
- Festlegung des Umfangs der Sanierung oder Sicherung (Sanierungsziel)
- Planung und Durchführung der Sanierung
- Überwachung der Sanierungs- und Schutzmaßnahmen
- Erfolgskontrolle
- Dokumentation aller Maßnahmen bis zur Entlassung aus der Behandlung.

Neben den Untersuchungen und der Prüfung, ob Sofortmaßnahmen notwendig sind, stellt die Bewertung der Untersuchungsergebnisse das wesentliche Element der Behandlung von Grundwasserschäden dar.

<u>Sanierungsziel</u>

Die LAWA-Empfehlungen legen allgemein als Ziel der Sanierung von Grundwasserschäden fest:
- Gesundheitsgefahren weitestmöglich zu vermeiden,
- stark ökotoxische Wirkungen und sonstige massive Umweltbeeinträchtigungen abzuwehren,
- Nutzungen wieder zu ermöglichen und
- wertvolle Schutzgüter in ihrem Bestand zu sichern und ihre Funktion wieder herzustellen.

Bei der Sanierungsentscheidung ist allerdings der Verhältnismäßigkeitsgrundsatz zugrunde zu legen, auch die technische Machbarkeit muß gegeben sein.

Sollte sich im Rahmen einer Sanierung zeigen, daß trotz erheblicher Anstrengungen das Sanierungsziel nicht ganz erreicht wird, so kann der zulässige Konzentrationswert für das Sanierungsziel unter Berücksichtigung des Grundsatzes der Verhältnismäßigkeit erhöht werden.

Bei Bodenverunreinigungen kann auch die Tatsache im Rahmen der Prüfung der Verhältnismäßigkeit berücksichtigt werden, daß die Eluate nur als lokal begrenzte Schadstofffracht auf das Grundwasser einwirken.

5.7 Belastungen über den Luftpfad

Eine Abhilfe ist nur möglich, wenn die Emissionsquellen verschlossen oder zumindest reduziert werden. Eine nationale Luftreinhaltepolitik ist zwar unabdingbar, sie reicht aber nicht aus. Internationale Abkommen sind notwendig, die die Verkehrs-, Energie- und Agrarpolitik betreffen. Dies gilt insbesondere für die anderen Politikbereiche der EU neben dem Umweltbereich.

6. Trinkwasserschutzgebiete

Deutschland hat als Ziel den flächendeckenden Grundwasserschutz, der eigentlich Wasserschutzzonen überflüssig machen würde.

Es ist jedoch eine Tatsache, daß sogar der allgemeine landesweite Grundwasserschutz nicht ausreicht. Um eine hohe und ausreichende Trinkwasserqualität sicherzustellen, müssen Risiken für das Grundwasser weitestgehend ausgeschlossen werden. Dies ist durch die Einführung von Trinkwasserschutzgebieten möglich.

Weitergehende Maßnahmen Können in Trinkwassereinzugsgebieten getroffen werden, um die erforderliche Trinkwasserqualität sicherzustellen. Das bedeutet kein Zwei-Klassen-System von Gewässerschutz, sondern ist nur ein Mittel dazu, verbleibende Risiken zu reduzieren oder ganz auszuschließen, indem bestimmte Handlungen verboten oder beschränkt werden.

Vorteile von Wasserschutzgebieten

- Zusätzlich zu den allgemein gültigen rechtlichen Anforderungen, können für darüber hinausgehende Maßnahmen für den flächendeckenden Grundwasserschutz weitere Anforderungen rechtlich auferlegt werden.

- Schutzbestimmungen können angepaßt (maßgeschneidert) werden in Bezug auf die örtlichen hydrogeologischen Bedingungen und das Risikopotential im Einzugsgebiet
- Vorschriften, wonach die Landwirtschaft das Grundwasser schützen muß, können rechtlich auferlegt werden (zeitliche und mengenmäßige Begrenzung des Einsatzes von Düngemitteln, Maßnahmen zu extensiver Landwirtschaft, Gründecke im Winter).
- Die rechtliche Bestimmungen in anderen Gesetzen oder Verordnungen sind nur in gesetzlich festgelegten Wasserschutzgebieten wirksam (als Verordnungen über die Anwendung von Pestiziden, über Anlagen, in denen wassergefährdende Stoffe behandelt werden und über Klärschlamm).
- Besondere Bestimmungen in Bezug auf Grundwasseruntersuchungen können auferlegt werden.
- Wasserschutzgebiete schützen vor unangebrachten Aktionen bei der Projektierung von Flächennutzungs- und Landesentwicklungsplänen.

Die rechtliche Bestimmung von Wasserschutzzonen stellt ein effektives Instrument dar, die Risiken für das Grund- und Trinkwasser so gering wie möglich zu halten.

Grundwasser in der EU-Wasserrahmenrichtlinie

Die EU-Wasserrahmenrichtlinie kommt der deutschen Grundwasserphilosophie weit entgegen. Gegenüber dem ursprünglichen Konzept konnten erhebliche Verbesserungen durchgesetzt werden.

a) So wurde auf die anfangs vorgesehene mengen- und gütemäßige Klassifizierung von Grundwasser in fünf Klassen verzichtet. Jetzt wird nur der „gute Zustand“ definiert, der zu erreichen ist.

b) Ebenfalls verzichtet wurde auf eine Festlegung von Umweltqualitätsstandards für Grundwasser – sowohl flächendeckend wie auch in Trinkwasserschutzgebieten mit Ausnahme der bereits in relevanten Richtlinien festgelegten Umweltqualitätsstandards (Nitrat und Pflanzenschutzmittel).

c) Wesentliche Elemente der Wasserrahmenrichtlinie sind jetzt
   - das Verbot der Direkteinleitung von Schadstoffen in das Grundwasser

- das Verschlechterungsverbot
- das Gebot, einen signikikanten Aufwärtstrend von Schadstoffkonzentrationen im Grundwasser umzukehren

d) Die Ausnahmeregelungen in Art. 4 Abs. 3 und 4 erlauben ein vernünftiges Umgehen mit Grundwasserbelastungen (Altlasten!). Nach Abs. 3 können zeitliche Prioritäten für die Erreichung des „guten Zustands" innerhalb eines Gesamtzeitraumes von 15 + 12 Jahren nach Inkrafttreten der Richtlinie gesetzt werden, wenn das ursprüngliche Zeitziel nur mit unverhältnismäßigem Aufwand einzuhalten wäre.
Noch wichtiger ist die Ausnahmeregelung in Abs. 4 für Altlasten. Danach ist es möglich, die Sanierungsziele auch so festzulegen, daß im zu sanierenden Grundwasserkörper der gute Zustand nicht erreicht wird. Voraussetzung ist allerdings, daß solche Verbesserungen nicht machbar oder unverhältnismäßig kostspielig wären. Außerdem darf das Erreichen des „guten Zustands" in anderen Gewässern in derselben Flußgebietseinheit nicht gefährdet werden.
Unter diesen Bedingungen kann es somit auch Grundwasserbelastungen (Altlasten!) geben, die nicht saniert werden müssen. Der Maßstab ist aber sehr streng.
Diese Fälle müssen mit Begründung in den Bewirtschaftungsplänen dargestellt und bei jeder Fortschreibung überprüft werden. Es wird in Zukunft verstärkt Aufgabe der Wasserwirtschaft sein, darauf zu achten, daß diese Ausnahmeregelungen nicht mißbraucht werden.

e) Die „in letzter Minute" dazugekommene Ausnahmeregelung in Art. 4 Abs. 6 ist vor allem für Maßnahmen wichtig, bei denen zukünftig der Grundwasserspiegel gegenüber dem natürlichen Zustand verändert werden soll, wie z.B. beim Bergbau oder auch bei Bauwerken, die zu einer ständigen Absenkung des Grundwasserspiegels führen. Dies ist bei überwiegendem öffentlichen Interesse möglich, soweit nicht die Ziele der Richtlinie in anderen Gewässern derselben Flußgebietseinheit gefährdet werden.

f) Anstelle von Umweltqualitätsstandards für Grundwasser werden richtigerweise Vermeidungsmaßnahmen an der Quelle in den Vordergrund gestellt wie das Verbot der direkten Einleitung von Schadstoffen, die Vermeidung von Leckagen beim Umgang mit wassergefährdenden Stoffen sowie die beste Umweltpraxis bei diffusen

Quellen, worunter auch die gute fachliche Praxis in der Landwirtschaft fällt.

Offen geblieben sind die Bewertung der Messergebnisse sowie nähere Festlegungen zur Umkehr des Aufwärtstrend von Schadstoffkonzentrationen im Grundwasser. Dies soll innerhalb von zwei Jahren in Tochterrichtlinien geregelt werden.

8. Schlußbetrachtung

Das Instrumentarium zum Schutz des Grundwassers besitzen wir. Einige Weiterentwicklungen sind noch vorgesehen und notwendig. Auch wenn wir noch nicht alle Kenntnisse über die Schadstoffe, ihr Abbauverhalten, ihre Ausbreitung in Abhängigkeit vom Boden besitzen, so können und müssen wir handeln. Beim Grundwasser gilt vor allem der Grundsatz „Vorsorgen und nicht Reparieren", denn „das Grundwasser hat ein langes Gedächtnis".

Daher müssen wir auch die Vorsorge- und Vermeidungsmaßnahmen flächendeckend durchführen, es gibt keine Opferbereiche auch nicht im Siedlungsbereich. Das sind wir den nachkommenden Generationen schuldig. Das Grundwasser muß auch zukünftig verwertbar für den Menschen und für das gesamte Ökosystem bleiben.

Forderungen der WRRL für den Grundwasserschutz

- **Vermeidung einer Verschlechterung des Zustands**
- **Vermeidung oder Begrenzung aller Einleitungen von Schadstoffen in das Grundwasser**
- **Verbot der Direkteinleitung**
- **Schutz und Sanierung aller Grundwasserkörper**
- **Gleichgewicht zwischen Entnahme und Neubildung**
- **Trendumkehr von signifikant steigenden Schadstoffkonzentrationen**

Ziel → der gute Zustand

Literaturverzeichnis

Jedlitschka, J.: Erkundung und Bewertung von Grundwasserschäden, Erfahrungen mit den LAWA-Empfehlungen, IWS-Schriftenreihe, Band 23, S. 73 ff.

Jedlitschka, J.: Behandlung von Grundwasserschäden in Deutschland, IWS-Schriftenreihe, Band 19, S. 101 ff.

Jedlitschka, J.:Die Wasserrahmenrichtlinie der EU und der Grundwasserschutz, Korrespondenz Abwasser 1998 (45) H. 9

Knopp, G.: Altlastensanierung und Grundwasserschutz aus der Sicht der LAWA, IWS-Schriftenreihe, Band 23, S. 23 ff.

LAWA: Deutsche Anforderungen an einen fortschrittlichen Grundwasserschutz in der Europ. Gemeinschaft, herausgegeben vom LAWA-Vorsitz

LAWA: Empfehlungen für die Erkundung, Bewertung und Behandlung von Grundwasserschäden, herausgegeben vom LAWA-Vorsitz 1994

Mull, R.: Altlastensanierung Hannover 1995, Altlasten Spektrum 4/95, S. 210

Sondermann, W.: Kritische Würdigung der Ergebnisse des Deutschen Juristentages 1994 unter Berücksichtigung der Bodensanierung in einem künftigen Bodenschutz gesetz, IWS-Schriftenreihe Band 23, S. 27 ff.

1 Einleitung

Der Schutz der Gewässer gegenüber Verunreinigungen ist im Niedersächsischen Wassergesetz geregelt. Gem. § 2 Abs. 3 ist jedermann verpflichtet, bei Maßnahmen, mit denen Einwirkungen auf ein Gewässer verbunden sein können, die nach den Umständen erforderliche Sorgfalt anzuwenden, um eine Verunreinigung des Wassers oder eine sonstige nachteilige Veränderung seiner Eigenschaften zu verhüten. Jede Benutzung eines Gewässers bedarf der Erlaubnis oder Bewilligung. Trotz dieser sehr weitgehenden Schutzvorschriften ist das Grundwasser vielfach verunreinigt. Insbesondere eine unnatürlich hohe Belastung mit Nitrat wird weiterhin im oberflächennahen Grundwasser festgestellt (s. Abb.1).

Stefan Dreesmann

Kooperation zwischen Landwirtschaft und Wasserwirtschaft in Grundwasserschutzgebieten Niedersachsens

Die Nitratbelastungen des Grundwassers finden sich auch in den Wasservorranggebieten für die Trinkwassergewinnung. Ursache ist i. d. R. die intensive Landwirtschaft. Um hier die Nitratbelastung effizient zu vermindern, sieht das Nieder-

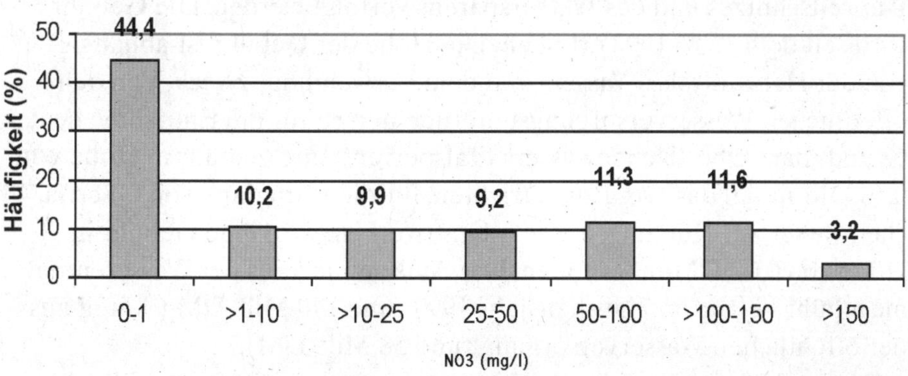

Abb. 1: Häufigkeitsverteilung der Nitratgehalte in Niedersachsen im Jahr 1998 (Messungen in Vorfeldmeßstellen)

sächsische Wassergesetz verschiedene freiwillige sowie ordnungsrechtliche Möglichkeiten vor. Hierzu gehören insbesondere die Gründung von Kooperationen, die grundwasserschutzbetonte Beratung der Landwirte, der Abschluß von freiwilligen Vereinbarungen sowie Auflagen zur land- oder forstwirtschaftlichen und erwerbsgärtnerischen Nutzung in Wasserschutzgebieten. Diese Bereiche werden seit 1993 aus der Wasserentnahmegebühr finanziert.

2 Wasserversorgung in Niedersachsen

Derzeit wird der Wasserbedarf der rund 320 Wasserversorgungsunternehmen in Niedersachsen zu 87 % aus dem Grundwasser und zu ca. 13 % aus den Harztalsperren gedeckt. Die Fördermenge beträgt ca. 580 Millionen cbm. Im 1994 verabschiedeten Raumordnungsprogamm des Landes sind die von der öffentlichen Wasserversorgung genutzten Wasservorkommen als Vorranggebiete für die Trinkwassergewinnung ausgewiesen. Zusätzlich als Wasservorranggebiete wurden einige zusammenhängende Grundwasservorkommen ausgewiesen, die langfristig zur Sicherung der Trinkwassergewinnung benötigt werden. Die Gesamtfläche der Wasservorranggebiete beträgt rund 7.000 km^2 bzw. 14 % der Landesfläche. Für rund 60 % dieser Fläche sind derzeit Wasserschutzgebiete ausgewiesen.

3 Wasserentnahmegebühr

Niedersachsen hat zur quantitativen und qualitativen Sicherung der Wasserressourcen eine Gebühr für Entnahmen von Oberflächenwasser und Grundwasser eingeführt, mit der die Grundsätze des vorsorgenden Umweltschutzes und des Wassersparens verfolgt werden. Die Gebühr wird seit dem 1. 07. 1992 erhoben. Die Höhe der Gebühr ist abhängig von der Herkunft des Wassers und dem Verwendungszweck. Von den öffentlichen Wasserversorgungsunternehmen ist für die Entnahme des Grund- bzw. Oberflächenwassers (Talsperren) eine Gebühr in Höhe von 0,10 DM/m^3 an das Land zu entrichten, für die Entnahme von Oberflächenwasser zur Kühlung, u.a. von Kraftwerken, wird eine Gebühr in Höhe von 0,02 DM/m^3 erhoben. Das Aufkommen aus der Wasserentnahmegebühr betrug im Haushaltsjahr 1999 rund 140 Mill. DM (Anteil aus der öffentlichen Wasserversorgung rund 58 Mill. DM).

Das Aufkommen aus der Wasserentnahmegebühr ist für verschiedene Maßnahmen zum Schutz der Gewässer und des Wasserhaushalts zu verwenden (§ 47 h Abs. 3 NWG). Hierunter fallen auch die nachfolgend beschriebenen Bereiche bzw. Maßnahmen. Die Verteilung der Mittel für diese Bereiche bzw. Maßnahmen erfolgt in den einzelnen Wasservorranggebieten in Abhängigkeit von der Wasserqualität auf Basis des niedersächsischen ‚Prioritätenprogramms Trinkwasserschutz' (Niedersächsisches Umweltministerium, 1999)

4 Landwirtschaft und Wasserwirtschaft – Bausteine des Grundwasserschutzes

4.1 Ordnungsrechtliche Maßnahmen

Zur Umsetzung des landespolitischen Zieles, die Qualität des öffentlichen Trinkwassers langfristig zu sichern, werden Wasserschutzgebiete festgesetzt. Vorgesehen sind diese Schutzgebiete grundsätzlich für alle Trinkwasserwerke. Für die Landbewirtschaftung werden in den Schutzgebietsverordnungen Bestimmungen festgelegt, die unter anderem den Nitrateintrag in das Grundwasser minimieren sollen und die zum Teil über die ordnungsgemäße Landbewirtschaftung hinausgehen. Einen Mindeststandard gibt die Verordnung über Schutzbestimmungen in Wasserschutzgebieten (SchuVO) seit 1995 für alle bis dahin festgesetzten Wasserschutzgebiete vor. Es handelt sich hierbei insbesondere um zeitliche Auflagen der Gülle- und Jaucheausbringung sowie um das Umbruchverbot von Grünland in der engeren Schutzzone.

Daraus entstehende wirtschaftliche Nachteile für die landwirtschaftliche Nutzung werden gemäß § 51 a NWG angemessen ausgeglichen. Der Erfolg von Maßnahmen für den Grundwasserschutz ist in den Wasserschutzgebieten in hohem Maße von einer einvernehmlichen Einigung über die Höhe der Ausgleichszahlungen abhängig. Eine einvernehmliche Einigung über die Höhe der Ausgleichszahlungen wird auf der Basis der zwischen den Bezirksregierungen und Landwirtschaftskammern abgestimmten Berechnungsgrundlagen vor Ort in den Kooperationen hergestellt. Durch die Entwicklung von Modellen für die Berechnung eines für ein gesamtes Wasserschutzgebiet gültigen Pauschalausgleichs konnte der Verwaltungsaufwand deutlich gemindert werden. Jährlich werden etwa drei Millionen DM aus der Wasserentnahmegebühr für Ausgleichszahlungen benötigt.

4.2 Freiwillige Maßnahmen

Neben dem Mindeststandard durch die Auflagen in den Schutzgebietsverordnungen soll der Grundwasserschutz in den Wasservorranggebieten insbesondere durch eine Vielzahl von freiwilligen Maßnahmen sichergestellt werden. Hierzu gehören insbesondere die Kooperationen zwischen Wasserwirtschaft und Landwirtschaft (‚Runder Tisch'), die Zusatzberatung im besonderen Interesse des Grundwasserschutzes, der Abschluß von freiwilligen Vereinbarungen sowie weitere Maßnahmen. Aus der Wasserentnahmegebühr wurde bei den Bezirksregierungen Fachpersonal, hier insbesondere Diplom-Agraringenieure, für die Abwicklung dieser umfangreichen Aufgaben eingestellt. Das Fachpersonal wurde den Dezernaten für Wasserwirtschaft und Wasserrecht zugeordnet. Sie leiten u.a. die Kooperationen, geben wichtige Impulse für die Weiterentwicklung der Maßnahmen und sorgen für die Abwicklung und Kontrolle der Verträge mit den Landwirten und Wasserversorgern.

4.2.1 Kooperationen

Kooperationen sind die zentralen Institutionen zur Umsetzung eines vorsorgenden und sanierenden Grundwasserschutzes in den Trinkwassereinzugsgebieten in Niedersachsen (Runderlaß über „Kooperationen in Vorranggebieten für Wassergewinnung" vom 6. 6. 1994). In den Kooperationen sind unter Leitung der Bezirksregierung Vertreter der im jeweiligen Wasservorranggebiet wirtschaftenden Landwirte, das örtliche Wasserversorgungsunternehmen, die untere Wasserbehörde, die Landwirtschaftskammer sowie ein zu bestimmender Wasserschutzberater vertreten.

Das Spektrum der in den Kooperationen bearbeiteten Themen ist vielfältig. Während zu Beginn der regelmäßig stattfindenden Kooperationssitzungen die Bemessung von Ausgleichszahlungen für wirtschaftliche Nachteile im Mittelpunkt der Diskussion stand, liegt der Schwerpunkt inzwischen in der Entwicklung und Umsetzung gebietsspezifischer Schutzkonzepte sowie möglicher Instrumente zur Erfolgskontrolle der umgesetzten Maßnahmen. Zunehmend werden spezielle Bereiche bearbeitet. Beispiele hierfür sind u.a. die Erarbeitung mehrjähriger gebietsspezifischer Fruchtfolgevereinbarungen, die Umstellung auf ökologischen Landbau oder auch grundwasserschonende Forstnutzungskonzepte. Über starre ordnungsrechtliche Maßnahmen hinaus hat das Kooperations-Modell den Vorteil, daß Diskussionen und Beratungen nicht unter dem Druck bereits festgelegter Vorgaben stehen, sondern möglichst einvernehmliche und vor allem flexible Lösungen im Rahmen der Kooperation erarbeitet werden können. Hiermit ist ein Ansatz für einen effektiven, vorbeugenden Grundwasserschutz in Zusammenarbeit mit der Landwirtschaft als größtem Flächennutzer gegeben.

Vor Einführung der Wasserentnahmegebühr bestanden bereits einige Arbeitskreise, in denen zwischen Wasserversorgern und den Landwirten – in Zusammenarbeit mit der Landwirtschaftskammer, dem Landvolk oder einem beauftragten Ingenieurbüro – Ausgleichszahlungen im Bereich Pflanzenschutz verhandelt wurden. Vereinzelt gab es auch Ansätze für umfassendere Konzepte zum Grundwasserschutz. In der Fläche fand jedoch keine aktive Gestaltung eines problem- und erfolgsorientierten Grundwasserschutzes statt. SHeute, 64 Jahre nach Einführung des Kooperationsmodells, hat sich das Bild grundlegend gewandelt. In landesweit 112 Kooperationen sind derzeit 352 Wasserschutzgebiete / Wasservorranggebiete repräsentiert (Stand: Juni 2000). Für mehr als 265.000 ha landwirtschaftliche Nutzfläche (LN), das sind nahezu 90 % der landwirtschaftlichen Flächen in Vorranggebieten mit Wasserförderung, werden hier Konzepte für eine grundwasserschutzorientierte Landwirtschaft entwickelt und umgesetzt.

Die Arbeit in den Kooperationen war anfänglich durch gegenseitige Vorbehalte der Konfliktparteien Landwirtschaft und Wasserversorgung geprägt. Mittlerweile hat sich die Diskussion auf beiden Seiten versachlicht, wozu die Arbeit der Zusatzberater und die engagierte Kooperationsleitung der Agraringenieure der Wasserwirtschaftsverwaltung als auch das Engagement der Wasserversorgungsunternehmen und der Landwirte wesentlich beigetragen haben. Konsens besteht darin, daß nicht alle Forderungen der Wasserschutzgebietsverordnungen ausgleichsfähig sind. Der umweltpolitische Mindeststandard einer ordnungsgemäßen Landwirtschaft ist ohne Ausgleich einzuhalten. Darüber hinausgehende grundwasserschutzorientierte Einschränkungen sind Leistungen der Landwirtschaft, die angemessen auszugleichen sind, um die Akzeptanz und konstruktive Umsetzung zu gewährleisten. Der Dialog zwischen Landwirtschaft und Wasserwirtschaft hat das Bewußtsein für die Belange des Gewässerschutzes gefördert und die Umsetzung von freiwilligen Schutzmaßnahmen vorangetrieben.

4.2.2 Gewässerschutzorientierte Zusatzberatung

Mit der Zusatzberatung soll eine Aufklärung und Bewusstseinsbildung für die Belange des Gewässerschutzes erreicht werden, um in Wasservorranggebieten eine emissionsärmere landwirtschaftliche Bodenproduktion zu gewährleisten. Wo eine die Produktionsabläufe optimierende Beratung im Sinne des Gewässerschutzes nicht ausreichend ist, hat die Zusatzberatung die Aufgabe, praxisgerechte gewässerschutzorientierte Bewirtschaftungskonzepte im Rahmen der Kooperation zu entwickeln (z.B. im Rahmen von freiwilligen Vereinbarungen) und für deren Umsetzung zu werben.

Die Zusatzberatung erfasst in der Startphase der Beratung den landwirtschaftlichen Ist-Zustand (Betriebs- und Flächennutzungserhebung, N-Bilanzierung) sowie die bodenkundlich hydrogeologische Situation (Geländeerkundung, Datensichtung und -auswertung) im jeweiligen Wasservorranggebiet. Der Ist-Zustand wird hinsichtlich der weiteren Vorgehensweise bewertet. Aus der Betrachtung der naturräumlich und bewirtschaftungsbedingten Belastungspotentiale werden in Abstimmung mit der Kooperation Bewirtschaftungsregeln abgeleitet, die Grundlage für freiwillige Vereinbarungen darstellen. Erkenntnisse zur Grundwasserbelastungssituation und Handlungsempfehlungen werden den Landwirten über Rundschreiben, Einzel- und Gruppenberatungen, Seminare oder Feldrundfahrten bekannt gemacht.

Die vornehmlich auf eine Verringerung der Nitratbelastung ausgerichtete Zusatzberatung hat unter Berücksichtigung der vielfältigen Wechselwirkungen zwischen Pflanzenbau, Düngung und Pflanzenschutz auch die Optimierung des Pflanzenschutzes im Sinne einer Minimierung des Einsatzes chemischer Pflanzenschutzmittel zum Inhalt.

Mit dem Ziel, im Bereich der Zusatzberatung einen landeseinheitlichen Rahmen zu formulieren, und um eine einheitliche Vorgehensweise beim Einsatz der unterschiedlichen Methoden und Instrumente zur Durchführung der Zusatzberatung zu etablieren, wurde in der „Methodensammlung Zusatzberatung“ (Niedersächsisches Landesamt für Ökologie (NLÖ); 1999) das Anforderungsprofil für die Einzelmaßnahmen der Zusatzberatung festgelegt. Diese von den Bezirksregierungen und dem NLÖ entwickelte Methodensammlung ist als Leitfaden zu verstehen, der die landeseinheitliche Umsetzung von Grundwasserschutzmaßnahmen unterstützen soll, ohne dabei den örtlichen Handlungsspielraum und die Gestaltungsmöglichkeiten innerhalb der Kooperation einschränken zu wollen.

Die Zusatzberatung wird derzeit in 320 Wasservorranggebieten angeboten. Von der Zusatzberatung werden rd. 85 % der in Wasservorranggebieten und rd. 95 % der in den Wasserschutzgebieten gelegenen landwirtschaftlichen Nutzflächen erfasst.

Sie wird von Ingenieurbüros, den Landwirtschaftskammern oder anderen Beratungseinrichtungen durchgeführt. Die Kosten der Zusatzberatung trägt das Land Niedersachsen (1999: rund 13 Mill. DM). Von den Kosten der Zusatzberatung entfallen schätzungsweise 60 % auf Personalkosten; der Rest entfällt u.a. auf Boden- und Gewässeruntersuchungen zur Unterstützung der Beratung sowie zur Effizienzkontrolle. Der Wettstreit der Ideen, der durch die verschiedenen in der Zusatzberatung tätigen Beratungsträger stattfindet, fördert Kreativität und Innovation und wird sowohl von der Wasserwirtschaft als auch der Landwirtschaft begrüßt. Die Trennung von gewässerschutzorientierter Zusatzberatung und Wirtschaftsberatung hat sich bewährt.

Die Kontrolle der auftragsgemäßen Arbeit erfolgt anhand von Berichten und Belegen zu Beratungs- oder Sachleistungen, fachlichen Aussprachen sowie einer Rückkopplung über die Kooperationen. Die Berichte der Berater werden von den Bezirksregierungen ausgewertet.

Der Zusatzberater nimmt über die Beratungsarbeit eine wichtige Vermittlerfunktion zwischen den Vertretern der Wasserwirtschaft, der Landwirtschaft sowie der beteiligten Behörden und ggf. der Verbände wahr. Der Zusatzberater berichtet im Kreise der Kooperation über den Stand der Arbeiten und stellt den Informationsaustausch zwischen allen Beteiligten sicher.

Die Zusatzberatung wird im Ergebnis einer wissenschaftlichen Untersuchung, die im Auftrag der Stadtwerke Hannover durchgeführt wurde, sehr positiv beurteilt. Dazu wird in der von der Universität Göttingen durchgeführten Studie (STADTWERKE HANNOVER 1998Forschungs- und Studienzentrum für Landwirtschaft und Umwelt der Universität Göttingen, 1999) ausgeführt: *„Insgesamt zeigen bisher durchgeführte Erfolgskontrollen, dass von der Wasserschutzberatung bisher gute Erfolge im Bereich der Landwirteakzeptanz und des Landwirteverhaltens bis hin zur Senkung der Düngebilanzüberschüsse erreicht wurden.“*

4.2.3 Freiwillige Vereinbarungen

Neben der gewässerschutzorientierten Zusatzberatung haben in den Wasservorranggebieten freiwillige Vereinbarungen mit Landwirten zur Minderung der Stickstoffeinträge in das Grundwasser besondere Bedeutung. Die freiwilligen Vereinbarungen, die gemäß § 47 h Abs. 3 Ziffer 4 b NWG aus der Wasserentnahmegebühr finanziert werden können, sind geeignet, grundwasserschutzorientierte Bewirtschaftungsmethoden in der Land- und Forstwirtschaft sowie im Erwerbsgartenbau tatsächlich in die Praxis umzusetzen. Für die Einhaltung der in den freiwilligen Vereinbarungen beschriebene Maßnahmen wird eine Entschädigung gewährt, und zwar in dem Umfang, in dem gegenüber der ordnungsgemäßen Landnutzung Einkommensverluste für die Bewirtschafter zu erwarten sind. Die Entschädigung ist also ein Entgelt für den entgangenen Nutzen und kein zusätzlicher Betriebsgewinn. Freiwillige Vereinbarungen werden vor allem für folgende Maßnahmen abgeschlossen:

- Förderung der Begrünung von Ackerflächen: Zwischenfruchtanbau über Winter, Anlage von Untersaaten, Brachebegrünung.
- Erweiterung des Wirtschaftsdünger-Lagerraums: Schaffung zusätzlicher Gülle-, Jauche- und Festmistlagerkapazitäten.
- Extensive Grünlandbewirtschaftung: Nutzungsextensivierung von Grünland, Umwandlung von Acker in extensives Grünland.
- Wirtschaftsdünger-Exaktausbringung: Gülleschleppschlauch- und -schuhverteiler, Festmistbreitverteiler.
- Zurückführung der Stickstoffdüngung: Extensivierung im Getreide-, Mais- und Rapsanbau.
- Sonstiges: Demonstrationsversuche, reduzierte Bodenbearbeitung, Ökolandbau etc.

1999 wurden mit über 5400 Betrieben freiwillige Vereinbarungen abgeschlossen. Damit wurden über 99.000 ha Flächen in Wasservorranggebie-

Tabelle 1: Umfang der Kooperationen und der freiwilligen Vereinbarungen im Vergleich der Jahre 1994 und 1999

	1994	1999
Kooperationen	28 (Arbeitskreise im Jahr 1993)	112
Anzahl Gebiete mit Kooperationen	Ca. 30	352
Betriebe mit freiwilligen Vereinbarungen	1.511	5.459
Hektar mit freiwilligen Vereinbarungen	16.000	99.657

ten im Rahmen von freiwilligen Vereinbarungen bewirtschaftet (s. Tab. 1). Vom Land wurden hierfür im Jahr 1999 Mittel in Höhe von rund 20 Mill. DM bereitgestellt.

4.2.4 Weitere Maßnahmen

Neben den oben beschriebenen Bereichen stehen weitere Maßnahmen zur Verfügung, um im Rahmen der Kooperation die Trinkwasserqualität zu sichern bzw. zu verbessern. Hierzu gehören u.a. die Nutzung von Maßnahmen, die im Rahmen der AGENDA 2000 durch die EU kofinanziert werden, der Kauf von Flächen in Wasservorranggebieten sowie die Erforschung von besonderen Fragestellungen im Rahmen von Modell- und Pilotprojekten.

Trinkwasserschutzmaßnahmen im Rahmen der AGENDA 2000: Vom Land Niedersachsen wurde im Dezember 1999 der EU das Programm PROLAND im Rahmen der AGENDA 2000 zur Genehmigung vorgelegt (hier: Förderung im Rahmen der EU-VO 1257/1999 – Förderung der Entwicklung des ländlichen Raumes durch den Europäischen Ausrichtungs- und Garantiefonds für die Landwirtschaft (EAGFL)). Das Programm beinhaltet eine Vielzahl von Förderrichtlinien zur Entwicklung des ländlichen Raumes. Die dort angebotenen Maßnahmen werden von der EU bis zu 50 % kofinanziert. Im Rahmen von PROLAND wurde auch eine eigene Förderrichtlinie zur Sicherung der Grundwasserqualität erstellt. In diesem Zusammenhang können insbesondere Maßnahmen zum Erhalt von Grünland, zur Umwandlung von Ackerland in Grünland, zur grundwasserschonenden Bewirtschaftung von stillgelegten Flächen sowie zum ökologischen Landbau gefördert werden. Die Förderkulisse dieser Richtlinie ist auf Wasservorranggebiete beschränkt. Die Bindung für die Maßnahmen beträgt mindestens 5 Jahre. Das Programm PROLAND, und damit auch die spezielle Förderrichtlinie zum Trinkwasserschutz, wurde im September 2000 durch die EU Kommission genehmigt.

Flächenkauf: Der Flächenkauf durch Wasserversorgungsunternehmen wird ebenfalls aus der Wasserentnahmegebühr bezuschußt. Der Kauf in Zone II kann bis zu 90 % und in Zone III auf austragsgefährdeten Flächen bis zu 70 % bzw. auf gering austragsgefährdeten Flächen bis zu 30 % des Bodenrichtwertpreises bezuschußt werden. Durch die Bindung an den Bodenrichtwertpreis wird eine Erhöhung des allgemeinen Preisniveaus für landwirtschaftliche Nutzflächen vermieden. Um die Nährstoffausträge effektiv zu vermindern, wird eine Zuwendung nur für solche Flächen gewährt, die nach dem Kauf in extensives Grünland umgewandelt, im Rahmen des ökologischen Landbaus bewirtschaftet oder aufgeforstet werden. Die Zuwendung ist verbunden mit einem Verzicht auf zukünftige Ausgleichszahlungen gem. § 51 a NWG bzw. auf Entschädigungszahlungen gem. § 47 h NWG (freiwillige Vereinbarungen).

Oft ist es für den Wasserversorger nicht möglich, die Flächen direkt im Wasserschutzgebiet zu erwerben. Hier hat es sich als sinnvoll erwiesen, im ersten Schritt Flächen außerhalb des Wasserschutzgebietes zu erwerben, um anschließend über einen freiwilligen Landtausch oder im Rahmen eines laufenden Flurbereinigungsverfahrens die Flächen in das Wasserschutzgebiet hineinzutauschen. Um die Sicherung im Interesse des Grundwasserschutzes sicherzustellen, hat es sich auch als sinnvoll erwiesen, schon frühzeitig mit allen potentiell Betroffenen Konzepte für die langfristige Nutzung der bezuschußten Fläche zu erstellen.

Seit 1994 wurden durch die Wasserversorgungsunternehmen Flächen im Umfang von mehr als 850 ha erworben. Die Förderung des Flächenerwerbs ist eine hocheffektive Maßnahme zur Sanierung und Sicherung des Grundwassers. Wie die begleitenden Untersuchungen belegen, werden die Nährstoffverluste aus den landwirtschaftlich genutzten Flächen durch die Extensivierung erheblich abgesenkt. Durch die Förderung aus der Wasserentnahmegebühr wurde es auch einer Vielzahl Wasserversorgern mit geringer Kapitalausstattung ermöglicht, Flächen in Gebieten zu erwerben, in denen anhaltend hohe Nitratgehalte in den Förderbrunnen gemessen werden.

Modell- und Pilotprojekte: Die Pilotprojekte werden mit dem Ziel durchgeführt, die gewonnenen Erkenntnisse auf vergleichbare Gebiete Niedersachsens zu übertragen. Dies geschieht beispielsweise bei der Nutzbarmachung der Ergebnisse für die Belange der landwirtschaftlichen Zusatzberatung oder im Bereich der Vermarktungsförderung ökologisch produzierter Produkte.

Beispiele für bisherige Förderschwerpunkte:

- Methoden und Instrumente einer grundwasserschutzorientierten Landbewirtschaftung
- Methoden der Effizienzkontrolle grundwasserschutzorientierter Maßnahmen
- Grundwasserschonende Feldberegnung

– Ökologischer Landbau
– Grundwasserschutzorientierte und standortangepasste Waldumbaumaßnahmen

Die bislang durchgeführten Projekte haben zu einem deutlichen Erkenntnisgewinn für die landwirtschaftliche Zusatzberatung in den Bereichen standortangepasste Düngung (z.B. bilanzorientierter Ansatz), grundwasserschonende Fruchtfolgegestaltung, Grünlandextensivierung und schonende Grundwasserbewirtschaftung geführt. Darüber hinaus wurden im Rahmen der verschiedenen Projekte zum Ökologischen Landbau, der durch Pestizid- und Mineraldüngerverzicht von Natur aus als ressourcen- und gewässerschonend einzustufen ist, wichtige Instrumente der Öffentlichkeitsarbeit zur Akzeptanzsteigerung und zur Vermarktungsförderung von ökologisch produzierten Produkten erprobt und weiterentwickelt. Dies hat dazu geführt, dass der Anteil ökologisch bewirtschafteter Flächen in einzelnen Projektgebieten nachweislich gestiegen ist.

Im forstwirtschaftlichen Bereich erhalten insbesondere die Privatwaldbesitzer wichtige Impulse im Hinblick auf standortangepasste Waldumbaumaßnahmen, die neben der Förderung der ökologischen Vielfalt auch zu einer Erhöhung der Sickerwasserspende führen. Ferner werden übertragbare Methoden zur Abschätzung des Gefährdungspotentials und des Grades der Grundwasserversauerung sowie Sanierungs- und Sicherungsmaßnahmen für die Wassergewinnung bereitgestellt.

Die Vermittlung und Weitergabe der Projektergebnisse an die Fachöffentlichkeit erfolgt einerseits über Handlungsempfehlungen und Broschüren, die den zuständigen Fachbehörden und auch anderen Interessengruppen als Grundlage für Planungs- und Vollzugsentscheidungen bei der Konzipierung und Durchführung von Grundwasserschutzmaßnahmen dienen. Andererseits sind die seit 1996 jährlich durchgeführten Grundwasserworkshops ein wesentliches Forum zur Präsentation der Ergebnisse. Die Grundwasserworkshops leisten einen wichtigen Beitrag im Hinblick auf die Diskussion und die spätere Umsetzung der Projektergebnisse. Ferner werden Perspektiven eines landesweiten Grundwasserschutzes diskutiert. Die Fachbeiträge der Workshops sind in Tagungsbänden dokumentiert und publiziert.

4.2.5 Beispiel: Wasserschutzgebiet Großenwieden

Als ein Beispiel für einen zeitlichen und inhaltlichen Ablauf im Rahmen der Kooperation soll das Wasserschutzgebiet ‚Großenwieden' vorgestellt werden. Die seit 1983 konstant hohen Nitratgehalte im Wasserschutzgebiet Großenwieden (rund 20 km nördlich von Hameln), die teilweise den Grenzwert der Trinkwasserverordnung überschritten, zwangen alle Beteiligten zum Handeln. Für das betroffene Wasserversorgungsunternehmen war die Mischung mit Wasser aus anderen Schutzgebieten nur eine Notlösung. Da mehr als 70 % der Flächen dieses Schutzgebietes landwirtschaftlich genutzt werden, konnte eine dauerhafte Lösung des Problems nur in Zusammenarbeit mit den Landwirten erreicht werden. Im Jahre 1992 wurde deshalb die Kooperation zwischen Wasserwirtschaft und Landwirtschaft gegründet und mit der wasserschutzorientierten Zusatzberatung begonnen. Die hohen Nitratwerte in den Brunnen erforderten einen weitreichenden Lösungsansatz. In der Kooperation wurde deshalb ein umfassendes standortspezifisches Bewirtschaftungskonzept entwickelt. Hierzu gehörte insbesondere die Erstellung und Umsetzung von weitergehenden freiwilligen Vereinbarungen zur Fruchtfolgeumstellung in Zusammenhang mit einer reduzierten Stickstoffdüngung. Parallel dazu wurden auf einigen Teilflächen andere oder zusätzliche Maßnahmen angeboten bzw. umgesetzt (Ankauf einiger Flächen in der Zone II, Beginn eines Modellprojektes, abgestimmtes Vorgehen u.a. mit dem Naturschutz (Flächenpool)).

Zusammengefaßt ergibt sich in diesem Schutzgebiet der (zeitliche) Ablauf der einzelnen Maßnahmen seit Gründung der Kooperation im Jahr 1992 wie folgt:

1. Problembeschreibung / Konstituierung der Kooperation
2. Auswahl eines Zusatzberaters (Ingenieurbüro)
3. Standortbeschreibung / Betriebserhebung
4. Allgemeine Zusatzberatung
5. Allgemeine freiwillige Vereinbarungen (z. B. Zwischenfruchtanbau); da dies nicht ausreichend war, um die Nitratgehalte im Wasser in einem überschaubaren zeitlichen Rahmen deutlich abzusenken wurde
6. Im Rahmen der Kooperation ein umfassendes standortspezifisches Bewirtschaftungskonzept erstellt mit folgenden Bausteinen
   - Erstellung und Umsetzung von weitergehenden freiwilligen Vereinbarungen (Stickstoffreduzierung, Fruchtfolgeumstellung)

- Flächenkauf auf ausgewählten Flächen
- spezielle Zusatzberatung
- gebietsübergreifendes Flächenmanagement (u.a. in Zusammenarbeit mit dem Amt für Agrarstruktur und dem Naturschutz)

7. Pilotprojekt zur Erfolgskontrolle

Zur Erfolgskontrolle werden verschiedene Untersuchungen in diesem Schutzgebiet durchgeführt. Der Vergleich der Nitratgehalte im Sickerwasser unterhalb der Wurzelzone vor und nach Etablierung der Maßnahmen läßt darauf schließen, daß die Wasserqualität durch das beschriebene kooperative Vorgehen nachhaltig verbessert wird (s. Abb. 2).

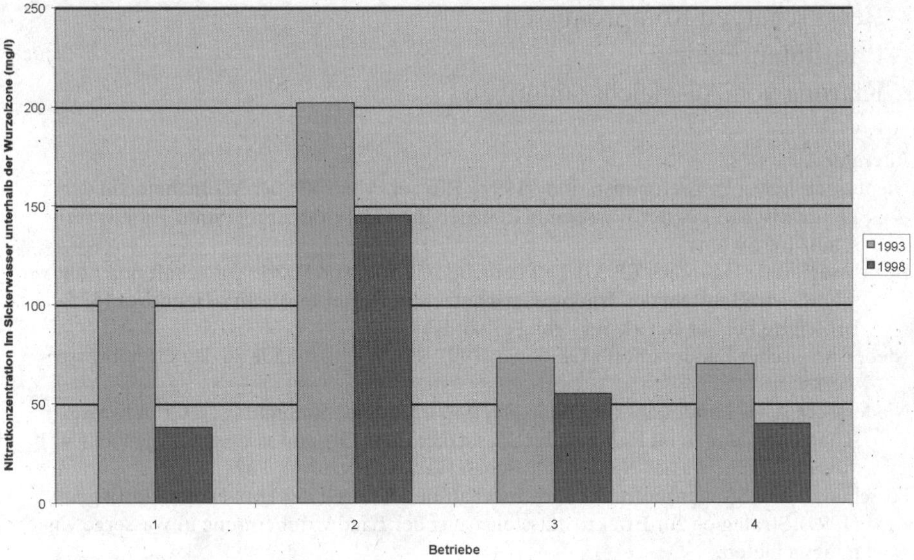

Abb. 2: Mittlere Nitratkonzentration im Sickerwasser unterhalb der Wurzelzone von Ackerflächen verschiedener Betriebe im Wasserschutzgebiet Großenwieden (Geries, 1998).

5 Resümee

Der Nährstoffeintrag konnte durch die aus der Wasserentnahmegebühr finanzierten Maßnahmen in vielen Wasservorranggebieten Niedersachsens erheblich reduziert werden. Die Erfolge sind in der Regel nicht nur auf eine Maßnahme, sondern auf die sinnvolle Ergänzung aller im Niedersächsischen Wassergesetz für diesen Aufgabenbereich genannten Maßnahmen zurückzuführen (u.a. Kooperationen, Zusatzberatung, freiwillige Vereinbarung, Flächenkauf, Auflagen in Wasserschutzgebieten). Die Erfolge zeigen, daß der eingeschlagene Weg richtig ist und konsequent weiterverfolgt werden sollte. Die Verteilung der Mittel erfolgt in Abhängigkeit von der Wasserqualität in den einzelnen Wasservorranggebieten auf Basis des niedersächsischen ‚Prioritätenprogramms Trinkwasserschutz' (Mitteleinsatz im Jahr 1999 für diese Maßnahmen: rund 40 Mill. DM).

Als wesentliche Voraussetzungen für ein erfolgreiches kooperatives Vorgehen sind zu nennen:
- Offenheit für Zusammenarbeit / Engagement aller Beteiligten
- Qualität der Zusatzberatung
- Langfristige Bereitstellung von Haushaltsmitteln
- Bereitschaft zu Kompromissen
- Prioritätensetzung
- Klärung von Ausgleichszahlungen

Literatur

Niedersächsisches Umweltministerium (1999): Effizienzkontrolle der Maßnahmen in der Landwirtschaft aus der Wasserentnahmegebühr – Prioritätenprogramm Trinkwasserschutz (66 Seiten)

Bezirksregierung Hannover (2000): Der gemeinsame Weg von Wasserwirtschaft und Landwirtschaft – ein Baustein des Trinkwasserschutzes im Regierungsbezirk Hannover (52 Seiten; Broschüre bei der Bezirksregierung erhältlich)

Niedersächsisches Landesamt für Ökologie (1997–99): Tagungsbände zu den Grundwasserworkshops

Niedersächsisches Landesamt für Ökologie (1999): Methodensammlung zu Grundwasserschutzmaßnahmen im Rahmen der ‚Zusatzberatung Grundwasserschutz' gemäß § 47 h Absatz 3 Ziffer 4 a des Niedersächsischen Wassergesetzes

Forschungs- und Studienzentrum Landwirtschaft und Umwelt der Universität Göttingen (1999): Strategien zur Effektivitätssteigerung der Landwirteberatung in Wassergewinnungsgebieten.

Peter C. Relotius

Grundwasser-Management am Potsdamer Platz

Meine Damen und Herren

In den Vorträgen dieser Tagung geht es überwiegend um Eigenschaften und Qualität des Grundwassers und deren Erhaltung oder Verbesserung. Dieser Vortrag weicht insofern ab, als das Grundwassermanagement am Potsdamer Platz hauptsächlich das Niveau des Grundwassers, den Grundwasserstand, betrifft und nur am Rande dessen Qualität. Ich berichte über ein im Zeitraum 1994 bis Ende 1999 durchgeführtes Projekt, das in stark verringertem Umfang noch bis 2002 weitergeführt wird. Der Beitrag ist insofern auch eine Art Erfahrungsbericht.

Eingriffe durch Baumaßnahmen

Anfang der 90'er Jahre haben sich private Investoren wie debis, Sony, ABB und andere sowie die Deutsche Bahn AG und die Berliner Senatsverwaltung für Bau- und Wohnungswesen entschlossen auf dem freien Gelände am Potsdamer Platz umfangreiche Wohn-, Büro- und Verkehrskomplexe zu bauen.

Geplant waren dazu Bauwerke mit etwa 30 einzelnen Baugruben, die zum Teil nebeneinander oder eng beieinander lagen, von denen einzelne Hektargröße (10.000 m^2) haben, oder bis ca. 18 m tief sind und dort ca. 14 m ins Grundwasser eintauchen.

Das Herstellen von Baugruben im Grundwasser, die den Grundwasserspiegel nicht durch großflächige Absenkungen beeinträchtigen, ist im Tiefbau heute kein Problem mehr. Es stehen eine Reihe bewährter Verfahren zur Verfügung, die als „grundwasserschonende Bauweisen" gelten und bei sorgfältiger Ausführung einen beachtlichen Grad an Wasserdichtigkeit erreichen.

Solche Bauweisen sind gekennzeichnet durch Baugrubenwände die als Schlitzwände in Beton oder Spundwände in Stahl hergestellt werden, und Baugrubensohlen, die als Unterwasserbetonsohlen oder tiefliegende Injektions-Dichtungssohlen ausgeführt werden.

Auch bei diesen Baugruben fallen Grundwasserentnahmen an, die aus dem Lenzwasser (einmalig anfallendes Wasservolumen zum Trockenlegen der gedichteten Baugrube) und dem vom Volumen her bedeutsameren Restgrundwasser (Leckagewasser, welches während der Errichtung des Bauwerks in die Baugrube einsickert) bestehen.

Trotz aller Sorgfalt bei der Herstellung bleibt die erzielte Dichtigkeit eine technische. Restleckagen sind wegen der sehr unterschiedlich realisierbaren direkten Qualitätskontrolle der Wände, Unterwasserbeton- oder Injektionssohlen nicht zu vermeiden. Sie liegen heute unter dem charakterisierenden Kennwert von 1,5 l/s je 1.000m^2 grundwasserbenetzter Baugrubenfläche. Dennoch können bei einer genügend großen und tiefen Baugrube die Restgrundwasser-Entnahmen zur Trockenhaltung Größenordnungen bis über 100 m^3/h erreichen.

Während der geplanten 6–8 Jahre dauernden Bautätigkeit waren anfänglichen Berechnungen zufolge insgesamt ca. 12,5 Mio. m^3 Restgrundwasser zu fördern, und zusätzlich etwa 1,5 Mio. m^3 Lenzwasser.

Einfluß auf grundwasserabhängige Schutzgüter

Wegen der vielen Baumaßnahmen auf engem Raum und in kurzer Zeit, und der sich häufig zeitlich überschneidenden sehr großen Baugruben mußten sich die unvermeidbaren Restgrundwasser-Entnahmen in einem ungewöhnlichen Ausmaß überlagern und den Grundwasserspiegel, der etwa 4 m unter Gelände auf einem Niveau um +31 m NN lag stark absenken. Schon in den ersten Planungsphasen wuchs deshalb bei den Verantwortlichen und in der Öffentlichkeit die Sorge um den Bestand betroffener Schutzgüter. Das waren einerseits ökologische Schutzgüter, wie der unmittelbar benachbarte Tiergarten und andere ökologisch bedeutsame Grünflächen, aber auch setzungsempfindliche Bausubstanz im Einflußbereich der Grundwasserabsenkung.

Der naheliegende Gedanke, die Eingriffe zeitlich so zu steuern, daß sich die Wirkungen innerhalb erträglicher Grenzen bewegen, war und ist rechtlich nicht durchsetzbar. Er hätte auch bedeutet, daß eine Baugrube nach der anderen herzustellen und zu betreiben wäre, ein völliger Gegensatz zur Absicht, die Neugestaltung der Berliner Stadtmitte und den Bau der z. T. überregional bedeutenden Verkehrsachsen zügig voranzutreiben.

Genehmigungsauflagen und Lösungsansatz

Alle wasserrechtlichen Erlaubnisse, ohne die kein Bauherr einen Grundwassereingriff vornehmen kann, enthalten in gleicher Weise die aus grundsätzlichen grundwasserwirtschaftlichen Überlegungen heraus ergehende Auflage, grundwasserschonende Bauweisen einzusetzen und dabei die Restleckagerate von 1,5 l/s je 1.000 m^2 grundwasserbenetzter Baugrubenfläche einzuhalten. Grundwasserstandsveränderungen werden nur in einem schmalen Bereich zwischen NN +30,0 m und NN +31,0 m zugelassen. Jeder einzelne Bauherr wird zur Einhaltung dieser Wasserstandsgrenzwerte verpflichtet und muß bei Annäherung an den unteren Grenzwert rechtzeitig eine Grundwasseranreicherung durch Wiederversickerung entnommener Mengen einleiten. Bei Annäherung an den oberen Grenzwert sind Versickerungsmaßnahmen einzustellen und die entnommenen Wassermengen in Oberflächengewässer abzuleiten. Mit der harten Forderung, die sehr kleine Schwankungsbreite nicht oder nur unter eng begrenzten Bedingungen überschreiten zu dürfen, stellt die Behörde den Bestand der Grünflächen und Baudenkmäler sicher. Um Entnahmen zu kompensieren, sollten zusätzlich wasserwirtschaftlich bestimmte Anteile des entnommenen Grundwassers dem Grundwasserleiter durch Versickerung wieder zugeführt werden.

Angesichts der in der Praxis zu erwartenden Schwierigkeiten bei der Einhaltung dieser Bedingungen durch jeden einzelnen Bauherrn wurde in Abstimmung zwischen der Investorengruppe und der Genehmigungsbehörde das Konzept eines gemeinsamen Grundwassermanagements entwickelt.

Aufgabe dieses für alle Bauherren tätigen Grundwassermanagements sollte es sein, die Einhaltung der Genehmigungsauflagen zu überwachen und die Ableitung der Grundwasserentnahme so zu steuern, daß die vorgegebenen Grenzwerte der Wasserstände nicht über- oder unterschritten werden.

Da dies nur möglich war, wenn alle Grundwasserentnahmen im Einflußbereich überwacht und gesteuert werden, hat die Erlaubnis erteilende Wasserbehörde, die Senatsverwaltung für Stadtentwicklung und Umweltschutz, in jede Erlaubnis eine neuartige Auflage aufgenommen: Jeder im Umfeld des Potsdamer Platzes tätige Bauherr wurde aufgefordert sich diesem gemeinsamen „Grundwassermanagement“ anzuschließen.

Zusätzlich hat sich die Wasserbehörde ausbedungen, sich beim Grundwassermanagement jederzeit über die augenblicklichen Grundwasserstände informieren zu können. Mit diesem hohen Grad an Transparenz verschaffte sie sich die Möglichkeit, Sorgen aus der Öffentlichkeit entgegenzutreten und im Havariefall sofort zu reagieren.

Organisation und Aufgabe des Grundwassermanagements

Für die Durchführung der Baumaßnahmen am Potsdamer Platz wurde von den fünf Investoren eine zentrale Baulogistik-Organisation die baulog geschaffen, über die sämtliche Ver- und Entsorgungen der Großbaustelle abzuwickeln waren. Die gesteuerte zentrale Verbringung des entnommenen Grundwassers als eine dieser Logistikaufgaben war dem von der baulog beauftragten Grundwassermanagement zugeordnet.

Aufgabe und Ziel des Grundwassermanagements war die Erfüllung bestimmter Auflagen aus den wasserbehördlichen Erlaubnissen der Bauherren in Form einer gemeinschaftlichen Lösung. Im wesentlichen betraf dies die Auflagen zur Überwachung und Einhaltung bestimmter Grundwasserstände, zur Überwachung der Fördermengen und der Qualität des abgeleiteten Grundwassers.

Zur Ausübung des Grundwassermanagements ist in der Anfangsphase ein Instrumentarium entwickelt und bereitgestellt worden, das in der Betriebsphase einsatzbereit gehalten werden mußte und bei Bedarf zu aktualisieren war.

Überwachung der Grundwasserstände

Eine der ersten Leistungen des Grundwassermanagements bestand in der Planung und Herstellung des Meßstellennetzes, das mit ca. 100 Meßstellen den etwa 400 ha großen Beobachtungsraum überzieht. Die Meßstellen erfassen jeden betroffenen Grundwasserleiter, sie sind mit Datensammlern ausgerüstet, die die stündlich aufgenommenen Spiegelhöhen für die tägliche Datenauslesung speichern. Meßstellen an empfindlichen Punkten sind darüber hinaus mit einer Funk-Datenübertragungseinrichtung ausgestattet, mit der die Meßwerte stündlich zur Zentrale übermittelt werden.

Für Datenerfassung, -transfer und -verarbeitung, zentrale Überwachung und Alarmierung, Dokumentation usw. wurde ein leistungsfähiges, an die Problemlage anzupassendes DV-System geschaffen. Mit diesem erfolgte auch die Information der Genehmigungsbehörde und anderer Stellen (Natur-und Grünflächenamt Tiergarten und baulog), in dem alle Daten täglich an diese Außenstellen übermittelt wurden und dort mit geeigneten Auswerteroutinen dargestellt werden konnten.

Verbringungssystem

Für die Steuerung der Grundwasserverbringung mußte zuerst ein zentrales Verbringungssystem konzipiert werden, mit dem das Wasser aus den Baugruben übernommen werden konnte und das über Einrichtungen zur Versickerung in Randbereichen der Grünflächen und dazu notwendiger Behandlung sowie zum Abschlagen in Oberflächengewässer verfügte. In diesem System (Abb. 1) waren die Verantwortlichkeiten der Baugrubenbetreiber von denen des Grundwasserverbringers und des Grundwassermanagements abzugrenzen. In das System wurde nur Wasser mit Einleitqualität für das Oberflächengewässer übernommen. Soweit diese nicht vorhanden war, mußte eine Reinigung oder Behandlung durch das Bauunternehmen erfolgen. Eine weitere Abreinigung auf Versickerungsqualität für die zu versickernden Teilmengen war dem Betreiber des Verbringungssystems zugewiesen. Die Kontrolle der Übergabequalität sowie die Erfassung der Wassermengen war Aufgabe des Grundwassermanagements.

Die Planung des Verbringungssystems erfolgte auf Basis der 1994 anzusetzenden Planungsgrundlage einer als maximal angenommenen Transportleistung, und mit Platzverhältnissen, die mit dem vielfältigen anderen Platzbedarf vor Ort (Leitungstrassen von Versorgungsunternehmen, Verkehrsumleitungen, Baustelleneinrichtungsflächen der Großbaustellen mit ihren Bauphasen, zu schützende Grünflächen usw.) in Einklang zu bringen waren. Viele Trassen schieden dabei von vornherein aus, die letztlich gewählte war dennoch häufigen Umplanungen und Umbauten ausgesetzt. Das bereits Ende 1994 erstellte Stamm-Leitungssystem ermöglichte den Anschluß von Stichleitungen zu den einzelnen Baugruben und die Ableitung in den Landwehrkanal sowie die Zuführung zu den Versickerungsanlagen am Rande der Grünflächen. Die dazu notwendigen Brunnengalerien waren sehr aufwendig und daher erst später und nur entsprechend dem tatsächlichen Bedarf zu errichten.

Die Stammleitung mit drei gleich großen Rohrleitungen war mit Schiebern und Verbindungen so kombiniert, daß im gewissen Rahmen für

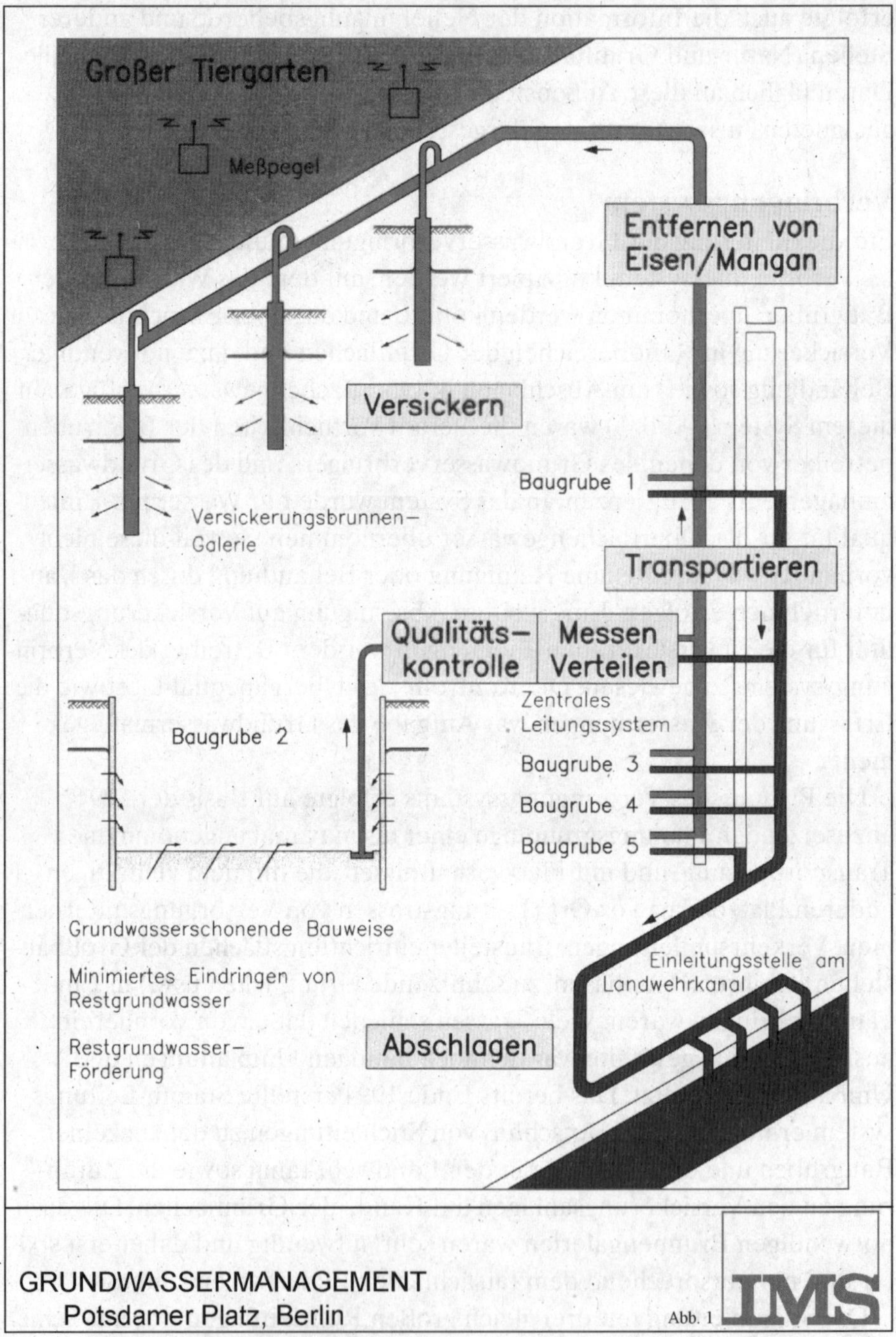

Abb. 1: Schema Grundwasserverbringung

Umbauten Redundanzen und für Spitzenlasten Kapazitätsreserven zur Verfügung standen.

An den Übergabestellen waren Pumpstationen installiert die zum Teil für Lenzleistungen von 1000 m^3/h, die von den Bauunternehmen gefordert wurden, auszulegen waren. Hier waren auch die Wassermengenmeßeinrichtungen des Grundwassermanagements installiert.

Steuerung der Grundwasserverbringung

Im Zuge der Vorbereitung und Realisierung der Bauvorhaben haben sich die verschiedenen Planungsdaten dynamisch entwickelt. Die Einflüsse sind besonders gekennzeichnet durch technische Änderungsvorschläge von Bietern, die eine Änderung der Baugrubentechnologie, oder auch eine Änderung der bis dahin angesetzten Baugrubenkonfiguration und damit der Entnahmemengen gegenüber vorherigen Ansätzen bedingen. Auch Terminverschiebungen der geplanten Grundwasserentnahmen hatten zur Folge, daß frühere Überlegungen immer wieder geprüft und angepaßt werden mußten. Dies geschah in einem regelmäßigen Rhythmus und bei aktuellen Anlässen. Wie notwendig diese Aktualisierung war, macht die Änderung der Ganglinie der zu erwartenden Wassermengen deutlich (Abb. 2). Durch Verschiebung der Bauzeiten der Großprojekte überlagern sich die Maxima und bilden erhebliche Spitzen, die das nach früheren Bemessungsgrößen ausgelegte Verbringungssystem überlasteten und Umplanungen und Umbauten oder Erweiterungen des Verbringungssystems erforderlich machten.

Für das Projekt wurde ein numerisches Grundwassermodell erstellt und kalibriert, welches monatlich mit den Daten der Grundwasserstands- und Wassermengenmessungen zu aktualisieren war. Unter Verwendung der erwarteten Grundwasserentnahmen erfolgte dann regelmäßig eine kurzfristige Prognose der Auswirkungen und eine Definition notwendiger betrieblicher Steuerungsmaßnahmen. Für Planungen zum Ausbau des Verbringungssystems wurden jährlich langfristige Prognosen über den Gesamtzeitraum der Grundwasserentnahme angestellt.

Aus den prognostizierten Wasserstandsganglinien ließen sich Notwendigkeit, Ort und Umfang von Versickerungsmaßnahmen ableiten, um den Grundwasserspiegel über dem unteren Grenzwert zu halten. Solche Auswertungen bildeten die Grundlage für die Operationspläne mit wöchentlichen Betriebsanweisungen an den Verbringer.

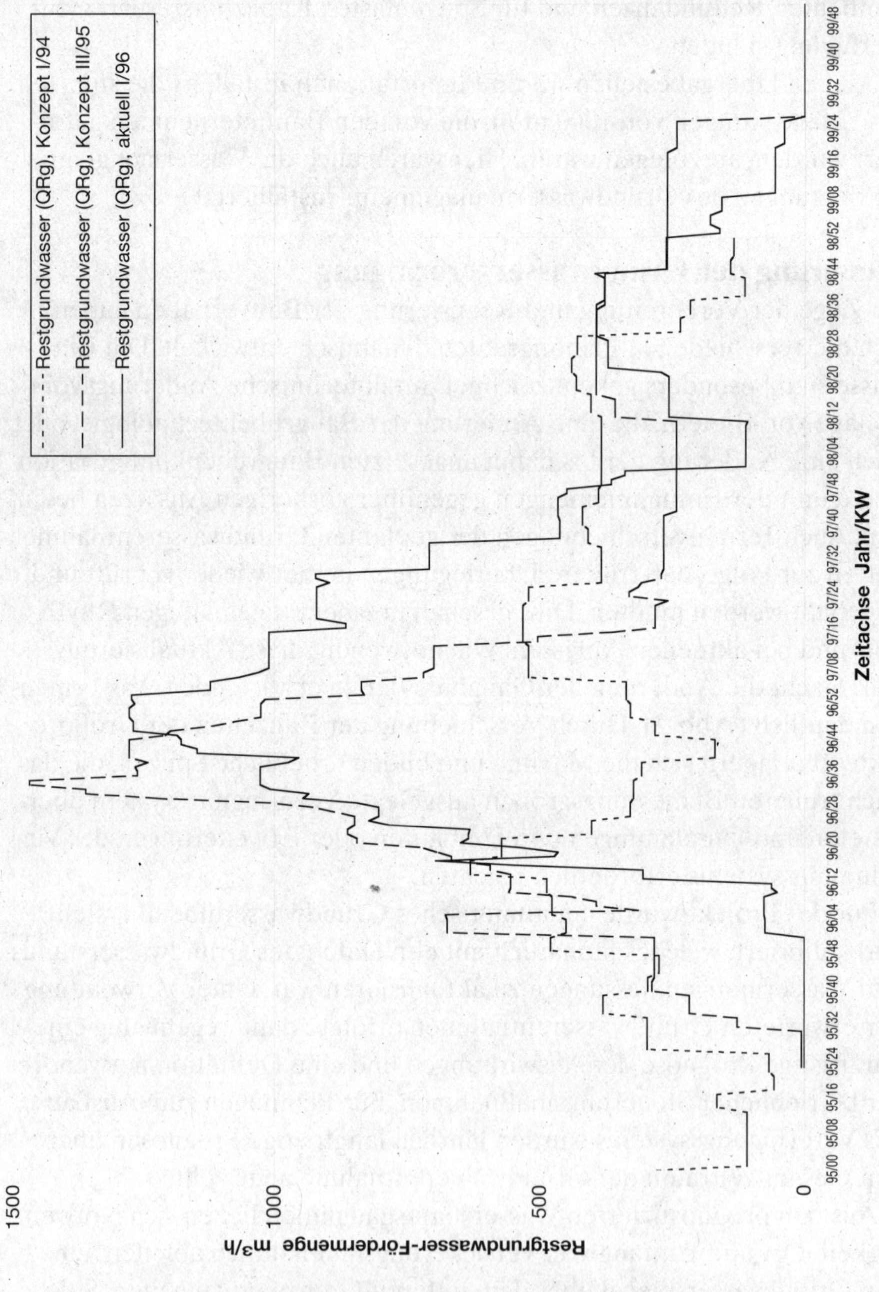

Abb. 2: Ganglinien prognostizierter Grundwasserentnahmen

Eine Kontrolle der Verbringung des Grundwassers erfolgte über das Grundwassermanagement durch regelmäßige wöchentliche Meßwertaufnahme der Mengen und Volumenströme an den Entgegennahme- und Ableitstellen. Die Auswertung der Daten lieferte einerseits die für eine erneute kurzfristige Prognose notwendigen Ist-Informationen, andererseits konnte über die Transportleistung des Verbringers die Einhaltung der Steuerungsvorgaben kontrolliert sowie die tatsächliche Grundwasserentnahme und der Verbleib des Wassers dokumentiert werden.

Dokumentation

Die Ergebnisse der Grundwasserstandsüberwachung werden zur Beweissicherung nicht nur in einer Datenbank gesammelt und den Beteiligten verfügbar gemacht. Sie sind zur Dokumentation der Abläufe auch in vierteljährlich erstellten Beweissicherungsberichten schriftlich zu dokumentieren. Die Auswertung in Form von Hydroisohypsenplänen konnte dabei auf wesentliche Zeitpunkte beschränkt werden, an denen im jeweiligen Quartal bedeutsame Änderungen der Eingriffe ins Grundwasser stattfanden.

Die farbliche Darstellung war dabei so abgestimmt, daß die Über- oder Unterschreitung der vorgegebenen Grenzwerte einfach erkannt werden konnte. Im Überwachungszeitraum wurden die unteren Grenzwerte nicht unterschritten. Anders verhielt es sich beim oberen Grenzwert. Hier zeigte der Grenzwertkontrollplan des Grundwassermanagements zeitweilig länger dauernde Überschreitungen an. Diese waren jedoch durch natürlichen Anstieg des Grundwasserspiegels verursacht und daher vom Grundwassermanagement nicht zu vermeiden.

Erfahrungen

Für die termingerechte Realisierung der umfangreichen Bauvorhaben am Potsdamer Platz war sowohl die Konzeption als auch die erfolgreiche Durchführung des Grundwassermanagements von entscheidender Bedeutung.

Dies erforderte rechtzeitige verläßliche Informationen für langfristige Prognosen und für die Planung von Verbringungsanlagen, insbesondere Versickerungsbrunnen. Im Bewußtsein der Bauausführenden hatte die Organisation der Ableitung geförderten Wassers aber eher untergeordnete Bedeutung, so daß die zugehörigen Planungen erst relativ spät anliefen und frühzeitige Informationen zu den Einzelvorhaben selten zur Verfügung standen.

Im Konflikt zwischen Informationsbedarf und -verfügbarkeit, Mindestflächenbedarf für das Verbringungssystem und in diesem Großbaubereich kaum noch verfügbaren Flächen war das Grundwassermanagement gefordert, Lösungen zu finden und zu realisieren, die die Einhaltung der wasserwirtschaftlichen Auflagen mit hinreichender Sicherheit, aber geringstmöglichem Aufwand für die Bauherren sicherstellen sollten.

Die Erfahrungen aus mehr als 5-jähriger Durchführung des Grundwassermanagements Potsdamer Platz haben gezeigt, daß die Aufgaben trotz schwieriger Randbedingungen erfüllt werden konnten und damit der Schutz bedeutender Vegetationsflächen im Bereich der Bauvorhaben Potsdamer Platz aus wasserwirtschaftlicher Sicht gewährleistet werden konnte.

Die insgesamt entnommene Grundwassermenge betrug Ende 1999 über 8 Mio. m^3. Das war deutlich weniger als erwartet. Begründet war dies einerseits durch geänderte Bauverfahren (Senkkastenbauweise) an Einzelbaugruben des Fernbahntunnels , bei denen die Grundwasserentnahme fast vollständig entfiel. Zu einem anderen Teil konnten bei einigen Baugruben deutlich bessere Dichtigkeiten mit geringeren Leckageraten erreicht werden als erwartet und in der Genehmigung vorgegeben.

Es zeigte sich, daß Baumaßnahmen anderer Investoren die zeitgleich durchgeführt wurden zum Teil größeren Einfluß auf die Grundwasserstände hatten als die vom Grundwassermanagement betreuten. Insofern war der in der wasserrechtlichen Erlaubnis geforderte Anschluß an das Grundwassermanagement richtig, auch wenn dies von den Bauherren oder deren Beauftragten nicht immer verstanden wurde.

Die Anfangs aus der Sorge um die angrenzenden Grünflächen herrührenden Widerstände gegen die Bauvorhaben, verschwanden bereits frühzeitig aus den Schlagzeilen. Dies war durch die Transparenz der Datenerfassung und Dokumentation des Grundwassermanagements bei der Genehmigungsbehörde möglich, wo die Daten zu Wasserstandsentwicklungen jederzeit eingesehen werden konnten und auch öffentlich zugänglich ausgehängt wurden.

Die fortlaufende Bereitstellung hydrotechnischer / wasserwirtschaftlicher Information hoher Aktualität und Transparenz in einfach verständlicher und anschaulicher Form förderte die Akzeptanz und stärkte das Vertrauen in die Realisierbarkeit der Ziele des Grundwassermanagements.

Übertragbarkeit für andere Anwendungen

Konzept und Leistungen des Grundwassermanagements Potsdamer Platz wurden zeitlich versetzt als Grundwassermanagement Spreebogen auch bei den Bauvorhaben nördlich des Tiergartens für Regierungsbauten und Tunnelbauten der B96, Fernbahn mit Lehrter Bahnhof und U-Bahn durchgeführt. Sie laufen dort noch längere Zeit bis zur Fertigstellung der Fernbahntunnel.

Für den Bereich Berlin Mitte hat die zuständige Senatsverwaltung ein zentrales System errichtet, in dem die von einzelnen verstreut liegenden Bauvorhaben zu liefernden Grundwasserstandsdaten mit einem gleichartigen System zentral erfaßt und überwacht werden. Die Funktion der zentralen Steuerung von Wiederversickerungsmaßnahmen ist hier allerdings nicht direkt erfüllt, aber auch wegen fehlender örtlicher Nähe der Bauvorhaben zueinander weniger bedeutsam.

Empfehlenswert ist die Installation eines zentralen Grundwassermanagements und einiger der beschriebenen Leistungskomponenten in jedem Fall bei größeren Bauvorhaben bei denen an verschiedenen Stellen wesentliche Eingriffe in das Grundwasser über längere Zeit stattfinden diese Störungen des hydrogeologischen Systems überwacht und begrenzt oder ausgeglichen werden müssen.

Wichtigstes Element dabei ist die zentrale Erfassung und Auswertung aller Wasserstands- oder Wasserqualitätsdaten mit öffentlicher Zugänglichkeit aller Daten und Ergebnisse. Dies wird die heute immer wichtiger werdende Akzeptanz von Bauvorhaben im Rahmen von Großprojekten bei den Bürgern verbessern. Zum anderen können mit vergleichbaren Auflagen und diesem Steuerungs- und Überwachungssystem Schäden an baulichen oder ökologischen Schutzgütern vermieden werden.

Fortschrittliche Verfahren zur Trinkwassergewinnung und Trinkwasseraufbereitung

Thomas A. Peters

1. Problembereiche in der Trinkwasserversorgung

Die Versorgung mit einwandfreiem Trinkwasser in ausreichender Menge wird in unseren Breitengraden bisher mehrheitlich als Selbstverständlichkeit vorausgesetzt. Im Gegensatz hierzu stehen jedoch die immer häufiger beobachteten Auswirkungen einer intensiven landwirtschaftlichen Nutzung oder einer zunehmenden Belastung bisher Schadstoff-freier Flächen durch Freizeitaktivitäten auf die Qualität von Grundwasser und Oberflächengewässer. Hier sind die physikalischen Grenzen der konventionellen Verfahren zur Trinkwasseraufbereitung erreicht und nur eine weitergehende Reinigung, die z.B. die Reduzierung des Nitratgehaltes oder eine sichere Entkeimung bewirkt, kann zur Einhaltung der notwendigen Qualitätskriterien und der gesetzlichen Vorgaben führen[1].

Ein zweiter Problembereich in Zusammenhang mit der Trinkwasserversorgung sind Naturkatastrophen und die Folgen kriegerischer Auseinandersetzungen, bei denen schnelle und unter unterschiedlichsten Randbedingungen einsetzbare Lösungen erforderlich sind, um lebensbedrohliche Situationen zu vermeiden. Die früher üblichen Instrumente wie Fällung-Flockung-Filtration und/oder Chlorung entsprechen wegen der heutzutage im Ernstfall zu berücksichtigenden Aspekte nicht mehr den Anforderungen. Hierzu gehören hohe Versorgungsdichte, kompakte und robuste Anlagenausführung, einfache Transportierbarkeit sowie Angleichung an eine limitierte Logistik und fehlende Infrastruktur. Ebenso aber auch die Schlussfolgerungen auf Grund der inzwischen vorliegenden Erkenntnisse über mögliche Folgeschäden chemischer Hygienisierungs-Massnahmen[2].

Ein weiteres Gefährdungspotential für eine ausreichende Trinkwasserversorgung stellt die Tatsache dar, dass dem auf der Erde vorhandenem gleichbleibendem Volumen an nutzbarem Süsswasser ein ständig steigender Bedarf an Trink- und Brauchwasser – dessen Hauptursachen der Zuwachs der Weltbevölkerung, die Erhöhung des Lebensstandards und die Ausweitung der Industrialisierung sind – und eine ebenso auf diesen Faktoren beruhende Zunahme der kontaminierten Wassermenge gegenüberstehen.

Zur Beschreibung der sich hier abzeichnenden Situation ist das immer häufiger benutzte Leitthema „Wasser ist Leben" nicht deutlich genug[3]. Die Feststellung muss lauten: „Kein Leben ohne sauberes Wasser in ausreichender Menge" um die Gegebenheiten situationsgerecht zu charakterisieren.

2. Lösungsansätze

Abgerundet durch zum Teil erst seit jüngster Zeit grosstechnisch verfügbare Verfahrensvarianten können die für diese Problembereiche ableitbaren Anforderungen an die Trinkwassergewinnung und Trinkwasseraufbereitung jetzt umfassend und reproduzierbar zuverlässig mit Hilfe der druckgetriebenen Membranfiltrations-Verfahren erfüllt werden. Dabei lässt eine globalstrategische Betrachtungsweise folgende Zielvorgaben ableiten:

- die künstliche Erweiterung der Ressource Wasser durch die Herstellung von Trinkwasser und Brauchwasser aus Meerwasser oder Brackwasser;
- die Erhöhung des Nutzungspotentials der Ressource Wasser durch Massnahmen wie Qualitätssicherung, weitergehende Reinigung, Kreislaufführung und Anforderungs-gestaffelte Wiederverwendung;
- der Schutz der Ressource Wasser durch Vermeidung weiterer Kontaminationen.

Zunehmend erfolgreich werden für diese Strategien die Verfahren Umkehrosmose, Nanofiltration, Ultrafiltration und/oder Microfiltration eingesetzt, die wegen der Barrieren-Funktion einer Membran und einer problemlos prozessintegrierbaren On-line-Überwachung eine dauerhaft abgesicherte Einhaltung der Vorgaben für Qualität und Quantität ermöglichen.

3. Grundaspekte der druckgetriebenen Membranfiltrations-Verfahren

Betrachtet werden hier die „druckgetriebenen Membranfiltrations-Verfahren“ – bei denen die Triebkraft eine Druckdifferenz über der Membran ist –, da fast nur diese im Bereich der Wasseraufbereitung Anwendung finden. Die üblichen Betriebsdruck-Bereiche und die Art der mit Hilfe dieser Verfahren aus dem Wasser abtrennbaren Inhaltsstoffe – wodurch letztendlich die Reinigung des Wassers erzielt wird – lassen sich wie in Tabelle 1 aufgeführt zuordnen:

Tabelle 1: Betriebsdruck-Bereiche und durch druckgetriebene Membranfiltrations-Verfahren abtrennbare Wasserinhaltsstoffe

Verfahren	Betriebsdruck	abtrennbare Wasserinhaltsstoffe
Microfiltration (MF)	0,5 bis 3,5 bar	partikuläre im Submicron-Bereich u.a. Bakterien
Ultrafiltration (UF)	0,5 bis 10 bar	macromolekulare, kolloidale
Nanofiltration (NF)	10 bis 40 bar	gelöste organische ab ca. Molgewicht 200 g/mol und anorganische mit mehrwertigen Ionen (ionenselektiv)
Umkehrosmose (UO) Niederdruck- bis 40 bar Umkehrosmose (ND-UO) Hochdruck-Umkehrosmose (HD-UO)	üblich bis 70 bar bis 120 bar oder darüber	gelöste organische und anorganische

Gemeinsam ist den Membranfiltrations-Verfahren, dass der aufzubereitende Flüssigkeitsstrom in zwei Teilströme aufgeteilt wird:

1. das durch die Membran permeierende Filtrat (MF und UF) bzw. Permeat (NF und UO) – in dem die Wasserinhaltsstoffe in Abhängigkeit von der Membran-spezifischen Rückhalterate entsprechend abgereichert vorliegen – und
2. ein Restwasser bzw. Konzentrat bzw. Retentat, in dem sich die von der Membran zurückgehaltenen Wasserinhaltsstoffe angereichert haben.

Die Ausbeute – das Verhältnis von produziertem Permeat bzw. Filtrat zur eingespeisten Rohwassermenge – ist von unterschiedlichsten Faktoren abhängig und kann zwischen 30 bis 45 % (Meerwasserentsalzung) und über 95 % (Emulsions-Aufbereitung, Spülwasser-Reinigung, Reinigung von Deponie-Sickerwasser mit Kombinationsverfahren) betragen.

Aus dem Zusammenhang zwischen dieser Ausbeute und dem Aufkonzentrierungs-Faktor für die von der Membran zurückgehaltenen Wasserinhaltsstoffe lässt sich ein erster Hinweis auf die Grenzen für den Einsatz eines speziellen Verfahrens durch Einzelstoffbetrachtungen ableiten, z.B. gestützt auf Ausfällungserscheinungen bei höherer Aufkonzentrierung oder veränderte Viskositäten etc. Tabelle 2 zeigt diese Abhängigkeit an einzelnen Beispielen.

Tabelle 2: Zusammenhang zwischen Ausbeute und Aufkonzentrierungs-Faktor

Ausbeute in %	50	75	80	90	98
Aufkonzentrierungs-Faktor	2	4	5	10	50

Neben dem Scaling (Ausfällung anorganischer Wasserinhaltsstoffe durch Übersättigung, Kristallbildung), Fouling (Deckschichtbildung durch organische Wasserinhaltsstoffe) und Biofouling (Ausbildung eines Biofilms auf der Membran, der u.a. durch Microorganismen gebildet wird) ist z.B. bei der Umkehrosmose ein limitierender Faktor der osmotische Druck einer Lösung. Bei steigender Aufkonzentrierung wird hier der verbleibende Netto-Betriebsdruck in einen nicht mehr wirtschaftlichen Bereich verschoben, weshalb beispielsweise bei der Gewinnung von Trinkwasser aus Meerwasser die Ausbeute auf 30 bis 45 % beschränkt bleibt. Denn beim hier üblichen Salzgehalt von 35.000 mg/l in der Ausgangslösung liegt der osmotische Druck bereits bei 25 bar.

Membranfiltrations-Verfahren werden in der Regel mit der Crossflow-Betriebsweise assoziiert – auch als Tangentialstrom- oder Querstromfiltration bezeichnet –, bei der durch die tangentielle Anströmung der Retentat- bzw. Konzentrat-seitigen Membranoberfläche versucht wird, die Deckschichtbildung auf der Membran zu begrenzen und damit den Permeatfluß auf einem möglichst hohen Niveau konstant zu halten. Im Gegensatz hierzu steht die „Dead-End-Betriebsweise", bei der – wie bei der klassischen kuchenbildenden statischen Filtration – die Filtratleistung mit zunehmender Deckschichtdicke abnimmt. Kombiniert mit einer entsprechenden effizienten Rückspültechnik wird diese Betriebsweise, die sich durch einen sehr geringen Energiebedarf auszeichnet, inzwi-

Tabelle 3: Betriebsweisen für die druckgetriebenen Membranfiltrations-Verfahren

Betriebsweise:	**Crossflow**	**Semi-Crossflow**	**Dead-End**
	Microfiltration Ultrafiltration Nanofiltration Umkehrosmose	Ultrafiltration	Microfiltration Ultrafiltration Nanofiltration

schen auch bei grosstechnischen Anwendungen der Micro- und Ultrafiltration erfolgreich eingesetzt[4]. In Tabelle 3 sind die Verfahren aufgeführt, die nach derzeitigem Entwicklungsstand zur Trinkwassergewinnung und Trinkwasseraufbereitung genutzt werden. Die Art der Betriebsweise wird dabei von der Belastung bzw. der Konzentration der gelösten und/oder ungelösten Inhaltsstoffe des jeweiligen Wassers bestimmt.

Einer der wichtigsten Aspekte für die Erschliessung neuer Anwendungsfelder im Bereich der Trinkwasseraufbereitung ist dabei der spezifische Energiebedarf der einzelnen Verfahren, der sehr unterschiedlich sein kann. Während für die Ultrafiltration im Crossflow-Betriebsmodus Werte im Bereich 3 bis 10 kWh/m^3 Filtrat gemessen werden, sind beim Betrieb im Semi-Crossflow Werte zwischen 1,0 und 1,5 kWh/m^3 erzielbar und im Dead-End sogar nur 0,1 bis 0,3 kWh/m^3.[5]

Die Möglichkeiten solcher Membranfiltrations-Verfahren im Bereich der Trinkwassergewinnung und Trinkwasseraufbereitung durch Erweiterung, Nutzungsoptimierung oder durch Schutz der Ressource Wasser sollen nachfolgende ausgewählte Beispiele beleuchten helfen.

4. Erweiterung der Ressource Wasser durch Entsalzung

Das in der Wasseraufbereitung am häufigsten eingesetzte Verfahren aus dem Bereich der Membranfiltration ist die Umkehrosmose, insbesondere zur Herstellung von Trinkwasser und Brauchwasser aus Meerwasser und Brackwasser. Von den derzeit ca. 25 Mio. m^3 Trinkwasser, die täglich aus salzhaltigem Wasser produziert werden, entfallen ca. 11 Mio. m^3/Tag auf diese Technik[6]. Für Spanien beispielsweise war 1997 eine Steigerung der Entsalzungskapazität im Bereich Brackwasser von damals 205.000 m^3/Tag auf 225.300 m^3/Tag im Jahr 2002 geplant, bei der Meerwasser-Entsalzung eine Erweiterung von 215.000 m^3/Tag auf 488.500 m^3/Tag in 2002[7]. Inzwischen liegt die Kapazität bei über 550.000 m^3/Tag, wobei hierzu eine seit Mitte 1999 in der Bucht von Palma de Mallorca betriebene Anlage für 42.000 m^3/Tag gehört. Übliche Kapazitäten für Umkehrosmose-Anlagen zur Meerwasser-Entsalzung liegen dabei im Bereich 5.000 bis 20.000 m^3/Tag.

4.1 Bedarfs-adaptierte Modultechnik

Während in diesen Großanlagen üblicherweise Hohlfaser- und Spiral-Wickel-Module zum Einsatz kommen, soll hier eine andere Modulvariante näher erläutert werden, die insbesondere auch ökologischen Anforderungen gerecht wird. Diese als DT-Modul (disc-tube-module = Scheiben-Rohr-Modul) bezeichnete[8] und bisher vornehmlich auf Schiffen mit unterschiedlichster Baugröße und auf Installationen der Offshore-Industrie eingesetzte Konstruktionsvariante ermöglicht eine prozessstabile und kostengünstige Wasserentsalzung[9], da bei diesem Modul eine Offenkanal-Konstruktion – Grundlage für eine effiziente Reinigbarkeit – mit den Vorzügen der Engspalttechnik – Voraussetzung für einen wirtschaftlichen Betrieb – kombiniert sind. Die Integration dieses Moduls in eine adaptierte Anlagentechnik mit modularer Sektionsbauweise führte zu einem Anlagenkonzept, von dem bis Mitte des Jahres 2000 ca. 1.800 Einheiten unterschiedlichster Leistung zur Sicherstellung des Wasserbedarfes auf Passagier- und Handelsschiffen sowie bei der Marine und auf Offshore-Installationen angefahren wurden und erfolgreich betrieben werden.

Die im marinen Bereich mit teilweise extrem wechselnder Rohwasser-Qualität beim Einsatz im 24-Stunden-Betrieb notwendige Zuverlässigkeit des Entsalzungs-Verfahrens Umkehrosmose konnte hiermit unter Beweis gestellt werden, wobei durch die konstruktiven Besonderheiten dieses Moduls eine Konditionierungschemikalien-freie Rohwasser-Voraufbereitung möglich wurde, da lediglich eine Filtration über Kies- und Kerzenfilter erforderlich ist.

Neben den Auswirkungen auf die Trinkwasser-Gestehungskosten durch Verminderung der Verbrauchsmittel und deren Handling sowie durch den Verzicht auf entsprechende Komponenten zur Lagerung und Dosierung der sonst üblichen Zusätze – wie Desinfektionsmittel zur Abtötung der Mikroorganismen, Säure zur Einstellung des pH-Wertes sowie Scaling-Inhibitoren und gegebenenfalls Flockungsmittel –, ist ein Aspekt dieser Chemikalien-freien Fahrweise, dass eine weitere Belastung der Umwelt vermieden wird. Dies ist gerade bei der Meerwasser-Entsalzung wichtig, da die für die Konditionierung der Gesamt-Rohwassermenge zudosierten, aber nicht verbrauchten Chemikalien mit dem Restwasser in die See zurückgeleitet werden. In Hinsicht auf den bei gleichbleibenden Ressourcen zunehmenden Bedarf an Trinkwasser und Brauchwasser, auf die Massierung von Entsalzungskapazitäten an Verbraucherschwerpunkten sowie auf die bekannten Auswirkungen zivilisatorisch bedingter Zuflüsse in die Meere und die zugehörigen Langzeit-Akkumulationseffekte ist dieser verfahrenstechnische Aspekt von besonderer Bedeutung[1].

Der Trend zur Dezentralisierung in der Trinkwasserversorgung und der Bedarf an Anlagen, die im Rahmen von Betreibermodellen oder Leasingverträgen eingesetzt werden können, führten zu kleineren Anlagen in Kompaktbauweise mit einer Entsalzungskapazität von mehreren Hundert bis mehreren Tausend m^3 pro Tag. Beispielsweise benötigen mit dem DT-Modul ausgerüstete Anlagen für 500 m^3/Tag eine Grundfläche von 12 m x 2,5 m bzw. können in einem 40′-Container untergebracht werden. Bei Investitionskosten von ca. 1,1 Mio DM und einem Energiebedarf von ca. 5 kWh/m^3 belaufen sich die Wassergestehungskosten (Summe aus Investitions- und Betriebs-Kostenanteil) auf unter 3,– DM/m^3. Bei grösserem Bedarf werden mehrere solcher standardisierter Anlagen-Einheiten aufgestellt, die gemäss dem „plug and play"-Konzept nach 12 bis 16 Wochen Fertigungszeit werksgeprüft und einsatzbereit geliefert werden können[8].

Die Betriebssicherheit der DT-Technik führte unter anderem zum Einsatz im militärischen Bereich unter besonderer Berücksichtigung der Wasserversorgung in Krisengebieten, wo die Absicherung des Wasserbedarfes trotz extrem wechselnder Wasserqualitäten und sonstiger schwieriger Randbedingungen gegeben sein muß. Ein Beispiel ist eine von den belgischen Streitkräften von Juli 1993 bis April 1994 in Somalia eingesetzte, mit DT-Moduln bestückte energieautarke Umkehrosmose-Anlage, die in Abhängigkeit von der Belastung des Rohwassers zwischen 10.000 und 30.000 l/d Trinkwasser erzeugen kann. Dieser, inzwischen mehrfach an diesen Kunden ausgelieferte Anlagentyp, ist UNIMOG-adaptiert und für den Transport mit einer TRANSALL konstruiert. Die Anlagen können problemlos konserviert und eingelagert werden. Wegen des Modul-spezifischen geringen Tot-Volumens und der effizienten Reinigbarkeit des Gesamtsystems ist sowohl die Konservierung als auch die im erneuten Einsatzfall durchzuführende Entkonservierung kurzfristig und mit sehr geringer Hilfsstoffmenge durchführbar[2].

Ähnlichen extremen Randbedingungen unterliegt eine Anlage mit 2 m^3 Tagesproduktion, die mit entsprechenden Zusatzeinrichtungen – z. B. Rohwasseraufheizung – seit 1990 für die Antarktis-Forschungsstation O'Higgins der Deutschen Forschungsanstalt für Luft- und Raumfahrt am Weddellmeer das Trinkwasser aus Meerwasser mit einer ursprünglichen Wassertemperatur von bis zu minus 2° C produziert[10].

4.2 Optimierung des Energiebedarfes bei Umkehrosmose-Anlagen

Bei der Herstellung von Trinkwasser aus Meerwasser können die Kosten für die Bereitstellung der für den Entsalzungsvorgang notwendigen Energie bis zu 50 % der Betriebskosten betragen[11]. Deshalb ist integraler Bestandteil einer üblichen Umkehrosmose-Anlagen für die Meerwasser-Entsalzung ein Konzentrat-seitig nachgeschaltetes System, mit dem die im Konzentrat enthaltene Druckenergie zurückgewonnen wird. Bisher wurden hierfür mehrheitlich Turbinen eingesetzt, mit denen die zurückgewonnene Energie direkt über die Welle der Antriebseinheit auf die Pumpe übertragen wird. Der Wirkungsgrad kann dabei bis ca. 85 % betragen[12].

Eine weitere Verringerung des Energiebedarfes bei Umkehrosmose-Anlagen mit über 2.000 m^3 Tagesproduktion ist nun mit dem Drucktauscher-System PES möglich, das mit einem Wikungsgrad von ca. 98 % betrieben werden kann. Dessen Leistungsfähigkeit wurde seit Januar 2000 im Rahmen eines von der DBU geförderten Vorhabens im Dauerbetrieb auf der Umkehrosmose-Anlage INALSA I auf Lanzarote nachgewiesen[13]. Bei einer Permeat-Produktion von 5.000 m^3/Tag werden hier gegenüber der früheren Fahrweise mit Turbinen bis zu 30 % weniger elektrische Leistung benötigt, was einer spezifischen Energie-Einsparung von etwas über 1,2 kWh/m^3 entspricht[14]. Angemerkt sei, dass die an der Unversität Siegen ausgewerteten Betriebsdaten und die Betriebszustände der Anlage auf Lanzarote on-line im Werk Netpen abgefragt und dokumentiert werden konnten.

Diese Innovation basiert auf einer seit ca. 20 Jahren im Bergbau genutzten Technik, bei der die mit sehr hohem Wirkungsgrad mögliche direkte Übertragung von Energie zwischen inkompressiblen Flüssigkeiten genutzt wird. Der beispielsweise in einem Schacht bei 600 m Tiefe in einer Wassersäule herrschende hydrostatische Druck von 60 bar wird eingesetzt, um mit nach unter Tage gepumptem Kühlwasser dort anstehendes Abwasser nach über Tage zu fördern. Das Aggregat selbst besteht aus mehreren Kammern in Form von Rohren, zugehörigen Ventilen und einer vollautomatischen Steuerung, mit der die einzelnen Betriebsphasen „Befüllen“ – „Druckausgleich“ – „Ausschieben“ zuverlässig reproduzierbar geregelt werden. Im Falle der Anlage auf INALSA I besteht die Anlage aus drei Drucktauscher-Rohren mit einer Länge von ca. 13 m (Abb. 1)

Abb. 1: Drucktauscher PES der Anlage zur Meerwasser-Entsalzung INALSA I auf Lanzarote (5.000 m³/Tag) Quelle: SIEMAG Transplan GmbH, Netphen

Die Umsetzung dieses Prinzips in den Bereich der Meerwasser-Entsalzung führt durch die deutliche Senkung der Betriebskosten zu geringeren Kosten bei der Trinkwassererzeugung aus Meerwasser und dadurch zu deren Einsetzbarkeit auch in Gebieten, in denen diese Art der Wasserversorgung aus Kostengründen bisher nicht möglich war.

5. Erhöhung des Nutzungspotentials der Ressource Wasser

Bei der Erhöhung des Nutzungspotentials der Ressource Wasser wird in zwei Teilbereiche unterschieden:

1. die Sicherstellung der Nutzung von Rohwasser als Trinkwasser, das wegen zu hoher Konzentrationen technisch störender Inhaltsstoffe oder wegen möglicher bakteriologischer Kontaminationen hierfür bisher nicht oder nur bedingt verwendet wurde;
2. die Erhöhung des Nutzungspotentials des Trinkwasserdargebotes durch Reduzierung des Wasserbedarfes in industriellen Prozessen mittels Wiederverwendung, zum Beispiel durch Aufbereitung und Rückführung von Spülwässern und Kühlwässern zwecks Mehrfachnutzung.

Wie vielzähligen Beiträgen in der Fachliteratur zu entnehmen ist, konnten im zweitgenannten Bereich in den letzten Jahren vielfältige membrantechnische Anwendungen realisiert werden, da deutliche Kosteneinsparungen und eine signifikante Reduzierung des Umwelt-Belastungspotentials erzielt wurden[u. a. 15]. Weitere Anwendungen sind absehbar, die bisher im Rahmen von Forschungs und Entwicklungsvorhaben untersucht wurden oder werden. Zu den erfolgreich abgeschlossenen Vorhaben gehört dabei das von der DBU geförderte Projekt 10890 „Realisierung eines geschlossenen Wasserkreislaufes am Beispiel der Textilveredelung durch Mikrofiltration des biologisch behandelten Abwassers und dessen Wiederverwendung als Prozesswasser“[16].

Demgegenüber beginnen sich die Verfahren Microfiltration und Ultrafiltration trotz bereits weit zurückliegender erfolgreicher Anwendungen zur weitergehenden Reinigung von Oberflächengewässern und Kläranlagenabläufen im Vorfeld späterer Trinkwassergewinnung erst in jüngerer Zeit durchzusetzen. Ausschlaggebend war hier der Technologiedruck, der durch die steigende Belastung der Oberflächengewässer und die verschärften gesetzlichen Anforderungen an die Qualität von Trink- und Badegewässer entstand. Nachdem hierfür anfänglich die Microfiltration im Crossflow-Betrieb eingesetzt wurde[17], gewann die hieraus abgeleitete Variante des Dead-End-Betriebes, der sich durch den in Tabelle 3 ausgewiesenen extrem geringen Energiebedarf im Bereich von ca. 0,2 kWh/m^3 und damit erheblich niedrigeren Betriebskosten auszeichnet, schnell an Bedeutung.

Die Weiterentwicklung entsprechender Membranen und insbesondere Problem-adaptierter Modulsysteme erschloß dann diese Anwendung auch für die Ultrafiltration[18–20], die wegen der extrem geringen Porendurchmesser in der Membran eine sichere Rückhaltung von Bakterien, Viren sowie Parasiten bis hin zu Makromolekülen ermöglicht. Damit ist die erwünschte bzw. notwendige weitergehende Reinigung reproduzierbar gewährleistet.

Von den unterschiedlichen, heutzutage grosstechnisch verfügbaren Modulvarianten hat sich aus der Angebotspalette organischer und anorganischer Membranen mit den dazugehörigen Modultypen auf der Basis von Kapillarmembran-, Multikanal- oder Membrankissen-Elementen als sehr leistungsfähig das Flachmembran-Modulsystem FM (Abb. 2)

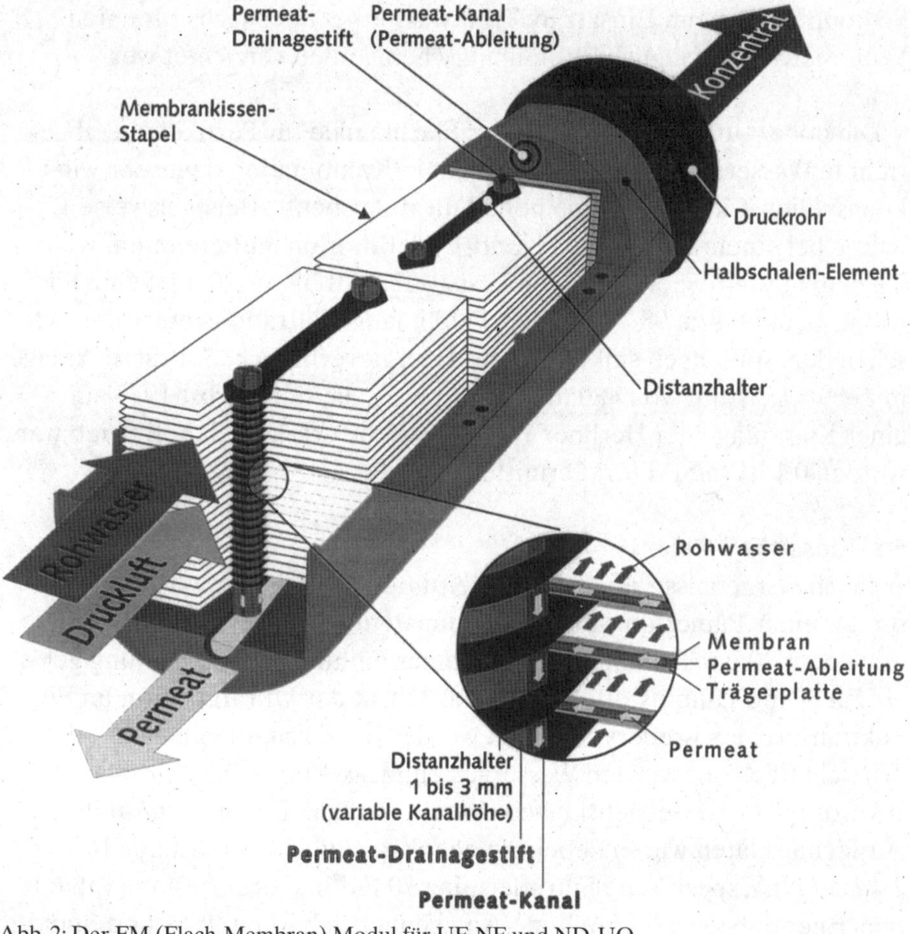

Abb. 2: Der FM (Flach-Membran) Modul für UF, NF und ND-UO
Quelle: ROCHEM UF-Systeme GmbH, Hamburg

herauskristallisiert[21], das auch auf der Kombination einer Offenkanal-Konstruktion mit der Engspalt-Technik basiert und hier beispielhaft für Weiterentwicklungen in der Membrantechnik näher betrachtet wird.

5.1 Der Flachmembran-Modul FM

Die beim Dead-End-Betrieb senkrecht angeordneten FM-Module werden bedarfsabhängig mit einem pulsierenden Luftblasen-Wasser-Gemisch rückgespült. Dieses „Air-Pulsing" genannte, Chemikalien-freie Spülverfahren weist eine sehr hohe Reinigungseffizienz auf, wie aus den Betriebsergebnissen von Anlagen in unterschiedlichsten Anwendungen dieser Technik in der Trinkwasseraufbereitung abgeleitet werden kann. So konnte z.B. beim Einsatz im Trinkwasser bei über sechs Monaten Dauerbetrieb auf jegliche Reinigungschemikalien verzichtet werden[22].

Die hohe Aufnahmekapazität der Flachkanäle für Partikel und abgetrennte Wasserinhaltsstoffe ermöglicht in Kombination dem sehr wirkungsvollen Air-Pulsing eine hohe Filtrat-Ausbeute. Beispielsweise wurde bei einem mittels Dead-End-Ultrafiltration aufbereitetem Kläranlagenablauf mit einem geringen Feststoffgehalt bis ca. 20 mg/l eine Filtratausbeute bis zu 98 % erzielt[21]. Durch lange Filtrationsintervalle zwischen den Spülungen sinkt auch der Energieverbrauch. Für diese Anlage mit einer Leistung von 480 m^3/Tag (Abb. 3), die seit Herbst 1995 auf einer Kläranlage der Berliner Wasserbetriebe erfolgreich in Betrieb war, wurden 0,1 kWh/m^3 Filtrat ermittelt.

5.2 Einsatzbeispiele

Ähnliche Ergebnisse zeigten Langzeituntersuchungen mit Mischabwasser aus einer Papierfabrik und kommunalem Abwasser. Voraufbereitet mit einem 20 µm Trommelfilter und einer Fällung zur Abtrennung gelöster Farb- und Huminstoffe konnte das Filtrat der Ultrafiltration im Produktionsprozess wiederverwendet werden. In Zusammenhang mit der Wirtschaftlichkeit wurden Wassergestehungskosten, d. h. inclusive Investitions- und Betriebskosten-Anteil, von 0,52 DM/m^3 ermittelt[22]. Auslegungsdaten waren dabei: Anlagenkapazität 100 m^3/Stunde bzw. 2.400 m^3/Tag, spezifische Filtratleistung 70 l/m^3h, Filtrationsintervall 60 min, Energiebedarf 0,2 kWh/m^3, Anlagenverfügbarkeit 95 % und Standzeit der Membranen 4 Jahre.

Abb. 3: Anlage mit FM-Modul für Dead-End-Ultrafiltration mit 200 m³ Membranfläche
Quelle: ROCHEM

Seit Juli 1998 wird eine Anlage mit dem FM-Modul für Dead-End-Ultrafiltration mit 400 m³ Membranfläche und einer Leistung von bis zu 780 m³/Tag in der Stadt Saporoschje (Ukraine) zur Erzeugung von Trinkwasser aus dem Fluss Dnjepr eingesetzt. Versorgt wird das Werksnetz eines Produktionsbetriebes eines privaten Trägers und die zugehörige Siedlung firmeneigener Wohnhäuser für Mitarbeiter. Die Vorteile dieser Technik führten zu einer zweiten Anlage gleicher Baugrösse, die Ende 1999 in Betrieb ging[24].

Ein wichtiger Kostenfaktor in Wasserwerken ist das zum Spülen der konventionellen Rohwasserfilter genutzte Spülwasser, das üblicherweise als Abwasser abgeschlagen wird. Dieses Filterspülwasser entspricht 5 bis 10 % des insgesamt in ein Wasserwerk eingespeisten Wasservolumens. Die Ultrafiltration im Dead-End-Betrieb ermöglicht hier geringe Kosten und eine hohe Reinigungswirkung, wie inzwischen durch unterschiedliche Anlagen nachgewiesen wird. Eine mit dem FM-Modul ausgerüstete Anlage mit einer Filtratleistung von bis zu 19 m³/h bzw. 456 m³/d ist seit

Februar 1999 im Wasserwerk Hitfeld der STAWAG, Aachen in Betrieb. Die im Rahmen der dreimonatigen grosstechnischen Pilotierung zu dieser Anlage im Sommer 1998 und die Anfang 1999 beim Betrieb gesammelten Erfahrungen bei der Optimierung der Betriebsabläufe flossen in die Auslegung einer Anlage mit 130 m^3/h bzw. 3.120 m^3/Tag Filtratleistung ein, die Mitte 2000 zur Aufbereitung von Filterrückspülwasser in einem Wasserwerk in Aschaffenburg in Betrieb ging[22].

Erwähnenswert ist in diesem Zusammenhang, daß die Anlage in Hitfeld im Rahmen eines Betreibermodells installiert wurde. Die bisherigen, auch anderweitig gesammelten Erfahrungen zeigen, daß diese Abrechnungsvariante insbesondere bei den streng modular aufgebauten membrantechnischen Anlagen neue Perspektiven für die Abwasserwirtschaft eröffnet.

Im Rahmen der Trinkwasser-Gewinnung aus Quellwässern in Karstgebieten bietet sich diese Technik als „präventive Kontaminations-Barriere" an[25], da hiermit die sporadisch auftretenden Trübungen und bakteriologischen Belastungen jederzeit zuverlässig abgetrennt werden können. Auch hier zeigt sich einer der Vorteile der Membranfiltrations-Verfahren. Die Störsubstanzen werden abgetrennt und nicht, wie bei alternativen Verfahren zur Desinfektion – z.B. durch UV-Strahlung oder Zusatz von Chlor –, nur abgetötet bzw. immobilisiert. Da die stofflichen Reste im Wasser verbleiben stellen sie ein Gefährdungspotential dar, da sie sich unter Umständen unterstützend auf eine Rekontamination auswirken könnten.

6. Schutz der Ressource Wasser

Die in den letzten Jahren durch Negativ-Erfahrungen und durch die Ergebnisse wissenschaftlicher Arbeit gewachsenen Erkenntnisse über mögliche Auswirkungen von Kontaminationen auf den natürlichen Wasserhaushalt – und damit auf die Trinkwassergewinnung – sowie auf Flora und Fauna, haben zusammen mit gesetzgeberischen Maßnahmen dazu geführt, daß erhebliche Anstrengungen zur Verminderung der Schadstoffemissionen in den Wasserpfad unternommen wurden.

Zum einen trifft dies die Abläufe von Kläranlagen, bei denen neben der Verminderung des Ammonium- und insbesondere Phosphat-Gehaltes in jüngerer Zeit auch die bakteriologische Belastung zu reduzieren gesucht wird. Die Einhaltung der Richtlinien für Badegewässer-Qualität in den der Einleitung von Kläranlagenabläufen nachgeschalteten Gewässern und die Mehrfach-Antibiotikaresistenz der im Abwasser enthaltenen Bakterien sind hier nur einzelne Gesichtspunkte[26]. Andere Aspekte betreffen die insbesondere in semi-ariden und ariden Gebieten zunehmend geforderte Wiederverwendung geklärten Abwassers für Bewässerungszwecke in der Landwirtschaft sowie bei Grünflächen oder Golfplätzen [7], um mit dem begrenzt verfügbaren Grundwasser den Trinkwasserbedarf abdecken zu können.

Deutlich früher gehörte zu diesen Erkenntnissen die Gefährdung des Grundwassers durch Deponie-Sickerwasser. Hier wurde seit Mitte der 80er Jahre durch eine sehr rege Entwicklungstätigkeit eine Vielfalt von Konzeptionen für die Lösung dieses Problems erarbeitet. Daraus haben sich in den letzten Jahren zwei Grundauffassungen herauskristallisiert[27]:

* die Behandlung bzw. Aufbereitung von Deponie-Sickerwasser mittels einer Kombination aus Biologie und Oxidation bzw. Biologie und Aktivkohle, sowie
* die Reinigung mittels Umkehrosmose.

Dabei weist der langjährige Dauerbetrieb zahlreicher großtechnischer Anlagen nach, dass mit der Umkehrosmose die im Sickerwasser gelösten organischen und anorganischen Inhaltsstoffe mit vergleichsweise geringem Gesamtaufwand zu 98 bis 99 % abgetrennt werden können. Unter Verwendung problemadaptierter Modul- und Anlagensysteme ergibt sich hieraus eine wirtschaftliche und dauerhaft zuverlässige Technik mit einer nachhaltig hohen Leistung für die Reinigung von Deponie-Sickerwasser, wenn die o.g. limitierenden Faktoren wie Biofouling oder osmotischer Druck bei der Auslegung und Konstruktion entsprechend berücksichtigt wurden.

Die Entwicklung und Optimierung dieser membrantechnischen Problemlösung basierte dabei auch auf der Erkenntnis, daß für die Reduzierung des Umwelt-Belastungspotentials bei dieser Art von Abwasser mit einer hohen Schadstoff-Fracht in der Regel eine Teil-Entfrachtung – d.h. die alleinige Reduzierung der biologisch abbaubaren organischen Komponenten – nicht genügt. Denn durch den Eintrag von biologisch und/ oder oxidativ schwer oder nur sehr begrenzt abbaubaren bzw. adsorptiv nicht ausreichend abtrennbaren gelösten organischen Wasserinhaltsstoffen (z.B. „harter" CSB), von Salzen, Schwermetallen und der sonstigen anorganischen Schadstoff-Fracht in den natürlichen Wasserkreislauf kann selbst bei geringen Konzentrationen nicht vermieden werden, daß sich durch Langzeit-Akkumulationseffekte in den der Einleitung von gereinigtem Sickerwasser nachfolgenden Ökosystemen ein langsam wachsendes Umwelt-Belastungspotential und damit eine Gefährdung der Trinkwassergewinnung ausbildet.

Auch hier haben sich nur Module mit offenen, d.h. rohwasserseitig frei durchströmten Kanälen durchgesetzt. Diese Anforderung erfüllt neben dem Rohr-Modul der Scheiben-Rohr-Modul DT, da hier die Membranen mit umweltverträglichen Mitteln langfristig wiederholbar und reproduzierbar effizient gereinigt werden können, wie aus den Betriebsergebnissen von über 120 Anlagen-Einheiten abzuleiten ist, die Anfang 2000 als Sickerwasser-Stufen eingesetzt waren.

Die beim Einsatz der Umkehrosmose zur Sickerwasser-Reinigung systembedingt entstehenden Konzentrate können durch kontrollierte Infiltration in den Deponiekörper zur Beschleunigung der Immobilisierung der organischen Fraktion beitragen. Grundlage ist die Erhöhung der Produktion von energetisch verwertbarem Deponiegas, mit dem bis zu 99 % der Schadstoffe aus der Deponie ausgetragen werden[27].

Wo die kontrollierte Infiltration nicht anwendbar ist, können durch die Kombination von Umkehrosmose und Hochdruck-Umkehrosmose in DT-Technik mit einer fraktionierten Feststoff-Ausschleusung und fallweise integrierter Nanofiltration bei Sickerwässern mit mittlerer Schadstoffbelastung Permeat-Ausbeuten von über 95 % erzielt werden. Dabei wurde für Gesamt-Ausbeuten von rund 97 % ein mittlerer spezifischer Energiebedarf von insgesamt 8,5 kWh/m^3 Permeat ermittelt. Für die umweltgerechte Entsorgung der anfallenden Konzentrate stehen dabei inzwischen auch weitere Möglichkeiten zur Verfügung.

Die bei der Entwicklung dieser Technik gesammelten Erkenntnisse konnten auf andere Maßnahmen zur Reinigung kontaminierter Wässer übertragen werden, so dass inzwischen eine Vielfalt von Anwendungen im Bereich der Reinigung von Industrieabwässern und Prozeßflüssigkeiten realisiert wurden. Zu diesem Einsatzspektrum zählen die Reinigung von Arsen-belasteten Abwässern aus der Altlastensanierung bis hin zur Aufkonzentrierung von sauren oder alkalischen Spülwässern. Ziel ist in allen Fällen die Verminderung von Kontaminationen im Bereich der Trinkwassergewinnung.

7. Ausblick

Die betrachteten Beispiele für den Einsatz von Membranfiltrations-Verfahren in der Trinkwassergewinnung und Trinkwasseraufbereitung zeigen, dass neben den bewährten Einsatzgebieten für die Membrantechnik nun Bereiche der Wasser- und Abwasserwirtschaft erschlossen werden können, die bisher wegen zu hoher spezifischen Aufbereitungskosten der klassischen Membranfiltrations-Verfahren nicht betrachtet wurden. Ebenso kann aus den Darstellungen abgeleitet werden, dass für diese Technik ein sehr breit gefächertes Anwendungsspektrum zu erwarten ist, das in der Vergangenheit wegen der physikalischen und chemischen Eigenschaften der aufzubereitenden Flüssigkeiten dem Einsatz von Membranverfahren entzogen war. Hierzu gehören beispielsweise einzelne Güllesorten aus der Massentierhaltung, die in Kombinationsverfahren auf der Basis Membrantechnik in sauberes Wasser sowie wiedereinsetzbare Wertstoffe aufgeteilt werden können. Durch diese Alternative zur bisherigen Praxis der Ausbringung von Überschussgülle auf an sich schon überdüngte landwirtschaftliche Nutzflächen entfällt auch die weitere Kontamination des Grundwasser sowie der Oberflächengewässer und damit die teilweise extreme Gefährdung der Trinkwassergewinnung.

8. Zusammenfassung

Ausgehend von der Darstellung unterschiedlicher Problembereiche bei der Wasserversorgung bzw. im Bereich der Trinkwassergewinnung und Trinkwasseraufbereitung werden globalstrategische Lösungsansätze wie künstliche Erweiterung, Erhöhung des Nutzungspotentials und Schutz der Ressource Wasser mit Hilfe fortschrittlicher Membranfiltrations-Technik aufgezeigt. Der Erläuterung einzelner Grundaspekte der Membranfiltrations-Verfahren folgt die Beschreibung ausgewählter Beispiele für den erfolgreichen Einsatz dieser Verfahren. Näher erörtert werden dabei die Herstellung von Trink- und Brauchwasser aus Meer- und Brackwasser mittels Umkehrosmose unter besonderer Beachtung der Energiebedarfs-Verringerung durch Einsatz des Drucktauscher-Systems PES, die weitergehende Reinigung von Oberflächenwässern, Filterrückspülwässern und Kläranlagenabläufen mittels Ultrafiltration unter Einsatz des rohwasserseitig mit offenen Kanälen in Engspalt-Technik ausgestatteten Flachmembran-Moduls FM sowie am Beispiel der Reinigung von Deponie-Sickerwasser Möglichkeiten zur Reduzierung des Umwelt-Belastungspotentials und Vermeidung weiterer Kontaminationen im Trinkwasserbereich.

Literatur

[1] Peters, Th.: Wasseraufbereitung mit Membranfiltrations-Verfahren. Umwelt, Bd.28 (1998), Nr. 4 – April

[2] Diskussionsergebnisse des Internationalen Wehrtechnischen Symposiums „Wasser/Abwasser", Bundesakademie für Wehrverwaltung und Wehrtechnik, Mannheim, 20.–22. 03. 95

[3] Peters, Th.: Wasser im Spannungsfeld zwischen Ökonomie und Ökologie. IKZ-Haustechnik, 24/1994

[4] Voßenkaul, K. und Rautenbach, R.: Konzepte für Ultrafiltrationsanlagen – Modulbauformen und Betriebsweisen. Begleitbuch zur I. AACHENER TAGUNG Siedlungswasserwirtschaft und Verfahrenstechnik „Möglichkeiten und Perspektiven der Membrantechnik bei der kommunalen Abwasserbehandlung und Trinkwasseraufbereitung", Aachen, 30. 06.–1. 07. 1997

[5] Peters, Th.: Membrantechnologie. Tagungsband zum BWK-Seminar „Neuere Entwicklungen und Anwendungen auf dem Gebiet der Abwasser- und Schlammbehandlung", Lauingen, 6.–7. 06. 2000

[6] Wangnick, K.: 2000 IDA Worldwide Desalting Plant Inventory, Report No. 16. WANGNICK CONSULTING and IDA INTERNATIONAL DESALINATION ASSOCIATION, Gnarrenburg and Topsfield, June 2000

[7] Escartín, C.: La desalación y la reutilización en la planificación hidrológica de España. Vortrag, IDA World Congress on Desalination and Water Reuse, Madrid, 6.–9. 10. 1997

[8] PALL ROCHEM Wassertechnik GmbH, Hamburg, Prospekt und persönliche Mitteilungen

[9] Peters, Th.: Desalination of seawater and brackish water with reverse osmosis and the disc tube module DT. DESALINATION 123 (1999) 149–155

[10] Spiegl, P., Magstadt, persönliche Mitteilung

[11] Ribeiro, J.: Desalination Technology – Survey and Prospects. Report EUR 16434 EN, Institute for Prospective Technological Studies, European Comission Joint Research Center, Sevilla, 1996

[12] Geisler, P., Hahnenstein, F., Krumm, W. and Peters, Th.: Pressure exchange system for energy recovery in reverse osmosis plants. DESALINATION 122 (1999)

[13] DBU-Projekt 12013 „Energierückgewinnung bei Umkehrosmose-Anlagen mittels Drucktauscher – ENROD"

[14] Unterlagen der SIEMAG Transplan GmbH zum PES-Symposium bei INALSA, Lanzarote, 7. 06. 2000

[15] Ricken, U. und Peters, Th.: Erfahrung mit dem Spülwasser- und Wirkstoff-Recycling bei der Entfettung von Flugzeugbauteilen. Schriftenreihe zur „Praxis-Forum"-Fachtagung „Erfolgreicher Einsatz von Membran-Trennverfahren", Bad Nauheim, 11.–12. 09. 1995

[16] Peters, Th., Fiedler, P., Marzinkowski, J.M., Pahl, S. , Preis, H.-G., Brille, F. Saier, H.-D., Waizenegger, K.: Realisierung eines geschlossenen Wasserkreislaufes am Beispiel der Textilveredelung durch Mikrofiltration des biologisch behandelten Abwassers und dessen Wiederverwendung als Prozesswasser. Tagungsband, Colloquium Produktionsintegrierter Umweltschutz – Abwässer der Textilindustrie/Wollverarbeitung und Nahrungsmittelindustrie, IUV und GVC-VDI; Bremen, 15.–17. 09. 1997

[17] Peters, Th.: MEMCOR-Crossflow-Microfiltration mit Gas-Rückspülung. CT Chemie-Technik, 10/1989

[18] Roesink, H.D.W., Blume, I., Koenhen, D.M. und Peters, Th.: Kostenreduzierung bei der weitergehenden Wasser-Aufbereitung durch Dead-End-Ultrafiltration. F&S Filtrieren und Separieren, 2/1996

[19] Taetz, F. und Roholl, H.: Hohlfaser-Ultrafiltration zur Rohwasseraufbereitung. Tagungsbegleitbuch wie [4], Aachen, 1997

[20] Rautenbach, R., Voßenkaul, K., Melin, Th. und Ohle, P.: Perspektiven der Membrantechnik bei der Abwasserbehandlung. Begleitbuch zur 3. AACHENER TAGUNG Siedlungswasserwirtschaft und Verfahrenstechnik, Aachen, 8.–9. 02. 2000

[21] Sarfert, F., Peter-Fröhlich, A., Gnirß, R. und Dittrich, J.: Membranfiltration zur Keim- und P-Elimination im Ablauf kommunaler Kläranlagen. Tagungsbegleitbuch wie [4], Aachen, 1997

[22] Melin, Th., Rautenbach, R., Voßenkaul, K. und Brügger, A.: Ultrafiltration von Filterrückspülwasser – Grosstechnische Umsetzung der Ergebnisse einer Pilotierung. Tagungsbegleitbuch wie [20], Aachen, 8.–9. 02. 2000

[23] Rautenbach, R. und Voßenkaul, K.: Einsatz der Dead-End-Ultrafiltration zum Wasserrecycling in der Papierindustrie. awt – abwassertechnik, 3/1998

[24] ROCHEM UF-Systeme GmbH, Hamburg, Prospekte und Archiv

[25] Peters, Th.: Dead-End-Ultrafiltration als präventive Kontaminations-Barriere bei einer Trinkwasser-Versorgung. Projektskizze für Ingenieurbüro Schulz, Otterfing, Februar 1998

[26] Dorau, W.: Führt der klassische Weg der Abwasser-Aufbereitung in die Sackgasse? Tagungsbegleitbuch wie [4], Aachen, 1997

[27] Peters, Th.: Kontrollierte Infiltration von Sickerwasser und Sickerwasserkonzentrat in den Deponiekörper. In: Lukas, W. und Peters, Th. (Hrsg.): Abfall – Deponie-Sickerwasser – Deponie-Gas, Vulkan-Verlag, Essen, 2000

Werner Mathys

Werner Mathys, Elisabeth Junge-Mathys

Gesundheitliche Aspekte der Trinkwasseraufbereitung

1 Einleitung

Mit zunehmender Weltbevölkerung, steigendem Trinkwasserbedarf und gleichzeitig in vielen Regionen sich dramatisch vermindernder Wasserqualität wird in nächster Zukunft die Bereitstellung hygienisch einwandfreien Trinkwassers eine zentrale Herausforderung für die Menschheit werden. Rückgriff auf anthropogen kontaminierte oder auch geogen belastete Grundwässer sowie Nutzung von mikrobiell verunreinigtem Oberflächenwasser wird unverzichtbar. Ein ausreichender Gesundheitsschutz für die Bevölkerung kann wegen oft fehlender Alternativen hier nur durch eine adäquate Aufbereitung, d.h. Entfernung oder Inaktivierung von Belastungsfaktoren, geschaffen werden. Unter diesen Perspektiven mögen Fragen gesundheitlicher Aspekte einer Trinkwasseraufbereitung zunächst fremd erscheinen. Dennoch mehren sich in den letzten Jahren Berichte über mögliche gesundheitliche Beeinträchtigungen, welche als unerwünschter und unerwarteter Nebeneffekt durch spezielle Formen einer Trinkwasseraufbereitung verursacht werden könnten, dies insbesondere in den industrialisierten Regionen wie Nordamerika, Australien und Europa.

2 Unerwünschte Nebeneffekte bei der Trinkwasseraufbereitung

Gemeinhin dient eine Trinkwasseraufbereitung dazu, „Rohwasser", d.h. eine vorhandene, in ihrer Qualität unzureichende Wasserressource in ein qualitativ hochwertiges Trinkwasser zu überführen, das auch beim lebenslangen Genuss keine gesundheitlichen Schädigungen beim Menschen verursacht und das darüber hinaus bestimmte ästhetische und technische Anforderungen erfüllt. Bei der Aufbereitung können feste oder flüssige Rückstände entstehen, die entweder verwertet werden können oder entsorgt werden müssen (Abbildung 1).

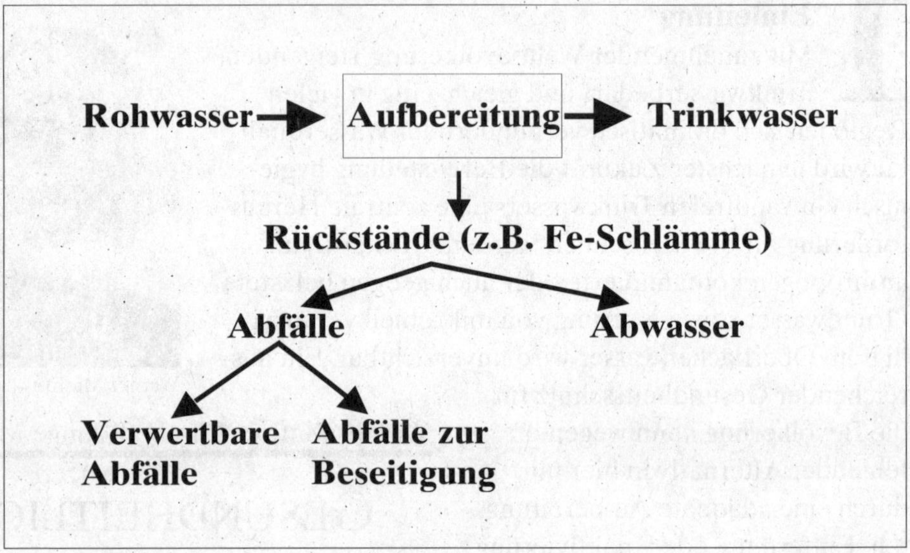

Abbildung 1: Schema einer Trinkwasseraufbereitung zur Entfernung unerwünschter Stoffe (z.B. Eisen, Mangan aus Grundwässern)

Vor allem in den industrialisierten Ländern sind die Gründe für eine Aufbereitung von Trinkwasser jedoch vielfältig und beschränken sich nicht nur auf die Entfernung gesundheitlich bedenklicher Inhaltsstoffe:

- Krankheitserreger müssen entfernt/eliminiert werden (z.B. Bakterien, Viren, Parasiten aus Oberflächengewässern, Legionellen aus Trinkwasseranlagen).
- Toxische Stoffe müssen entfernt werden (z.B. Arsen, chlorierte Kohlenwasserstoffe, Pestizide).
- Der technische Zustand des Wasser muss verbessert werden – Erhöhung des Gebrauchswertes, Vermeidung von Sachschäden im Versorgungsgebiet.
  a) Enteisenung, Entmanganung bei geogen belasteten Grundwässern
  b) Entsäuerung zur Verminderung von Korrosionserscheinungen im Verteilungsnetz
  c) zentrale Enthärtung bei extrem harten Wässern
- Der Nutzungskomfort soll verbessert werden (z.B. dezentrale Enthärtung).
- Gesundheitlich positiv bewertete Stoffe sollen dem Wasser zugeführt werden – Dotierung von Trinkwasser mit Fluorid zur Kariesprophylaxe

- Man ist den vielfältigen Versprechungen des Marktes erlegen (z.B. physikalische Aufbereitung mit elektrischen Feldern o.ä., Produktion von „Heilwasser" aus Trinkwasser, u.a. „levitiertes" Wasser oder „rechtsdrehendes" Wasser).

Zumindest bei den beiden ersten Punkten besteht für die unverzichtbare Notwendigkeit einer Aufbereitung kein Zweifel, kann doch der Genuss unaufbereiteten Wassers zu schweren Gesundheitsstörungen oder gar zum Tode führen. Ca. 50% der Bevölkerung in Entwicklungsländern leidet unter Infektionskrankheiten, die entweder durch den unmittelbaren Verzehr kontaminierten Trinkwassers ausgelöst werden oder indirekt durch wasserbürtige tierische Vektoren übertragen werden. Nach Berichten der WHO stirbt alle acht Sekunden ein Kind an den Folgen einer Trinkwasserinfektion. Eine Bereitstellung von mikrobiell einwandfreiem Trinkwasser, insbesondere unter Katastrophenaspekten, ist in der Regel nur durch eine Desinfektion mit Chlor oder ähnlichen Präparaten möglich. Die Frage nach möglichen Nebenwirkungen der Aufbereitung stellt sich hier primär nicht. Niemand wird z.B. auch ernsthaft über mögliche Nebenwirkungen nachdenken, wenn es um die Entfernung von Arsen aus den geogen hochbelasteten Grundwässern von Bangladesh geht, einer Region in der mehrere Millionen Menschen an schwersten Vergiftungssymptomen durch Arsen leiden.

Anders stellt es sich aber dar, wenn die Notwendigkeit der Aufbereitung nicht so evident ist, etwa bei einer Aufbereitung nur gering belasteter Wässer oder wenn die Gründe für eine Aufbereitung nicht so überzeugend erscheinen, z.B. bei einer ausschließlichen Erhöhung des Nutzungskomforts oder etwa bei der Zugabe von Stoffen, welche die Gesundheit der Bevölkerung verbessern sollen (Fluoridierung). Hier gewinnen dann Aspekte möglicher gesundheitlicher Beeinträchtigungen durch Fehlfunktionen und Nebeneffekte bei der Aufbereitung selbst mehr an Bedeutung. Besonders deutlich wird dies, wenn ein hygienisch einwandfreies Wasser durch unnötige und häufig ohne Sachkenntnis ausgeführte „Aufbereitungsmaßnahmen" nachträglich wieder verschlechtert wird, dem Bürger aber suggeriert wird, dass seine Gesundheit von der Aufbereitung profitiert.

Mögliche gesundheitliche Beeinträchtigungen durch eine Trinkwasseraufbereitung können theoretisch dadurch ausgelöst werden, dass durch die Aufbereitung die Qualität des Wasser zwar in Hinblick auf das Aufbereitungsziel positiv verändert wird, aber gleichzeitig als unerwünschter Nebeneffekt der Zustand auch negativ beeinflusst werden kann:

- Die Aufbereitung erreicht nicht das angestrebte Ziel oder zielt auf einen falschen Parameter. Gesundheitlich bedenkliche belebte oder unbelebte Schadfaktoren verbleiben im aufbereitetem Wasser (z.B. Protozoen).
- Es kommt zu Fehlfunktionen in der Aufbereitungsanlage, z.B. gesundheitlich relevante Überdosierung von Fluoriden bei der kariesprophylaktischen Fluoridierung von Wasser.
- Durch die Aufbereitung werden unerwünschte toxische oder krebserregende Reaktionsprodukte produziert (z.B. Nitrit bei der Enteisenung, Trihalogenmethane bei der Chlorung, Bromat bei der Ozonung).
- Toxische Stoffe werden aus dem Wasser in andere Kompartimente verschoben und können u.U. indirekt zu gesundheitlichen Problemen führen (z.B. Arsen in Enteisenungsschlämmen, Radon in Wasserwerksluft).
- Bei der Zudosierung von Hilfsstoffen innerhalb der Aufbereitung werden toxische Stoffe als Verunreinigung miteingetragen (z.B. Acrylamid aus Flockungshilfsmitteln, Quecksilber aus Natronlauge), oder zugegebene Stoffe verbleiben im aufbereiteten Wasser (z.B. Aluminium bei der Flockung).
- Beim Aufbereitungsprozess kommt es zu gesundheitlich relevanten Vermehrungen von Mikroorganismen (z.B. Wachstum von Pseudomonas aeruginosa oder Legionellen in Dosieranlagen, Filtersystemen, Aktivkohle).
- Aus Materialien der Aufbereitungsanlage – Wand, Rohrleitungen etc. – migrieren Stoffe in das aufbereitete Wasser (z.B. Monomerenaustrag) oder die Vermehrung von Mikroorganismen wird durch ungeeignete Materialien begünstigt (Biofilmbildung).
- Dem Wasser werden ernährungsphysiologisch wichtige Stoffe entzogen (z.B. Calcium und Magnesium bei einer Enthärtung oder Umkehrosmose) und u.U. durch Stoffe ersetzt, die möglicherweise negative gesundheitliche Bedeutung haben könnten (z.B. Ersatz von Calcium und Magnesium durch Natrium beim Ionenaustausch).

Wegen ihrer gesundheitlichen Bedeutung und wegen des vielfältigen öffentlichen Interesses werden im Folgenden zwei Aspekte ausführlicher dargestellt: Die Freisetzung von Radon und seinen Folgeprodukten bei der Gewinnung und Aufbereitung von Grundwasser und die Bildung unerwünschter Nebenprodukte bei der chemischen Desinfektion von Wasser.

2.1 Mögliche Gesundheitsgefahren durch eine Trinkwasseraufbereitung: Beispiel 1: Radon und Radonfolgeprodukte in der Innenraumluft von Wasserwerken

Radon-222 ist ein ubiquitäres natürliches radioaktives Edelgas aus der Radiumzerfallsreihe, das mit einer Halbwertszeit von 3,82 Tagen unter Emittierung von Alphastrahlung zerfällt. Die kurzlebigen Zerfallsprodukte Polonium–218 und Polonium–214 setzen ebenfalls Alphastrahlung frei. Hohe Gehalte treten vorwiegend in Gebieten auf, die durch granitische bzw. ähnliche magmatische Gesteine geprägt sind, z.B. im Schwarzwald, Thüringer Wald, Fichtelgebirge, Erzgebirge. Während Radon selber nicht im Atemtrakt verbleibt, lagern sich die Zerfallsprodukte teilweise auf bronchialen und alveolären Epithelien unter Freisetzung von Alphastrahlung ab. Radon ist bekannt als Auslöser der „Schneeberger Lungenkrankheit" – einem Bronchialkarzinom – bei Bergarbeitern im Erzgebirge. In Wohnungen gilt Radon als wichtiger umweltbedingter Faktor für Lungenkrebs. Ca. 4–12% der Lungenkrebstodesfälle in Deutschland könnten möglicherweise durch Radon und seine Folgeprodukte bedingt sein.

Schon seit langem ist bekannt, dass Radon ein natürlicher Bestandteil von Grundwässern ist. Bei der Trinkwassergewinnung wird das Edelgas mit dem Grundwasser zu Tage gefördert und kann innerhalb des Wasserwerkes bei der Aufbereitung und Speicherung von Wasser in die Raumluft austreten und ungewollt zu einer hohen Innenraumbelastung (bis >100.000 Bq/m^3) führen. Besonders betroffen sind offene Anlagen und alle Aufbereitungsschritte, bei denen Belüftungsverfahren eingesetzt werden sowie Rückspülprozesse. Im Extremfall, z.B. in nur sehr wenig belüfteten Bereichen, können durch die Inhalation von hohen Radongehalten in der Atemluft erhebliche Strahlenexpositionen bei den in diesen Bereichen Tätigen verursacht werden. Für den Endverbraucher ist eine mögliche Freisetzung von Radon in die Wohnungsluft gegenüber anderen Expositionspfaden jedoch zu vernachlässigen.

Zum Schutz der Beschäftigten sind u.U. spezielle Schutz-Maßnahmen durchzuführen. Wegen fehlender Datenbasis ist eine bundesweite Risikoabschätzung noch nicht möglich. Nach den vorliegenden Erkenntnissen scheint es sich vorwiegend um ein regional begrenztes Phänomen zu handeln. Zur Zeit werden Checklisten für Wasserversorgungsunternehmen zur Abschätzung des Risikopotenzials erarbeitet; darüber hinaus laufen etliche Forschungsprojekte, die sich mit der Entfernung von Radon aus Grundwässern beschäftigen. Wegen der Überführung der EU-Richtlinie 96/29 EURATOM (Schutz der Gesundheit der Arbeitskräfte und der Bevölkerung gegen die Gefahren durch ionisierende Strahlung) in nationales Recht im Jahre 2000 gewinnt die Problematik in nächster Zeit deutlich an Bedeutung.

2.2 Mögliche Gesundheitsgefahren durch eine Trinkwasseraufbereitung: Beispiel 2: Bildung von Desinfektionsnebenprodukten (DNP) bei der Desinfektion von Trinkwasser

Seit der Mitte des letzten Jahrhunderts ist die Desinfektion von Trinkwasser weltweit die bedeutendste und am häufigsten praktizierte Form der Trinkwasseraufbereitung. Nicht nur in den Entwicklungsländern ist die Inaktivierung pathogener Mikroorganismen durch Zusatz oxidierender Substanzen wie Chlor, Chordioxid, Ozon zum Trinkwasser nicht mehr wegzudenken. Deswegen empfiehlt die WHO nach wie vor den kompromisslosen Einsatz dieser Substanzen, insbesondere von Chlor.

Prinzipiell sind zwei verschiedene Wege des Eintrages von Krankheitserregern in das Trinkwasser zu unterscheiden (siehe Tabelle 1): der Eintrag fäkaler Mikroorganismen (Oberflächenwassereinfluss bzw. Abwassereinfluss) und die Vermehrung von Mikroorganismen in Trinkwasser-

Tabelle 1: Mikroorganismen im Trinkwasser

Abwasserbürtige fäkale Mikroorganismen	Mikroorganismen nicht fäkalen Ursprungs aus Trinkwasseranlagen
Choleravibrionen Typhusbakterien Ruhrbakterien Hepatitis-Viren Darmviren Einzeller: Giardien Kryptosporidien Toxoplasmen	Heterotrophe Keime (z.B. Aeromonas) Pseudomonas aeruginosa Acinetobacter sp. atypische Mykobakterien Legionellen Einzeller (Amöben)

anlagen, insbesondere in dort vorhandenen Biofilmen (z.B. Legionellen in Warmwassersystemen).

Nicht nur in Entwicklungsländern ist die Trinkwasserqualität durch Eintrag von Krankheitserregern gefährdet, auch in industrialisierten und hoch technisierten Ländern spielen trinkwasserbürtige Infektionen immer noch eine große Rolle. Die Gesundheitsschäden, die durch solche Infektionen ausgelöst werden, übertreffen dabei bei weitem die Gesundheitsschäden, die durch chemische Noxen verursacht werden. Erinnert sei nur an die Kryptosporidienepidemie in Milwaukee, USA, im Jahre 1993, bei der mehr als 400.000 Personen durch Verzehr von unzureichend aufbereitetem Oberflächenwasser an teilweise schweren Durchfällen erkrankten und mehr als 100 verstarben, oder an zahlreiche weltweit aufgetretene Legionellenepidemien mit einer hohen Letalität, die durch kontaminierte Wässer aus Warmwassersystemen von Großgebäuden ausgelöst wurden. Dies macht deutlich, dass auch in der heutigen Zeit und auch in Nicht-Entwicklungsländern eine

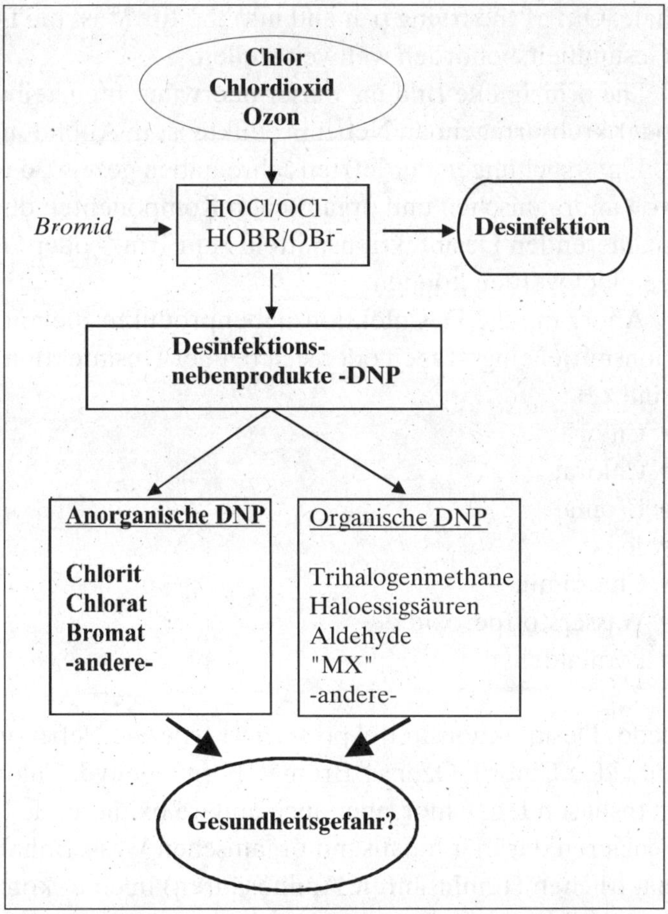

Abbildung 2: Schema der Bildung von Desinfektions-Nebenprodukten (DNP)

zwingende Notwendigkeit zur Desinfektion mit Chlor oder anderen Stoffen zur Vermeidung von Infektionen bestehen kann. Sollten Infektionen bereits festgestellt worden sein, bleibt als kurzfristig verfügbare, einfach einzusetzende und wirksame Maßnahme in komplexen Wassersystemen häufig nur der Einsatz z.B. von Chlor im Trinkwasser. Der Nutzen, der durch eine oft zeitlich begrenzte Desinfektion erreicht wird, übertrifft dabei in der Regel mögliche Nebenwirkungen sehr deutlich.

Dennoch werden in den letzten Jahrzehnten Befürchtungen über mögliche gesundheitsschädigende Wirkungen unerwünschter Desinfektionsnebenprodukte (DNP) geäußert, die teilweise zu einer großen Verunsicherung über den Einsatz von Chlor und ähnlichen Produkten geführt hat. „Out of the frying pan and into the fire?“ ist die Frage, die sich Gesundheitsbehörden weltweit stellen.

Die prinzipielle Bildung dieser unerwünschten, teilweise toxischen oder krebserregenden Nebenprodukte ist in Abbildung 2 dargestellt.

Untersuchungen der letzten Jahre haben gezeigt, dass eine Vielzahl von anorganischen und organischen Komponenten durch Zugabe von oxidierenden Desinfektionsmitteln zum Trink- oder Oberflächenwasser gebildet werden können.

Anorganische Desinfektionsnebenprodukte, die mit dem Desinfektionsmittel eingetragen oder sich bei der Desinfektion bilden können sind z.B.:

- Chlorit
- Chlorat
- Bromat
- Jodat
- Chloramine
- Wasserstoffperoxid
- Formaldehyd

Jedes Desinfektionsmittel produziert typische Nebenprodukte, z.B. Chlordioxid → Chlorit, Ozon → Bromat, Formaldehyd, Chlor → Chloramine.

Insbesondere Chlor, aber auch andere oxidierende Desinfektionsmittel reagieren darüber hinaus mit organischen Wasserinhaltsstoffen (z.B. natürlichen Huminsäuren, Aminosäuren) in einer komplexen Reaktion unter Bildung von diversen organischen chlorierten – und bei Anwesenheit von Bromid im Wasser – auch bromierten Verbindungen:

- Trihalogenmethane („Haloforme")
  - Chloroform
  - Bromdichlormethan
  - Dibromchlormethan
  - Bromoform
- Halogenierte Carboxylsäuren
  - Monochloressigsäure
  - Dichloressigsäure
  - Trichloressigsäure
  - Monobromessigsäure
  - Dibromessigsäure
- Halogenierte Ketone, Aldehyde, Acetonitrile
- „MX" (Mutagen X): 3-chloro–4-dichlormethyl–5-hydroxy–2(5H)-furanon

Bei der Bildung von Desinfektionsnebenprodukten sind solche Substanzen von größter Bedeutung, die möglicherweise Beeinträchtigungen der Gesundheit des Menschen durch toxische, genotoxische oder krebserzeugende Wirkungen verursachen können. Zu den am besten untersuchten und am längsten bekannten DNPs zählen die bei der Chlorung gebildeten Trihalogenmethane mit der Leitsubstanz Chloroform. In den letzten Jahren wurde eine große Zahl weiterer Reaktionsprodukte analytisch nachgewiesen und teilweise auf eine gesundheitsbeeinträchtigende Wirkung untersucht sowie mit Grenzwerten im Trinkwasser belegt (siehe Tabelle 2).

In etlichen epidemiologischen Studien und einer Metaanalyse wird über einen möglichen Zusammenhang zwischen der Chlorung von Trinkwasser bzw. der Bildung organischer DNPs, insbesondere Chloroform, und einer Erhöhung bestimmter Krebsarten bzw. dem Auftreten toxischer Effekte berichtet:

a) vermutete toxische Wirkungen:
   geringes Geburtsgewicht?
   Frühgeburten?
   Geburtsdefekte?

b) vermutete karzinogene Wirkungen:
   Erhöhung Blasenkrebsrisiko?
   Erhöhung Enddarmkrebsrisiko?
   vermehrtes Auftreten anderer Krebsarten?

Bei der Analyse reproduktionstoxischer Effekte konnte ein eindeutiger Einfluss des Verzehrs gechlorten Trinkwassers auf den Verlauf und den Ausgang einer Schwangerschaft in keiner Studie überzeugend dargestellt werden. In Tierexperimenten nachgewiesene reproduktionstoxische Wirkungen wurden mit Gehalten erzielt, die 10.000 fach höher waren als die, die selbst bei hochgechlorten Trinkwässern auftreten. Die Durchführung weiterer gut angelegter Studien wird jedoch allgemein befürwortet.

Im Tierexperiment erweisen sich einige der organischen DNPs als möglicherweise kanzerogen (z. B. Chloroform). Eine kritische Wertung epidemiologischer Studien über einen möglichen kausalen Zusammenhang zwischen dem langjährigen Verzehr gechlorten Trinkwassers und dem vermehrten Auftreten bestimmter Krebsarten ergibt nur einen schwachen und zum jetzigen Zeitpunkt nicht überzeugenden Effekt. Viele Studien weisen erhebliche methodische Defizite auf. Daten über das Ausmaß einer möglichen Exposition gegenüber DNPs fehlen. Die notwendigen langen Expositionszeiten machen die Auswahl von Testgruppen und Kontrollgruppen sehr schwierig. Confounder sind oft nicht ausreichend berücksichtigt. Wie bei den toxischen Effekten ist eine Übertragung experimenteller Daten aus Tierversuchen nur eingeschränkt möglich. Die Extrapolation von Hoch-Dosis Kurzeit-Expositionen beim Tier (in der Regel Ratte, Maus) auf Niedrig-Dosis Langzeit-Expositionen beim Menschen muss mit größter Vorsicht gehandhabt werden. In der Regel wird mit einem linearen Extrapolationsmodell gearbeitet. Dieses führt bei einer Vielzahl von Substanzen jedoch zu einem deutliche zu hoch angesetzten Risiko. Dies gilt auch für das erst im Jahre 1997 in einer finnischen Studie entdeckte „Mutagen X“, das bei Ratten in extrem hohen Konzentrationen zu einer Erhöhung der Tumorbildungsrate führte. Analysen gechlorter Wässer weisen nur extrem geringe Gehalte im ppt-Bereich an „MX“ aus.

Die Bildung gesundheitlich relevanter DNPs ist jedoch nicht auf die Chlorung beschränkt. Auch bei der Ozonung von Oberflächenwasser/Grundwasser oder auch Badewasser können Trihalogenmethane und andere Produkte gebildet werden. Von den insbesondere durch die Ozonung gebildeten Stoffen wird zur Zeit stark die gesundheitliche Bedeutung von Bromat diskutiert. Bromat wird in höheren Konzentrationen bevorzugt bei der Ozonung stärker belasteter Gewässer mit einem höheren Bromidgehalt gebildet. Im Tierversuch hat es sich als eindeutig mutagen erwiesen. Bei sehr hohen Konzentrationen treten im Tiermodell zusätzlich Stoffwechselstörungen auf. Krebserzeugende Wirkungen zeigen sich beim Tier durch gehäuftes Auftreten von Nierenzelltumoren, Schilddrüsenkrebs, Mesotheliomen. Wegen der mutagenen Wirkung muss auch bei geringen Konzentrationen mit einem krebsauslösenden Potenzial gerechnet werden. Die neue Trinkwasserverordnung bzw. die EU-Richtlinie über die Qualität von Wasser für den menschlichen Gebrauch limitieren deshalb den Gehalt an Bromat auf 10 µg/l (Tabelle 2).

Tabelle 2: Richtwerte/Grenzwerte für Desinfektionsnebenprodukte im Trinkwasser

Substanz	WHO Guideline µg/l	EU-Grenzwert µg/l
Dibromchlormethan	100	
Bromoform	100	
Dichloressigsäure	50	
Trichloressigsäure	100	
Dichloracetonitril	90	
Dibromacetonitril	100	
Trichloracetonitril	1	
Chlorit		200
Bromat	25	10
THM, Summe		50
	Geplanter Maximalwert	
Chloroform	200	
Bromdichlormethan	60	

Auch wenn toxische und krebserregende Wirkungen durch DNPs im Trinkwasser zur Zeit nicht eindeutig belegt werden können, ist dies kein Grund, dieses Problem leichtfertig zu behandeln. Allein die theoretisch denkbare Möglichkeit der Auslösung von Gesundheitsbeeinträchtigungen rechtfertigt eine sachliche Diskussion über den Einsatz von Desinfektionsmitteln im Trinkwasser und über die Methode der Desinfektion. Unabhängig von möglichen toxischen oder kanzerogenen Wirkungen gilt hier immer das Minimierungsgebot. Es ist auch nicht auszuschließen, dass in Zukunft methodisch bessere Studien zu klareren Aussagen kommen. Jede Desinfektion muss auf ihre grundsätzliche Berechtigung hin überprüft werden und dahingehend analysiert werden, inwieweit eine mögliche Bildung von DNPs verringert werden kann.

Eine häufig emotional gesteuerte Angst vor der Anwendung von Chlor oder anderen Desinfektionsmitteln im Trinkwasser darf aber keinesfalls dazu führen, auf eine chemische Desinfektion von Trinkwasser nun völlig verzichten zu wollen. Einer konkreten Gesundheitsgefahr – einer wasserbürtigen Infektion u.U. mit Todesfolge – durch grundsätzlichen Verzicht auf chemische Desinfektion, z.B. mit Chlor, steht hier ein statistisch nicht eindeutig belegbarer Verdacht der Auslösung von Gesundheitsgefahren gegenüber.

2.3 Faktoren für das Ausmaß der Bildung von DNP

Durch eine gezielte und optimierte Aufbereitung kann die Höhe der Bildung von Desinfektionsnebenprodukten teilweise stark beeinflusst werden. Entscheidende Faktoren für das Ausmaß der Bildung von DNPs sind:

- Konzentration des Desinfektionsmittels – je mehr Desinfektionsmittel, desto mehr DNP-Produktion
- Kontaktzeit – je länger die Einwirkzeit, desto mehr DNP-Produktion
- Wassertemperatur – je höher die Temperatur, desto mehr DNP-Produktion
- PH-Wert – Effekte unterschiedlich für verschiedene Substanzen
- TOC-Gehalt des Rohwassers (Gesamt-organischer Kohlenstoff, speziell auch Konzentration von natürlichen Huminsäuren) – je höher der TOC, desto mehr DNP-Produktion
- Bromid-Konzentration des Rohwassers – je höher die Bromidkonzentration, desto höher die Bildung bromierter organischer Komponenten bzw. von Bromat

Durch gezielte Optimierung in Hinblick auf eine möglichst geringe Produktion von DNPs bei gleichzeitig ausreichender Desinfektionswirkung lässt sich im Einzelfall eine erhebliche Reduzierung der Konzentrationen von DNPs im Trinkwasser erreichen.

3 Resümee

Die Aufbereitung von Trinkwasser stellt in vielen Fällen eine zwingende Notwendigkeit dar, Wasser zu erzeugen, das uneingeschränkt für den menschlichen Gebrauch geeignet ist. An die Aufbereitung sind jedoch eine Reihe von Bedingungen zu stellen, die über das eigentliche Aufbereitungsziel hinausgehen:

- Das Ziel und die Notwendigkeit der Aufbereitung müssen klar definiert sein. Je einleuchtender das Ziel und je dringlicher eine Aufbereitung ist, desto weniger werden Fragen möglicher Nebeneffekte eine Rolle spielen.
- Alle Begleitumstände müssen bedacht werden. Unerwünschte Nebeneffekte und Problemverlagerungen in andere Kompartimente sind zu berücksichtigen. Mehrdimensionales Denken ist notwendig.
- Die möglicherweise durch eine Aufbereitung verursachten unerwünschten Nebenwirkungen sind abzuwägen gegen das Risiko, welches durch das unaufbereitete Trinkwasser verursacht wird. „Exposure assessment" und „Risk assessment" müssen für jede Aufbereitung individuell für das Aufbereitungsziel und die Nebeneffekte erstellt werden. Hierbei ist immer zu beachten, dass ein möglicher Verzicht auf eine Aufbereitung nicht aus einer übersteigerten Angst vor chemischen Noxen vorgenommen wird und in keinem Falle zu einem bewusst in Kauf genommenen Risiko führen darf.
- Die Methode der Aufbereitung ist sorgfältig auszuwählen und zu optimieren auf eine möglichst geringe Bildung unverwünschter Nebenprodukte/Nebeneffekte. Dabei ist immer zu überprüfen, ob die Zugabe von Chemikalien nicht ersetzt werden kann durch rein physikalische Aufbereitungsschritte. Die Sicherheit der Aufbereitung darf dabei in keinem Falle vermindert werden.

Stefan Kaden

Stefan Kaden/Ingo Michels

Managementkonzepte für Trinkwasser-Verbund-Systeme – Prinzipien und Potentiale

1 Einleitung

Trinkwasserversorgung (und Abwasserentsorgung) sind bedeutsame Komponenten der Infrastruktur mit erheblichen Kosten für Kommunen, die Bevölkerung und zugleich hoher Umweltrelevanz. Insbesondere in den Neuen Bundesländern sind bestehende Netze stark veraltet und erfordern umfangreiche Rekonstruktionen bzw. Erweiterungen. Verluste in Wasserversorgungsnetzen und insbesondere Leckagen in Abwassernetzen stellen eine unnötige, teilweise erhebliche Belastung unserer Ressourcen und Umwelt dar.

In ländlichen Regionen ist dem regionalen Verbund von Anlagen Rechnung zu tragen. Managementsysteme bieten die Grundlage für ein modernes, ganzheitliches rechner-gestütztes Management solcher Verbundsysteme. Dies ist umso zwingender je komplexer die Verflechtungen in den Versorgungssystemen und die maßgeblichen Verwaltungsstrukturen sind. Als Beispiel sei hier die DNWAB Dahme-Nuthe Wasser-, Abwasserbetriebsgesellschaft mbH südöstlich Berlins genannt. Im Gebiet Ludwigsfelde – Blankenfelde/Mahlow – Zossen – Mittenwalde – Königs Wusterhausen haben sieben Träger kommunaler Wasserver- und Abwasserentsorgungsaufgaben der DNWAB GmbH als zu 100 % in kommunalem Eigentum stehende Betriebsführungsgesellschaft gegründet und mit der Betriebsführung der wasserwirtschaftlichen Betriebe und Anlagen beauftragt.

Das Betriebsführungsgebiet der DNWAB umfaßt insgesamt eine Fläche von rund 1.100 km^2 mit ca. 167.000 Einwohnern. Zur Versorgung dieses Einzugsbereiches mit Trinkwasser stehen 27 Wasserwerke mit einer Gesamtkapazität von ca. 80.000 m^3/d zur Verfügung. Über insgesamt ca. 1.400 km Versorgungs- und Hausanschlußleitungen gelangt das Trinkwasser zu den ca. 153.000 Kunden.

Zur Entwicklung einer noch höheren Versorgungssicherheit bei gleichzeitigem Ausbau von Rentabilität und Synergie in der Betriebsführung werden durch den DNWAB derzeit Projekte zum Aufbau eines Prozeßleitsystems (TIPS) sowie eines raumbezogenen Netzinformationssystems (GIS/NIS) realisiert. Ziel ist es, durch zuverlässige, fachkompetente Tätigkeit als Betriebsführer von Wasserver- und Abwasserentsorgungsanlagen in hoher Effizienz eine umfassende Ver- und Entsorgungssicherheit in allen Versorgungsgebieten zu gewährleisten; auch als Beitrag für möglichst niedrige Trink- und Abwassergebühren und als Beitrag zum Gewässerschutz! In Abbildung 1 ist die bisher geplante Systemstruktur vereinfacht dargestellt.

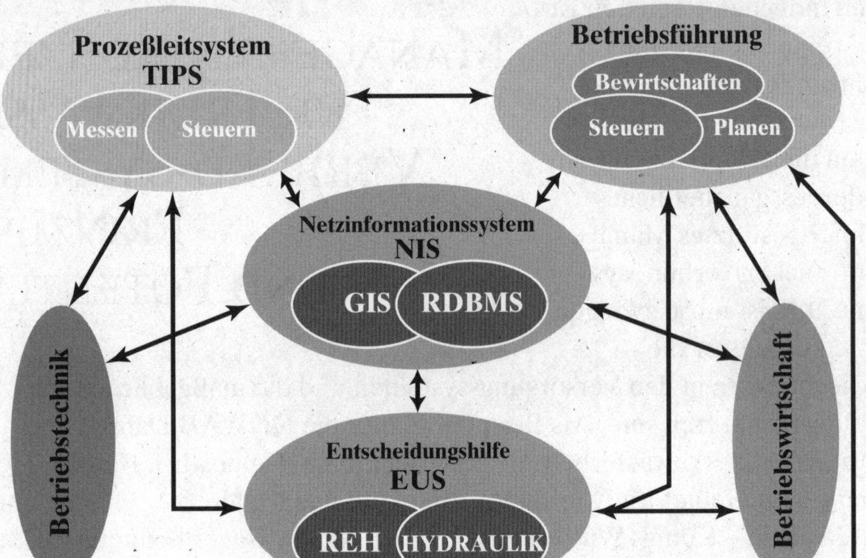

Abbildung 1: Generelle Struktur des Managementsystems

Wie aus der Abbildung deutlich wird, kommt dem GIS-basierten Netzinformationssystem im Gesamtsystem eine zentrale Rolle zu.

Offene Schnittstellen zum Teilsystem Abwasser und zum betriebswirtschaftlichen System sollen bereitgestellt werden. Hydraulik-Software wird mit einem Entscheidungshilfesystem auf der Basis der mehrkriteriellen Optimierung gekoppelt.

Die Entwicklungen werden von der WASY GmbH und weiteren mittelständischen Unternehmen fachlich unterstützt und begleitet. Dabei wird angestrebt, im Rahmen des von der Deutschen Bundesstiftung Umwelt geförderten Projektes „Modulares Managementsystem für die umwelt- und ressourcenschonende Betriebsführung regionaler Trinkwasser-Verbund-Systeme" diese Arbeiten auf der Basis moderner, innovativer Technologien durchzuführen und allgemein nutzbare Methoden und Instrumentarien zu schaffen.

In der bisher bewilligten Vorphase gilt es, die Machbarkeit des Vorhabens nachzuweisen und detaillierte inhaltliche Konzepte zu entwickeln.

Im nachfolgenden Beitrag werden erste Konzepte der Entwicklung eines solchen Managementsystems und damit verbundene Potentiale im Sinne der o. g. generellen Zielstellungen vorgestellt. Entsprechend dem Bearbeitungsstand des Projektes dürfen keine fertigen Lösungen erwartet werden.

2 Unternehmensziele, Geschäftsmodell eines Wasserversorgers

Managementsysteme müssen sich in die Geschäftsmodelle der Anwender einordnen und deren Unternehmenszielen entsprechen. Allerdings sind Rückkopplungen aus der Einführung solcher Systeme auf Geschäftsmodelle und -prozesse möglich und natürlich grundsätzlich auch erwünscht.

Generelle Unternehmensziele eines Wasserversorgers sind:

- Kundenzufriedenheit
- Kundenbindung und -erweiterung
- Optimaler und effizienter Service
- Effektives Störungsmanagement
- Einhaltung aller relevanten Vorschriften
- Effektive Ressourcennutzung
- Kostenoptimale Instandhaltung, -rekonstruktion (Sanierung) und Erweiterung
- Erschließung neuer Produkte und neuer Geschäftsfelder
- Nutzung von Synergieeffekten.

In Abhängigkeit der Betriebsform (privatwirtschaftliche Betreiber) kann als weiteres Unternehmensziel der Gewinn hinzukommen.

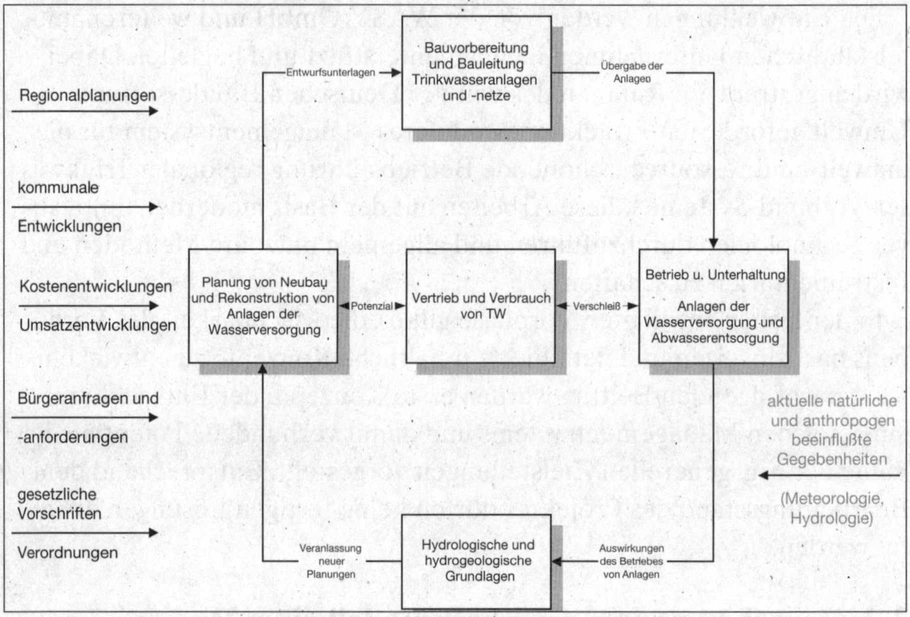

Abbildung 2: Wesentliche Geschäftsprozesse eines Wasserversorgers

Abbildung 2 gibt einen Überblick über die wesentlichen Geschäftsprozesse eines Wasserversorgers und die diese beeinflussenden Faktoren.

Dabei wird deutlich, daß ein permanenter Kreislauf aus sich ändernden natürlichen und anthropogenen Randbedingungen, Erhaltung, Rekonstruktion und Neubau von Anlagen besteht.

Eine wesentliche Einflußgröße stellt der Wasserverbrauch dar. Hier ist speziell in den Neuen Bundesländern in den vergangenen Jahren ein starker Rückgang zu verzeichnen. Je nach Lage des Betreibers kommt es aber auch durch Bevölkerungszuzug (beispielsweise speziell im Umland Berlins) zu Bedarfsanstieg.

Diese Geschäftsprozesse müssen durch ein Managementsystem bestmöglich unterstützt werden. Bzgl. der Anforderungsanalyse fanden umfangreiche Diskussionen mit der DNWAB GmbH sowie weiteren Praxispartnern statt.

Wie bereits betont, kommt im Gesamtsystem einem GIS-basierten Informationssystem die zentrale Rolle zu. Nachfolgend wird auf die Möglichkeiten und Anforderungen von GIS in diesem Rahmen kurz eingegangen.

3 GIS-basierte Informationssysteme

Die Lösung der gestellten Anforderungen mit Hilfe des zu konzipierenden Systems setzt die Berücksichtigung des realen Raum- und Zeitbezugs zwingend voraus. Alle zu betrachtenden Elemente des Systems haben einen Raumbezug. Egal, ob es sich dabei um konkrete Objekte, wie z. B. Wasserwerke, Rohrleitungen, Einbauteile, Hausanschlüsse, Zähler sowie Meßpunkte oder aber um Ereignisse, wie z. B. Havarien, Reparaturen, Sanierungen, Planungen oder Verbrauchssummen für beliebig definierte Versorgungsgebiete handelt.

Aus diesem Grund kann ein adäquates IT-System nur ein raumbezogenes und zusätzlich zeitbezogenes sein. Insbesondere für die raumbezogene Datenverarbeitung haben sich die Geografischen Informationssysteme (GIS) als integrale Systeme auch gegenüber CAD-Systemen, die selbstverständlich weiter ihre Berechtigungen haben werden, eindeutig durchgesetzt.

Darüber hinaus haben jedoch auch Vertrieb und Marketing für einen Wasserversorger einen ausgeprägten Raumbezug. Deshalb ist es wesentlich bei der Konzeption eines neuen, über die reine klassische digitale Bestandsdokumentation hinausgehenden Systems auch diese Bereiche mindestens konzeptionell mit einzubeziehen. „Erst eine unternehmensweit integrierte Nutzung sowohl der technisch dominierten Daten und Funktionen eines GIS als auch der kaufmännisch orientierten Daten und Funktionen eines ERP- (Enterprise Ressource Planning-) Systems sichert eine optimale Unterstützung raumbezogener Geschäftsprozesse und ermöglicht darüber hinaus die Unterstützung neuer Geschäftsfelder“ (Bernhardt, 2000).

Absehbar ist, daß künftig die integrative Annäherung von ERP (insbesondere Abrechnung und Anlagevermögen), Datenbanken, Data Warehouse-Technologien, Leitsystemen, Workflow- und IT-Managementsystemen sowie GIS vollzogen werden wird. Dabei ist es selbstverständlich nicht möglich, alle diese Aspekte in das angestrebte Projekt einzubeziehen. Aber entscheidend ist, dies sowohl bei zu treffenden IT-Architektur-Entscheidungen und Konzeptvorstellungen mit zu berücksichtigen.

Was kann ein GIS-basiertes System für einen Wasserversorger leisten und wie ordnen sich raumbezogene Informationen den Geschäftsprozessen zu? Abbildung 3 gibt hierzu eine vereinfachte Übersicht.

technisch:	**kaufmännisch:**	**übergreifend:**
Multimedialer Bestandsplan	Integration von kaufmännischen Daten (Kunden, Gebiete, Liegenschaften)	Integriertes Workflowmanagement
Analysen und Planungen direkt auf Bestansplandaten	Integration von Verbrauchsdaten	Aufbau eines raumbezogenen Datawarehouses
Basis für Netzrechnung		Nutzung von Methoden des Dataminings

Abbildung 3: Anwendungsgebiet und Raumbezug

3.1 Technischer Bereich

Multimedialer Bestandsplan

Bestandspläne bilden natürlich die Basis aller Netzinformationssysteme. Abbildung 4 und Abbildung 5 zeigen hier Beispiele unterschiedlicher

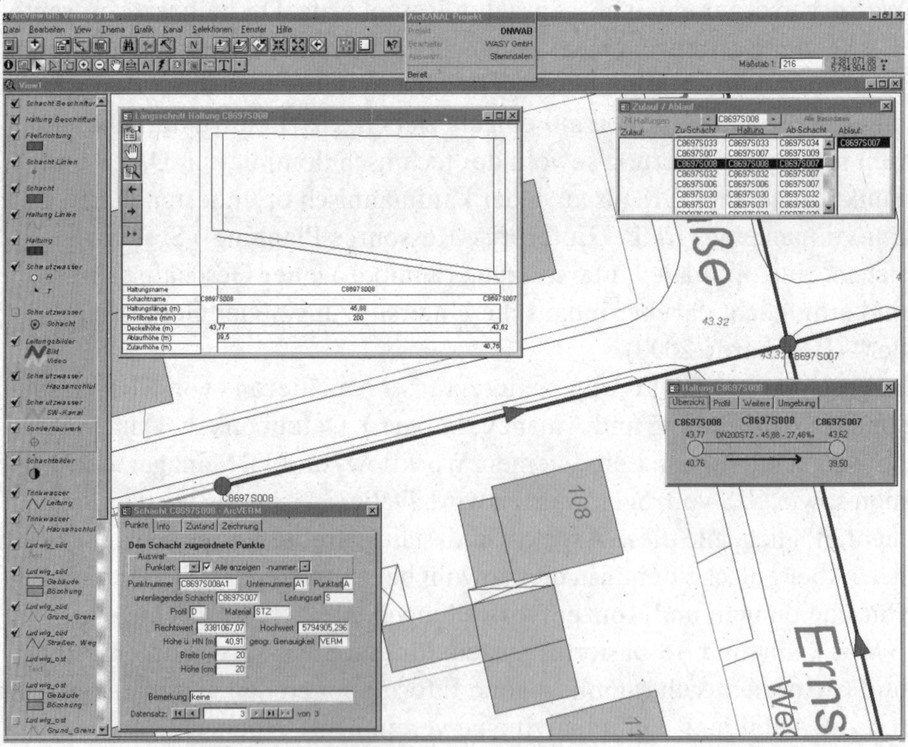

Abbildung 4: Bestandsplan eines Kanalnetzes

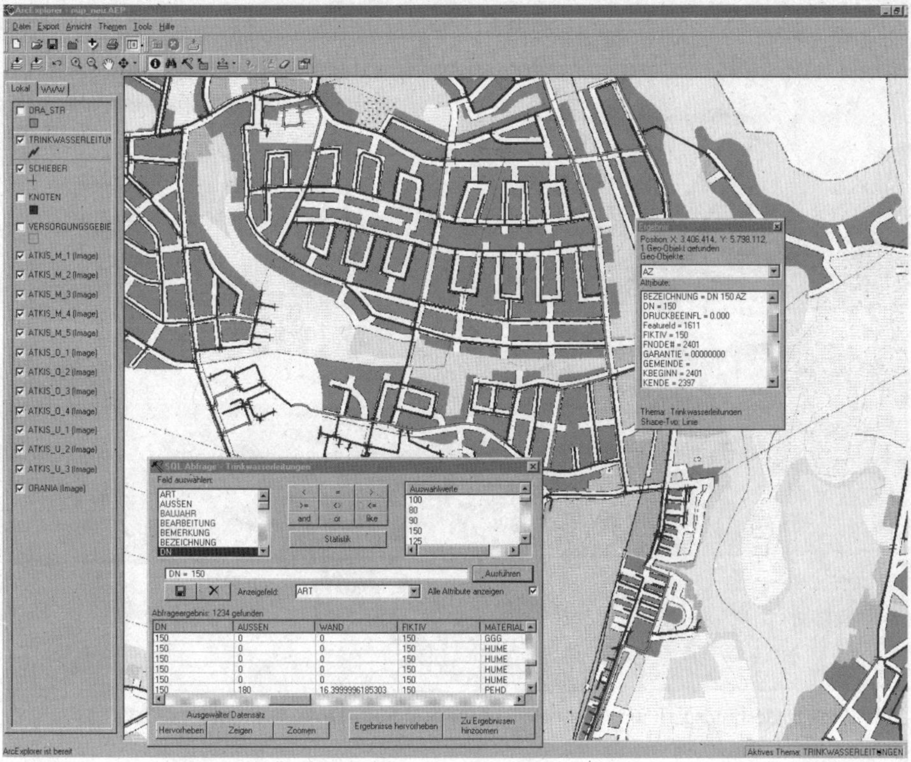

Abbildung 5: Übersichtsplan eines Trinkwassernetzes

Pläne. Auch die raumbezogene Integration von Fotos, Skizzen und CAD-Plänen ist möglich. (Abbildung 6).

An einen modernen multi-medialen Bestandsplan sind u. a. grundsätzlich folgende Anforderungen zu stellen:

- Verbindung des Bestandsplanes mit Daten zu Schäden zur Nutzung für raumbezogene Schadensstatistik
- Verbinden mit Daten zu den Bodenverhältnissen und Grundwasserständen für vorausschauende Sanierungen
- Intelligentes Management von CAD-basierten Detailbestands- und Planungsunterlagen
- CAD-Pläne liegen in der Datenbank
- alle Clients können CAD-Zeichnungen abrufen ohne
- Formatkonvertierungen und mit hoher Performance durch räumlichen Index

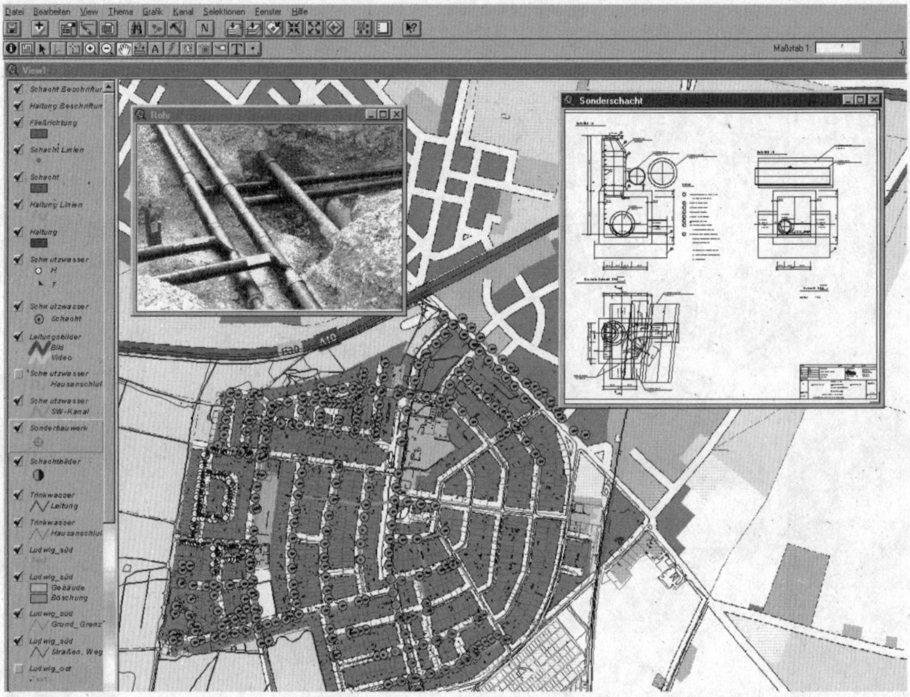

Abbildung 6: Bestandsplan mit CAD-Zeichnung und Foto-Dokumentation

- CAD-Stationen können GIS/NIS-Daten zuladen ohne Formatkonvertierungen
- Integration von Daten aus dem kaufmännischen Bereich (Seriennummer, Hersteller, Garantiezeitraum, uvm.) zum kostenoptimalen Havariemanagement

Netzanalysen
Die Grundlage für Netzanalysen sollte immer die digitale Bestandsplandokumentation bilden. Dabei ist die damit verbundene redundanzfreie Datenhaltung von entscheidender Bedeutung. Beispiele von Netzanalysen sind Analysen für die Erstellung von Sperrplänen, Schadensstatistik, Klassifizierungen oder Vermögen, alles auf Basis des gleichen Datenbestandes. Grundlage hierfür ist logisches Netzwerk, welches im Hintergrund automatisch aus den erfaßten grafischen Elementen gebildet wird.

Von besonderer Bedeutung bei der Planung und Steuerung von Wasserversorgungssystemen sind hydraulische Netzberechnungen. Hier ist anzustreben, daß deren Basisdaten ausschließlich aus dem digitalen Bestandsplan übernommen werden. In der Praxis ist dieses scheinbar einfache datentechnische Problem bei großen Netzen schwierig, da Netzberechungen dann häufig auf abstrahierten Netzen aufsetzen.

3.2 Kaufmännischer Bereich

Um den kaufmännischen Bereich in ein GIS-basiertes Managementsystem zu integrieren, sind folgende Voraussetzungen zu erfüllen:

- Speicherung aller Kunden und Verbrauchsdaten auf Adress- (Code) und Hausanschlußebene
- Verfügbarkeit aller Häuser mit ihrer geografischen Lage und Adresse (Code) im GIS
- Erfassung des kompletten Leitungssystems mit Hausanschlüssen

Dadurch wird es möglich, mittels GIS-Funktionen beispielsweise folgende Fragen zu beantworten, die aus kaufmännischer Sicht bedeutsam sind:

- Welcher Kunde wird mit welchem Wasser versorgt?
- Wer verbraucht wieviel Wasser (räumliche Aggregation)?
- Sind alle Kunden eines Gebietes (Straßenzug) angeschlossen?
- Erfolgt gebietsweit eine „vollständige“ Rechnungslegung?
- Stimmen Abgabemengen und die Summe der Verbräuche für eine gewähltes Gebiet überein (Analyse von Wasserverlusten!)?
- Macht ein beantragter Hausanschluß wirtschaftlich Sinn (Kosten-Nutzen-Analyse)?
- Wie wirkt sich eine Störung aus, welche Adressen sind betroffen, wer muß informiert werden?

3.3 Unternehmensweite Informationsintegration

Unter dieser Überschrift ordnen sich Begriffe wie Workflow-Management oder Data Warehouse ein. Auch wenn sich dahinter teilweise bekanntes verbirgt (wie unternehmensweite Datenbank) kennzeichnen sie eine neue Qualität des unternehmensweiten Informationsmanagements , den Schritt von „Daten“ zu „Informationen“ und eine weitgehend digitale Vernetzung von Arbeitsprozessen. Nachfolgend werde Beispiele für Einsatzmöglichkeiten in Verbindung mit der Integration digitaler Bestandspläne gegeben.

Integriertes Workflow-Management

Folgende Möglichkeiten und Anforderungen der Integration des digitalen „intelligenten" Bestandsplanes in die vorhandenen „Workflow"-Abläufe werden u.a. gesehen:

- Aus der „normalen" Workflow-Applikation (Word, Excel, ERP-System) GIS/NIS-System aktivieren und das gerade bearbeitete Objekt im Raum darstellen (z. B.: Auskunft vorbereiten).
- Übernahme des Planausschnittes (z. B.: Integration einer Zeichnung in das Auskunftsdokument)
- Nutzen von GIS-Standarddaten, wie Flächen und Längen (z. B.: für die Ermittlung von beitragsrelevanten Flächen).
- Aktualisieren von GIS/NIS-Daten durch die anderen Workflow-Applikationen (z. B. Übernahme konkreter technischen Daten aus einem Reparaturbeleg)
- Auskünfte über aktuelle Vorgänge zu einem selektiertem Objekt anzeigen (z. B.: Einrichtung eines Hausanschlusses).
- Spezifischen Vorgang (Workflow) zu einem selektiertem Objekt starten (z. B. Einleitung einer Reparatur)

Datawarehouse und Datamining

Ziel von Datamining-Technologien ist es, aus vorhandenen Daten zusätzliche Informationen zu gewinnen, die mit klassischen Datenbankabfragen nicht ohne weiteres erzielbar wären.

Hierzu zählen u.a. Fragen wie:

- Welches Wasser ist teuer und welches ist preiswerter im Verbund?
- Wo sind leistungsstarke Kunden, die preiswert (oder auch nicht) beliefert werden (können)?
- Was sind die Gründe für einen hohen (niedrigen) spezifischen Wasserverbrauch für Teilgebiete des Versorgungsgebietes?
- Was sind die Gründe für eine spezifische Havarieortverteilung?

Alle die genannten Beispiele zeigen, welche Potenziale prinzipiell in den bereits jetzt verfügbaren IT-Technologien stecken.

Allerdings läßt sich andererseits auch erahnen, welche realen Potenziale hinsichtlich der benannten Unternehmensziele in jeder einzelnen Anwendungsmöglichkeit stecken und natürlich auch welche Kosten zur Erzielung dieses Anwendungspotenzials nötig sind.

4 Entwicklungsmethodik: Geschäftsprozeßmodellierung und „Convergent Engineering"

Der Aufbau des lnformationssystems (Managementsystems) erfordert die Integration von Informationen, Daten und Methoden verschiedener Fachabteilungen eines Wasserversorgers, die über umfassende wasserwirtschaftliche Kenntnisse und z.T. auch über langjährige Erfahrungen in der digitalen lnformationsverarbeitung verfügen. Die damit vorhandenen Kenntnisse und lnstrumentarien sowie die oftmals bereits teilweise verfügbare moderne Hardware-Umgebung bieten eine gute Grundlage für das Informationssystem, gestalten aber dessen Aufbau zugleich kompliziert. Gründe hierfür sind im einzelnen:

- heterogene Hardware Umgebung
- Inhomogene Software (PC-Anwendungen unterschiedlicher Basis (dBase, EXCEL usw.)
- diverse Altsysteme verschiedener Struktur,
- Insellösungen,
- nicht ausreichende Funktionaliät aus Anwendersicht, Systembrüche,
- manuelle Datenübertragungen, Mehrfacherfassungen,
- historisch gewachsene (Teil-)Datenbanken.

Im Interesse der ganzheitlichen Lösungen sind deshalb fachspezifische Ansätze entweder zu vereinheitlichen oder aber über geeignete Schnittstellen zu integrieren.

Bei der Entwicklung komplexer, moderner Informationssysteme sind generell zwei wesentliche Kernprobleme zu beachten.

1. Der Abstand zwischen der Softwareentwicklung und den eigentlichen, durch Software zu unterstützenden Geschäftsprozessen wird immer größer. D. h., es gibt zunehmend Probleme in der Verständigung zwischen den fachlich orientierten Mitarbeitern bzw. den Führungskräften eines Unternehmens und den mit der Erarbeitung beauftragten technisch orientierten, die aktuellen Trends (z. B. objektorientierte Programmierung) beherrschenden Software-Designern und Programmierern (Taylor, 1997).
2. Der Widerspruch zwischen immer steigenden Ansprüchen der Nutzer an die Funktion und den Bedienkomfort von IT-Lösungen einerseits und dem immer weiter abnehmenden Zeitfond für die Erstellung, Einführung und Beherrschung der Systeme andererseits wächst ständig.

Stellt man sich diesem Erfordernis nicht, so sind die heute entworfenen, entwickelten und eingeführten Systeme konsequent betrachtet die „Altlasten“ von morgen.

Neben diesen zwei Kernproblemen bei der Entwicklung und Einführung von Informationssystemen stehen weitere Probleme, die insbesondere in der Historie der Entwicklung entsprechender Lösungen begründet sind. Hierzu zählen im einzelnen (Hubert, 1997):

- Bestehende Systeme sind veraltet und genügen den heutigen und zukünftigen Ansprüchen nicht mehr.
- Die Entwickler sind entweder nicht mehr verfügbar oder sind mit der Anpassung der alten Systeme für die dringendsten Probleme vollständig ausgelastet.
- Oftmals sehen interne oder externe Softwaredesigner ihre Hauptarbeit darin, sich Gedanken zu machen, wie sie eine immer größere Zahl von Altsystemen migrieren, integrieren oder neu aufsetzen können, anstatt im Sinne der zukünftigen Entwicklung des Unternehmens völlig neue Strategien zu entwickeln.
- Die DV-Abteilungen sind mit der Wartung der infolge Nutzung unterschiedlichster Altsysteme heterogenen IT-Infrastruktur vollständig ausgelastet.

Einen Ausweg aus diesen Problemen bietet die Methode des „Convergent Engineerings“ (Taylor, 1995), die im folgenden kurz beschrieben werden soll.

Ausgangspunkt der Methode von Convergent Engineering ist einerseits die einheitliche und gleichzeitige Abbildung bzw. Modellierung der Geschäftsprozesse und der damit verbundenen Informationssysteme zu einem sogenannten modellbasierten System und andererseits die Anwendung der Objekttechnologie nicht erst im Rahmen der Softwareentwicklung, sondern bereits in der Phase der Analyse. Anders ausgedrückt bedeutet dies, daß durch die Nutzung der Objekttechnologie bereits für die Geschäftsprozeßmodellierung eine sofortige Übertragung des Abbildes auf das reale, ebenfalls objektorientierte Informationssystem ohne Anpassungen der Abbildung möglich ist. Folgendes Blockbild am Beispiel der Bearbeitung einer Leitungsanfrage, das im weiteren zur Erläuterung herangezogen werden soll, verdeutlicht die Methodik.

Im einzelnen beinhaltet die Herangehensweise folgende Vorteile:

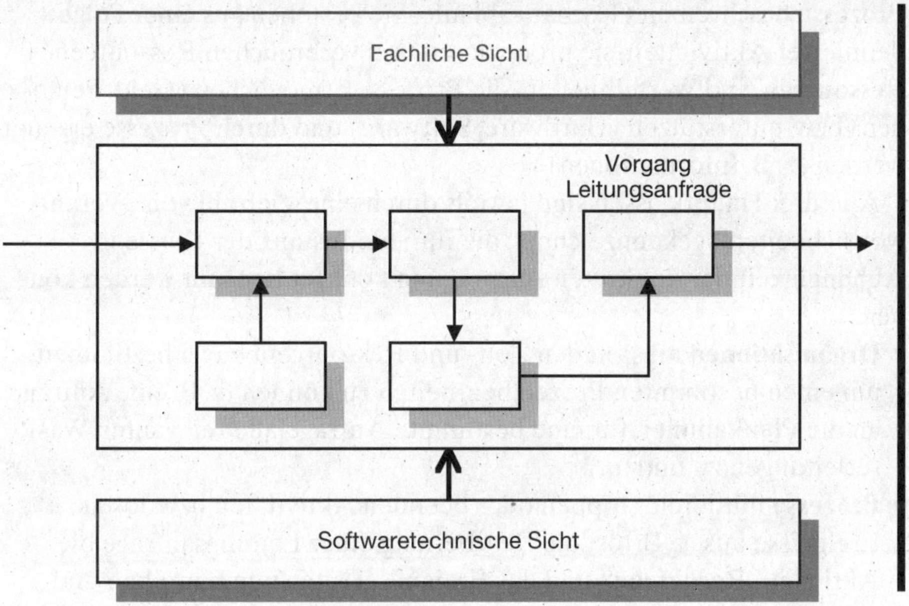

Abbildung 7: Sichtweisen der unterschiedlicher Analysenmethoden

- Sie vereinfacht den Modellierungsprozeß, da sowohl für die Modellierung der Geschäftsprozesse als auch für das Design von Software dieselbe Methodik eingesetzt wird.
- Sie schließt die Lücke schließen, die zwischen Geschäftsprozessen und ihren unterstützenden Softwareprodukten teilweise klafft, da die Methodik das Design und das Verständnis beider vereinfacht.
- Sie minimiert den Aufwand der Modifikation der Software bei Veränderung der Geschäftsprozesse und umgekehrt.

Basis der Methodik ist die Abbildung des Unternehmens in Form von Objektklassen und deren Instanzen. Zur Erleichterung dieser etwas ungewöhnlichen Denkweise erfolgt die erste (grobe) Unterteilung des Unternehmens in drei Hauptobjektklassen:

- Organisationen (Geschäftsbereiche),
- Prozesse (Geschäftsvorgänge),
- Ressourcen.

Zu den **Organisationen** gehören Bereiche, Abteilungen und Arbeitsgruppen. Sie sind für die Durchführung bestimmter Prozesse verantwortlich.

Prozesse beschreiben Geschäftsabläufe. Sie bestehen aus einer Folge definierter Aktivitäten, sie produzieren und verbrauchen Ressourcen. **Ressourcen** sind Werteinheiten, die Prozesse ermöglichen (Geld, Personen) bzw. unterstützen (Hardware, Software) und durch Prozesse erzeugt werden (z. B. Informationen).

Alle drei Hauptklassen sind jeweils durch eine Vielzahl von „Verantwortlichkeiten" gekennzeichnet, die für jede Instanz der Klasse in Abhängigkeit der konkreten Ausprägung konkret benannt werden können.

- **Organisationen** müssen den Zeit- und Ressourcenbedarf bestimmen, um einen bestimmten Prozeß bearbeiten zu können (z. B. eine Anfrage an die Plankammer, für eine bestimmte Anfrage alle relevanten Wasserleitungen zu finden.).
- **Prozesse** initiieren, stoppen oder beenden Aktivitäten bzw. lösen Ereignisse aus (z. B. löst die Bearbeitung einer Leitungsanfrage die Aktivität „Recherche" und das Ereignis „Gutachten schreiben und unterschreiben lassen" aus).
- **Ressourcen** selektieren andere Ressourcen z. B. anhand von Eigenschaften (Qualität, Preis, …) (z. B. nach Auftreten eines Pumpen-Scha-

Phase 1: Erforschung

1. Identifiziere die Schlüsselorganisationen des Unternehmens

2. Analysiere und präzisiere die Kerngeschäftsprozesse

3. Erfasse die Ressourcen (Informationsobjekte), die von jedem Prozeß benötigt werden

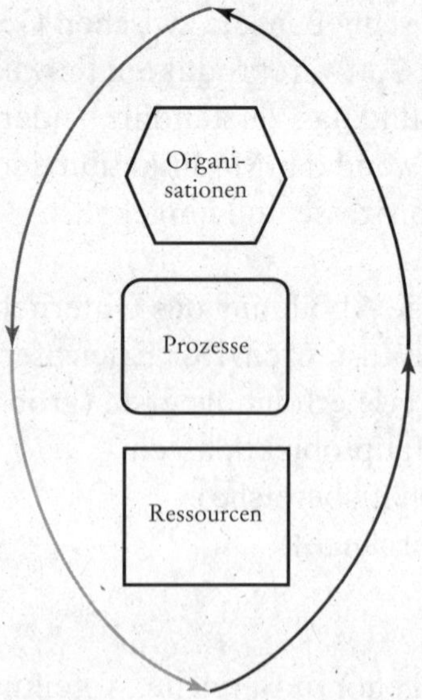

6. Passe die Organisation an die optimierten Prozesse an

5. Optimiere die Geschäftsprozesse bzw. teile sie neu auf

4. Baue die Ressourcen (Informationsobjekte) zu intelligenten, sich selbst verwaltenden Einheiten aus

Phase 2: Erschaffung

Abbildung 8: Entwicklungszyklus der Geschäftsprozeßmodellierung

dens ist eine entsprechende Ersatzpumpe anhand der notwendigen Kapazität auszuwählen).

Nach (Hubert, 1997) kann ein Entwicklungszyklus in zwei iterative Phasen zerlegt werden, die wiederum aus drei Etappen bestehen, wie in Abbildung 8 dargestellt ist.

Auf der Grundlage der dargestellten Geschäftsprozeßmodellierung erfolgte am Beispiel des DNWAB die Erarbeitung der Spezifikation des GIS-basierten Informationssystems. Auf die Darstellung von Details muß an dieser Stelle aufgrund des Umfangs der Analyse verzichtet werden.

5 Hauptkomponenten des Netzinformationssystems

Für das Netzinformationssystem kommen GIS-Software-Lösung der Firma ESRI zum Einsatz. Eine Gesamtübersicht hierzu gibt Abbildung 9. Aus der Abbildung ist auch die Rolle der einzelnen Komponeten im Gesamtsystem ersichtlich.

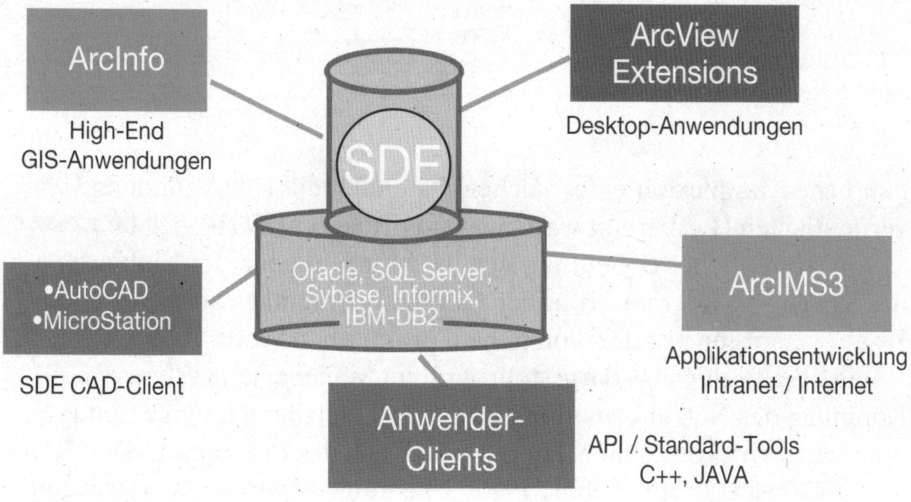

Abbildung 9: Basis-Systemarchitekur

Auch hier würde es den Rahmen sprengen, auf Details einzugehen. Von zentraler Bedeutung ist SDE, die Spatial Database Engine. Hier werden **alle** unternehmensweiten Daten (Geometrie- und Sachdaten) in einer relationalen Datenbank gespeichert und verwaltet. Voraussetzung hierfür ist ein leistungsfähiges, „sauberes" Datenmodell. Die außeror-

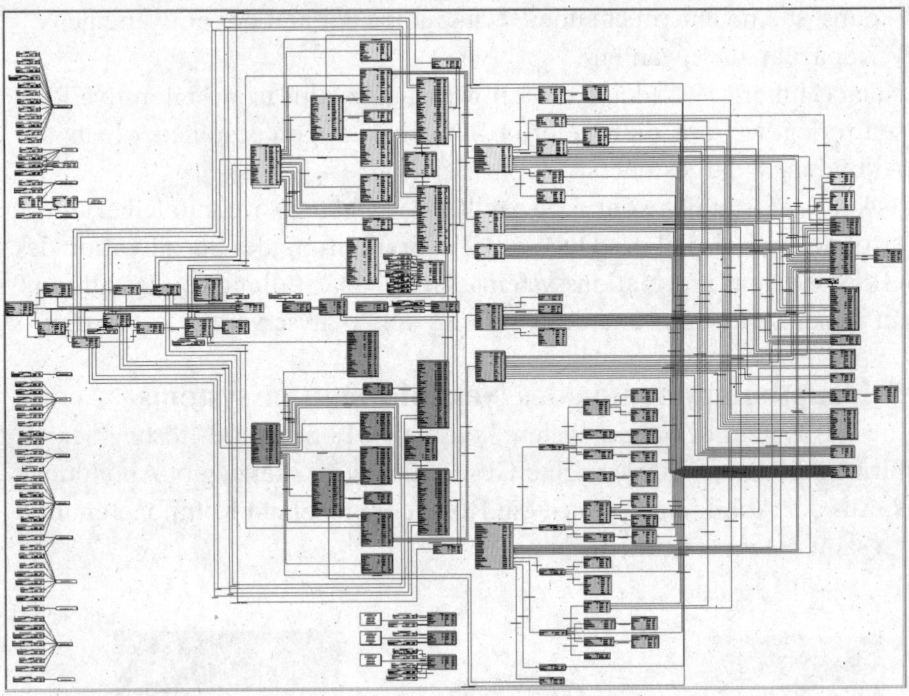

Abbildung 10: Datenmodell Wasser/Abwasser

dentliche Komplexität eines solchen Datenmodells soll Abbildung 10 verdeutlichen (Lesbarkeit wäre nur im Format > DIN A0 gegeben.

Von strategischer Bedeutung sich die Möglichkeiten der Einbindung des Systems in Internet / Intranet. Gerade bei räumlich stark verteilten Wasserversorgung ist dies von hohem praktischen Wert.

Wie bereits eingangs dargestellt, wird im Managementsystem die Kopplung des Netzinformationssystems mit Netzberechnungen und -optimierungen vorgesehen. Hierzu bietet sich das Programmsysten REH an (Studzinski, Straubel et al., 1996). Nachfolgend wird dessen Anwendung in der Trinkwasserversorgung kurz erläutert.

6 Ausbau-Planung von Trinkwasser-Verbundnetzen mit dem Programm-System REH-T-Net

Grundlage ist die mehrkriterielle (PARETO-) Optimierung mit Evolutionsstrategien. Entscheidungsvorschläge werden in Form von (PARETO-optimalen) Kompromissen zwischen sich widersprechenden (beliebig definierbaren) Zielkriterien ermittelt. Eine Lösung ist PARETO-Optimal, wenn keine Lösung gefunden wird, die in allen Zielkriterien besser ist. Typische Zielkriterien in der Wasserversorgung sind:

MAX		(Versorgungssicherheit)
MIN		(Druckverluste in allen Rohren)
MIN	*MAX*	(Pumpendrücke aller WW/DES)
MAX	*MIN*	(Strömungsgeschwindigkeit in Rohren)
MIN		(Summe aller Investitionskosten)
MIN		(aktuelle Betriebskosten aller WW/DES).

Steuerparameter sind beispielsweise:

Pumpendrücke auszuwählender WW/DES
Maximale TW-Produktion von WW
Volumen von TW-Speichern
Geodätische Höhen von TW-Speichern
Nenndurchmesser von ausgewählten Rohren
Einbau von Rückschlagklappen.

In den nachfolgenden Abbildungen 11 und 12 sind für ein Demonstrationsbeispiel der Zustand eines Verbundnetzes vor und nach Optimierung gegenübergestellt. Lila Knoten kennzeichnen Punkte, an denen der angestrebte Versorgungsdruck nicht eingehalten, grüne an denen er eingehalten ist.

7 Zusammenfassung und Ausblick

Im Beitrag wurden Ziele, Lösungsansätze und Potentiale für die Entwicklung von Monagementsystemen für Trinkwasser-Verbundsysteme (für Wasserversorger generell) diskutiert. Auf der einen Seite stehen eminente Möglichkeiten für die Betreiber von Versorgungsnetzen. Effekte sind zum Beispiel:

- schnelle Reaktion der produzierenden Bereiche bei Störungen, Verkürzungen von Reparaturzeiten bzw. Vorsorgungsunterbrechungen,
- schnelle Beurteilungsmöglichkeit der Ver- und Entsorgungssysteme bei größeren Bedarfsanforderungen (Bauplanung, strategische Entscheidungen),
- Optimierung der Ver- und Entsorgungssysteme hinsichtlich der Betriebsführung,
- schnelle Bereitstellung von Planungsunterlagen,

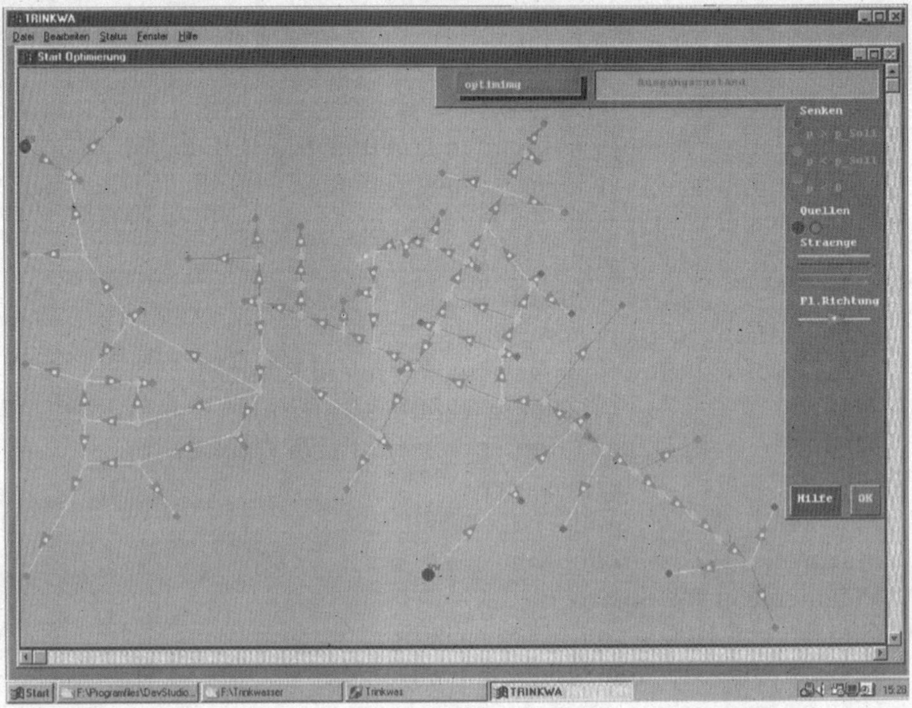

Abbildung 11: Demo-Beispiel Netzoptimierung, vor Optimierung

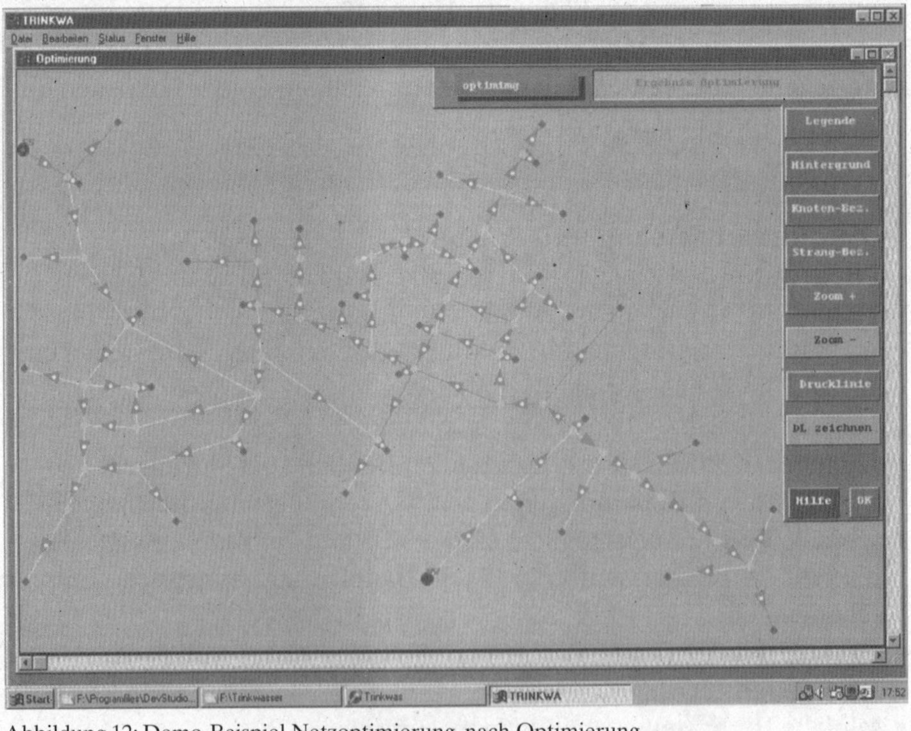

Abbildung 12: Demo-Beispiel Netzoptimierung, nach Optimierung

- Verringerung der Bearbeitungszeiten im Rahmen der Auskünfte TÖB einschließlich Erhöhung der Qualität,
- schnelle Zugriffsmöglichkeit auf verbrauchsrelevante Daten sowie Daten aus der Anlagenbuchhaltung.

Auf der anderen Seite wird auch deutlich, daß ein hoher Aufwand bei der Entwicklung um Implementierung solcher komplexen Systeme besteht. Um diesen zu minimieren bieten moderne Softwaretechnologie und -lösungen eine wichtige und ausgereifte Grundlage. Ihre Anwendung setzt wiederum hochqualifiziertes Personal und erhebliche Anstrengungen und Mittel in der Entwicklung voraus. Aus diesem Grunde ist die Förderung entsprechender Arbeiten durch die Deutsche Bundesstiftung für Umwelt hoch einzuschätzen. Ohne diese Förderung hätten die hier dokumentierten Arbeiten nicht, bzw. nicht in gleicher Qualität realisiert werden können. In diesem Sinne hoffen die Autoren auf die Förderung der zweiten Projektphase.

Literatur

Bernhardt, U. (1999): GIS-Anwendung in Versorgungsunternehmen: Neue Anforderungen des deregulierten Marktes an integrierte Informationssysteme, gwf-Gas/Erdgas 140 Heft 6 (1999) S. 367–372

Bernhardt, U. (2000): Effizient und kundenorientiert – GIS im liberalisierten EVU-Markt, GeoBIT Heft 2 (2000) S. 26–27

Hubert, R. (1997): Von der traditionellen Applikationslandschaft zum evolutionären Gesamtsystem, Objektspektrum 1/97, Münster

Studzinski, J., Chudzik, B., Straubel, R.: Computer Aided Design and Optimization of Water and Sewage Networks. Proceedings of the Conference MOSIS'96 on Modelling and System Simulation, Krnov, 23.–25 April 1996. In: Stefan, J.: (ed.) Acta Mosis No. 60, Ostrava (1996) p. 111–116.

Taylor, D.: (1995) Business Engineering with Object Technology, John Wiley & Sons, Inc., New York

Taylor, D. (1997): Convergent Engineering – das Ende der Software Krise, Java Spektrum 3 (Mai/Juni) 1997, Münster

ZUSAMMENFASSUNG ARBEITSKREIS GRUND- UND TRINKWASSER

Felix Gruber/Alexander Gutsch

Felix Gruber

Alexander Gutsch

1 Grundwasser

Die Erdoberfläche ist zu 71 % von Wasser bedeckt. Mehr als 97 % davon sind Salzwasser. Von den verbleibenden 3 % Süßwasser ist der größte Teil in den Polarkappen und Gletschern sowie in unzugänglichen Grundwasserbeständen gebunden. Nur etwa 0,3 % der Süßwasservorräte sind in Flüssen, Seen oder förderbarem Grundwasser direkt zugänglich und stehen für die Trinkwasserversorgung zur Verfügung.

Deutschland ist ein wasserreiches Land. Ausreichende Niederschläge und eine nachhaltige Gewässerbewirtschaftung stellen sicher, dass in Deutschland genügend Süßwasser für Trinkwasseraufbereitung zur Verfügung steht. Die öffentliche Trinkwasserversorgungen Deutschland nutzt etwa 3 % des zur Verfügung stehenden Süßwassers. Trinkwasser wird aus **Grund-, Oberflächen- und Quellwasser** gewonnen. Der Beitrag dieser drei Wasserquellen zur Trinkwassergewinnung ist regional sehr unterschiedlich.

Grundwasser ist die wichtigste Ressource für die Trinkwassergewinnung. Bundesweit werden rund 65 % des Trinkwassers aus Grundwasser gewonnen. Dem Schutz des Grundwassers für die Trinkwassergewinnung kommt daher eine hohe Bedeutung zu. Grundwasser hat darüber hinaus auch eine wichtige Funktion im Naturhaushalt hinsichtlich der Speisung von Oberflächengewässern. Trinkwasser wird zu rund 27 % aus **Oberflächenwasser** (Uferfiltrat, angereichertes Grundwasser, Flusswasser, Seewasser und Talsperrenwasser) gewonnen. Rund 8 % des Trinkwassers werden aus **Quellwasser** gewonnen.

In Deutschland gibt es im Vergleich zu vielen ariden Gebieten in der Welt grundsätzlich kein Mengenproblem bei der Trinkwasserbereitstellung. Allerdings sieht sich die Wasserwirtschaft zunehmend Qualitätsproblemen gegenübergestellt. Die Ursachen dafür liegen überwiegend in diffusen Schadstoffeinträgen durch die Landwirtschaft, Verkehr und Industrie. Punktquellen, beispielsweise aus Altlasten oder Abwassereinleitungen, verlieren zunehmen an Bedeutung. Etwa 11 % des Grundwassers sind heute schon mit über 50 mg/l Nitrat (Grenzwert der Trinkwasserverordnung) belastet.

Der Arbeitskreis hat ausführlich über die größten Gefahrenquellen für das Grundwasser und die Ursachen des Schadstoffeintrages diskutiert. Dabei wurden folgende Hauptprobleme identifiziert:

Da – wie bereits ausgeführt – in Deutschland weniger die Wassermengen, als eher die Wassergüte ein Problem darstellt, muss sich der Grundwasserschutz künftig auf die Reduktion insbesondere des **diffusen Schadstoffeintrags** konzentrieren. Ferner bestand Einigkeit im Arbeitskreis darüber, dass auch **bakterielle Belastungen** eine Gefährdung für das Trinkwasser darstellen können. Für eine geregelte künftige Grundwassernutzung für die Trinkwasserbereitstellung muss eine unkontrollierte **Bodenversiegelung** vermieden werden. Der Arbeitskreis wies ferner darauf hin, dass gewisse Gefährdungen hinsichtlich der Trinkwasserqualität durch die **Liberalisierung des Wasserrechts** möglich sind. Hier ist nach Ansicht der Arbeitskreismitglieder die Politik gefordert, entsprechende Schutzbestimmungen für das Grundwasser zu erlassen.

Im weiteren Verlauf wurde im Arbeitskreis intensiv über die konkreten Ursachen für die Grundwassergefährdung diskutiert. Als ein zentraler Emittent von Schadstoffen wurde die **Landwirtschaft** genannt, aber auch der **Verkehr** und **Industriebetriebe**, die zur Luftverschmutzung (NO_X, SO_2) beitragen, stellen langfristig eine Gefahr für das Grundwasser dar. Weiter wurden **Deponien**, **Baumaßnahmen**, **Kläranlagen** und der **private Haushaltsbereich** als Gefährdungsquellen für das Grundwasser genannt.

In einem dritten Schritt wurden Lösungsansätze und Entlastungspotentiale diskutiert und hinsichtlich der Notwendigkeit einer **kurz**, **mittel** oder **langfristigen Umsetzung** beschrieben. Der Arbeitskreis nannte die Sensibilisierung der Verbraucher als ein sehr wichtiges Arbeitfeld, das kurzfristig umgesetzt werden muss. Nach Einschätzung des Arbeitskreises wird sich der Schadstoffeintrag – insbesondere aus diffusen Quellen – nur mittelfristig reduzieren lassen. Kontrovers wurde im Arbeitskreis die Auffassung diskutiert, dass sich langfristig in Deutschland auch die zur

Verfügung stehende Wassermenge reduzieren könnte und damit neben dem Qualitätsproblem auch ein Mengenproblem bei der Trinkwasserbereitstellung entstehen könnte. Eine Überarbeitung und Verschärfung des Wasserrechtes, insbesondere auf europäischer Ebene, wird mittelfristig als wichtig eingeschätzt.

2 Trinkwasser

Der durchschnittliche tägliche Trinkwasserverbrauch hat sich in den letzten Jahren leicht, aber stetig verringert. Er beträgt zur Zeit rund 120 l je Einwohner und Tag. Vor 10 Jahren wurden noch täglich 145 l Trinkwasser pro Einwohner verbraucht. Die Gründe hierfür werden auf Weiterentwicklungen im Bereich der Hausgerätetechnik (Waschmaschine, Spülmaschine) aber auch auf Sparmaßnahmen im Bereich der Toilettenspülung zurückgeführt. Im Arbeitskreis wurde diskutiert, ob und in welcher Form sich der Trinkwasserverbrauch weiter reduzieren lässt. Von einigen Teilnehmern wurde darauf hingewiesen, dass sich der Trinkwasserverbrauch nicht ohne Auswirkungen auf Strömungsverhältnisse im Kanalisationsnetz deutlich weiter senken lässt. Dieser Aspekt wurde im Arbeitskreis kontrovers diskutiert. Im Rahmen der Exkursion wurde ein in Dresden installierter und von der Deutschen Bundesstiftung Umwelt geförderter Drehbogen besichtigt, mit dessen Hilfe sich das Abwasser im Kanalisationsnetz aufstauen lässt, um dann die Schwallwirkung bei Senken des Drehbogens zur Reinigung des Kanalnetzes zu nutzen. Diese Technik wurde als eine Lösungsmöglichkeit dafür gesehen, den Wasserverbrauch weiter senken zu können, ohne das heutige Kanalisationsnetz in seiner Funktionsfähigkeit negativ zu beeinflussen.

Der Arbeitskreis diskutierte ausführlich, welche Substitutionsmöglichkeiten für Trinkwasser im Bereich Haushalt – insbesondere der Toilettenspülung – zukünftig möglich sein können. Der Arbeitskreis war sich einig, dass beispielsweise durch Regenwassernutzung ein Großteil des täglichen Frischwasserverbrauches für die Toilettenspülung ersetzt werden kann. Allerdings ist darauf zu achten, dass die hygienisch einwandfreie Qualität der Trinkwasserversorgung dadurch nicht beeinträchtigt wird. Hinsichtlich der künftigen Kostenentwicklung wurde im Arbeitskreis diskutiert, dass die vergleichsweise hohen Fixkosten bei der Trinkwassergewinnung bei sinkendem Trinkwasserverbrauch zu einer spezifischen Erhöhung des Trinkwasserpreises pro m^3 führen können. Hier sind

Entwicklungen gefordert, die dieses Problem langfristig beheben (neuartiges Wassermanagement, Verbundsysteme).

Die Gewässergüte hat sich in den vergangenen Jahren stetig verbessert. Dies ist auf die großen Anstrengungen beim Ausbau von Kläranlagen und der Rückhaltung von Schadstoffen aus der Industrie zurückzuführen. Der Eintrag von Nähr- und Schadstoffen über diffuse Einträge muss allerdings in Zukunft weiter vermindert werden. Dazu sind besondere Kooperationen zwischen den einzelnen Akteuren, wie der Wasserwirtschaft und der Landwirtschaft notwendig. Die Lebensgrundlage Wasser kann nur durch vernetztes und in Kooperation eingebundenes Denken und Handeln gesichert und damit in ausreichender Menge und Qualität auch in Zukunft bereitgestellt werden.

ARBEITSKREIS: ABWASSER

Nikolaus Geiler

Die Abwasser-Situation in Deutschland – Ein Überblick

1. Was wurde erreicht? Die Erfolgsstory des deutschen Gewässerschutzes

Vergleicht man die Gewässergütekarten aus den 70er Jahren mit den Gewässergütekarten aus den 90er Jahren werden die Erfolge der deutschen Gewässerschutzpolitik offenkundig. Wo früher die roten und gelben Warnfarben die Gewässergütekarten dominierten, herrschen heute die Grüntöne vor (Gewässergütestufe II auf der vierstufigen Skala). Die Investitionen von einigen hundert Milliarden Mark in den Bau von Kanalsystemen sowie in den Bau und Betrieb von kommunalen und industriellen Kläranlagen hat sich gelohnt! Daß inzwischen das Programm „Lachs 2000“ im Rheineinzugsgebiet – aber auch im Einzugsgebiet der Elbe – erste greifbare Erfolge zeitigt, ist ebenfalls ein Beweis für eine deutlich verbesserte Gewässergüte. Der schöne Erfolg ist der Bundesrepublik allerdings nicht in den Schoß gefallen. Allein der volkswirtschaftliche Wert der kommunalen Anlagen wird auf etwa 400 Milliarden Mark geschätzt – eine Zahl, die meines Erachtens zu gering angesetzt ist. Das größte Vermögen der Kommunen steht nicht als Stadttheater am Marktplatz und fährt auch nicht als Straßenbahn über den Rathausplatz – das größte Vermögen der deutschen Kommunen befindet sich unter der Erde in Form von Abwasserkanälen.

1.1 Die Leistungsfähigkeit kommunaler Kläranlagen

Die zunehmend verbesserte Reinigungsleistung der deutschen Kläranlagen wird durch den alljährlichen Kläranlagen-Leistungsvergleich von ATV-DVWK dokumentiert. Am 12. Leistungsvergleich im Jahr 1999 beteiligten sich 6.149 Kläranlagen mit einer Ausbaugröße von rund 140 Mio. Einwohnerwerten (EW). Bezogen auf die Gesamtausbaugröße aller Kläranlagen in Deutschland mit etwa 152 Mio. EW entspricht dies einer Repräsentativität von 92 Prozent. Der Leistungsvergleich 1999 basierte auf mehr als 1,5 Mio. Einzelmessungen, die vom Betriebspersonal der

Kläranlagen im Rahmen der Eigenkontrolle durchgeführt worden sind. Aggregiert wurden diese Werte einerseits zu einer Sauerstoffbedarfsstufe, der folgende sauerstoffzehrende Parameter zugrundeliegen:

- der Biochemischen Sauerstoffbedarf in fünf Tagen (BSB5) als Wirkparamenter für die leicht abbaubaren organischen Abwasserinhaltsstoffe
- der Chemische Sauerstoffbedarf, der auch die schwerer abbaubaren Abwasserinhaltsstoffe repräsentiert
- und dem Ammonium-Stickstoff

In einer Nährstoffbelastungsstufe werden zusätzlich die eutrophierenden Nährstoffe Phosphor und Stickstoff erfaßt. Auf einer jeweils fünfstufigen Skala konnte die Sauerstoffbedarfsstufe von 1992 von 1,9 auf 1,5 im Jahr 1999 und im gleichen Zeitraum die Nährstoffbelastungsstufe von 2,9 auf 1,9 reduziert werden. Damit sind jetzt die Anforderungen der EG-Kommunalabwasserrichtlinie für eutrophierungsempfindliche Gebiete erfüllt. Bei allem Stolz über die erreichten Leistungen mahnt ATV-DVWK aber auch: *„Das hervorragende Gesamtergebnis des Leistungsvergleichs darf nicht darüber hinwegtäuschen, dass regional noch unterschiedlicher Handlungsbedarf besteht."* Künftig wird geplant, den Leistungsvergleich auf europäischer Ebene weiterzuentwickeln. Hierzu wird aktuell die Durchführung eines Leistungsvergleichs auf Wirkungsgradbasis erprobt.

1.2 Die Abwassersanierung bei Industrie und Gewerbe

Ebenso wie im kommunalen Bereich wurden auch im industriell-gewerblichen Bereich erhebliche Fortschritte bei der Abwassersanierung erreicht. Seit Mitte der 70er Jahre gingen schrittweise die großen Werkskläranlagen der Chemiekonzerne am Rhein und seinen Nebenflüssen in Betrieb. Durch Produktionsumstellungen – konnten ebenfalls signifikante Verbesserungen der Gewässergüte erreicht werden. Beispielhaft steht hier die Zellstoffbranche, wo der Übergang von der Chlor- auf die Sauerstoffbleiche die Belastung der Flüsse mit chlorierten Kohlenwasserstoffen signifikant reduziert hat. Weitere Details über die Abwasservermeidung und -reinigung im industriell-gewerblichen Bereich können den Referaten von Herrn Dr. MICHAEL SCHWAKE (Papier- und Textilindustrie) sowie von Herrn KURT RAPP (Automobilbranche) entnommen werden.

Hinzu kam, daß abwasserintensive Industriebranchen zunehmend „dichtmachen" mußten. Dazu gehört beispielsweise ein großer Bereich der Montanindustrie (u.a. Kokereien, Stahlwerke usw.). Die mit Abstand abwasserrelevanteste Indirekteinleiterbranche – die Textilindustrie und vor allem die Textilveredlungsbetriebe – hat ebenfalls einen erheblichen Aderlaß hinnehmen müssen. Bekanntlich ist der Erfolg der Gewässersanierung in Ostdeutschland im wesentlichen auch darauf zurückzuführen, daß ein Großteil der ehemaligen abwasserspeienden DDR-Industrie „abgestorben" ist.

2. Warum wurde es erreicht?

Der soziale Aspekt in der deutschen Gewässerschutzpolitik:
Oder:
Die Bedeutung von bürgerschaftlichem Engagement, von Bürgerinitiativen und Umweltverbänden

Für die ausländisichen Teilnehmer der Sommerakademie dürfte es interessant sein, zu erfahren, was die Triebfeder für die erreichten Erfolge in Deutschland war. Insofern wird der Schwerpunkt der Schriftfassung des Referates auf diesen Aspekt gelegt.

Das erreichte Niveau der Gewässersanierung in Deutschland ist nicht allein das Verdienst der Wasserwirtschaftsverwaltungen von Bund und Ländern. Erst das breite Engagement von Bürgerinitiativen und Umweltverbänden hat mit dazu beigetragen, daß die Gewässerschutzpolitik den notwendigen Drive bekommen hat. Schwerwiegende Störfälle und spektakuläre Havarien haben zudem dafür gesorgt, daß die deutsche Gewässerschutzgesetzgebung schrittweise verschärft wurde. Im Rückblick auf dreißig Jahre Gewässerschutzpolitik in Deutschland kann konstatiert werden, daß die mittlerweile erreichten Erfolge ohne die Partizipation der interessierten Öffentlichkeit nicht erzielt worden wären. Der behördliche Gewässerschutz war auf eine – durchaus konfliktträchtige – Zusammenarbeit mit Umweltinitiativen angewiesen. Den Umweltinitiativen kommt auch heute noch eine Schrittmacherfunktion beim Gewässerschutz und in der Fortentwicklung der Siedlungswasserwirtschaft zu.

2.1 Störfälle und Katastrophen als Bewußtseinsbeschleuniger

In der Nacht zum 1. November 1986 färbte sich der Rhein bei Basel blutrot. Bei einem Großbrand in der Lagerhalle des Basler Chemiekonzerns SANDOZ gelangten mit 20.000 Kubikmetern Löschwasser etwa 30 Tonnen Pestizide und Farbstoffe in den Rhein. Im südlichen Oberrhein verendeten daraufhin schätzungsweise 150.000 Aale sowie zahllose andere Fischarten und Kleintiere. Der Pestizidtod am Oberrhein wuchs sich zu einem ungeheuren Medien- und Politikereignis aus. Nur ein Jahr später wucherten in Nord- und Ostsee giftige „Killeralgen" und verendeten Tausende von Robben. Die Resonanz des Desasters in Nord- und Ostsee in den Medien – und darauf folgend in der Politik – war noch größer als bei der „SANDOZ-Giftwelle". Die Politik wurde angesichts der öffentlichen Empörung unter Zugzwang gesetzt und die Gewässerschutzgesetzgebung deutlich verschärft.

Fast zwei Jahrzehnte zuvor – im Herbst 1969 – hatte sich im gesamten Rheinlauf unterhalb der Mainmündung ebenfalls ein gigantisches Fischsterben ereignet – noch weit größer als das Fischsterben im Gefolge der Sandoz-Giftwelle von 1986. Hubschrauberaufnahmen von damals zeigen einen vollkommen silbrigen Rheinlauf von Bingen bis Rotterdam. Silbrig glänzte der Rhein, weil Millionen von Fischen mit dem Bauch nach oben den Rhein hinuntertrieben. Das finale Fischsterben zwischen Bingen und der Rheinmündung bei Hoeck van Holland hatte vermutlich zwei Ursachen: Aufgrund der hohen organischen Belastung war dem Rhein buchstäblich die Luft ausgegangen. Zusätzlich führte die Einleitung eines Insektizids dazu, daß im ohnehin schwer angeschlagenen Rhein die Fische vergiftet wurden. Die Katastrophe von 1969 symbolisierte den Höhepunkt der Rheinverschutzung. Von der Nachkriegszeit bis in die 60er Jahre hatte die Gewässerverschmutzung – nicht nur am Rhein – kontinuierlich zugenommen. Nach dem bis dahin beispiellosen Fischsterben formierten sich die Rheinwasserwerke damals zur ersten „pressure group" für einen effektiven Gewässerschutz im Rheineinzugsgebiet. Die Rheinwasserwerke standen vor der Schwierigkeit aus dem immer dreckiger werdenden Rheinwasser mit immer höher werdendem technischem Aufwand ein Trinkwasser für Millionen Menschen am Mittel- und Niederrhein aufzubereiten.

2.2 Umweltverbände und Bürgerinitiativen treiben die Gewässerschutzpolitik voran

Die Rheinkatastrophe vom Herbst 1969, die beharrliche Lobbyarbeit der deutschen und niederländischen Rheinwasserwerke und das sprunghaft zunehmende Umweltinteresse in den 70er Jahren führten dazu, daß Milliarden Mark in den Bau von Kläranlagen bei Kommunen und in der

Industrie investiert wurden. Umweltinitiativen prangerten in vielfältigen Aktionen die Schadstoffeinleitungen entlang des Rheins an. Abwasserrohre wurden zugemauert und Betriebsanlagen besetzt. Insbesondere die Schadstoffeinleitungen der Chemiebranche standen dabei im Mittelpunkt des Interesses. Von der Presse sowie von Funk und Fernsehen wurden die spektakulären Aktionen der Umweltschützer an eine breite Öffentlichkeit vermittelt. In der ökologisch sensibilisierten Öffentlichkeit wurden die Aktivitäten von Bürgerinitiativen und Umweltverbänden in der Regel mit Sympathie begleitet. Die Aktivitäten der Umweltverbände kumulierten 1983 europaweit im „Internationalen Wassertribunal": In Rotterdam wurden vor einer internationalen Jury besonders spektakuläre Fälle von Gewässerverschmutzung in Europa verhandelt.

Das Zusammenspiel von Umweltaktivisten und Presse setzte die Politik zunehmend unter Handlungszwang. Beginnend mit dem Jahr 1976 wurden im Gefolge der 4. Novelle des Wasserhaushaltsgesetzes erstmals Grenzwerte („*Überwachungswerte*") für die Schadstoffeinleitungen zahlreicher Industriebranchen vereinbart. 1986 wurden im Rahmen der 5. Novelle des Wasserhaushaltsgesetzes die branchenspezifischen Überwachungswerte für *„gefährliche Stoffe"* deutlich verschärft. Als *„gefährliche Stoffe"* waren in der damaligen Rahmen-Abwasserverwaltungsvorschrift und ihren branchenspezifischen Anhängen insbesondere Schwermetalle und Organochlorverbindungen definiert worden.

2.3 Der Kampf ums „Gläserne Abwasserrohr"

Bürgerinitiativen und Umweltverbände begehrten auch zunehmend Einblick in die wasserrechtlichen Erlaubnisbescheide großer Schadstoffeinleiter. Die für die Schadstoffeinleiter festgesetzten Überwachungswerte waren in den *„Wasserbüchern"* bei den Oberen Wasserbehörden verzeichnet. Eine Einblicknahme in die *„Wasserbücher"* war zunächst für die interessierte Öffentlichkeit nicht möglich. Behörden und Emittenten beharrten auf der Wahrung angeblicher *„Betriebsgeheimnisse"*. Erst zahlreiche Aktionen und Prozesse führten dazu, daß im Wasserhaushaltsgesetz und in den Landeswassergesetzen die Geheimhaltungsvorschriften für die *„Wasserbücher"* gestrichen worden sind. Auch wenn es teilweise immer noch Restriktionen gibt, haben die Aktivitäten von den 70er Jahren bis heute dazu geführt, daß man auf dem Weg zum *„gläsernen Abwasserrohr"* schon weit vorangekommen ist.

Auch die Neufestsetzung von wasserrechtlichen Erlaubnisbescheiden für Abwassereinleitungen werden heute bei Erörterungsterminen öffentlich verhandelt. Andere Gewässernutzer sowie Umweltinitiativen können die Antragsunterlagen einsehen, kommentieren und gegebenenfalls kritisieren.

2.4 Die Gewässerverschmutzung wurde für einige Industriebranchen kontraproduktiv

Das zuvor genannte „Internationale Wassertribunal" europäischer Umweltverbände war u.a. vom Hafen von Rotterdam gesponsert worden. In den Hafenbecken von Rotterdam lagern sich schadstoffbelastete Sedimente aus dem gesamten Rheineinzugsgebiet ab. Die Entsorgung der giftigen Hafenablagerungen kostete den Hafen von Rotterdam hunderte Millionen von Gulden. Das Beispiel zeigt, daß die zunehmende Gewässerverschmutzung nicht nur bei Bürgerinitiativen und Wasserwerkern auf wachsenden Widerstand stieß – auch andere Wassernutzer wanden sich gegen die Schädigung ihrer kommerziellen Interessen. Der Hafen von Rotterdam organisierte mit niederländischen Umweltorganisationen Ende der 80er Jahre auch die Befahrung des Rheins mit einem Laborschiff. In den Abwasserfahnen von relevanten Rheinverschmutzern wurden Proben genommen und analysiert. Basierend auf den Meßergebnissen drohte der Hafen von Rotterdam den Schadstoffeinleitern – insbesondere aus der Chemiebranche – mit Schadensersatzprozessen. Der Verband der Chemischen Industrie (VCI) sowie die Großchemie im schweizerischen Basel schlossen daraufhin mit den Rotterdamer Hafenbetrieben eine „freiwillige Selbstverpflichtung". Darin verpflichtete sich die Chemieindustrie zu einer weiteren Reduzierung ihrer Schadstoffemissionen.

Hinzu kam, daß die hohe organische und anorganische Belastung des Rheins auch die Interessen industrieller Wassernutzer beeinträchtigte. Zahllose Industriebetriebe entlang des Rheins und seiner Nebenflüsse nutzten das Flußwasser für Kühl- und Produktionszwecke. Zudem hätte die Belastung des Rheins mit Abwärme aus zahllosen thermischen Kraftwerken im Zusammenwirken mit der hohen organischen Last zu nicht mehr hinnehmbaren Sauerstoffengpässen geführt. Es waren also nicht nur die Aktivitäten von Umweltorganisationen, sondern auch Interessen einiger Industriesektoren selbst, die die Sanierung des Rheins beschleunigten.

2.5 Wie kam es zur beispielgebenden Bodenseesanierung?

Die Beeinträchtigung von Interessen anderer Gewässernutzer durch die Wasserverschmutzung führte auch anderenorts zu weitergehenden Sanierungsmaßnahmen. Paradebeispiel hierfür ist der Bodensee. Der Bodensee als internationales Gewässer war in den 60er und 70er Jahren insbesondere durch die Eutrophierung gefährdet: Phosphate im Abwasser ließen die Algen über alle Maßen wuchern. Aus dem Bodensee wird aber nicht nur Trinkwasser für schweizerische Gemeinden entnommen. Der gesamte hochindustrialisierte Mittlere Neckarraum hängt existentiell vom Bodensee ab. Über eine doppelte Pipeline versorgt der im kommunalen Besitz befindliche „Zweckverband Bodenseefernwasserversorgung" die Großregion Stuttgart mit dem lebensnotwendigen Trinkwasser in einer Größenordnung von 80 Mio. Kubikmetern pro Jahr. Ohne Bodenseewasser wäre weder der Erfolg von Daimler Benz noch von IBM oder anderen zahlreichen, weltbekannten Firmen im Mittleren Neckarraum möglich gewesen. Die kaum zu überschätzende Bedeutung des Bodensees für Bevölkerung und Wirtschaft im Großraum Stuttgart hatte schon früh zu überdurchschnittlichen Anstrengungen zur Reinhaltung des Bodensees geführt. Für die Kläranlagen im Einzugsgebiet des Bodensees wurden Ablaufwerte vereinbart, die weit schärfer waren, als die üblichen Grenzwerte in Deutschland. Zusätzlich wurden besonders ehrgeizige Sanierungsmaßnahmen für die Mischwasserentlastungen beschlossen. Koordiniert wurden die gemeinsamen Anstrengungen von Österreich, der Schweiz und den deutschen Bodenseeanrainern Bayern und Baden-Württemberg durch die Internationale Kommission zum Schutz des Bodensees. Die beispielgebenden Sanierungsmaßnahmen führten zum Erfolg: Die Phosphateinleitungen konnten in den Anrainerländern so weit reduziert werden, daß der Bodensee – und damit die Trinkwassergewinnung – zwischenzeitlich nicht mehr gefährdet sind.

In der Rückschau läßt sich feststellen: Ohne die maßgebliche Bedeutung des Bodensees für die Trinkwasserversorgung einer der produktivsten Wirtschaftsregionen der Bundesrepublik wären wohl kaum derart durchgreifende Maßnahmen zur Sanierung der Abwassereinleitungen im Einzugsgebiet des Bodensees getroffen worden. Und nur die prosperierende Wirtschaftskraft der Bodenseeanrainer erlaubte die kostspieligen Sanierungsmaßnahmen in der Schweiz, in Österreich sowie in Bayern und Baden-Württemberg.

2.6 Die Unterlieger sind den Schadstoffeinleitungen auf der Spur

Weite Regionen der Niederlande und Großstädte wie Amsterdam sind auf Rheinwasser zur Trinkwassergewinnung angewiesen. Die niederländischen Unterlieger am Rhein haben deshalb schon frühzeitig ein wachsames Auge auf den Chemikalienzoo im Rheinwasser geworfen. Hierzu wurde bei den niederländischen Rheinwasserwerken eine HighTech-Analytik zur kontinuierlichen Rheinwasserüberwachung aufgebaut. Die niederländischen Rheinwasserwerke messen routinemäßig Dutzende von wasserwerksrelevanten Schadstoffen. In Sondermeßprogrammen können hunderte verschiedener Schadstoffe analysiert werden. Viele illegale oder auch unbeabsichtigte Schadstoffeinleitungen aus deutschen Produktionssstätten wurden in den 70er und 80er Jahren nicht in deutschen Rheinmeßstationen, sondern erst in den Niederlanden detektiert. Nach und nach wurde dann auch von den Wasserwirtschaftsverwaltungen der deutschen Bundesländer eine umfangreiche Analysekapazität aufgebaut. Dabei werden inzwischen nicht nur chemische Parameter analysiert – mit verschiedenen Biotests können die Schadstoffwirkungen des Rheinwassers mittlerweile integral erfaßt werden. Die Analytik der deutschen und niederländischen Rheinwasserwerke sowie der deutschen Behörden wurde im Verlauf der letzten Jahre so weitgefächert, daß praktisch jede abnormale Schadstoffeinleitung zeitnah entdeckt werden kann. Da die Emittenten zudem zu Rückstellproben verpflichtet sind, hat die Verheimlichung von innerbetrieblichen Havarien und Störfällen mit Auswirkungen auf den Rhein kaum noch Chancen. Die gleichermaßen breit gefächerte wie engmaschige analytische Überwachung des Rheins und seiner Nebenflüsse hat mit dazu beigetragen, daß den Emittenten im Verlauf der letzten drei Jahrzehnte ein hohes Verantwortungsgefühl für den Gewässerschutz anerzogen werden konnte. Die analytische Kontrolle des „Vorfluters“ wird durch eine Kontrolle direkt bei den Emittenten ergänzt: Die MitarbeiterInnen der Industrieabwasserreferate der Höheren Wasserbehörden checken bei Vorortgesprächen in der Industrie die abwassererzeugenden Produktionsvorgänge und den Stand des betrieblichen Gewässerschutzes.

Die externe Kontrolle ist verzahnt mit einer internen Kontrolle. Letztere wird bei den industriellen Direkteinleitern von den betrieblichen Gewässerschutzbeauftragten wahrgenommen. Die weitgehend unabhängigen Gewässerschutzbeauftragten in den Industriebetrieben sind die

„personifizierte Eigenkontrolle" beim betrieblichen Gewässerschutz. Die Institution des Gewässerschutzbeauftragten nach § 21a ff Wasserhaushaltsgesetz hat mit dazu beigetragen, daß die gesetzlich vorgeschriebenen Maßnahmen zur Abwasservermeidung und -reinigung bei vielen Emittenten vergleichsweise zeitnah und verbindlich umgesetzt worden sind.

2.7 Bürgerschaftliches Engagement setzt neue Verfahren der Abwasserreinigung durch

In vielen deutschen Dörfern ist die Abwasserreinigungsanlage nicht mehr von einem Feuchtbiotop zu unterscheiden: Das Abwasser wird in „Pflanzenkläranlagen" kostengünstig und energiesparend gereinigt. Der Siegeszug der „Pflanzenkläranlagen" war allerdings nur gegen den hinhaltenden Widerstand von Behörden und konservativen Ingenieurbüros möglich. Bürgerinitativen und engagierte Einzelpersonen mußten vielerorte einen jahrelangen Kampf führen, um diese naturnahe Variante der Abwasserreinigung durchzusetzen. Konservative Bauingenieure, die den Kläranlagenbau bundesweit beherrschten, konnten sich nicht vorstellen, daß Abwasser nicht nur in technischen Betonbauwerken, sondern auch in *„bewachsenen Bodenfiltern"* hochwertig gereinigt werden kann. Die jahrzehntelangen Auseinandersetzung um die „Pflanzenkläranlagen" und andere naturnahe Abwasserreinigungsverfahren waren letztlich vom Erfolg gekrönt: Inzwischen gilt die Abwasserreinigung in – richtig dimensionierten – *„bewachsenen Bodenfiltern"* als anerkanntes Verfahren nach dem „Stand der Technik".

Verbunden mit dem Kampf um die Anerkennung der „Pflanzenkläranlagen" waren die Auseinandersetzungen um dezentrale Varianten der Abwasserreinigung. Umweltverbände und Bürgerinitiativen wollten – beginnend mit den 70er Jahren – nicht länger akzeptieren, daß große zentrale Klärsysteme der Weisheit letzter Schluß sein sollten. Mit viel Engagement setzten sich die Initiativen für dezentrale Lösungen ein. Nicht mehr zehn Dörfer sollten sich über kilometerlange Hauptsammler an eine zentrale Kläranlage anschließen. Jedes Dorf sollte vor Ort seine eigene Kläranlage – vorzugsweise eine „Pflanzenkläranlage" – bekommen. Verschiedentlich wurden von den Dorfbewohnern sogar Abwassergenossenschaften gegründet. Die Dörfler griffen selbst zur Schaufel, die Bauern setzten ihren Maschinenpark ein: Die Kanäle und die Pflanzenkläranlage wurden in kostensparender Eigenarbeit selbst errichtet.

Der vielerorts erbittert geführte Kampf um dezentrale Abwassersysteme fand letztlich seinen Niederschlag auch im Wasserhaushaltsgesetz: Bei der 6. Novelle des Wasserhaushaltsgesetzes wurde 1996 die dezentrale Variante der Abwasserreinigung als zulässig erachtet.

Auch die neuerdings breiter diskutierten Varianten einer alternativen und ökologisch ausgerichteten Siedlungswasserwirtschaft wurden zuerst von engagierten Wissenschaftlern und Umweltverbänden in die Debatte um die Zukunft der Abwasserentsorgung eingebracht. Für die vorgeschlagene Kreislaufführung von abwassergebundenen Nährstoff- und Energieflüssen hatte die etablierte Siedlungswasserwirtschaft anfangs nur Hohn und Spott übrig.

2.8 Die Institutionalisierung von bürgerschaftlichem Engagement in der Wasserwirtschaft

Im Rahmen der Umsetzung der AGENDA21 wird in einigen deutschen Kommunen inzwischen versucht, die Mitarbeit interessierter Bürgerinnen und Bürger sowie von Verbänden und NGOs in der kommunalen und regionalen Wasserwirtschaft zu institutionalisieren. Auch unabhängig von der AGENDA21 gibt es einige beispielgebende Aktivitäten, die darauf abzielen, die Fachkunde und das Engagement von Initiativen stärker als bislang in die wasserwirtschaftlichen Planungs- und Entscheidungsprozesse miteinzubeziehen. Zu nennen wäre in diesem Zusammenhang der *„regioWASSER 2005“* in Freiburg. Ziel des *„regioWASSER 2005“* ist es, alle „Wasserköpfe“ in der Region Freiburg zusammenzuführen. Der interdisziplinäre Arbeitskreis *„regioWASSER 2005“* wurde auf Anregung einer im Wasserbereich tätigen NGO zusammen mit der „Freiburger Energie- und Wasserversorgungs AG“ (FEW) im Febr. 99 gegründet. Außer der FEW und der NGO arbeiten in dem Arbeitskreis alle mit der Wasserwirtschaft befaßten Behörden (vom Gesundheitsamt über die Unteren und Höheren Wasserbehörden bis zu den Umweltämtern von Stadt- und Landkreis) sowie die maßgeblichen Lehrstühle der Uni Freiburg (Hydrologie, Landschaftspflege) mit. Die Finanzierung der Aktivitäten des „regioWASSER 2005“ hat die FEW als regionales Wasserversorgungsunternehmen übernommen. Über den Arbeitskreis, in dem sich mittlerweile mehrere Unterarbeitskreise konstituiert haben, soll eine Bündelung des gesamten wasserwirtschaftlichen Sachverstandes in der Region Freiburg erfolgen. In den Unterarbeitskreisen soll nicht nur die Geschichte der Trinkwasserver- und der Abwasserentsorgung in der Region, sondern auch ein zukunftsfähiges Modell der Siedlungswasserwirtschaft (einschl. aquatischem Naturschutz) für den Großraum Freiburg erarbeitet werden.

3. Was muß noch erreicht werden?

3.1 Nur teilweise gelungener Transfer des westdeutschen Modells nach Ostdeutschland

Die Übertragung des westdeutschen Modells der Abwasserentsorgung auf die Neuen Bundesländer war nur ein begrenzter Erfolg. Die „Rekommunalisierung" der ehemaligen Volkseigenen WAB-Betriebe hat vielfach dazu geführt, daß zu kleine Abwasserverbände mit zu großen Kläranlagen nicht mehr überlebensfähig sind. Beim neuerdings erwachten Ehrgeiz der deutschen Wasserwirtschaft, den aquatischen Weltmarkt erobern zu wollen, sollte aus den Erfahrungen mit dem Fiasko in den Neuen Bundesländern gelernt werden.

3.2 Schwebstoffe und Keime

3.2.1

Aus den Nachklärbecken der herkömmlichen Kläranlagen werden Schwebstoffe („Suspensa") abgetrieben. Bei den üblichen Aufenthaltszeiten in den Nachklärbecken können sich diese Schwebstoffe nicht absetzen. Die Schwebstoffe können sich im „Vorfluter" im Sandlückensystem („hyporheisches Interstitial") absetzen und verkleben die Bach- oder Flußsohle. Da die Schwebstoffe einen hohen organischen Anteil aufweisen, führen sie im Sandlückensystem zu einer erheblichen Sauerstoffzehrung. Lachse, Äschen und andere Fische sind aber zur Entwicklung ihres Laiches auf ein sauerstoffreiches Sandlückensystem angewiesen. Wenn Sand- und Kiesbänke mit Suspensa überfrachtet werden, ist die angestrebte natürliche Reproduktion des Lachses ausgeschlossen. Zumindest im Einzugsgebiet von Bächen und Flüssen, in denen sich der Lachs wieder natürlich fortpflanzen soll, müssen die Kläranlagen so aufgerüstet werden, daß der Suspensaabtrieb stark reduziert werden kann. Dies kann beispielsweise dadurch geschehen, daß der Kläranlage eine Flockungsfiltration nachgeschaltet wird. Diese vermindert übrigens zusätzlich die Phosphorfracht, da die Schwebstoffe auch mit Phosphaten belastet sind.

3.2.2 Reduzierung der Keimbelastung

Mit dem Erfolg bei der Abwassersanierung werden jetzt Bäche und Flüsse wieder zunehmend zum Baden und Schwimmen genutzt. Herkömmliche Kläranlagen können die Keimbelatung des Abwassers allerdings nur unzureichend vermindern. Dadurch können die Grenzwerte der EG-Badegewässer-Richtlinie in Bächen und Flüssen überschritten werden. Kläranlagen im Einzugsbereich von Bächen und Flüssen, die den Qualitätsvorgaben der EG-Badegewässer-Richtlinie entsprechen sollen, müssen demzufolge mit Entkeimungsstufen ausgestattet werden. Eine weitgehende Keimreduzierung kann beispielsweise durch eine Entkeimung mittels ultravioletter Strahlen erfolgen. Damit die UV-Bestrahlung die geforderten Wirkungsgrade aufweist, muß das Abwasser zuvor hochwertig gereinigt werden (z.B. mit Hilfe der zuvor erwähnten Flockungsfiltration). Nachgeschaltete „Entkeimungsstufen" erübrigen sich, wenn Membranverfahren (siehe das Referat von Herrn Prof. KARL-HEINZ ROSENWINKEL) eingesetzt werden. Beim Einsatz von Membranverfahren kann ein sehr hoher Bakterienrückhalt erzielt werden. Eine Entkeimung der Kläranlagenabflüsse allein ist allerdings dann nicht „zielführend", wenn weiterhin große Keimfrachten aus nicht sanierten Mischwasserüberläufen (s. Kap. 3.5) und/oder Gülleabschwemmungen von Äckern und Feldern in den betreffenden „Vorfluter" erfolgen.

3.3 Persistenter CSB, Arzneimittel, „Pseudohormone", schwer abbaubare Komplexbildner

Nachdem der „Standarddreck" (der BSB_5) durch gut funktionierende Kläranlagen entfernt wurde, treten allmählich Effekte der persistenten oder refraktären CSB-Fraktion zum Vorschein. Schwer abbaubare Abwasserinhaltsstoffe, die durch die Kläranlage „hindurchmarschieren", entpuppen sich als Stoffe mit gentoxischem oder endokrinem Potential. Daraus ergeben sich folgende Forderungen:

- sofern diese Stoffe in abwassererzeugenden Produktionsvorgängen entstehen, sind sie innerbetrieblich zu vermeiden bzw. zu eliminieren.
- sofern diese Stoffe in der Konsumtionssphäre in den Abwasserpfad gelangen, ist mit dem Instrument des Chemikaliengesetzes gegen diese

Stoffe vorzugehen. Beim Medikamentendesign muß künftig die Abbaubarkeit im Abwasserpfad mitberücksichtigt werden.

3.4 Energieeinsparung auf Kläranlagen

Das betriebswirtschaftlich – und erst recht das volkswirtschaftlich – zu realisierende Energieeinsparpotential auf Kläranlagen ist längst noch nicht ausgeschöpft. Auf einer normalen Kläranlage lassen sich im Schnitt mindestens ein Viertel des Energiebedarfs einsparen.

3.5 Misch- und Fremdwasserproblematik

Die Sanierung der Mischwasserüberläufe durch den Bau von Kanalstauräumen, von Regenüberläufen und durch die Kanalnetzbewirtschaftung ist noch nicht abgeschlossen. Infolge der Mischwasserüberläufe besteht derzeit immer noch die Gefahr von Fischsterben. Durch eine dezentrale Niederschlagswasserversickerung – sofern diese schadlos möglich ist – kann eine Entlastung der Mischwasserkanalisation erreicht werden. Die vielerorts immer noch praktizierte Einleitung von Bächen, Quellen und Drainagen in die Kanalisation führt zu Fremdwasseranteilen die oft das Doppelte und mehr des Trockenwetterabflusses ausmachen. Hohe Fremdwasserquoten tragen zu einer unnötigen hydraulischen Belastung von Kanälen und Kläranlagen bei. Kaltes Fremdwasser kann zudem im Sommer die Nitrifikation in den Kläranlagen behindern. Hohe Fremdwasseranteile sollten deshalb – im Rahmen der Kanalsanierung – schrittweise reduziert werden.

3.6 Indirekteinleiterproblematik

Trotz aller Erfolge bei der Sanierung der Indirekteinleiter (beispielsweise im Gefolge der 5. WHG-Novelle) emittieren die indirekteinleitenden Industrie- und Gewerbebetriebe immer noch zu hohe Frachten schwer abbaubarer organischer Schadstoffe sowie von Schwermetallen in die kommunalen Kanalnetze. Zudem zeigt die Lektüre der Jahresberichte der großen Abwasserverbände in Nordrhein-Westfalen, daß es im Indirekteinleiterbereich weiterhin zu umweltkriminellen „Nacht- und Nebelaktionen“ kommt. Die illegalen Schadstoffeinleitungen in die kommunalen Kanalnetze können nur mit einem hohen Kontroll- und Analysenaufwand bekämpft werden.

3.7 Schadstoffbelastung der Klärschlamme

Für Punkteinleitungen aus der „Indirekteinleiterszene“ und für die diffuse Belastung (beispielsweise Reifenabrieb, Kleiderwäsche usw.) sind die Klärschlämme immer noch eine „Senke“. Die Schadstoffbelastung landwirtschaftlich zu verwertender Klärschlämme ist unter dem Gesichtspunkt der Nachhaltigkeit weiterhin zu hoch. Das Minimierungsgebot in Paragraph 1 (3) der Klärschlammverordnung muß rigider als bislang durchgesetzt werden.

3.8 Abwassermanagement

Ähnlich wie im Energiebereich wird es künftig auch im Abwasserbereich darum gehen, Spitzen zu kappen und Täler aufzufüllen (*„beat the peak!“*): Eine Vergleichmäßigung des Kläranlagenablaufs trägt mit dazu bei, daß auf den Kläranlagen eine hohe Prozeßstabilität – und damit gleichmäßig niedrige Ablaufkonzentrationen – eingehalten werden können. Zu einem modernen Abwassermanagement gehört auch, daß geeignete Indirekteinleiter die kommunale Kläranlage sozusagen „ins Maul füttern“: Insbesondere Betriebe aus der Lebensmittelbranche können leicht abbaubare Kohlenstoffverbindungen immer dann zielgerichtet der Kläranlage zuführen, wenn BSB für die Denitrifikation benötigt wird.

3.8.1 Integrale Bewirtschaftung von Kläranlage, Kanalnetz und „Indirekteinleiterszene“

Die theoretisch möglichen Wirkungsgrade bei der kommunalen Abwasserreinigung können nur dann ausgereizt werden, wenn Kläranlage, Kanalnetz und „Indirekteinleiterszene“ als Gesamtsystem integral bewirtschaftet werden. Nicht mehr die isolierte Optimierung einzelner Komponenten, sondern die Optimierung des Gesamtsystems muß künftig im Vordergrund stehen.

3.8.2 Organisatorische Zusammenfassung von Abwasserentsorgung und Trinkwasserversorgung

Abgesehen davon, daß Wasser und Abwasser – gesamtökologisch gesehen – zusammengehören, ergeben sich auch wirtschaftliche Synergievorteile, wenn die Wasserver- und Abwasserentsorgung organisatorisch zusammengefaßt wird. Der Kostenanstieg für die Anschlußnehmer kann dadurch zumindest abgebremst werden. Bei der regionalen Kooperation bzw. bei der Fusion von Abwasserbetrieben und Wasserversorgungsunternehmen sollte die „hardware“ dezentral betrieben werden, die „software“ aber unter zentraler Steuerung laufen. Darunter verstehen wir, daß Wasserwerke und Kläranlagen – sofern wasserwirtschaftlich und ökonomisch sinnvoll – möglichst dezentral und kleinräumig gebaut werden, daß aber die damit zusammenhängende Infrastruktur (Ersatzteilbevorratung, Einkauf & Beschaffung, Rechnungswesen usw.) und die Organisation (zentraler Notdienst, Einsatz von Fachkräften, Steuerung usw.) zentral angelegt werden. Mithin: Dezentrale Anlagen sollten im organisatorischen Verbund gefahren werden.

3.8.3 Organisation der Wasserwirtschaft in Flußeinzugsgebieten

Entsprechend der Vorgaben der künftigen EG-Wasser-Rahmenrichtlinie sollte die Zusammenarbeit von Wasser- und Abwasserbetrieben vornehmlich innerhalb von (kleineren) Flußeinzugsgebieten angestrebt werden. Die integrale Bewirtschaftung von kleineren Flußeinzugsgebieten könnte durch das Engagement kooperierender kommunaler Wasser- und Abwasserbetriebe einen zusätzlichen Schub erfahren.

3.9 Schließung von abwassergebundenen Nährstoff- und Energieflüssen

Beim herkömmlichen System der Siedlungswasserwirtschaft mit der aeroben Abwasserbehandlung werden die im Abwasser vorhandenen Nährstoffe ebenso wie die chemische Energie (in Form von reduzierten Kohlenwasserstoffen) „vernichtet“. Zur Oxidation der reduzierten Kohlenwasserstoffe sowie zur Nährstoff-Eliminierung (sic!) werden zudem noch externe Energie und Ressourcen benötigt. Schrittweise müssen deshalb neue Systeme der Siedlungswasserwirtschaft ausgetestet werden, die es ermöglichen die abwassergebundenen Nährstoff- und Energieflüsse tendenziell im Kreislauf zu fahren.

Max Dohmann

Ziele und Tendenzen in der Abwasserreinigung – Eine internationale Betrachtung

1. Allgemeines

Die Vergangenheit lehrt, daß bei den Bemühungen um die Abwasserreinigung verschiedene Ziele angestrebt wurden. Das läßt sich am Beispiel Deutschlands sehr gut verdeutlichen.

Erste Schritte zur Abwasserbehandlung erfolgten vor 100 Jahren aus hygienischen Gründen, also der Volksgesundheit wegen, weil die sich schnell entwickelnde Bevölkerung und Industrie mit qualitiativ geeignetem Trink- und Brauchwasser zu versorgen war. In der Folgezeit wurde die abwassertechnische Infrastruktur immer weiter ausgebaut. Nach dem 2. Weltkrieg traten zur Wasserversorgung und Hygiene weitere Ziele hinzu. Diese resultierten aus den Gewässernutzungen z. B. für Fischerei oder der Freizeit und Erholung. Die seit mehr als 30 Jahren angestrebte flächendeckende Gewässergüteklasse II, die für gering verschmutzte Fließgewässer gilt, erwies sich dabei als ein Rückgrat der Abwasserreinigungsmaßnahmen.

Vor 15 Jahren, also in der ersten Blüte des deutschen Umweltschutzes, ergab sich eine weitere Zielausrichtung. Der Blick wurde über die Betrachtung der Binnengewässer hinaus auf die europäischen Randmeere Nordsee und Ostsee ausgedehnt. Daraus entstanden die umfangreichen technologischen Entwicklungen und Maßnahmen zur Nährstoffelimination bei der kommunalen und industriellen Abwasserbehandlung.

Im Laufe der Jahrzehnte haben sich in Deutschland unterschiedlichste Abwasserreinigungsverfahren etabliert. Es finden sich heute einfache Verfahren mit allen Abstufungen bis zu hochtechnischen, naturnahe Verfahren bis zu solchen, die über die Belange des Gewässerschutzes hinaus auch Aspekte des Bodenschutzes und des Klimaschutzes berücksichtigen.

Die Erfahrungen zeigen, daß mit Zunahme des Technisierungsgrades der Anlagen die betrieblichen Belange während der Nutzungsphase an Gewicht gewinnen. Damit verbunden sind auch verstärkte technologische Aspekte der Überwachung der Funktions- und Leistungsfährigkeit der Anlagen.

Die Erfahrungen mit der Abwassereinigung bzw. die gegenwärtige reinigungstechnische Infrastruktur in Deutschland ist nicht ohne weiteres auf andere Länder zu übertragen. Es exisitiert jeweils eine Reihe von Randbedingungen, die über den Einsatz abwasserreinigungstechnischer Lösungen entscheiden. Dazu gehören:

- bestehende Belastungsverhältnisse der Gewässer
- klimatische Verhältnisse
- Wasserdargebot
- rechtliche Anforderungen
- verfügbare finanzielle Ressourcen
- Siedlungsstrukturen
- Lebensstandard und Ansprüche der Bevölkerung
- Art und Entwicklungsstand der Industrie
- Verfügbarkeit von Fachleuten für die Planung und Ausführung von Maßnahmen sowie den Betrieb von Anlagen
- möglicher Automatisierungsgrad aufgrund hohen Arbeitskräftepotentials
- Überwachungsmodalitäten für Anlagen.

Wegen der unterschiedlichen örtlichen bzw. regionalen Gegebenheiten wird es bei zu verwirklichenden Abwasserbehandlungsmaßnahmen in üblicherweise globaler eingestuften Regionen wie Osteuropa, Südostasien, Afrika oder Südamerika vielfach auf technologische Einzelentscheidungen hinauslaufen. Dennoch werden auch weiterhin spezifische Technologien „Standortvorteile“ haben bzw. sich bei bestimmten Randbedingungen in solchen Großregionen allgemein anbieten.

2. Künftiger Bedarf an Abwasserreinigung

In den vergangenen Jahren wurden verschiedene globale Untersuchungen zur gegenwärtigen und künftigen Verfügbarkeit und Nutzung des Wassers durchgeführt[12].

Bild 1 zeigt einmal die im Jahr 1995 vorhandene, also die gegenwärtigen Verhältnisse widerspiegelnde Nutzung des Wassers getrennt nach

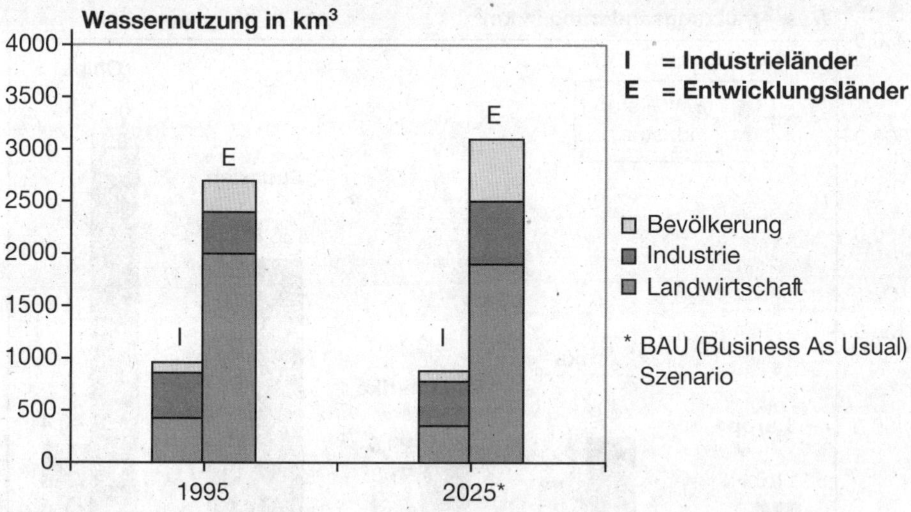

Bild 1: Derzeitige und im Jahr 2025 erwartete Wassernutzungin den Industrieländern (I) und den Entwicklungsländern (E) nach[1]

Industrie- und Entwicklungsländern. Zu erkennen ist dabei der überragende Anteil des für Bewässerungszwecke in der Landwirtschaft eingesetzten Wassers. Süßwasser ist zweifellos der wichtigste limitierende Faktor für die weltweite Nahrungsmittelproduktion[2]. Unterstellt man für die nächsten 25 Jahre ähnliche Entwicklungsbedingungen wie in den vergangenen Jahren, dann ist die in Bild 1 ebenfalls dargestellte Wassernutzung im Jahr 2025 zu erwarten. Deutliche Zuwächse sind daraus für die Nutzung durch die Bevölkerung und die Industrie in den Entwicklungsländern ablesbar. Der trotz höherer Lebensmittelproduktion infolge vergrößerter Weltbevölkerung im Jahr 2025 gegenüber heute etwas verringerte Wassereinsatz in der Landwirtschaft geht im wesentlichen auf die zu erwartende Effektitivitätssteigerung bei den Bewässerungsverfahren zurück.

In Bild 2 sind die im Jahr 2025 erwarteten Veränderungen der Wasserverbräuche der Bevölkerung und der Industrie gegenüber den derzeitigen Verhältnissen dargestellt. Es wird daraus deutlich, daß vor allem in Asien gewaltige Kapazitätsprobleme bei der Wasserbereitstellung entstehen werden. Dies gilt vor allem für die Gebiete, in denen heute schon eine gewisse Wasserverknappung besteht. Die erwarteten Verbrauchzuwächse in den meisten afrikanischen Gebieten und in Lateinamerika betreffen dagegen keine Zonen mit größerer Wasserarmut, so daß es hier nur um die Entwicklung entsprechender Infrastrukturen gehen wird.

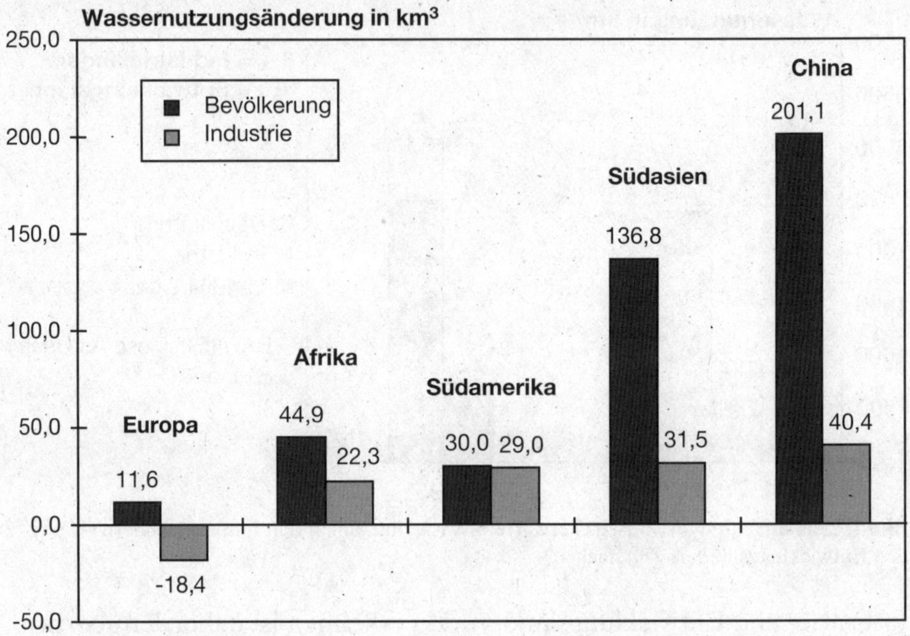

Bild 2: Veränderung des Umfangs der erwarteten Wassernutzung im Jahr 2025 gegenüber 1995 nach[1]

Bedenkt man, daß die vermehrte Nutzung von Wasser in den privaten Haushalten und in der Industrie entsprechende Abwasserströme auslöst, dann wird vor allem in den Entwicklungsländern der Gewässerschutz und die Abwasserentsorgung einen höheren Stellenwert als heute erhalten müssen. Das gilt in besonderem Maße für die Wassermangelgebiete in Südostasien sowie in Süd- und Westafrika. Wegen des in diesen Regionen erwarteten hohen Bevölkerungszuwachses werden hier verstärkte Konkurrenzbedingungen zwischen der Trinkwasserversorgung und der Landbewässerung aufreten. Mit Hilfe technologischer Möglichkeiten des Gewässerschutzes sind deshalb entsprechende Beiträge zur Entschärfung der weltweiten „Wasserkrise" zu leisten. Diese Möglichkeiten beziehen sich in aller Regel auf Maßnahmen der Abwasserreinigung. Der dabei anzustrebende Reinigungsgrad wird davon abhängen, ob das behandelte Abwasser

- zur Bewässerung in der Landwirtschaft verwendet,
- in Oberflächengewässer eingeleitet oder sogar
- zu Trinkwasser aufbereitet wird.

Wegen der im Vergleich zum industriellen Bereich großen kommunalen Abwasserströme und der weltweiten Ähnlichkeit ihrer Beschaffenheit soll nachstehend auf entsprechende technologische Entwicklungstrends bei ihrer Behandlung eingegangen werden.

3. Entwicklungen bei der Abwasserreinigung in verschiedenen Regionen der Welt

Im 20. Jahrhundert hat es weltweit zahllose technische Entwicklungen beim Gewässerschutz bzw. bei der Abwasserbehandlung gegeben. Vergleicht man die kommunale Abwasserreinigung in Deutschland mit den Verhältnissen in Mitteleuropa und Nordamerika, dann zeigen sich ähnliche Standards und vergleichbare Ziele. In den vergangenen Jahren waren verschiedene Ziele für die Technologieentwicklung maßgebend. Dazu gehörten:

- über die konventionell mechanisch – biologische Behandlung hinausgehende Elimination der Nährstoffe Stickstoff und Phosphor,
- Desinfektion des Abwassers,
- weitgehende Automatisierung der Reinigungsprozesse und Reduzierung des Personaleinsatzes beim Kläranlagenbetrieb,
- Minimierung des Flächenbedarfs der Anlagen bei beengten Platzverhältnissen.

Betrachtet man das Kernstück der kommunalen Kläranlagen, die biologische Stufe, dann sind in Europa derzeit die folgenden Verfahren verbreitet:

- Belebungsverfahren,
- SBR – Technik,
- Tropf- und Tauchkörperverfahren,
- Biofilmreaktoren und
- aerobe Teiche bei kleineren Kläranlagen.

Erkennbar ist, daß künftig in unserer Region auch andere Verfahren vermehrt eingesetzt werden, wenn entsprechende Randbedingungen vorliegen. Zu nennen wären dabei:

- Membranbelebungsverfahren,
- kombinierte anaerobe-aerobe-Verfahren und
- mehrstufige naturnahe Verfahren.

Die verfahrenstechnischen Entwicklungen in den Industrieländern finden seit langem auch in den Entwicklungsländern Anwendung. Das gilt vornehmlich für Großkläranlagen. Die biologische Abwasserbehandlung wurde für derartige Anlagen in den vergangenen Jahren fast ausschließlich nach dem Belebungsverfahren verwirklicht. Wegen der spezifischen Randbedingungen haben sich in diesen Ländern aber auch andere technische Lösungen etabliert. Dazu gehören

- low sanitation plants (septic-tanks),
- unbelüftete Teiche,
- Teiche mit Wasserhyazinthen,
- Landverrieselung und
- Anaerob-Anlagen (UASB-Verfahren).

Spezielle technische Entwicklungen in den Entwicklungsländern, die künftig eine vermehrte Anwendung finden dürften, betreffen:

- kombinierte Teichverfahren,
- anaerobe Festbettanlagen und das
- AB-Verfahren.

Bei Fragen der Anpassung technologischer Entwicklungen aus dem Bereich der Industrieländer an die Verhältnisse in die Entwicklungs- oder Schwellenländer geht es bekanntlich immer um ökonomische Aspekte. Besteht in den Industrieländern seit langem der Trend, Prozeßabläufe zu mechanisieren und zu automatisieren, um dadurch vor allem hohe Personalkosten beim Anlagenbetrieb zu vermeiden, dann läßt sich das auf Entwicklungsländer nicht einfach übertragen. Dort existiert ein hohes Personalpotential bei geringen Kosten, so daß eine kapitalintensive Anlagenautomatisierung vielfach durch manuelle Arbeitsabläufe zu ersetzen ist. In Tabelle 1 wurde versucht, eine relative Beurteilung der Investitionskostenanteile z. B. von Kläranlagen vorzunehmen. Dagegen sind in Tabelle 2 die betrieblichen Kostenaspekte für Anlagen in Europa und in Entwicklungsländern. Aus beiden Tabellen ist ablesbar, daß eine Anpassung an Gegebenheiten anderer Regionen technologische Konsequenzen hat.

Interessant erscheint der Vergleich zweier ähnlich großer Kläranlagen, die in Deutschland und in Bolivien zeitgleich geplant wurden[3]. Während in Dessau eine konventionelle mechanisch-biologische Anlage mit nachgeschalteter Flockungsfiltration und anaerober Schlammstabilisierung mit maschineller Trocknung vorgesehen wurde, ergab sich in Oruro nach Untersuchung mehrerer verfahrenstechnischer Lösungen ein Vorzug für

Tabelle 1: Relative Bewertung der Investitionskosten von Gewässerschutz-maßnahmen in Europa und in Entwicklungsländern.

	Europa		**Entwicklungsländer**	
	Bewertung	Bemerkung	Bewertung	Bemerkung
Materialkosten	relativ gering	hochwertige Materialien werden eingesetzt	relativ teuer	nicht überall verfügbar, Ersatz durch Materialien vor Ort
Baukonstruktion	relativ gering	kostenstark konjunktur-abhängig	einfache Beton-bauten relativ günstig	Planung/Bau-leitung oft durch ausländische Firmen notwendig
MSR	bei Massen-fertigung relativ preiswert, bei Einzellösungen teuer	zunehmender Anteil	teuer im Ver-gleich zu anderen Kosten	noch geringer Anteil an den Gesamt-investitionen
Maschinentechnik	relativ teuer	zunehmender Anteil	sehr teuer im Vergleich zu anderen Kosten	noch geringer Anteil

Tabelle 2: Relative Bewertung der Betriebskosten von Gewässerschutz-maßnahmen in Europa und in Entwicklungsländern.

	Europa		**Entwicklungsländer**	
	Bewertung	Bemerkung	Bewertung	Bemerkung
Personal	hoch	Tendenz Verrin-gerung des Personaleinsatzes	gering	aufgrund niedriger Löhne bringt Automatisierung keine wirtsch-schaftliche Vorteile
Reststoff-entsorgung	hoch (20 bis 35 %)	abhängig vom Entsorgungspfad	gering	i.d.R. landwirtschaftl. Klärschlamm-verwertung oder Deponierung
Energie	mittel (15 bis 25 % Anteil)	Tendenz sin-kender Strom-preise durch Liberalisierung	teuer im Vergleich zu anderen Kosten	geringe Versorgungs-sicherheit

eine mehrstufige unbelüftete Teichanlage mit vorgeschalteter Anaerobstufe.

Tabelle 3: Gegenüberstellung von Auslegedaten und Kosten für biologische Kläranlagen in verschiedenen Regionen nach[3]

	Oruro (Bolivien)	Dessau (Deutschland)
Einwohner Endausbau EW	190.000	270.000
Ist-Zustand EW	52.460	100.000
Flächenbedarf m^2/EW	8,0	0,4
Energiebedarf/EW kWh/EW*a	2	80** 40*
Investitionskosten/EW DM/EW	25	500

*ohne Schlammtrockung **mit Schlammtrockung

In Tabelle 3 ist eine Gegenüberstellung einiger Daten dieser Kläranlagen vorgenommen worden. Es zeigt sich dabei der 20-fache Flächenbedarf für die Teichanlage gegenüber der deutschen Belebungsanlage, aber auch der mit dem gleichen Faktor höhere Energie- und Kostenaufwand für die moderne europäische Lösung.

Bei einem fiktiven Verfahrensvergleich für Kläranlagen in Entwicklungsländern wurden drei idealtypische Lösungen ausgewählt[4]. Diese betrafen:
- unbelüftete Teichsysteme,
- UASB-Reaktoren mit und ohne nachgeschalteten unbelüfteten Teichen und
- Belebungsanlage mit und ohne Schlammfaulung.

Als Vergleichskriterien dienten
- elektrischer Energiebedarf
- Flächenbedarf und
- spezifische Kosten.

Die Untersuchungen ergaben bei hohen Einspeiserlösen für die erzeugte Energie und hohen Kosteneinsparungen infolge des geringen Energiebedarfs deutliche Vorteile für die UASB-Lösung. Dagegen bot die Belebungsanlage mit 0,4–0,45 m^2/EW geringe Vorteile beim Flächenbedarf gegenüber dem UASB-Reaktor mit Teich (0,5 m^2/EW) und große Vorteile gegenüber dem Teichsystem (1,2–1,8 m^2/EW). Bei Landpreisen von >14 US$ bedeutet dies Kostenvorteile des UASB-Verfahrens gegenüber dem Teichsystem. Unabhängig vom angestrebten Reinigungsziel oder von der Energienutzung ergaben sich signifikante Unterschiede beim Kostenvergleich der drei betrachteten Verfahren. Während sich die Kostenrelation zwischen Anaerobanlage und Teichsystem in Abhängigkeit von den Landpreisen zeigte, ergaben sich für die Belebungsanlage doppelt so hohe Kosten wie für eine UASB-Anlage.

Die beschriebene Untersuchung[4] macht deutlich, daß es sich lohnen kann, wenn unterschiedliche verfahrenstechnische Lösungen gegenübergestellt werden. Wie in Deutschland, ergibt sich vielfach auch in anderen Regionen die Notwendigkeit, bestehende Anlagen zu verbessern bzw. zu erweitern. Dabei entstehen zum Teil interessante technische Lösungen. Ein Beispiel dafür ist die Umrüstung eines alten brasilianischen Emscherbrunnens zu einem UASB-Reaktor[5]. Bietet die Anaerobtechnik beim Einsatz in wärmeren Zonen wegen des beschleunigten Stoffumsatzes Vorteile, so stellt gegenüber aeroben Verfahren die Energiebilanz bekanntlich einen weiteren Vorteil dar. Neben der bereits bewährten UASB-Reaktoren sind neuerdings auch anaerobe Festbettreaktoren erfolgreich eingesetzt worden. Nach neueren Erkenntnissen sind derartige Anlagen auch unter mitteleuropäischen Klimaverhältnissen einsetzbar.

4. Möglichkeiten der Anpassung deutscher technologischer Entwicklungen an den internationalen Bedarf

Die in Deutschland zustandegekommenen technologischen Entwicklungen müssen differenziert betrachtet werden. Zum Teil handelt es sich um Technologien, die in unserem Land längst keine Rolle mehr spielen. Ein Beispiel dafür ist der Emscherbrunnen, der aber weltweit noch Bedeutung hat und durch einen Umbau oder ergänzende Einrichtungen zu höheren Leistungen fähig ist[5]. Das in Deutschland ebenfalls entwickelte AB-Verfahren, das bei uns vor allem aufgrund der geforderten weitgehenden Stickstoffelimination nicht mehr zu den Verfahren der Wahl zählt, führte außerhalb Europas, nämlich in China, zu Weiterentwicklungen. Es besteht demnach ein gewisser Bedarf, ehemals bei uns entwickelte und erfolgreich eingesetzte Technologien unverändert oder angepaßt wieder aufzugreifen. Daneben sind die in Deutschland den Stand der Technik entsprechenden Entwicklungen im Sinne von Vereinfachungen oder der Verwendung anderer Materialien an den jeweiligen Bedarf anzupassen.

5. Zusammenfassung

Im Zusammenhang mit der künftig erwarteten stärkeren Inanspruchnahme der Wasserressourcen wird in einigen Regionen der Erde die Abwasserreinigung einer der bedeutendsten Entwicklungsfaktoren für die Bevölkerung und die Industrie sein.

Die Ziele bei der Abwasserreinigung und die dafür notwendigen technologischen Lösungen ergeben sich aus der jeweiligen Nutzung der Oberflächengewässer, in die die Abwässer eingeleitet werden, aus überregionalen Umweltaspekten und im Extremfall aus der Nutzung des aufbereiteten Abwasser (Landwirtschaft, Brauchwasser, Trinkwasser). Es gibt dabei keine einheitliche globale Lösung für alle Abwasserströme. Zu differenzieren sind die Beschaffenheit der Abwässer (kommunal, industriell) und die jeweiligen örtlichen bzw. regionalen Randbedingungen.

Es hat verschiedenste technologische Entwicklungen bei der Abwasserreinigung gegeben. Zu finden sind heute in der Praxis einfache Verfahren mit allen Abstufungen bis hin zu hochtechnischen Anlagen. Für die künftigen Entwicklungen ist eine noch stärkere Okonomisierung als bisher zu erwarten.

Literatur

1 Alcamo, J., Henrichs, Th., Rösch, Th.:	World Water in 2025 – global modeling and sunario analysis für the world Commission on Water for the 21st Century Report A 0002, Center for Enviromental Systems Research, universität Kassel, Febr. 2000
2 WBGU	Welt im Wandel: Wege zu einem nachhaltigen Umgang mit Süßwasser Jahresgutachten 1997, Springer-Verlag, Berlin, 1997
3 Kloss, R.:	Oruro – Dessau – zwei Städte – Zwei Lösungen – Abwasserableitung und Abwasserreinigung, Abfallentsorgung für Entwicklungsländer, ATV-Fortbildungskurs El/95, Fulda, Januar 1995
4 Kaltwasser, B.J.:	Anaerobe Kläranlagen zur Behandlung kommunaler Abwässer in Entwicklungsländern ATV-Fortbildungskurs EL/99, Fulda, Januar 1999
5 Salomao, jun. A., Oiniz Garzia jun., A., Mamo Vièira, S. M., Kato, J., Faria, E.B.:	Design and Operation of the UASB Plant Jesus Neto, Brazil gtz-Projekt PN 94.22JS. 1 1997, Bericht S. 1–19

Michael Schwake

Lösungsansätze für industrielle Abwässer unter besonderer Berücksichtigung der Papier- und Textilindustrie

1. Einleitung

In Deutschland sind die Abwasser verursachenden mittelständischen Unternehmen überwiegend Indirekteinleiter, d. h. sie geben ihr Abwasser nach einer mehr oder weniger aufwendigen Vorbehandlung an ein kommunales Klärwerk ab. Die kommunalen Kläranlagen werden hierdurch mit einer Vielzahl teilweise schwer abbaubarer Abwasserbelastungen konfrontiert. Aus dieser Situation ergeben sich oftmals Forderungen an die Indirekteinleiter zur Verbesserung der Abwasserzusammensetzung durch innerbetriebliche Maßnahmen.

2. Methoden der Behandlung industrieller Abwässer

Es existiert eine Vielzahl von Verfahren zur Behandlung industrieller Abwässer. Die Verfahren lassen sich nach biologischen, chemischen und physikalischen Wirkungsmechanismen einteilen.

2.1 Biologische Abwasserbehandlungsverfahren

Bei der biologischen Abwasserbehandlung unterscheidet man zwischen den aeroben Verfahren, die unter Sauerstoffzufuhr zur Oxidation von Schadstoffen führen, und den anaeroben Verfahren, welche unter Sauerstoffabschluss zum reduktiven Schadstoffabbau über Bakterien führen. Zur industriellen Abwasserreinigung können moderne Hochleistungsverfahren zum Einsatz kommen, die auf Grund ihrer kompakten Bauweise auch für kleinere Unternehmen einsetzbar sind. Dabei ist die Biologie oftmals auf Trägersubstanzen fixiert. Hier sind Wirbelbett-, Tropfkörper- oder Scheibentauchkörper-Anlagen zu nennen. Ein weiteres Beispiel für industriell anwendbare biologische Verfahren ist die SBR-Technologie (Sequencing-Batch-Reactor).

Die Vorteile der biologischen Abwasserbehandlungsverfahren stellen sich folgendermaßen dar:
- kein Chemikalienzusatz,
- große Bandbreite abzubauender Schadstoffe durch Anpassung der Biozönose an die Abwasserzusammensetzung,
- Abbau von Spurenschadstoffen ist möglich,
- einfache Verfahrenstechnik,
- geringe Betriebskosten.

Dem gegenüber stehen als Nachteile:
- temperaturabhängige Abbauleistungen,
- Vergiftungsgefahr der Biozönose durch Stoßbelastungen im Abwasser,
- träge Anpassung an häufig wechselnde Abwasserzusammensetzungen,
- lange Reaktionszeiten für manche Stoffe,
- geruchsintensive Zwischenprodukte.

2.2 Chemische Abwasserbehandlungsverfahren

Neben den herkömmlichen Verfahren der Neutralisation und der Fällung/Flockung von Schadstoffen kommen heute zunehmend moderne Oxidationsmethoden zur Abwasserbehandlung zum Einsatz. Mit verschiedenen Verfahrenstechniken ist es möglich, Hydroxylradikale zu erzeugen, die ein sehr starkes Oxidationsmittel darstellen. Es stehen in diesem Zusammenhang die Verfahren der Ozonung, der UV-Bestrahlung, des Einsatzes von Wasserstoffperoxid (teilweise in Kombination mit UV-Bestrahlung) oder Fentons-Reagenz sowie elektrochemische Methoden (z. B. Bleidioxid-Elektroden) zur Verfügung.

Die Vorteile der modernen Oxidationsmethoden sind:
- eine große Bandbreite zu behandelnder Abwasserbelastungen,
- Möglichkeit des Schadstoffabbaus auch bei biologisch nicht verfügbaren Stoffen.

Nachteile dieser Verfahren sind:
- komplexe Reaktionsmechanismen,
- die Möglichkeit der Bildung toxischer Zwischenprodukte,
- teilweise teure Reagenzien.

2.3 Physikalische Abwasserbehandlungsverfahren

Zur Abtrennung von Schadstoffen aus Abwasser lässt sich eine Vielzahl physikalischer Parameter nutzen. Darauf aufbauende Verfahren sind

Verdampfer (z. B. Vakuum-/Dünnschichtverfahren), Flotationsanlagen, Separatoren, Adsorptionsanlagen (z. B. Aktivkohle, Braunkohle, Zeolithe, Adsorberpolymere als Adsorptionsmittel) und Filtrationsverfahren (z. B. Membrananlagen: Mikro-, Ultra-, Nanofiltration, Umkehrosmose).
Physikalische Verfahren haben folgende Vorteile:
- über wählbare physikalische Eigenschaften ist die Abtrennung (vor allem schwer abbaubarer) Schadstoffe gezielt möglich,
- große Verfahrensvielfalt,
- teilweise einfache, vielfach bewährte Verfahrenstechnik,
- teilweise ist die Rückgewinnung aufkonzentrierter Stoffe möglich.

Dem gegenüber stehen folgende Nachteile:
- Schadstoffe werden nicht abgebaut, sondern nur in konzentrierter Form abgetrennt,
- hohe Betriebskosten durch aufwendige Verfahrenstechnik (z. B. bei Membrananlagen),
- Anpassung an variable Abwasserzusammensetzung ist schwierig.

2.4 Fazit

Es besteht eine große Vielfalt von Abwasserbehandlungsverfahren, die jeweils spezielle Stärken und Schwächen aufweisen. Die Behandlung komplex zusammengesetzter industrieller Abwässer oder Abwasserteilsströme, auch vor dem Hintergrund einer möglichen innerbetrieblichen Wasserkreislaufschließung, ist oftmals nur durch die Kombination verschiedener Verfahren zu leisten. Zur möglichst wirtschaftlichen Entfernung von Schadstoffen aus Abwässern ist es i. d. R. günstig, zunächst die Perspektiven biologischer Methoden, ggf. in Kombination mit anderen Verfahren, zu untersuchen.

3. Abwasserbehandlung in der Textilveredlungsindustrie

3.1 Rahmenbedingungen

Die Textilveredlung ist mit einem Wasserverbrauch zwischen 40-300 m^3/t Substrat ein sehr abwasserintensiver Industriezweig. Die Rahmenbedingungen für die Abwasservorbehandlung vor der Ableitung in ein kommunales Klärwerk oder die innerbetriebliche Wasserkreislaufschließung sind sehr schwierig. Vor dem Hintergrund relativ niedriger Kosten für die Wasseraufbereitung und die Abwasserbehandlung besteht für einsetzbare Technologien zur Aufbereitung nur ein enger wirtschaftlicher Spielraum.

Wie anspruchsvoll sich die Zielsetzung einer innerbetrieblichen Wasserkreislaufschließung vor diesem Hintergrund darstellt, wird bei der Betrachtung der technischen Rahmenbedingungen deutlich. Mittelständische Textilveredlungsbetriebe sind i. d. R. Lohnveredlungsbetriebe, d. h. es handelt sich um eine sehr flexible und kaum langfristig planbare Produktion. Daraus ergibt sich ein sehr problematisches Abwasser mit teilweise biologisch schwer abbaubaren und farbigen Belastungen in stark schwankenden Zusammensetzungen. Dagegen bestehen hohe Anforderungen an das Prozesswasser hinsichtlich Farblosigkeit, Trübungsfreiheit und des Gehalts von Salzen und Härtebildnern.

Trotz dieser schwierigen Voraussetzungen sind viele Betriebe der Textilveredlungsindustrie an Konzepten zur zumindest teilweisen Schließung von Wasserkreisläufen interessiert, da zunehmend auch Forderungen der nachgeschalteten kommunalen Klärwerksbetreiber formuliert werden, zumindest problematische Teilströme vor der Ableitung zu behandeln. Die mit Vollzug des neuen „Anhang 38" der Rahmen-Abwasser-Verwaltungsvorschrift in Kraft tretenden Grenzwerte für die Farbigkeit haben ebenfalls großen Einfluss auf diese Branche. Vor einer Schließung von Wasserkreisläufen oder einer Teilstrombehandlung des Abwassers müssen jedoch alle Produktionsprozesse hinsichtlich Wasserverbrauch und eingesetzter Rezepturen optimiert sein, um die Investitions- und Betriebskosten der Anlagen wirtschaftlich vertreten zu können.

3.2 Beispiele zur Abwasservorbehandlung/Wasserkreislaufschließung

3.2.1 Textilgruppe Frohwein GmbH, Wuppertal

In diesem Projekt wurden die Möglichkeiten untersucht, das gesamte Abwasser des Betriebes in einer kombinierten Verfahrenstechnik, bestehend aus einer biologischen Reinigungsstufe (Scheibentauchkörper), Cross-Flow-Mikrofiltration und nachgeschalteter Aktivkohleadsorption zur Entfärbung so aufzubereiten, dass es als Prozesswasser wieder in die Produktion zurückgeführt werden kann. In einem einjährigen, kontinuierlichen Pilotbetrieb im Technikumsmaßstab wurden saisonale Schwankungen in der Textilproduktion sowie jahreszeitliche Einflüsse untersucht. Als Ergebnis ist festzuhalten, dass die Scheibentauchkörperbiologie bei geringem Wartungsaufwand sehr leistungsfähig ist und Belastungswechsel gut verkraftet. Die biologische Stufe baut bereits mehr als 50% der organischen Fracht (CSB) ab. Die Cross-Flow-Mikrofiltrationsstufe, in der Rohr- und Kapillarmodule aus PP und PES zum Einsatz kamen, ist geeignet zur weiteren Entfernung biologisch nicht abbaubarer Stoffe und zur Zurückhaltung aus der Biologie stammender Mikroorganismen und Keime. Der CSB-Abbau liegt nach der Mikrofiltration bei rund 75%. Eine vollständige Entfärbung des Abwassers wird durch Aktivkohleadsorption gewährleistet.

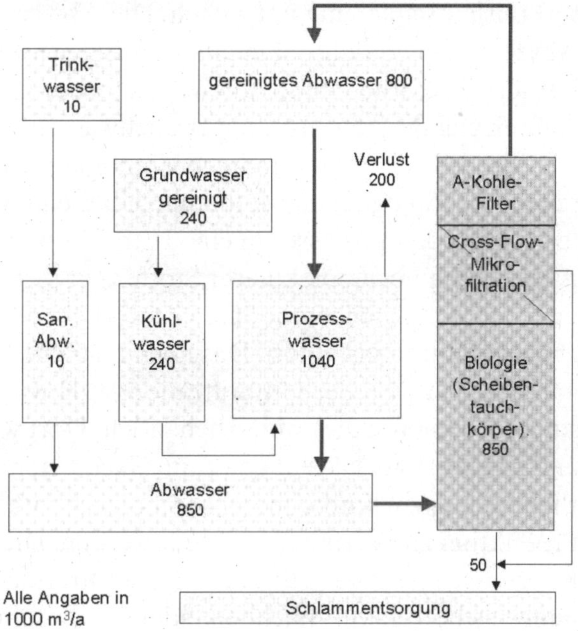

Abb. 1: Wasserkreislaufkonzept Textilgruppe Frowein GmbH

Das noch einen geringen Rest-CSB und Salze enthaltende, aufbereitete Abwasser wurde hinsichtlich seiner Einsetzbarkeit in empfindlichen Veredlungsprozessen untersucht. In zwölf Praxisversuchen wurden die vorgegebenen Qualitätskriterien jeweils erreicht. Die grundsätzliche Machbarkeit der Wasserkreislaufführung mit Hilfe des dargestellten Konzepts konnte somit nachgewiesen werden. Ein Weiterentwicklungsbedarf ergibt sich jedoch hinsichtlich der dauerhaften Leistungsfähigkeit der Mikrofiltrationsstufe. Durch konstruktive Veränderungen und Weiterentwicklung der Reinigungsprozeduren ist eine dauerhafte Absicherung ausreichender Durchflussraten in der Membranstufe sicher zu stellen, da hiervon die Wirtschaftlichkeit wesentlich beeinflusst wird.

3.2.2 Wasserkreislaufkonzept DBI Bobinet GmbH + Co., Trier
Dieses Automobilzulieferunternehmen, das hauptsächlich Polyesterware veredelt, hat zusammen mit der GTV Gesellschaft für Trennverfahren mbH, Bodelshausen, ein innovatives Konzept für eine weitgehende Was-

serkreislaufschließung entwickelt. Die Abwässer werden nach der Abscheidung von Flusen in einem Ausgleichsbecken gesammelt. Dort installierte Wärmetauscher gewinnen die enthaltene Wärmeenergie zur Aufheizung des betrieblichen Brauchwassers zurück. Die Aufbereitung des Abwassers erfolgt durch ein Kombinationsverfahren aus physikalischen und biologischen Methoden. Über einen selbstreinigenden Vorfilter gelangt das Abwasser in eine Ultrafiltrationsstufe. Dort erfolgt die Abtrennung hochmolekularer Stoffe. Zur Verminderung der Belagbildung auf den Scheibenmodulen ist dort ein periodisch arbeitendes Reinigungsverfahren installiert. Das noch restliche Farbstoffe und Salze enthaltende Permeat der Ultrafiltrationsstufe wird in einer Nanofiltrationsstufe (Wickelmodule) weiterbehandelt. Dort werden restliche Farbstoffe und zweiwertige Salze abgetrennt. Nach einer abschließenden UV-Behandlung zur Entkeimung kann dieses aufbereitete Wasser wieder der Produktion zur Verfügung gestellt werden. Die schadstoffbelasteten Konzentrate aus der Ultra- und Nanofiltration werden mit einem Belebungsfestbettreaktor nachbehandelt. In diesem aerobe und anaerobe Zonen aufweisenden biologischen Reaktor erfolgt der Schadstoffabbau und die Entfärbung. Die Abbauraten für die Abwasserparameter CSB, BSB_5, TOC und AOX liegen bei 95-98%. Die Farbigkeit wird um rund 95% vermindert. Das aus diesem Reaktor ablaufende Klarwasser kann teilweise ebenfalls in die Produktion zurückgeführt werden. Bei Ver-

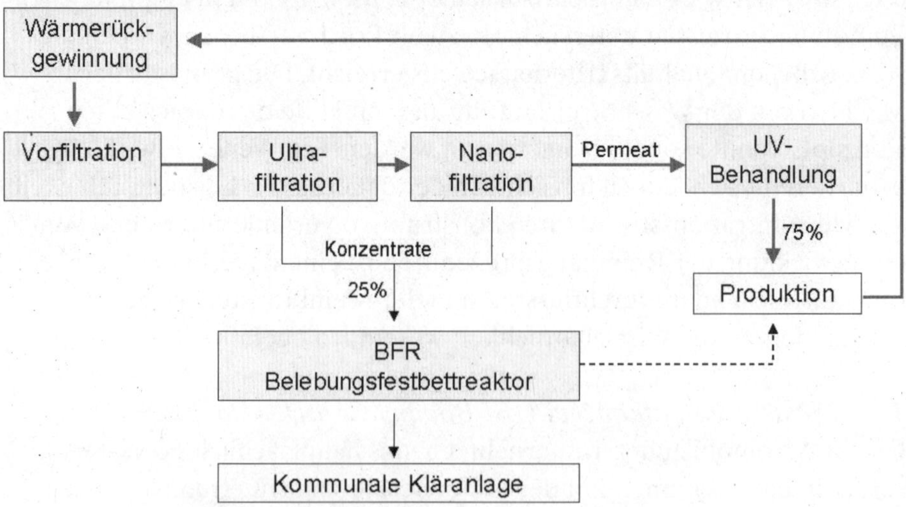

Abb. 2: Wasserkreislaufkonzept DBI Bobinet GmbH + Co.

suchsfärbungen mit dem Kreislaufwasser konnten keine negativen Auswirkungen festgestellt werden.

Die erzielten Projektergebnisse haben in Verbindung mit einer positiven Wirtschaftlichkeitsprognose zur Entscheidung beigetragen, eine großtechnische Anlage zur Wasserkreislaufführung zu realisieren. Die langfristigen Perspektiven des Konzepts werden davon abhängen, inwieweit es gelingt, Beläge auf den Membranfiltrationsstufen zu beherrschen, da sich hierdurch ein wesentlicher Einfluss auf die Wirtschaftlichkeit ergibt.

3.2.3 Konzept zur Abwasservorbehandlung/Wasserkreislaufschließung bei der Leinefelder Textilwerke GmbH

Das Unternehmen verarbeitet Baumwolle zu Garnen. Die wesentlichen Produktionsschritte sind in Abbildung 3 dargestellt.

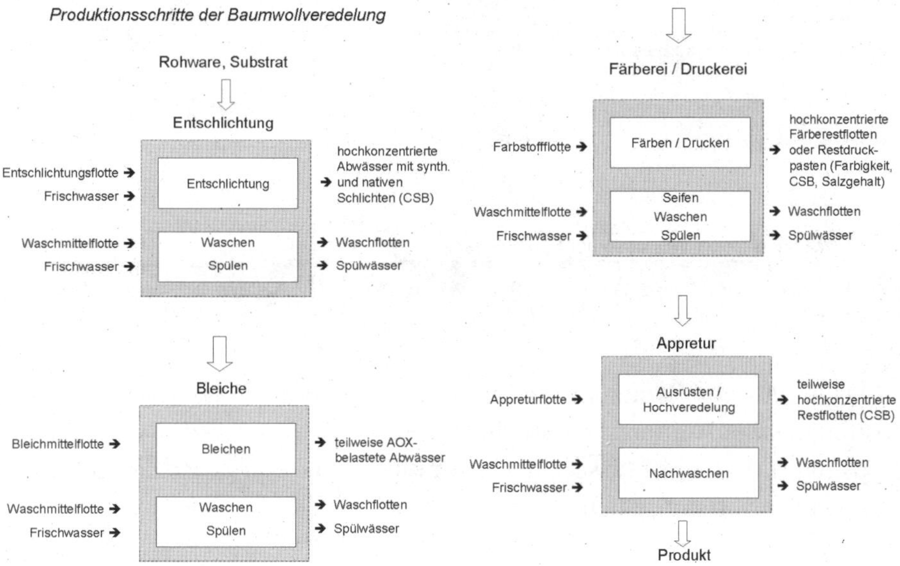

Abb. 3: Produktionsschritte der Baumwollveredelung

Es ist erkennbar, dass aus den verschiedenen Veredelungsstufen jeweils zwei unterschiedlich belastete Abwasserteilströme erhalten werden. Die gering belasteten Abwässer, insbesondere aus Spülprozessen, werden separat erfasst. Der Schadstoffabbau ist durch eine oxidative Behandlung mit Wasserstoffperoxid/UV-Bestrahlung möglich. Es erfolgt eine über 90%ige Entfernung der Farbigkeit und ein rund 75%iger Abbau der organischen Fracht. Das aufbereitete Abwasser kann wieder in die Produktion, beispielsweise für Spülprozesse, zurückgeführt werden. Die hoch belasteten Abwasserteilströme werden in einem Festbettumlaufreaktor anaerob biologisch vorbehandelt. Die Biologie ist bei diesem Reaktortyp auf Glasringen fixiert. Hier erfolgt ein weitgehender Schadstoffabbau (ca. 75% CSB-Elimination) und ein über 90%iger Abbau der Farbigkeit. Zur Nachbehandlung wird dieser Teilstrom an eine kommunale Kläranlage abgegeben.

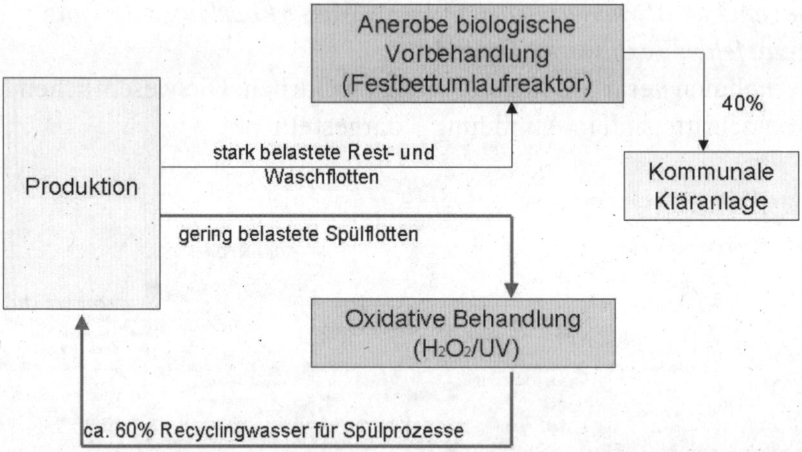

Abb. 4: Konzept zur Abwasservorbehandlung/Wasserkreislaufschließung Leinefelder Textilwerke GmbH

Das dargestellte Konzept zeichnet sich durch eine einfache und kostengünstige Aufbereitungstechnik aus. Momentan werden im Technikumsmaßstab die Voraussetzungen für eine spätere praktische Umsetzung im Betrieb untersucht.

3.2.4 Abwasserbehandlungskonzept der Textilveredlung Erzgebirge GmbH & Co. KG, Cranzahl

Das gesamte Abwasser dieses Betriebes soll mit einem biologischen Kombinationsverfahren aus Anaerob- und Aerobstufe behandelt werden. In einem vorgeschalteten anaeroben Prozess werden in der Hydrolyse- und Versäuerungsphase die meisten Farbstoffe soweit abgebaut, dass sie ihre Farbeigenschaften verlieren. Auch viele andere Stoffe wer-

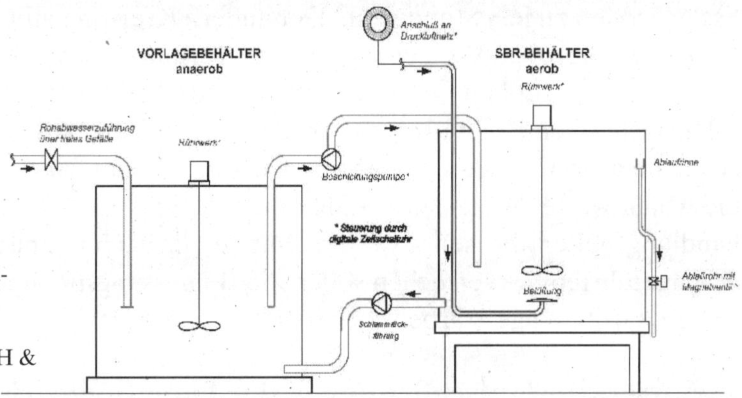

Abb. 5: Abwasserbehandlungskonzept Textilveredelung Erzgebirge GmbH & Co. KG

den in dieser Stufe durch einen Teilabbau einem nachfolgenden aeroben Abbau zugänglich gemacht. Die biologischen Stufen basieren hier auf der SBR-Technologie. Die biologische Reinigung des Abwassers und die Sedimentierung des Belebtschlamms erfolgen im selben Becken.

Der Vorteil dieser Technologie besteht in ihrer einfachen und kostengünstigen Ausführungsweise. Aufwendig ist lediglich die Erarbeitung eines geeigneten Ablaufschemas für die Verfahrensschritte Füllung, Rühren (ggf. Belüftung in der aeroben Stufe), Absetzen des Schlammes und Abpumpen des gereinigten Abwassers. Das in diesem Projekt erarbeitete Zeitregime zur Steuerung der Gesamtanlage ist in Abb. 6 dargestellt. Am Tag laufen 3 iden-

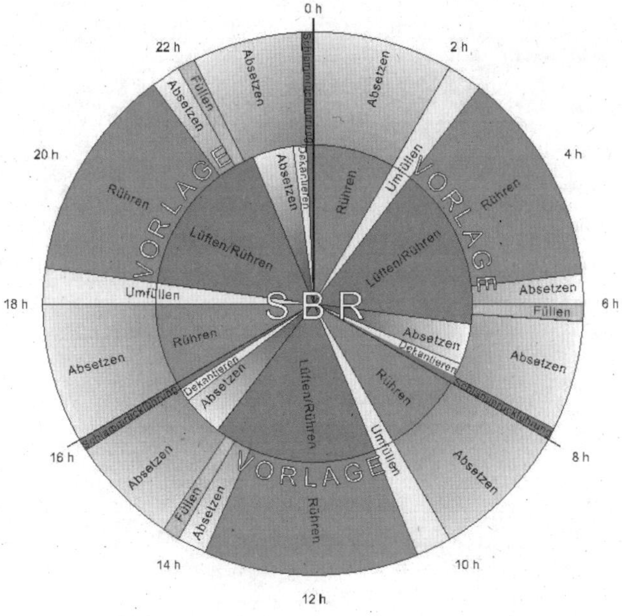

Abb. 6: Ablaufschema der Abwasserbehandlung bei der Textilveredelung Erzgebirge GmbH & Co. KG (äußerer Kreis: anaerober Vorlagebehälter; innerer Kreis: aerober Sequencing-Batch-Reactor)

tische Zyklen zu je 8 Stunden ab. Der äußere Kreisring gibt die Prozessfolge der anaeroben Vorlage wieder. Die Verfahrensschritte des aeroben SBR-Reaktors sind im inneren Kreis dargestellt.

Die bisherigen Ergebnisse zeigen, dass eine anaerobe Vorbehandlung zu einem ausreichenden Abbau von Farbstoffen und Farbigkeit führt und die Ablaufwerte der aeroben Stufe durch die vorgeschaltete Anaerobbehandlung weiter abgesenkt werden. Mit den im Technikumsmaßstab durchgeführten Vorversuchen sollen die Bemessungsparameter für eine spätere Großanlage erarbeitet werden.

4. Wasserkreislaufschließung in der Papierindustrie

4.1 Rahmenbedingungen

Die Wasseraufbereitung und Abwasserbehandlung ist in der Papierindustrie ein wichtiger Aspekt. Der Wasserverbrauch liegt in der Altpapieraufbereitung bei 3-8 m^3 pro Tonne hergestellten Papiers. Für die Herstellung hochwertiger Papiersorten kann der Wasserverbrauch auf bis zu 20 m^3 pro Tonne ansteigen.

Die wesentlichen Produktionsschritte der Papierherstellung sind in Abbildung 7 dargestellt.

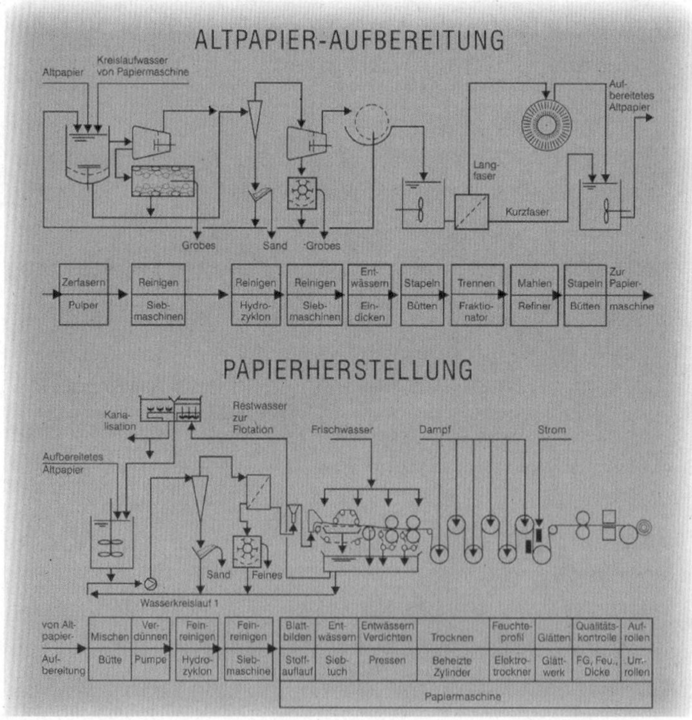

Abb. 7: Produktionsschritte der Papierherstellung aus Altpapier (Quelle: Papierfabrik Julius Schulte Söhne GmbH + Co.)

Die Papierherstellung ist in zwei hauptsächliche Prozesse, die Aufbereitung des Zellstoffs aus Altpapier und die eigentliche Papierherstellung, aufgeteilt. Die Mehrfachnutzung von Prozesswasser entspricht dabei dem Stand der Technik. An der Papiermaschine wird Wasser im Kreislauf gefahren. Verbrauchtes Kreislaufwasser der Papiermaschinen wird im Prozess der Altpapieraufbereitung nochmals genutzt. Trotz dieser Optimierung des Wasserverbrauchs ist eine weitgehend abwasserfreie Papierproduktion mit diesen Maßnahmen noch nicht zu erreichen, da sich in den Wasserkreisläufen problematische Belastungen anreichern. In der Altpapieraufbereitung wird der im Papier enthaltene Trockenverfestiger Stärke gelöst. Es erfolgt ein biologischer Abbau zu kurzkettigen Carbonsäuren. Hieraus entsteht eine hohe organische Belastung (CSB). Weiter bildet sich eine hohe Sulfatkonzentration. Das Sulfat stammt aus der Zellstoffgewinnung und aus Papierrezepturen. Im teilweise anaeroben Milieu der Wasserkreisläufe einer Papierfabrik kann die biologische Umsetzung zu Schwefelwasserstoff erfolgen. Auch der von Füllstoffen und Pigmenten verursachte Anstieg der Calziumcarbonatkonzentration (Wasserhärte) stellt ein Problem dar. Um die Wasserkreisläufe funktionsfähig zu halten, ist daher ein regelmäßiger Austausch durch Frischwasser erforderlich.

4.2 Wasserkreislaufkonzept der Papierfabrik Julius Schulte Söhne GmbH & Co., Düsseldorf

Dieses Unternehmen stellt Pappe aus dem Rohstoff Altpapier her. Die Stoffströme des Unternehmens sind in Abbildung 8 dargestellt.

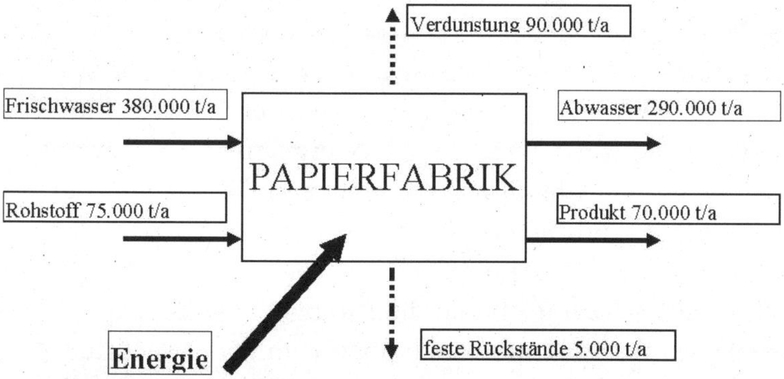

Abb. 8: Stoffströme der Altpapieraufbereitung bei der Papierfabrik Julius Schulte Söhne GmbH + Co. vor der Kreislaufschließung

Es wird das Ziel einer weitgehend abwasserfreien Produktion verfolgt. Zur Erreichung dieses Ziels ist die Entfernung der sich im Kreislaufwasser anreichernden Parameter CSB, Sulfat und Calziumcarbonat erforderlich. Hierfür soll ein auf biologischen Methoden beruhendes technisches Konzept eingesetzt werden.

In einem Puffertank erfolgt die Zugabe von Nährstoffen (Ammoniumphosphat, Harnstoff) und, falls erforderlich, wird durch die Zugabe von Natronlauge der pH-Wert eingestellt. Die Entfernung der Carbonsäuren erfolgt in einem anaeroben biologischen Verfahren. Problematisch ist die Anwesenheit von Sulfat im Abwasser, da in der anaeroben Behandlung die Reduktion zu Schwefelwasserstoff erfolgt. In Abhängigkeit vom pH-Wert besteht ein Dissoziationsgleichgewicht für den Schwefelwasserstoff.

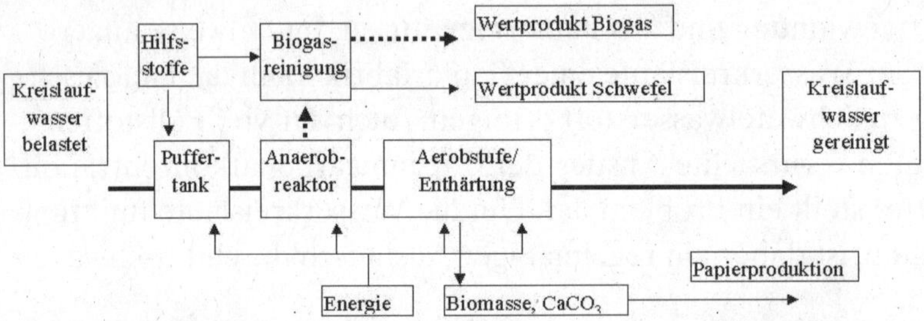

Abb. 9: Kreislaufwasserbehandlungskonzept für die Altpapierverarbeitung

Aus der Tatsache, dass undissoziierter Schwefelwasserstoff einen sehr stark hemmenden Einfluss auf den anaeroben Schadstoffabbau hat, ergibt sich eine wichtige Rahmenbedingung für den Betrieb der Anlagen. Die Sulfatreduktion erfolgt gegenüber der Methanbildung in der anaeroben Stufe bevorzugt. Da beide Bakterienarten das gleiche Substrat verstoffwechseln, besteht eine Konkurrenz um die vorhandene Kohlenstoffquelle im Abwasser. Da nur undissoziierter Schwefelwasserstoff toxisch wirkt, ist die Einstellung des pH-Wertes für die Funktionsfähigkeit sehr wichtig. Durch Adaptionsvorgänge kann die Toleranz der Biologie gegenüber Schwefelwasserstoff erhöht werden. Als besonders günstig hat sich das UASB-Verfahren (Upflow-Anaerobic-Sludge-Blanket) erwiesen. Im UASB-Reaktor bildet die Biologie kugelförmige Pellets aus. Der Reaktor wird von unten nach oben vom vorversäuerten Abwasser durchströmt. Mit einem zweistufigen UASB-Reaktor gelingt bei Betriebstemperaturen von bis zu 55°C ein rund 80%iger Abbau der

Carbonsäuren. Das gebildete Biogas muss vor seiner Nutzung gereinigt werden. Der enthaltene Schwefelwasserstoff wird in einem Natronlaugewäscher durch die Bildung von Natriumsulfid absorbiert. Die Waschlauge wird in einer Belebungsstufe nachbehandelt. Das Natriumsulfid wird dabei durch Mikroorganismen zu elementarem Schwefel und Natronlauge, die wieder in den Wäscher zurückgeführt werden kann, umgesetzt. Das in der Anaerobstufe vorbehandelte Kreislaufwasser wird in einer Aerobstufe nachbehandelt. Neben weiterem CSB-Abbau wird hier simultan die Wasserhärte reduziert. Durch die eingebrachte Luft wird Kohlendioxid aus dem Wasser ausgetrieben. Durch eine Gleichgewichtsverschiebung erfolgt die Ausfällung von Calziumhydrogencarbonat, das als Feststoff zusammen mit dem Überschussschlamm abgetrennt werden kann. Die Nutzung dieses Schlammes als Füllstoff in der Papierherstellung ist möglich.

Neben der Abwasservermeidung erwirtschaftet die Kreislaufwasserbehandlung auch eine hohe Energieeinsparung. Durch das gebildete Biogas, das in einer betriebseigenen Gasturbine genutzt werden kann, ergibt sich ein Überschuss von jährlich rund 2,5 Mio. kWh. Eine weitere Energieeinsparung ergibt sich aus der durch die Kreislaufwasserbehandlungsanlage nicht mehr erforderlichen Frischwassererwärmung. Die Einsparung liegt bei rund 5,0 Mio. kWh jährlich. Um diesen Wert zu erreichen, ist der Betrieb der Biologie bei möglichst hohen Temperaturen bis zu 55°C eine wichtige Voraussetzung.

Erste Betriebserfahrungen mit dieser Technologie zur Wasserkreislaufschließung in der Altpapierverarbeitung werden Mitte 2001 vorliegen.

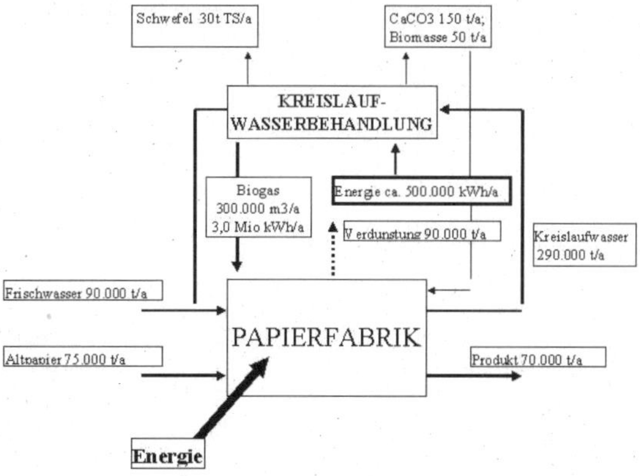

Abb. 10:
Stoffströme der Altpapieraufbereitung bei der Papierfabrik Julius Schulte Söhne GmbH + Co. nach der Kreislaufschließung

Kurt Rapp

Abwasservermeidung, Kreislaufführung und Grauwassernutzung bei der Fahrzeuglackierung

Zusammenfassung
Bei der Fahrzeugproduktion wird vor allem zur Lackierung Wasser benötigt. In jedem Prozessschritt wird dabei mit Kreislaufführung und integrierten Vermeidungs- und Verminderungsverfahren der Wasserverbrauch, der Abwasseranfall und die Schadstofffracht minimiert. Einzelne Teilprozesse können abwasserfrei betrieben werden. Anfallende Abwässer werden im Fahrzeugwerk so vorbehandelt, dass produktionsspezifische Verunreinigungen sicher abgetrennt sind und die verbleibende organische Fracht zusammen mit Sanitärabwasser in öffentlichen Kläranlagen behandelt werden kann.

1. Einleitung

Wasser ist unser wichtigstes Nahrungsmittel. Ohne Trinkwasser kann der Mensch nur wenige Tage überleben. Obwohl mehr als zwei Drittel der Erdoberfläche mit Wasser bedeckt sind, wird die Versorgung der Bevölkerung mit ausreichender Wassermenge und Wasserqualität eine zunehmend schwierige Aufgabe. Neben dem rasanten Bevölkerungswachstum führt der steigende Wasserverbrauch pro Kopf und die Belastung von Grundwasser und Oberflächengewässern zu immer knapperen Trinkwasserressourcen. Da die Industrie nach der Energiewirtschaft Hauptverbraucher an Wasser ist, trägt sie eine hohe Verantwortung für die Entwicklung und Umsetzung nachhaltiger Konzepte zur Wasserwirtschaft. Daraus leitet sich die Forderung ab, nicht nur die Produktion von Gütern, sondern auch das Produkt selbst so zu entwickeln, dass über den ganzen Lebenszyklus von der Herstellung über die Nutzung bis zur Entsorgung wenig Wasser verbraucht wird, die Abwasserbelastung möglichst gering ist und Trinkwasservorräte geschont werden.

Selbstverständlich werden in der Industrie auch noch andere wichtige Umweltziele verfolgt, wie z. B. Emissionsminderung, Minderung des

Treibhauspotentials, Abfallminimierung, Ausbau der Kreislaufwirtschaft usw. Dazu kommt die Notwendigkeit, nur technisch und wirtschaftlich mögliche Lösungen zu realisieren. Ein Zielkonflikt ist daher unvermeidlich, wenn im Umweltschutz nicht klare Prioritäten gesetzt werden können. Eine sinnvolle Rangfolge von Umweltmaßnahmen ergibt sich, wenn betriebliche Umweltmaßnahmen mit ganzheitlichen Ansätzen wie z. B. der Ökobilanzierung, koordiniert werden. Die politische Einflussnahme wird daher in Zukunft vermehrt solche Produkte und Produktionsverfahren fördern bzw. erlauben, die eine möglichst geringe Umweltbeeinträchtigung auf allen Emissionspfaden erzielen. Nicht mehr allein Einzelerfolge wie z. B. eine abwasserfreie Produktionsstufe, sondern produktions- und produktintegrierter Umweltschutz führen zu besserer Umweltverträglichkeit[1,2].

2. Wasserwirtschaft im Fahrzeugwerk

Die Produktion von Kraftfahrzeugen benötigt Wasser. Unabhängig von der Fertigungsstruktur einer Fabrik wird für die Mitarbeiter Trinkwasser in Verpflegungs- und für Sanitärbereichen benötigt. Die Gebäudetechnik braucht Kühlwasser und Feuerlöschwasser. Heißwasser und Dampf werden als Energieträger genutzt.

Auch für Produktionsprozesse wird Wasser benötigt. In Karosseriewerken sind die Hauptproduktionsbereiche die Pressteilherstellung, der Karosserierohbau, die Lackiererei und die Endmontage (Abb. 1). Es werden Blechteile gewaschen, Karosserien vor dem Lackieren entfettet und gespült, Phosphatierlösungen werden angesetzt, appliziert und abgespült, Lack wird mit Wasser verdünnt, Abluft wird in Wäschern gereinigt, Fahrzeuge werden auf Dichtheit geprüft und vor der Auslieferung an den Kunden gewaschen. Je nach Standort gibt es auch Aggregatefertigung und spanende Metallbearbeitung mit wässrigen Kühlschmiermitteln. Auch Galvanikanlagen oder Anlagen zur Fertigung von Holzteilen und Kunststoffteilen können angeschlossen sein.

Abwasser aus diesen Fertigungsbereichen ist oft chemisch verunreinigt mit Säuren, Laugen, Schwermetallen, Öl oder organischen Verbindungen. Es wird in Prozessabwasservorbehandlungsanlagen soweit gereinigt, dass es zusammen mit haushaltsähnlich verunreinigtem Abwasser aus Sanitärbereichen einer Kläranlage zugeführt werden kann. In Deutschland sind fast alle metallverarbeitenden Betriebe Abwasserindirektein-

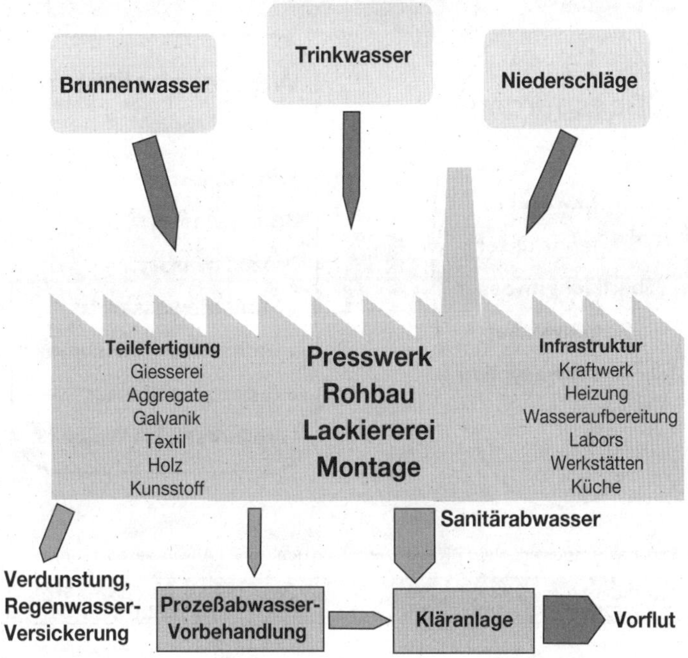

Abbildung 1: Wasserwirtschaft im Fahrzeugwerk

leiter, so auch die meisten Fahrzeugwerke. Das bedeutet, dass die vorbehandelten Prozessabwässer und das Sanitärabwasser außerhalb der Werksgrenzen in kommunalen Kläranlagen behandelt werden. Allenfalls Regenwasser wird aus diesen Werken direkt in Flüsse oder Gewässer abgeleitet. Niederschläge versickern und verdunsten auch teilweise. In weit größerem Umfang findet aber Verdunstung von Wasser in Kühltürmen, Luftbefeuchtern und Abluftwäschern statt.

Der Wasserbedarf eines Automobilwerkes wird meist mit Trinkwasser oder Brunnenwasser gedeckt, das fremd bezogen oder am Standort gewonnen wird. Teilweise kann auch Regenwasser, Oberflächenwasser oder Abwasser eingesetzt werden (Abb. 2). Das Trinkwassernetz (TW) ist entkoppelt von den Brauchwasser- und Prozesswassernetzen, um einen Rückfluss dieser Wasserqualitäten ins Trinkwasser sicher zu verhindern. Einfaches Brauchwasser (BrW) oder Industriewasser (IW) ohne besondere Qualitätsanforderungen wird in den heutigen Fertigungsprozessen immer weniger verwendet. Hohe Reinheitsanforderungen und intensive Kreislaufführung erfordert den verstärkten Einsatz von enthärtetem Wasser (EHW), entsalztem Wasser (EW) oder vollent-

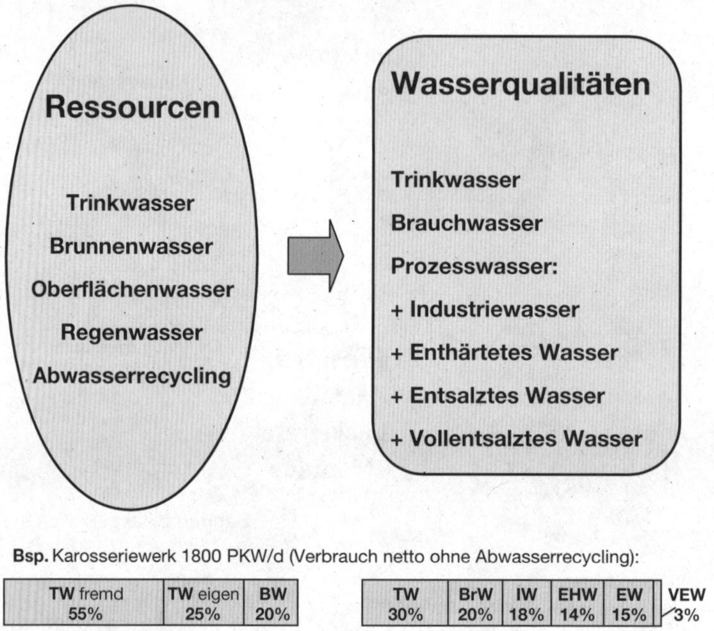

Abbildung 2: Wasserversorgung im Karosseriewerk

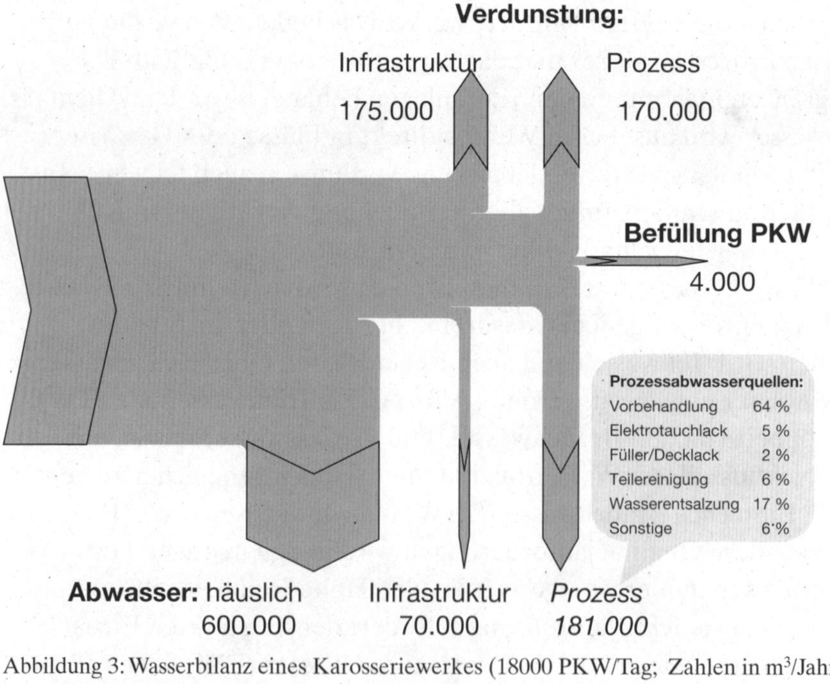

Abbildung 3: Wasserbilanz eines Karosseriewerkes (18000 PKW/Tag; Zahlen in m³/Jahr 1999

salztem Wasser (VEW). Über 30% des effektiven Werksverbrauchs entfallen auf diese Qualitäten. Rechnet man die Kreislaufführung von Prozesswässern über Entsalzungsanlagen hinzu, muss fast die Hälfte des Wassers vor dem Verbrauch aufbereitet werden.

In Abbildung 3 ist am Beispiel eines großen Karosseriewerkes die Wasserbilanz der Fahrzeugfertigung dargestellt. Insgesamt werden 1,2 Millionen m^3 Wasser im Jahr benötigt um ca. 450.000 PKW herzustellen. Weniger als 10 Liter dieser 2.7 m^3/PKW werden direkt im Fahrzeug benötigt, für Scheibenwaschmittel und Kühlflüssigkeit. Der überwiegende Teil wird von den Mitarbeitern in Büros, Werkstätten, Waschräumen und Kantinen verwendet und als häusliches Abwasser der Kläranlage zugeführt. Zur Stromerzeugung, Drucklufterzeugung, Wärmeversorgung und Kühlung werden 20% eingesetzt, mehr als 2/3 davon verdunstet. Für Prozesstechnik, hauptsächlich in der Lackiererei, wird 30% des Gesamtverbrauchs verwendet. Davon verdunstet die Hälfte. Etwa 400 Liter pro Fahrzeug sind chemisch belastetes Prozessabwasser, das in der werkseigenen Abwasservorbehandlungsanlage behandelt wird.

Dass die Prozessabwassermenge in der Vergangenheit durch wassersparende Fertigungsprozesse, Wassermehrfachnutzung und Kreislaufführung bereits erfolgreich gesenkt werden konnte, zeigt Abbildung 4. Auch die Einführung von Wasserlack Anfang der 90er Jahre konnte diesen Trend nicht brechen. Hier konnte sogar das Ziel einer abwasserfreien Produktion in Teilbereichen erreicht werden (vgl. 4.).

Neben der Abwassermenge konnte auch die Schadstofffracht im Abwasser aus Fertigungsbereichen gesenkt werden. Abbildung 5 zeigt

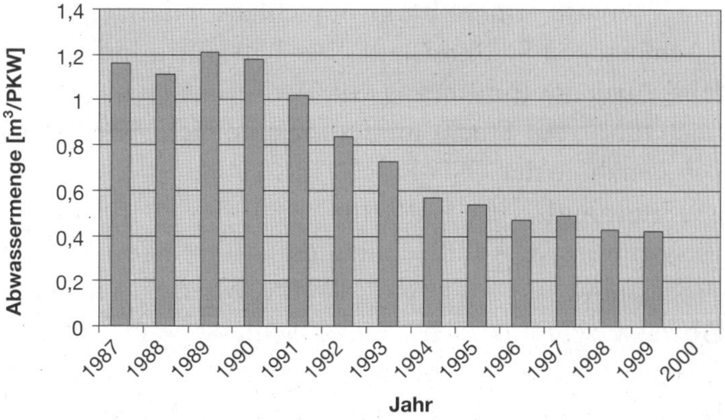

Abbildung 4: Spezifische Prozeßabwassermenge [m^3/PKW]

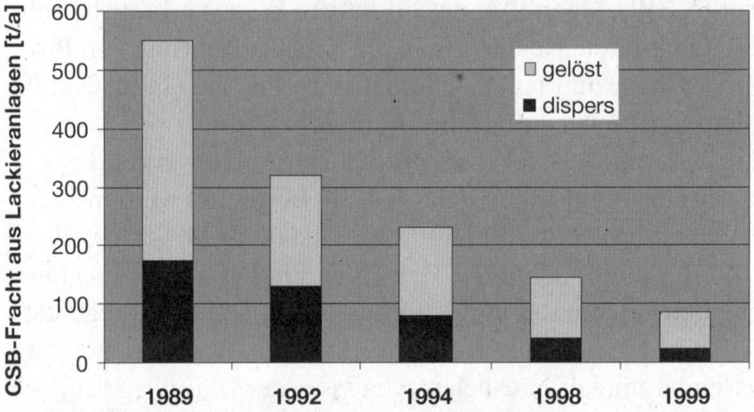

Abbildung 5: Entwicklung organischer Abwasserfracht aus Lackieranlagen; vor der Abwasserbehandlung; ohne Sozialwasser; Werk 1800 PKW/d

die Entwicklung der organischen Abwasserfracht, gemessen als CSB (Chemischer Sauerstoffbedarf), die aus Lackieranlagen stammt[3]. Der disperse organische Anteil besteht aus kolloidalen und suspendierten Lack- und Ölbestandteilen. Sie werden bei der Prozessabwasservorbehandlung abgetrennt und gelangen in den Abwasserschlamm. Die Verminderung organischer Abwasserfracht in den letzten zehn Jahren brachte also auch einen Rückgang der organischen Belastung im Abwasserschlamm. Der gelöste organische Frachtanteil im Lackierabwasser – vor allem Tenside und wasserlösliche Lacklösemittel – wird bei der werkseigenen Abwasservorbehandlung nur gering durch Adsorptionseffekte vermindert. Sie werden in der kommunalen Kläranlage biologisch abgebaut.

Einen großen Beitrag zur CSB-Frachtminimierung leistete der Einsatz von lösemittelarmem Elektrotauchlackmaterial. Es ermöglichte einen geschlossenen Spülkreislauf über Ultrafiltration ohne Wassernachspülung. Auch die Einführung von Wasserlacken im Füller- und Decklackbereich führte zur Frachtminderung, und nicht, wie allgemein befürchtet, zur Zunahme der CSB-Fracht. Mit kleineren Lackwasserkreisläufen, langen Badstandzeiten, Entfettungsbadpflege und mit dem Verzicht auf wasserintensive Abluftreinigungsverfahren konnte die CSB-Fracht im Prozessabwasser auf heute 130 g/PKW gesenkt werde. Das entspricht der Abwasserschmutzfracht eines Zweipersonenhaushaltes am Tag.

Bei der Automobilfabrikation ist die Oberflächenbehandlung von Bauteilen und Karosserien ein Handlungsschwerpunkt, um Minderung

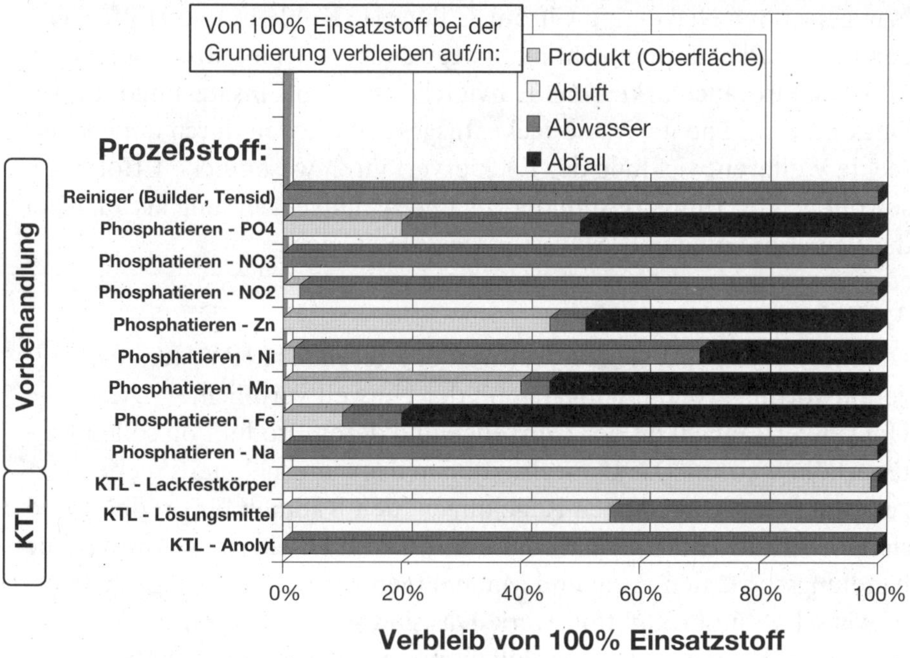

Abbildung 6: Stoffbilanz Lackierprozeß Grundierung

von Wasserverbrauch und Abwasserfracht zu erzielen. Um Lackierprozesse hinsichtlich ihres Vermeidungs- und Verminderungspotenzials zu optimieren, sind detaillierte Stoffbilanzen erforderlich. Die bei der Automobillackierung eingesetzten Chemikalien aus Prozessstoffen, Hilfsstoffen und Beschichtungsstoffen finden sich nicht alle vollständig im Aufbau der veredelten Oberfläche wieder. Teilweise werden sie über Abluft, Abwasser oder Abfall aus dem Prozess emittiert. Die Stoffbilanz ausgewählter Parameter des Grundierprozesses ist in Abbildung 6 dargestellt. Abgesehen von der Elektrotauchlackierung ist der Emissionsanteil von Wertstoffen ins Abwasser beträchtlich. Daneben gelangen eine ganze Reihe von Hilfsstoffen vollständig ins Abwasser, z. B. Reiniger, Anolyt und Begleitionen wie Natrium. Bei der heute üblichen Behandlung solcher Prozessabwässer werden die Wert- und Hilfsstoffe überwiegend in Abfall und Neutralsalze umgewandelt.

Abwasserentlastung und Minderung des Schadpotenzials wurde durch Vermeidung in allen Stufen des Lackierprozesses erreicht, z. B. durch die Entwicklung von Phosphatierchemikalien mit geringerem Metallgehalt bzw. ganz ohne Nickel und Chrom. Chlorierte Kohlenwasserstoffe werden bei der Produktion nicht mehr verwendet. Auch bleifreie, lösemittelarme Elektrotauchlacke ohne Ethylglykol sind im Einsatz. Füller und Decklacke sind heute Wasserlacke. Insgesamt wurden durch umweltgerechte Weiterentwicklung der Lackierverfahren wesentliche Erfolge sowohl bei der Emissionsminderung und Abfallvermeidung als auch bei der Wassernutzung und Abwasseremission erreicht.

3. Ziele

DaimlerChrysler hat sich als weltweit operierender PKW-Hersteller zu verantwortungsvollem Umgang mit der Umwelt verpflichtet. Die Umweltverträglichkeit der Fahrzeuge und deren Produktion sollen weiter erhöht werden. Die Umweltleitlinien des Unternehmens[4] geben zusammen mit gesetzlichen Regelungen[5] den Rahmen für produkt- und standortspezifische Umweltprogramme. Darin beschreiben Abwasserbehandlungsstrategien Ziele und Maßnahmen zur Verbesserung der Wasserwirtschaft im Produktionswerk. Das sind sowohl Konzepte zur Wasserversorgung wie auch Vermeidungsstrategien und in Produktionspro-

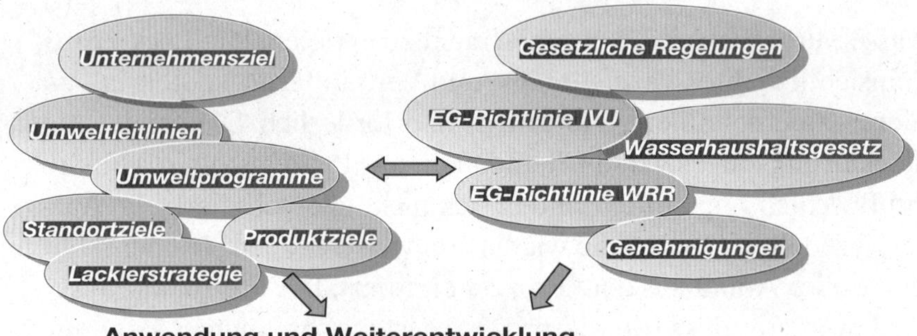

Anwendung und Weiterentwicklung

- → **umweltverträglicher Produktionstechik**
- → **wassersparender Fertigungstechniken**
- → **integrierter und additiver Wasserreinigungsverfahren**
- → **Mehrfachnutzung und Recycling von Wasser**
- → **Vermeidung Schadstoffemission auf allen Pfaden**
- → **Resourcenschonung, Schlieflung von Wertstoffkreisläufen**
- → **Förderung nachhaltiger Wasserwirtschaft**

Abbildung 7: Ziele der Abwasserstrategie

zesse integrierte wie auch nachgeschaltete Wasserreinigungsverfahren. In Abbildung 7 sind Ziele der Abwasserbehandlung aufgelistet. Nicht alle sind gleichzeitig zu erfüllen. Priorität haben alle Maßnahmen, welche die Gesamtemission reduzieren. Dabei genießen Vermeidungs- und Verminderungsverfahren Vorrang vor einfacher Entsorgung. Die Behandlungsverfahren müssen nach dem Stand der Technik bzw. mit bestverfügbarer Technik durchgeführt werden. So sollen Trinkwasservorräte geschont und die Emission von Schadstoffen in die Umwelt minimiert werden.

Diese Planungsrichtlinien und die im Wasserhaushaltsgesetz formulierte Forderung nach sparsamem Umgang mit Wasser findet auch in Produktionsstätten außerhalb Deutschlands Anwendung, um Wasserverbrauch und Abwasseranfall zu senken.

Umfassende Information über die Umweltrelevanz von Abwassermaßnahmen auf Gewässer, Klima und Ressourcen erhält man mit dem Instrument der ganzheitlichen Bilanzierung oder dem LCA (Life Cicle Assessment)[6]. Erst sie ermöglichen ganzheitlichen Umweltschutz, da zur Minimierung der Umweltbeeinträchtigung Emissionen nicht bloß vom Abwasser in die Abluft oder in den Abfall verlagert oder mit unangemessenem Energieeinsatz reduziert werden sollen.

Die herkömmliche Abwassertechnik Entgiftung, Schwermetallfällung und biologische Behandlung, kann als „End of the Pipe"-Technik Abwasseranfall nicht vermeiden, sondern lediglich emittierte Schadstofffrachten vermindern. Am Beispiel der Schwermetalle kann der Vorteil der Vermeidungstechnologie gegenüber der Verminderung dargestellt werden: Die Metallfällung reinigt immer auf dieselbe Endkonzentration ab. Die Restfracht im Abwasser ist deshalb unabhängig von der Zulaufkonzentration zur Abwasseranlage proportional zur Abwassermenge[7]. Eine Senkung der Rohabwasserkonzentration hätte also keine Auswirkung auf die Restfracht. Eine Senkung der metallhaltigen Abwassermenge würde die Schadstoffemission auch nur um den Betrag vermindern, um den die Gesamtabwassermenge abnimmt. Dagegen würde die Substitution des Metalls im Prozess sofort Nullemission erreichen.

Der Weiterentwicklung der Materialstrategie, in der Lackierung verstärkt schadstoffarme Prozessstoffe einzusetzen, kommt deshalb besondere Bedeutung zu.

Erst wenn es gelingt, die Methodik des produktionsintegrierten Umweltschutzes nicht nur in Karosserie- und Montagewerken, sondern auch bei allen Zulieferbetrieben umzusetzen, wird produktintegrierter Umweltschutz wirksam. Hier öffnen sich weitere Handlungsfelder, um Fahrzeuge noch umweltverträglicher zu gestalten.

4. Praxisbeispiele Grauwasser/Brauchwasser

Durch Verwendung von gering belastetem Abwasser für untergeordnete Zwecke (Grauwasser) kann wertvolles Trinkwasser eingespart und Abwasser vermieden werden. Voraussetzung ist ein separates, begrenztes Wassernetz aus geeigneten Werkstoffen.

In Abbildung 8 sind drei Beispiele der Grau- bzw. Brauchwassernutzung für Sanitärzwecke dargestellt. Im Fall A wird über Aktivkohle filtriertes Grundwasser der Altlastensanierung zur Toilettenspülung genutzt. Um möglichst große Sanierwirkung zu erzielen, wird die maximal mögliche Förderleistung ausgeschöpft. Im Fall B wird Abwasser aus der Erzeugung von vollentsalztem Wasser, nämlich salzhaltiges Konzentrat einer Umkehrosmose-Anlage, in ein separates Toilettenspülnetz bestimmter Fabrikhallen eingespeist. Das betreffende Werk deckt so 8% seines Wasserbedarfs. Im dritten Beispiel wird Niederschlagswasser von

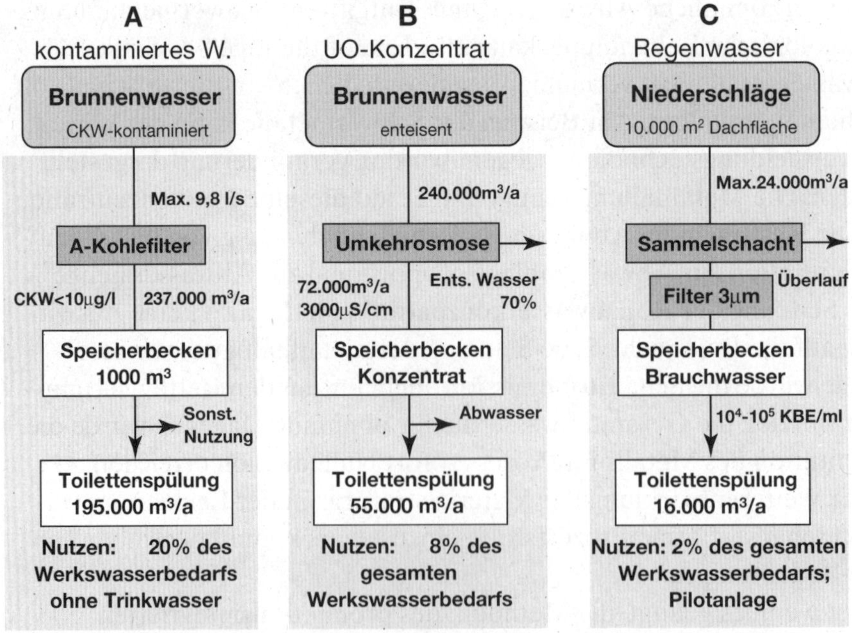

Abbildung 8: Beispiele der Brauchwassernutzung für Sanitärzwecke

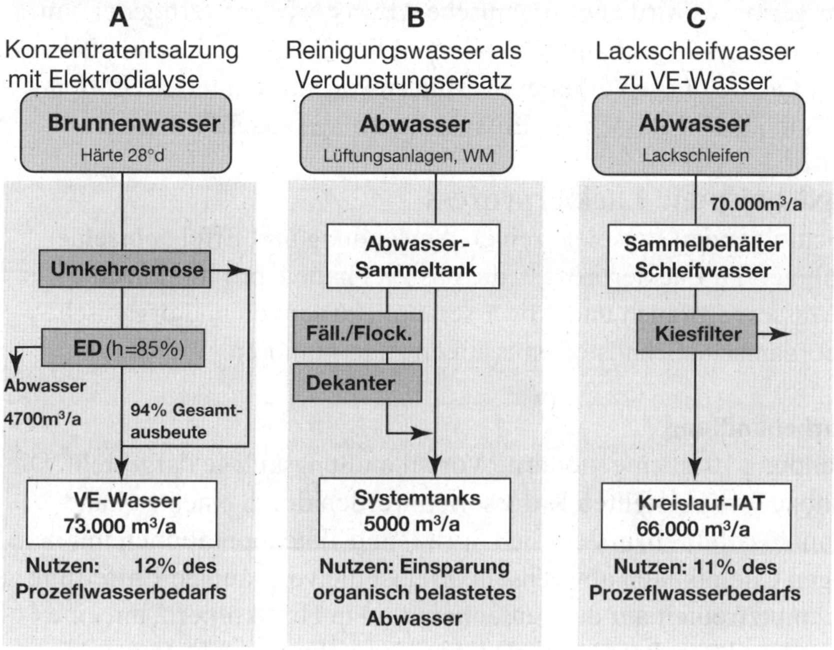

Abbildung 9: Beispiele der Brauchwassernutzung im Prozeß

Hallendächern im Regenwassersammelschacht erfasst. Daraus wird bei Regen eine bestimmte Menge dem Brauchwasserspeicher über Rückspülfilter zugeführt. Eine vollständige Nutzung ist nicht möglich, nur 2/3 der veranschlagten Menge. Der Speicher ist zu klein. Aufgrund der Verkeimung und wegen fehlender Wirtschaftlichkeit wird von größeren Speichern abgesehen.

Abbildung 9 zeigt weitere Beispiele der Brauchwassernutzung mit dem Einsatzziel Produktionsprozess. Im Fall A wird stark härtehaltiges Brunnenwasser in einer Umkehrosmoseanlage entsalzt. Das konzentrierte Abwasser kann in einer nachgeschalteten Elektrodialysestufe bis zur Übersättigung aufkonzentriert werden. Dabei fällt wieder Rohwasser für die Umkehrosmose an. Die VE-Wasserausbeute wird so von 70% auf 94% erhöht. Im zweiten Fall wird gering mit Lackpartikeln belastetes Abwasser aus Zuluftanlagen, Wärmerückgewinnungsanlagen und Teilewaschmaschinen gesammelt. Falls notwendig werden Feststoffe abgetrennt, bevor das Wasser als Verdunstungsersatz den Systemtanks der Lacknebelauswaschung zugeführt wird. Die eingesparte Abwassermenge ist zwar gering, es wird aber organische Abwasserfracht vermieden. Im Fall C wird Wasser aus Sammeltassen und Waschbecken der Arbeitsbänder zum Lackfehler schleifen in Kiesfiltern von suspendierten Stoffen befreit und als Rohwasser der Entsalzungsanlage zugeführt.

5. Praxisbeispiele Lackierprozess

Die nachfolgenden Beispiele zeigen Anwendung und Erfolg einzelner Maßnahmen im Lackierprozess, die das Ziel haben, produktionsintegriert Wasserverbrauch und Abwasseranfall zu senken und organische und anorganische Schadstoffemissionen zu minimieren.

5.1 Vorbehandlung

In Abbildung 10 ist eine moderne Vorbehandlungsanlage dargestellt. Die im Rohbau fertiggestellten Karosserien werden durch einen Behandlungstunnel gefahren, in dem sich Spritz- und Tauchoperationen mit wässrigen Chemikalien abwechseln. Ziel ist die vollständige Entfettung und Schmutzfreiheit auf der Außenhaut und in Hohlkörpern, um eine gleichmäßige Phosphatschicht als Korrosionsschutz und Haftgrund für weitere Lackschichten zu erzeugen. Die 3 Entfettungsbäder und die

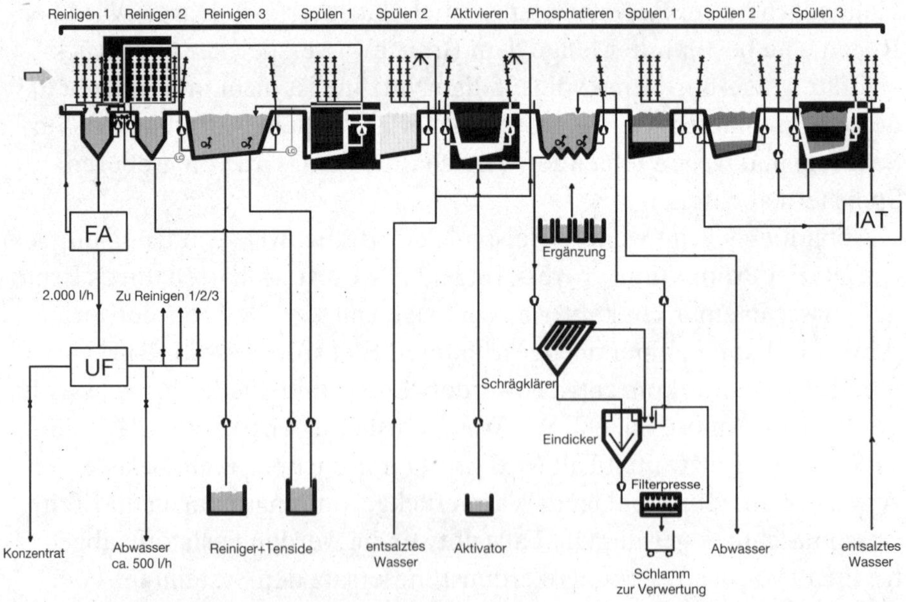

Abbildung 10: Karosserievorbehandlungsanlage

nachfolgenden Spülbäder sind mit Badpflegeeinrichtungen wie Ultrafiltration (UF), Feststoffabscheider (FA), Bandfilter, Zyklonabscheider usw. versehen, um den Schmutzpegel im Bad niedrig zu halten und um lange Badstandzeiten zu erreichen. Dazu sind sie kaskadenartig in Reihe geschaltet. So wird in jeder Stufe eine geringere Schmutzkonzentrationen erreicht bei minimalem Wasserverbrauch. Im Reinigungsteil der Anlage, also in Zone 1 bis 6, fällt praktisch kein Spülabwasser mehr an. Das ganze zum Abspülen der Rückstände aus den Entfettungsbädern benötigte Spülwasser wird als Verschleppungs- und Verdunstungsersatz zur ersten Zone geführt und von da nach Abwasserteilstromreinigung in der Ultrafiltration der Abwasseranlage zugeführt.

Auch im Phosphatierteil der Anlage werden die Behandlungslösungen und das Spülwasser mit Badpflegeeinrichtungen regeneriert. Nach dem Phosphatierbad folgen noch Spülschritte, die als Dreifachkaskade mit Zwischenspritzring und Ionenaustauscherkreislaufanlage ausgeführt sind. Die Spülwassereinsparung, die mit Kaskadentechnik erreicht werden kann, ist in Abbildung 11 verdeutlicht. Je nach Geschlossenheit der Karosserie, je nach ihrer Position im Förderer und abhängig von der Fördergeschwindigkeit werden unterschiedliche Mengen an Lösung von Zone zu Zone verschleppt. Um nach dem Abspülen mit sauberem Wasser an der Oberfläche eine 1000mal geringere Chemikalienkonzentration als im Phosphatierbad zu erreichen, wird mit einer Dreifachkaskade nur ein Bruchteil der Spülwassermenge als bei einer Einfach- oder Zweifachkaskade benötigt. Durch gut leerlaufende Karosserien, durch optimale Fördertechnik und durch genügend lange Auslaufzeit kann der Spülwas-

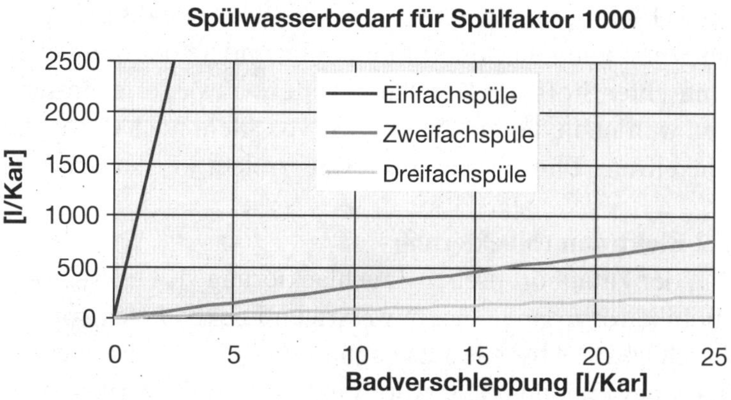

Abbildung 11: Wassereinsparung mit Spülkaskade

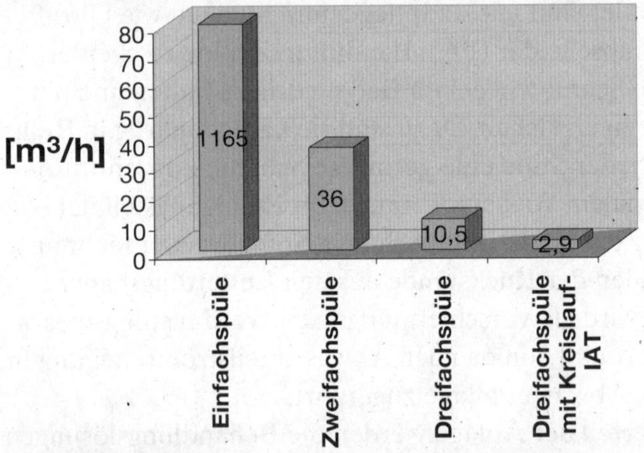

Abbildung 12: Abwassereinsparung durch Kaskadenspültechnik. Bei 48 Karosserien/h und 6 l/Karosserie Verschleppung

serbedarf also mit minimiert werden. Hier wird der Einfluss der Produktentwicklung (Auslaufverhalten) und der Produktionsanlage (Abtropfzeit, Förderposition, Anlagenlänge) auf den Wasserverbrauch deutlich.

Der Abwasseranfall bei der Phosphatierspülung am Beispiel einer Anlage für 1000 PKW pro Tag ist in Abbildung 12 dargestellt. Die verwendete Dreifachspüle mit Ionenaustauscher kann mit nur 2,9 m^3 pro Stunde Abwasser incl. Regenerat gefahren werden. Schon der Verzicht auf einen Spülvorgang würde die Abwassermenge auf das Zehnfache ansteigen lassen.

Die in der Galvanotechnik oft betriebene Nutzung des ersten Spülabwassers zur Aktivbadergänzung würde als weitere Verbesserung ausgeschleppte Chemikalien wieder in den Prozess zurückbringen. Ein ähnliches Verfahren wurde für den vorliegenden Prozess mit Einbindung einer Elektrodialyseanlage entwickelt. Die Realisierung scheiterte aber am Verstopfen der Membranmodule und an der Anreicherung unerwünschter Stoffe im Kreislauf. Weitere abwassertechnische Verbesserungen werden in diesem Teilprozess vor allem noch durch die Verbreitung nickelfreier Phosphatierverfahren erreicht werden können.

5.2 Elektrotauchlackierung

Bei der kataphoretischen Tauchlackierung (KTL-Prozess) werden Automobilkarosserien in einem wässrigen Lackbad elektrophoretisch beschichtet (Abb. 13). Lose anhaftender Lack wird danach mit aus dem Lack gewonnenem Ultrafiltrat in Tauch- oder Spritzzonen abgespült. Als

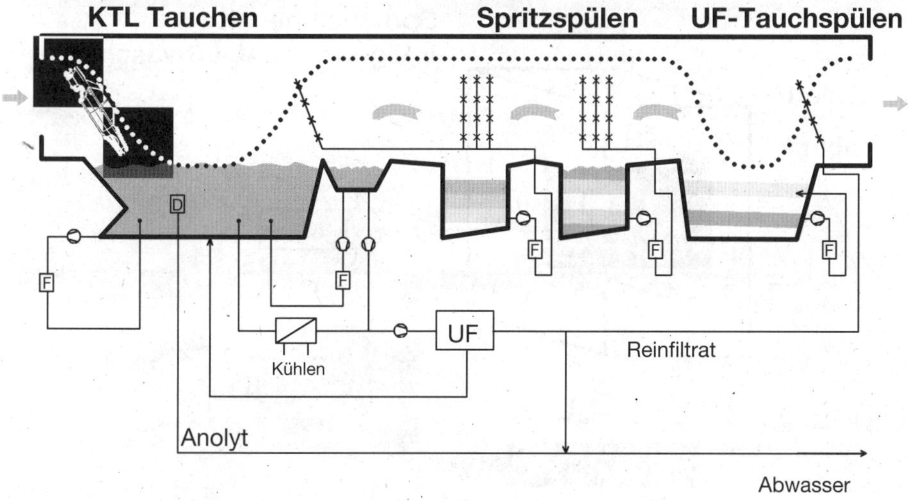

Abbildung 13: Elektrotauchlackieranlage

Ergebnis einer zielgerichteten Lackentwicklung kann heute das Verfahren

- mit vermindertem Lösemitteleinsatz,
- mit geschlossener Spülkaskade ohne Wasser-Schlussspülung und ohne Ultrafiltrat-Verwurf
- schwermetallfrei (Blei)

gefahren werden. Der KTL-Prozess ist dadurch äußerst emissionsarm und nahezu abwasserfrei geworden. Im Betriebszustand müssen nur noch die bei der Abscheidung freiwerdenden Anionen aus dem Anolytkreislauf ausgeschleust werden. Nur bei Wartungs- und Instandhaltungsarbeiten kann noch lackhaltiges Abwasser anfallen. Es wird in Teilstromvorbehandlungsanlagen durch Koagulieren von ungelösten Lackbestandteilen befreit, ehe es der zentralen Neutralisationsanlage zugeführt wird.

5.3 Druckbiologie für Lackwasser

Wiederverwendung biologisch gereinigten Abwassers findet im kommunalen Bereich nur eingeschränkt statt. Mit der biologischen Reinigung geschlossener industrieller Wasserkreisläufe liegen bisher wenig Erfahrungen vor. Hier eröffnet die kompakte Membranbiologie mit ihrem weitgehend sterilen und feststofffreien Ablauf neue Möglichkeiten.

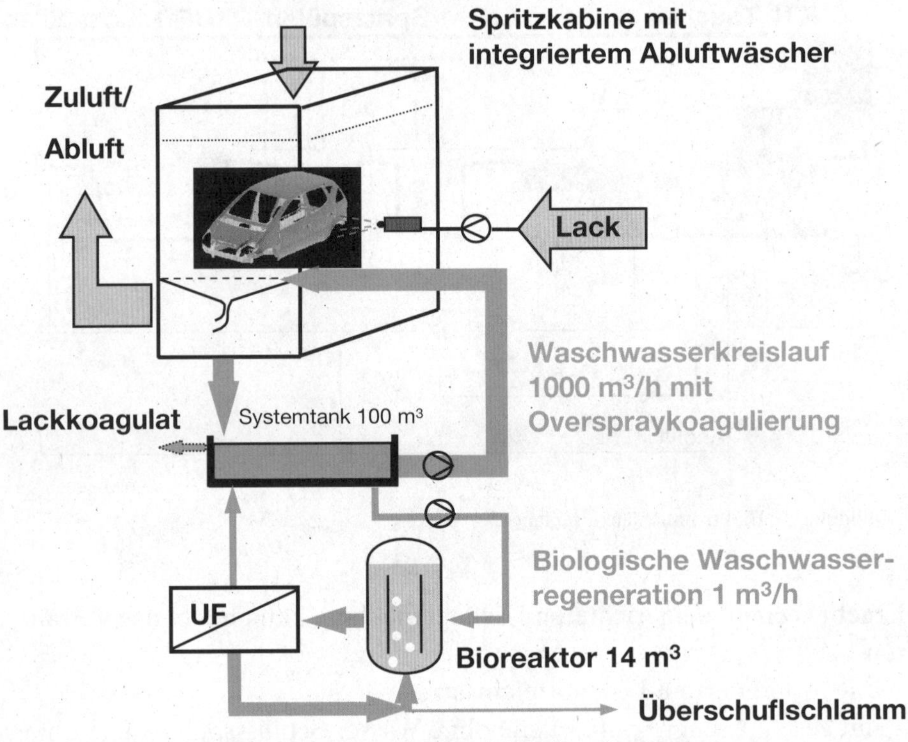

Abbildung 14: Biologische Lackwasserreinigung mit Membrandruckreaktor

Bei der Decklackierung von Automobilkarosserien wird Lackoverspray in Abluftwäschern abgeschieden. Das Waschwasser wird in Koagulieranlagen ständig regeneriert, bis die Anreicherung gelöster und kolloidaler Stoffe zum Wasserwechsel zwingt. Auch bei der Verwendung von Wasserbasislacken besteht diese Möglichkeit der Anreicherung betriebstörender Stoffe. Gerade diese Lacksysteme enthalten leicht wasserlösliche Substanzen, die zu höheren Konzentrationen von Störstoffen im Kreislauf und im Abwasser führen können.

Abbildung 14 zeigt den schematischen Querschnitt durch eine Lackspritzkabine, in der Decklack verarbeitet wird. Versprühter, aber nicht auf der Karosserie abgeschiedener Lackoverspray wird von einem Luftstrom erfasst und aus dem Arbeitsraum nach unten abgeführt. Der Overspray wird in einem unter dem Karosserieförderer integrierten Venturiwäscher mittels Wasser aus der Abluft abgetrennt. Die Lackbestandteile des Waschwassers werden in einem Systemtank koaguliert, flotiert und entfernt. Das Wasser wird erneut zur Auswaschung verwendet. Lackieranlagen enthalten meist mehrere solcher Lackwasserkreisläufe.

Koagulierter Lackschlamm wird mit Flotationseinrichtungen erfasst und in Zentrifugaldekantern und thermischen Trocknungsanlagen entwässert, ehe er z. B. im Stahlwerk einer stofflichen Verwertung zugeführt wird.

Gelöste Lackbestandteile wie polare Lösemittel oder wasserlösliche Kunstharze können so nur unvollständig abgetrennt werden. Bei herkömmlichem Anlagenbetrieb wird deshalb kontinuierlich, – oder bei zu starken Anreicherungen –, auch diskontinuierlich Waschwasser verworfen.

Um vollständige Kreislaufführung zu ermöglichen, wurde in den Lackwasserkreislauf einer Karosserielackieranlage ein Bioreaktor als Druckreaktor mit anschließender Ultrafiltrationseinheit (UF) zur Schlammabtrennung integriert. Die chemisch-physikalische Wasseraufbereitung ist damit durch eine biologisch-physikalische Stufe ergänzt. Für die sich sonst anreichernden organischen Stoffe ist somit eine Senke installiert[8].

Im Bypass des Waschwasserkreislaufs wird ein Teil des Lackwassers einem Druckreaktor mit Belebschlamm zugeführt, in dem unter Zugabe von Druckluft und Phosphat gelöste Lackbestandteile abgebaut werden. Die Nachklärung wird als Ultrafiltration durchgeführt, so dass klares keimfreies Wasser in die Lackieranlage zurückfließt. Aus mehrjährigem Betrieb ist in Abbildung 15 ein Ausschnitt der Abbauleistung dargestellt. Im Mittel werden 60% des gelösten Zulauf-CSB abgebaut.

Ansteigende Zulaufwerte sind bis ca. Anfang 1995 von der parallel hochgefahrenen Lackier-Produktionszahl und dem damit verbundenen

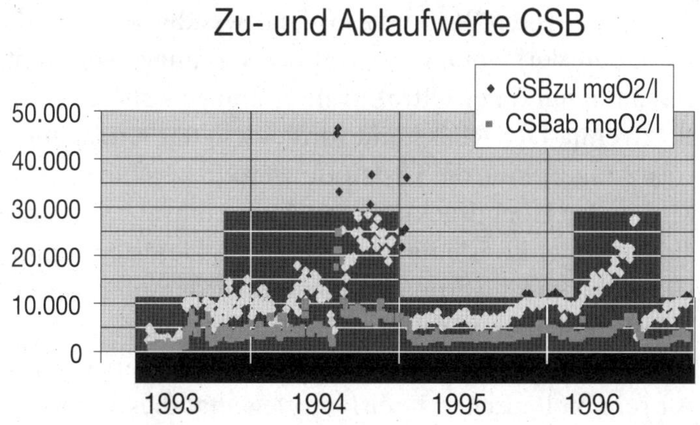

Abbildung 15: Abbauleistung Membranbiologie

steigenden Lackeintrag ins System verursacht. Ähnlich betriebene Lackieranlagen ohne biologische Reinigung zeigten im selben Zeitraum auch steigende Tendenz, aber wesentlich höhere CSB-Werte. Deutlich sind die Wasserwechsel Anfang 1995 und Ende 1996 zu erkennen, die nicht wegen zu hoher organischer Belastung, sondern wegen unzulässig hoch angereichertem korrosionsverursachendem Salz durchgeführt wurden.

Trotz biologischer Badpflege konzentrieren sich durch die Kreislaufführung vermehrt auch organische Stoffe auf, die durch den Bioreaktor alleine nicht mehr abgebaut werden können. Dieser Rest-CSB besteht aus bis zu 65% aus Huminstoffen. Durch den Einsatz einer Pflanzenkläranlage als zweite biologische Stufe kann der Ablauf aus dem Bioreaktor so nachbehandelt werden, dass eine dauerhafte Kreislaufführung möglich wird.

Das Ziel eines geschlossenen Wasserkreislaufes ohne störende Anreicherung kann hinsichtlich organischer Stoffe erreicht werden. Ob die Standzeitverlängerung mit geringerem Aufwand als 50 DM/m^3 biologisch gereinigtes Wasser zu erreichen ist, müssen weitere Optimierungen zeigen.

5.4 Abwasserfreie Spritzkabinen

Eine andere Variante der Lackwasserkreislaufführung wird mit einem dreistufigen Membranverfahren erreicht (Abb. 16). Die Lacknebelauswaschungen verschiedener Spritzkabinen werden im geschlossenen Kreislauf betrieben und Lackschlamm ausgetragen. Haben sich nach ca. einem Jahr Betrieb organische Stoffe oder Salz (Chlorid) so stark angereichert, dass ein Wasserwechsel notwendig wäre, wird das belastete Wasser in den Vorlagetank der Entsalzungsanlage gepumpt. Zunächst werden dann mit einer Ultrafiltrationsanlage kolloidale und disperse Stoffe abgetrennt. Der Rückstand wird einem der Kreisläufe als Verdunstungsersatz zugegeben, die Feststoffe werden koaguliert. Das klare Ultrafiltrat wird in der Hochdruckumkehrosmose entsalzt, das entsalzte Wasser in die Auswaschkreisläufe zurückgeführt. Gelöste Organik und Salze im UO-Konzentrat werden im Vakuumverdampfer weiter aufkonzentriert. Letztlich bleiben von 100 m^3 belastetem Lackwasser 1 m^3 salzhaltiger Schlamm übrig, der wie die Lackschlämme verwertet wird. Gegenüber der rein biologischen Kreislaufpflege hat dieses Verfahren den Vorteil,

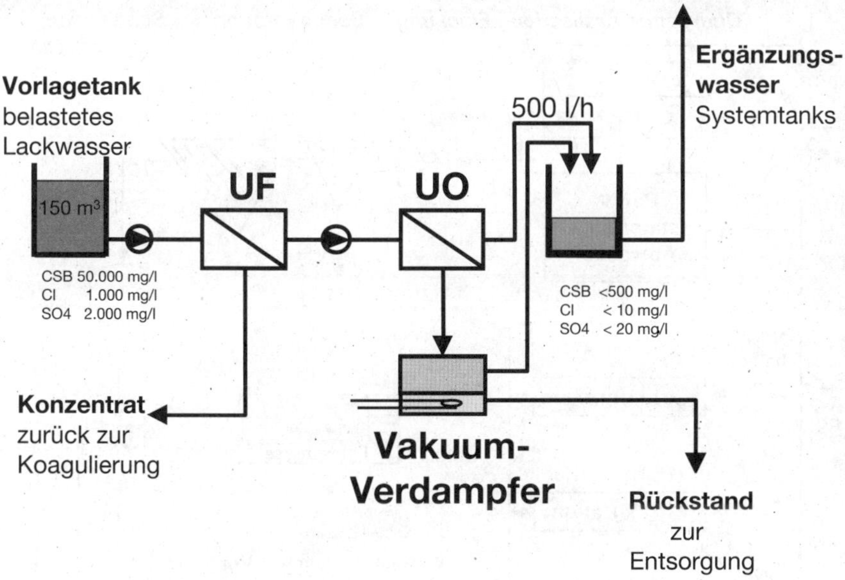

Abbildung 16: Abwasserfreie Spritzkabinen durch Lackwasserentsalzung

dass sowohl störende gelöste organische als auch störende Salze aus Lackwasser abgetrennt werden können. Es ermöglicht also nicht nur Standzeitverlängerung der Kreisläufe, sondern auch vollständig abwasserfreien Betrieb. Nach einem Jahr Probebetrieb und der erfolgreichen Behandlung von allen wesentlichen Lackwassertypen zeigt sich das Problem der Störstoffanreicherung in Lackwasserkreisläufen als gelöst.

5.5 Abwasserbehandlung

Abwässer aus verschiedenen Lackierprozessstufen werden in Karosseriewerken meist in einer zentralen Anlage chemisch behandelt. Abbildung 17 zeigt schematisch das Behandlungsverfahren. Nitrithaltige Abwässer, ölhaltige Abwässer oder lackhaltige Abwässer werden im Teilstrom vorbehandelt. Dann erfolgt zusammen mit anderem sauer-alkalischem Abwasser eine Neutralisationsfällung von Schwermetallen. Das wird in diesem Beispiel mit geringem Durchsatz (max. 20 m^3/h für 1000 PKW/Tag) in einer Doppelcharge durchgeführt. Die alkalisch gefällten Metallhydroxide werden dann mit Flockungshilfsmittel agglomeriert und in Vorabscheider und Lamellenklärer abgetrennt. Das Klarwasser wird im Schlussfilter behandelt und dann nach Endkontrolle in die Schmutz-

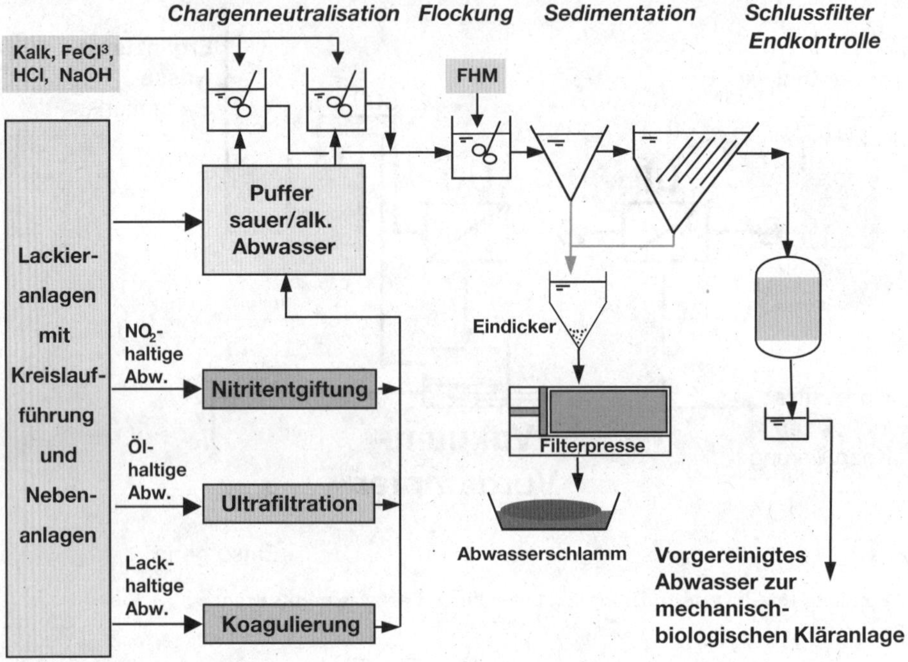

Abbildung 17: Prozeßabwasserbehandlung im Karosseriewerk

wasserkanalisation geleitet. Von da gelangt es zusammen mit Sanitärabwasser zur kommunalen mechanisch biologischen Kläranlage. Der Abwasserschlamm wird in einer Kammerfilterpresse entwässert und einer Verwertung zugeführt. Überwacht werden im Abwasser u.A. Schwermetallkonzentrationen und pH-Wert. Auch Leuchtbakterientests finden Anwendung. Da die Schadstoffkonzentrationen immer unter den behördlich genehmigten liegen müssen, diese aber an den im Fällverfahren erreichbaren Werten orientiert sind, kann hier deutliche Frachtminderung nur über Verringerung der Abwassermenge erreicht werden. So dokumentiert auch diese Abwasserbehandlung, dass Umweltentlastung vorrangig mit Vermeidungsstrategie zu erreichen ist.

6. Ausblick

Von den bisher angewandten Verfahren zur Minderung des Wasserverbrauchs und der Abwasserfracht werden nur diejenigen Bestand haben, die Emissionen nicht auf Luft oder Abfall verlagern oder viel Energie verbrauchen.

Maßnahmen zur kontinuierlichen Qualitätsverbesserung in Karosseriebau und Lackierung sind oft mit höherem Wasserverbrauch verbunden. Doch auch in Zukunft werden qualitätsverbessernde Schritte durch intelligente Verfahren der Kaskadenspülung oder Regeneration und Kreislaufführung von Prozessflüssigkeiten ergänzt werden müssen, um den Wasserverbrauch möglichst weiter zu senken.

Neue Leichtbaukonzepte im Karosseriebau werden neue wässrige Verfahrenstechniken erfordern. Hierfür müssen Abwasserminderungstechniken entwickelt werden. Trockene Prozesse wie No-rinse-Oberflächenbehandlung, Trockenschleifen oder Trockenabscheidung von Farbnebeln werden zunehmend eingesetzt. Vorbeschichtete Materialien können den Behandlungsaufwand im Fahrzeugwerk drastisch reduzieren. Hier muss mithilfe produktbezogener Gesamtstrategien das Augenmerk weg vom Karosseriewerk hin zum Fahrzeug incl. Zulieferteilen gerichtet werden, um weiterhin kontinuierlich Umweltentlastung zu erreichen.

Literatur

1 Henkel, Hans-Olaf: Die Zukunft liegt im produktintegrierten Umweltschutz. UTA 2/2000; S. 65

2 Christ, Claus: Umweltschonende Technologien aus industrieller Sicht – Verfahrensverbesserungen und Stoffkreisläufe. Chemie-Ingenieur-Technik (72) 1+2/2000; S. 42–57

3 Rapp, Kurt: Reduzierung des chemischen Sauerstoffbedarfs von Abwässern. In: Korrosionsschutz durch Beschichtungen und Überzüge auf Metallen. Augsburg: WEKA Verlag1996

4 DaimlerChrysler AG: Umweltbericht 1999

5 Veltwisch, Dieter: Die neuen Anforderungen an Abwassereinleitungen und ihre Hintergründe. In: Industrielle und gewerbliche Abwassereinleitungen in öffentliche Kläranlagen. Band 526; Expert-Verlag 1997 S. 1–35

6 Eyerer, P.: Ganzheitliche Bilanzierung, Werkzeuge zum Planen und Wirtschaften in Kreisläufen. Berlin: Springer Verlag, 1996

7 Hartinger, Ludwig: Handbuch der Abwasser- und Recyclingtechnik für die metallverarbeitende Industrie. München; Wien: Hanser Verlag 1991

8 Adinolfi, S. und Rapp, K.: Erfahrungen mit der Membranbiologie in einer Automobillackierung. Vortrag beim 72. siedlungswasserwirtschaftlichen Kolloquium; Universität Stuttgart 1997

K.-H. Rosenwinkel

Verfahrensentwicklungen und Tendenzen in der kommunalen Abwasserreinigung und Klärschlammentsorgung

1. Einleitung

Der Vortrag gibt einen Überblick über die Verfahrensentwicklungen und Tendenzen in der kommunalen Abwasserreinigung und Klärschlammentsorgung. Neue Verfahrensentwicklungen und Tendenzen zeichnen sich zum einen in den Bereichen der generellen Entwässerungskonzepte sowie der verfahrenstechnischen Entwicklungen auf verschiedenen Gebieten der Abwasserreinigung und Schlammbehandlung ab. In diesem Beitrag wird neben den generellen Konzepten der Siedlungsentwässerung eine Übersicht der Entwicklungen im Bereich von Belebungs- und Biofilmverfahren gegeben und es werden die Entwicklungen im Bereich der Schlammbehandlung und -verwertung aufgezeigt.

2. Generelle Konzepte der Siedlungsentwässerung

Bei den generellen Konzepten der Siedlungsentwässerung zeichnet sich ab, daß für den zukünftigen Gewässerschutz eine integrierte Betrachtung von Kanalnetz und Kläranlage stattfinden wird. Viele Vorhaben zielen darauf ab Maßnahmen zu entwickeln, die einen hohen Kostenwirksamkeitseffekt haben. Eine Möglichkeit der Steigerung dieser Effekte ist u.a. die höhere Ausnutzung von Kläranlagen während der Mischwasserbeschickung. In einem Vorhaben am Institut für Siedlungswasserwirtschaft und Abfalltechnik der Universität Hannover, das vom BMBF gefördert wird, wird dazu untersucht, ob durch eine Online-Simulation von Belebungsverfahren die Entscheidungsgrundlage zur Erhöhung der Mischwasserbeschickung im Regenwetterfall gegeben werden kann. Die Ergebnisse aus diesem Forschungsvorhaben, das im halbtechnischen und großtechnischen Versuch durchgeführt wird, zeigen positive Tendenzen. Insbesondere zeichnet sich ab, daß die CSB-Fracht bei höherer Beschi-

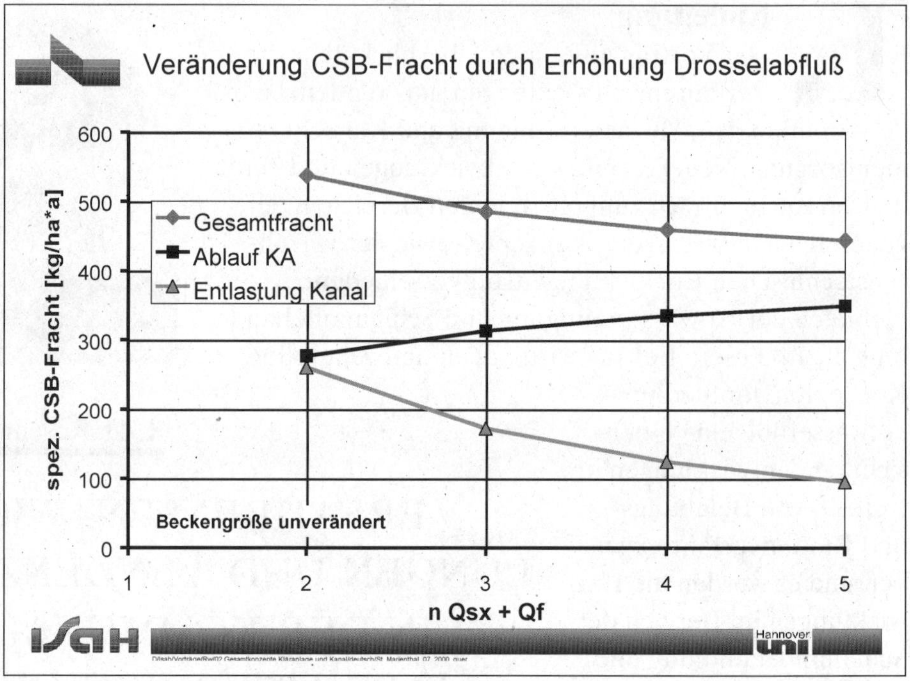

ckung und Gesamtbetrachtung von Kläranlagen und Kanalnetz deutlich reduziert werden kann. Weiterhin läßt sich bei bestehenden Kläranlagen und fehlendem Speichervolumen eine deutliche Einsparung der erforderlichen Regenüberlaufbeckenvolumina erzielen. Die generellen Konzepte müssen auch alternative Entwässerungssysteme einbeziehen, dazu gehören auch Verfahren der Niederschlagswasserversickerung sowie modifizierte Systeme der Niederschlagsentwässerung. Bei der Niederschlagswasserversickerung ist im Sinne einer möglichst geringen Gewässerbelastung zu beachten, daß möglichst unverschmutztes Niederschlagswasser durch eine belebte Bodenzone zur Versickerung gelangt.

3. Belebungsverfahren

Im Bereich der Belebungsverfahren stellt eine wesentliche Entwicklung der letzten Jahre der Einsatz von Membranbioreaktoren dar. Dieses Verfahren zeichnet sich durch eine absolute Feststofffreiheit im Ablauf verbunden mit hohen Feststoffgehalten in der Belebung aus. Verschiedene Forschungs- und Entwicklungsvorhaben beschäftigen sich mit den Fragen der Entwicklung und des technischen Einsatzes dieser Verfahren.

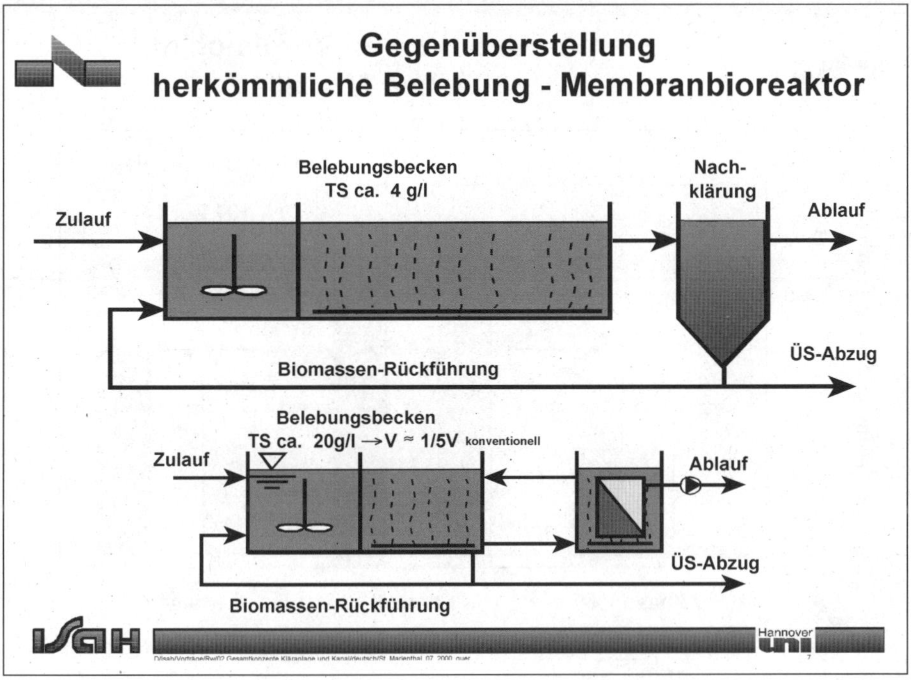

Am ISAH werden dazu Fragen der Überschußschlammentwicklung und der Wirtschaftlichkeitsbetrachtung untersucht. Die Überschußschlammentwicklung ist im wesentlichen abhängig von dem Feststoffgehalt des Zulaufes des Membranbioreaktors und insbesondere von dem dort enthaltenen inerten Anteil. Bei der Beschickung mit kommunalem Abwasser, welches im Versuch durch Substrate aufgestockt wurde, zeigten sich auch nach 300 Tagen Betriebszeit noch entsprechende Schammzuwachsraten. Vergleiche mit üblichen Berechnungsansätzen zur Bestimmung des Überschußschlammanfalls zeigten, daß der absolute Schlammzuwachs im wesentlichen den bereits bestehenden Modellberechnungen folgt und bei entsprechend hohem Schlammalter außerordentlich gering ist. Weitere Vorteile des Verfahrens liegen neben der absoluten Feststofffreiheit im Ablauf auch in der Keimfreiheit und der damit verbundenen Einhaltung der EU-Badegewässer-Richtlinie. Eine Berechnung der Jahreskosten dieser Verfahren im Vergleich mit konventionellen Belebungsverfahren aus dem Jahr 1997 zeigt, daß die Wirtschaftlichkeit im Vergleich zur konventionellen Belebung von der Konzentration des BSB_5 bzw. der abzubauenden Substanz abhängt. Dabei hängt die Wirtschaft-

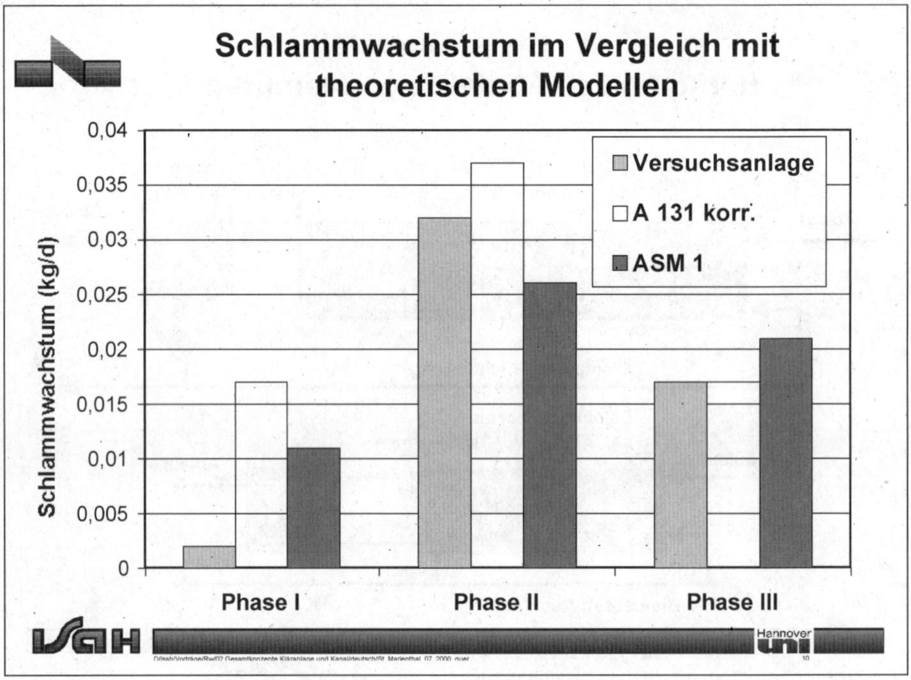

lichkeit entscheidend von der Frage der Membranstandzeit und den Kosten der Membran ab. Vergleichsrechnungen haben zum damaligen Zeitpunkt Schnittgrößen für die Konzentrationen und Wirtschaftlichkeit von > 1.200 mg BSB_5 ergeben, diese konnten durch Verbesserungen im Bereich von Standzeiten und der spezifischen Kosten deutlich weiter gesenkt werden. Mit zunehmenden Standzeiten lassen sich wirtschaftliche Einsatzmöglichkeiten dieser Verfahren für kommunale Abwässer künftig erzielen. Bei einigen Anlagen wird der Einsatz von aeroben Selektoren zur Verbesserung des Schlammabsetzverhaltens und Eindickverhaltens in der Nachklärung untersucht. Diese Selektoren sichern dabei die Möglichkeit eines hohen Konzentrationsgradienten für die Abwasserinhaltstoffe und bevorteilen damit das Flockenwachstum in einer Belebungsanlage. Die Betriebsergebnisse für Selektoren zeigen sehr positive Erkenntnisse, für bestimmte Mikroorganismen, wie z. B. (021 N oder Microrthrix) müssen noch weitere Untersuchungen durchgeführt werden.

Weiterentwicklungen im Bereich der Reaktortechnologie beschäftigen sich u.a. mit Schlamm-spiegelreaktoren. Ziel dieser Reaktoren ist, daß

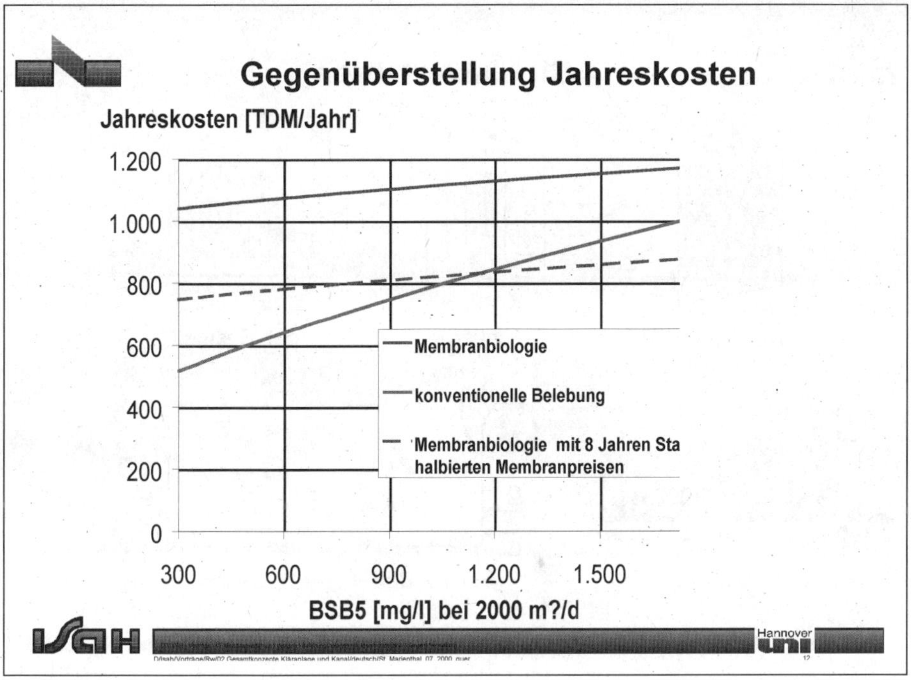

z. B. das bei der Denitrifikation gebildete Stickstoffgas innerhalb der Strömungszone des Reaktors durch einen entsprechenden Druck in Lösung verbleibt und nicht als Stickstoffgasblase für entsprechende Turbulenzen und Schlammaufwirbelungen sorgt. Das Verfahren soll auch für andere Einsatzzwecke, bei denen mit entsprechender Gasentwicklung zu rechnen ist, erprobt werden.

4. Biofilmverfahren

Eine Reihe von Entwicklungen in der kommunalen Abwasserreinigung beschäftigen sich mit der Entwicklung von Biofilmtechnologien. Dazu gehören neben den Tropfkörpern und Tauchkörpern auch die Fluidised-Bed-Verfahren, getauchte Festbetten und Moving-Bed-Anlagen sowie Biofilter. Hier wird etwas auf die Entwicklung im Bereich der Moving-Bed-Reaktoren und Scheibentauchkörper eingegangen, bei denen beobachtet wurde, daß bei bestimmten Abwasserzusammensetzungen und -temperaturen eine direkte Stickstoffumsetzung vom Ammonium zum Stickstoffgas möglich ist. Diese Deammonifikation ist großtechnisch im Bereich der Sickerwasserbehandlung auf der Sickerwasserbehandlungs-

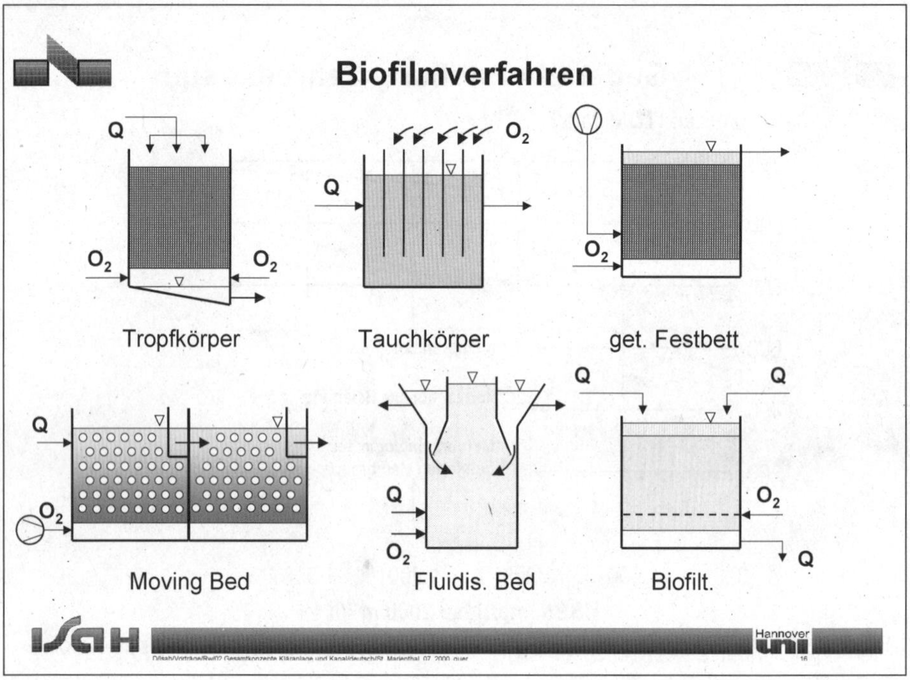
Biofilmverfahren
Q
O2
O2
Tropfkörper
O2
Q
Tauchkörper
O2
get. Festbett
Q
O2
Moving Bed
Q
O2
Fluidis. Bed
Q
Q
O2
Q
Biofilt.
Hannover
uni

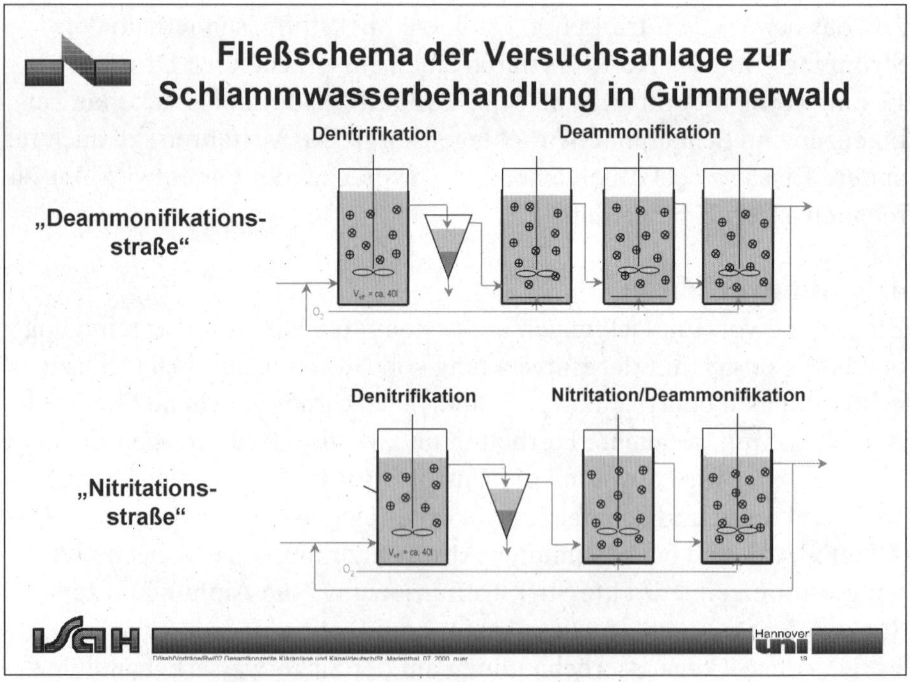
Fließschema der Versuchsanlage zur Schlammwasserbehandlung in Gümmerwald
Denitrifikation
Deammonifikation
„Deammonifikations-straße"
Denitrifikation
Nitritation/Deammonifikation
„Nitritations-straße"
Hannover
uni

anlage des Kreises Euskirchen in Mechernich erprobt und wurde auf dem Klärwerk Gümmerwald der Stadt Hannover im Labor-, Bach- und halbtechnischen Betrieb mit Schlammwasser durchgeführt. Als Trägermaterial wurde Moving-bed-Material eingesetzt. Für das Verfahren zeichnet sich ab, daß bei einstufigen Betrieb eine geringe Sauerstoffkonzentration erforderlich ist. Weiterhin sind wegen der extrem geringen Wachstumsraten der beteiligten Mikroorganismen Biofilmverfahren von Vorteil sowie hohe Temperaturen. Die Ergebnisse aus den Untersuchungen zeigen, daß mit Moving-bed-Verfahren Umsatzraten von über 5 g/Stickstoff/m^2*d erzielt werden können und das eine Steigerung der Umsatzrate mit einer Steigerung der Nitritkonzentration möglich ist. Diese Ergebnisse wurden im Batchversuch ermittelt; für die großtechnische Anwendung gelten entsprechend geringere Sätze.

5. Schlammbehandlung und Verwertung

Im Bereich der Schlammbehandlung kommunaler Anlagen kann festgestellt werden das erhebliche Faulraumkapazitäten für die Stabilisierung kommunalen Klärschlammes nicht voll ausgenutzt sind. Eine Möglich-

Vergleich von empfohlenen und tatsächlichen Faulzeiten t_R (ISAH-Umfrage 1997/98)

Ausbaugröße	Empfehlung (BÖHNKE, 1977 in: BÖHNKE ET AL., 1993)	Mittelwert der Umfrage	Kläranlagen mit t_R > 20 d
< 50.000 EW	20-30 d	35 d	88 %
50.000 – 100.000 EW	15-20 d	29 d	75 %
> 100.000 EW	10-15 d	25 d	62 %

Vergleich von Belastungs- und Bemessungswerten bestehender Faulbehälter (KAPP, 1984)

		Belastungswerte		Bemessungswerte	Anzahl der Anlagen
		Mittelwert	Median		
Aufenhaltszeit t_R	[d]	39,5	33	20-25	206
Raumbelastung B_R	[kg oTS/m?*d]	1,01	0,87	2,0-3,0	84
TS-Gehalt	[%]	3,0	3,6	7-9	54

ISAH Hannover uni

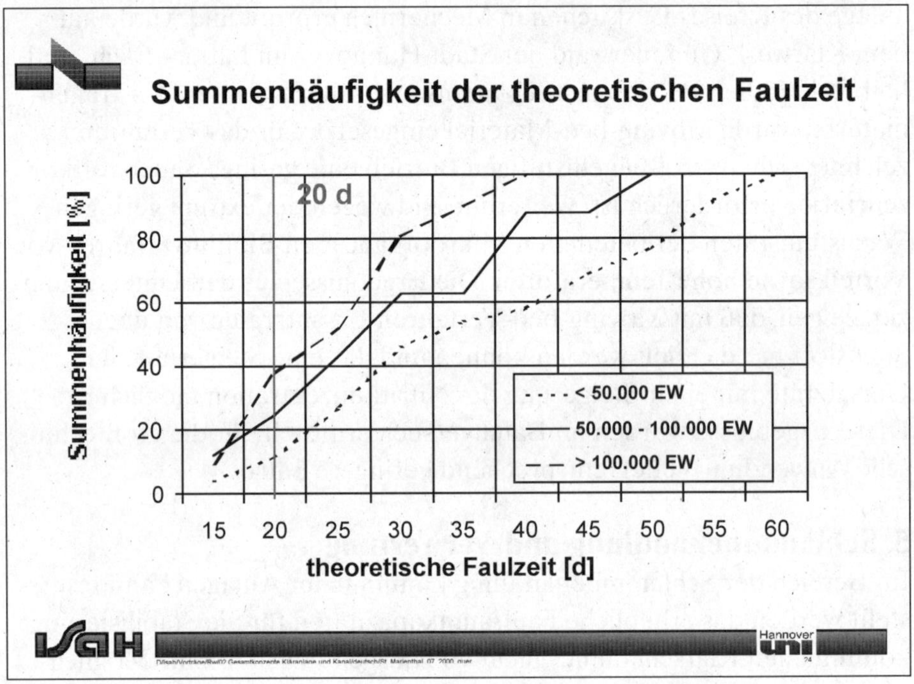

keit zur Ausnutzung dieser Kapazitäten besteht in der Mitbehandlung von kommunalen oder industriellen Substraten. Eine Reihe von Kläranlagen haben dieses Verfahren großtechnisch praktiziert mit einer Vielzahl von entsprechenden Substraten. Die Ergebnisse zeigen eine entsprechende Methangasentwicklung und Wirtschaftlichkeitsverbesserung dieser Anlagen. Weitere Möglichkeiten bestehen in der Nutzung und stofflichen Verwertung von Inhaltsstoffen des Schlammes wie z. B. Phosphor in der Düngemittelindustrie oder der Klärschlammaschen in der Baustoffindustrie. Gemeinschaftvorhaben deutsch-japanischer Forschung zeigen gute Möglichkeiten der Nutzung dieser Reststoffe.

1. Nachdenken – Umweltgerechte Lösungen am Ort des Abwasseranfalls – Politische Fehlsteuerungen und bewußte am Gewinn orientierte Fehlplanungen haben die Kosten für die Abwasserbehandlung dramatisch ansteigen lassen und Millionen von Fördermitteln verbraucht. Insbesondere in dünn besiedelten oder nicht erschlossenen Gebieten hätten mehr dezentrale Lösungen eingesetzt werden müssen, um die Abwassergebühren durch den damit entfallenden Bau eines entsprechend umfangreichen Kanalnetzes zu vermeiden.

Carsten Belz

Ralf-Peter Busse/Carsten Belz

Vorzüge der dezentralen Abwasseraufbereitung – Erfahrungen und technische Entwicklungen

Nunmehr ist nach Erkennen dieser Fehlentwicklung ein Ausweg aus dem Kostendesaster, hin zu Denkansätzen, die dezentrale Abwasserentsorgung einschließt, erkennbar. In einzelnen Bundesländern wurde die Kleinkläranlage bereits als dauerhafte Lösung durch Nivellierungen der jeweiligen Wasserhaushaltsgesetze legitimiert.

Aus Sicht des Gewässer- und des Gesundheitsschutzes ist es aber unverständlich, weshalb Abwasserbehandlungsanlagen immer noch mit der Technologie des „vorigen“ Jahrtausends geplant, genehmigt und gebaut werden.

Das gilt für Großkläranlagen aber vor allem auch für Kleinkläranlagen im dezentralen Bereich. Von seiten des Umweltschutz ist es nicht mehr vertretbar, daß die Dreikammerklärgrube (DIN 4261 Teil 1) immer noch Stand der Technik ist oder in einigen Bundesländern wieder zum Stand der Technik erklärt wurde.

Umweltbundesamt – „Aus dem Gebot des Wasserhaushaltsgesetzes, Gewässer einschließlich des Grundwassers bestmöglich vor Verunreinigungen aus Abwassereinleitungen zu schützen, folgerte bisher, möglichst viel Abwasser zu erfassen und in zentralen Kläranlagen mit besserem Wir-

kungsgrad und besseren Kontrollmöglichkeiten zu behandeln. Dieser, in geschlossenen Siedlungsgebieten generell akzeptierten Verfahrensweise stehen jedoch im sogenannten Streusiedlungsbereich die hohen Kosten einer zentralen Erfassung des Abwassers entgegen. Deshalb wurde und wird im Streusiedlungsbereich die dezentrale Abwasserreinigung mit Mehrkammerfaulgruben zugelassen, wohl wissend, daß diese Methode sowohl stofflich als auch hygienisch unbefriedigend ist. Die Entwicklung eines Hauskläranlagentyps, der die systemimmanenten Reinigungsleistungen einer membrangekoppelten biologischen Abwasserreinigung auch in kleinsten Einheiten realisiert, ist aus unserer Sicht als ein wesentlicher Fortschritt bei der dezentralen Abwasserbehandlung zu betrachten. In allen Bereichen, in denen Mehrkammerfaulgruben bereits jetzt toleriert wurden, bieten Hauskläranlagen mit Mikrofiltrationsmembranen einen deutlich verbesserten Gewässer- und Grundwasserschutz. Die einer ***zentralen konventionellen Abwasserreinigung ebenbürtige dezentrale Abwasserreinigung mittels Mikrofiltration*** *(derzeit noch mit der Einschränkung der Nährstoffentfernung) ist darüber hinaus geeignet, die Grenzen und die Bedingungen neu zu überdenken, wo eine zentrale Abwasserreinigung mit einer keineswegs besseren biologischen Reinigungsleistung, aber mangelnder Abwasserhygienisierung noch sinnvoll und notwendig erscheint.“* [1]

Der bisher angerichtete Schaden darf vor allem nicht nur monetär bestimmt werden. Das Abwasser ist ein wesentlicher Bestandteil des gesamten Wasserkreislaufes und wir sollten zukünftig über nachhaltige Entwicklungen im gesamten Wasserkreislauf, also auch beim Abwasser, nachdenken. – Wasser, ob Regen- oder Abwasser, welches einer Region über kilometerlange Kanalleitungen entzogen wird und im Endeffekt über Kanäle und Flüsse ins Meer entschwindet, steht dem Grundwasser aus dieser Region nicht mehr zur Verfügung.

Eine sprunghafte Steigerung in der Reinigungsleistung von Kleinkläranlagen bietet sich mit der **Biomembrantechnologie**.

Mit der Unterstützung der ***Deutschen Bundesstiftung Umwelt*** wurde im Oktober 1999 die Hauskläranlage BioMIR· auf der Baumesse in Leipzig präsentiert.

Die Hauskläranlage BioMIR· basiert auf dem WABAG SMS-Verfahren.

Umweltbundesamt – „Die Verfahrenskombination aus Mikrofiltration und Dickschlammbiologie, die Sie bei Ihren neuentwickelten Hauskläran-

lagen (Typ BioMIR) anwenden, erzeugt eine Abwasserqualität, die sich durch eine hohe hygienische Qualität und die sehr weit gehende Entfernung organischer Stoffe auszeichnet. Die Reinigungsleistung stellt eine sprunghafte Leistungssteigerung bei der dezentralen Reinigung häuslichen Abwassers dar, die bezüglich dieser beiden Parameter nicht nur die Reinigungsleistung der herkömmlichen Mehrkammerfaulgruben erheblich übertrifft, sondern sogar deutlich über dem Anforderungsniveau des Anhanges 1 der Abwasserverordnung für zentral, jedoch konventionell gereinigtes kommunales Abwasser liegt.“ [1]

2. Innovative Technologieentwicklung – Grundlage für die Akzeptanz der dezentralen Abwasserbehandlung ?

2.1 Das WSMS-Verfahren

Die Kombination eines Belebungsbeckens mit einer partikelabfiltrierenden Membran zur Schlammrückhaltung wird als Membranbioreaktor-Technik bezeichnet. Die Schlammrückhaltung und die Abtrennung des gereinigten Abwassers erfolgt beim WSMS – (WABAG submergend membrane system) Verfahren durch den Einsatz von Mikrofiltrationsmembranen, die direkt in das Belebungsbecken eingetaucht sind.

Neben der Platzersparnis durch den Wegfall des Nachklärbeckens kann mit Hilfe der Membranen die biologische Stufe mit einer Schlammtrockensubstanz von ca. 20 g/l betrieben werden, was einerseits die Größe des Belebungsbeckens deutlich vermindert und andererseits durch den Filtrationseffekt eine äußerst hohe Reinwasserqualität in bezug auf Bakterien, Keime und abfiltrierbare Stoffe erzeugt.

Als Folge sehr niedriger Schlammbelastung wird der Schlamm stabilisiert und nur in geringen Mengen Überschußschlamm produziert.

Im Gegensatz zu den bisher eingesetzten Verfahren wird bei dem WABAG SMS-Verfahren keine zusätzliche Energie zur Umwälzung bzw. für den *cross flow* eingebracht. Die für die Filtration erforderliche geringe Druckdifferenz kann durch das Aufstauen des Wasserspiegels oberhalb der Membranen oder durch Anlegen eines Unterdruckes erzeugt werden. Der Betrieb erfolgt ohne kontinuierliche Rückspülung der Membranen.

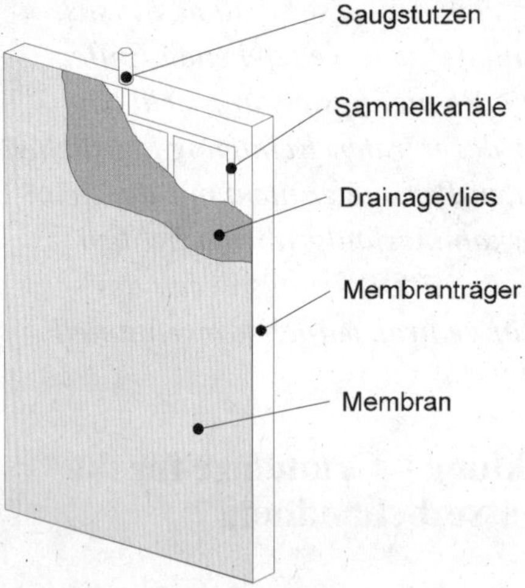

Bild 1: Schematische Darstelllung des Membranplattenaufbaus

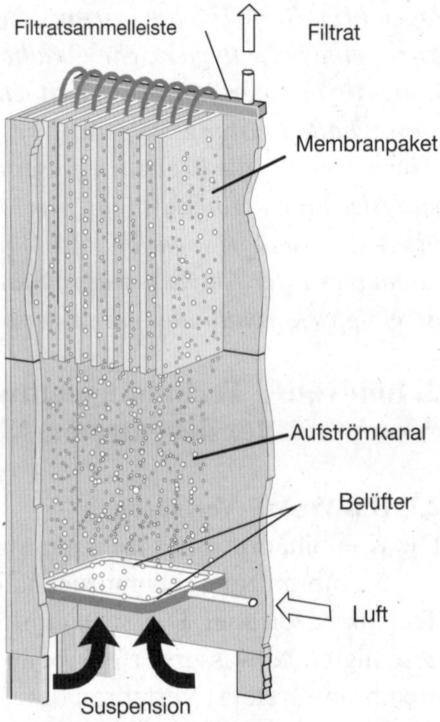

Bild 2: Schematische Darstellung des Modulaufbaus

2.2 Die Hauskläranlage BioMIR"

Die von der BUSSE GmbH in Kooperation mit der VATECH WABAG entwickelte Hauskläranlage BIOMIR· kann durch ihren modularen Aufbau individuell an die örtlichen Gegebenheiten angepaßt werden. Die Anlage wird in Anlehnung an die DIN 4261 Teil 2 (Kleinkläranlagen < 50 EW) ausgelegt und ist im wesentlichen aus zwei verschiedenen Verfahrensstufen aufgebaut.

1. Einem Abwasserspeicher mit Grobstoffabscheidung und
2. einem Membranbioreaktor mit getauchten Membranen.

Der Abwasserspeicher übernimmt hierbei die Zwischenspeicherung kurzzeitig anfallender „größerer Abwassermengen" (Badewannen) und die Abtrennung von Grobstoffen an einem belüfteten Sieb.

Aus dem Speicher wird das Abwasser mit einer Pumpe in den Membranbioreaktor gefördert. In dem Membranbioreaktor wird das von Grobstoffen befreite Abwasser im WSMS-Verfahren gereinigt und im *gravity flow* abgeleitet.

Durch ihren modularen Aufbau kann die BioMIR· an die meisten dezentralen Standorte angepaßt werden. In geschlossenen Räumen (Kel-

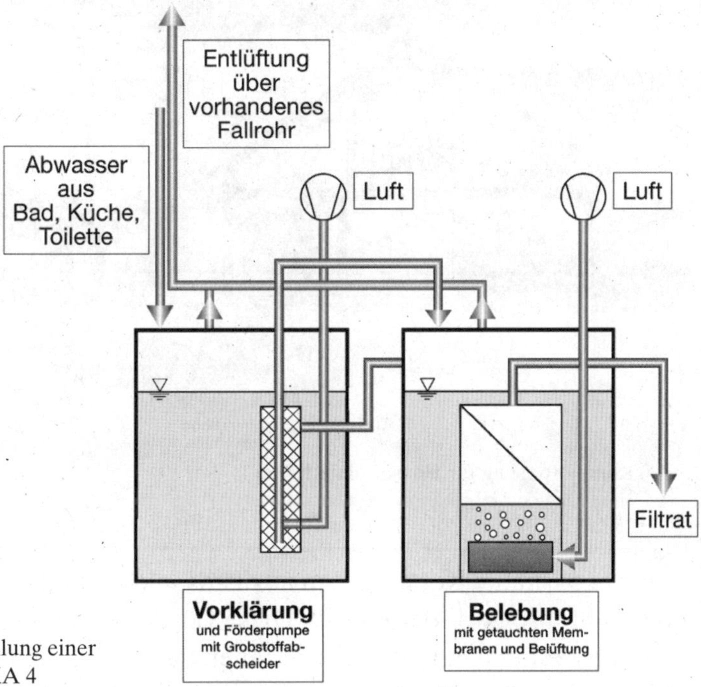

Bild 3:
Schematische Darstellung einer BioMIR Typ MF-HKA 4

ler, Hauswirtschaftsraum, etc.) werden die Anlagen in geruchsdicht verschlossenen Doppelwandbehältern ausgeführt (Bild 4). Diese Variante ist besonders für die kleinste dezentrale Einheiten 2–8 EW geeignet.

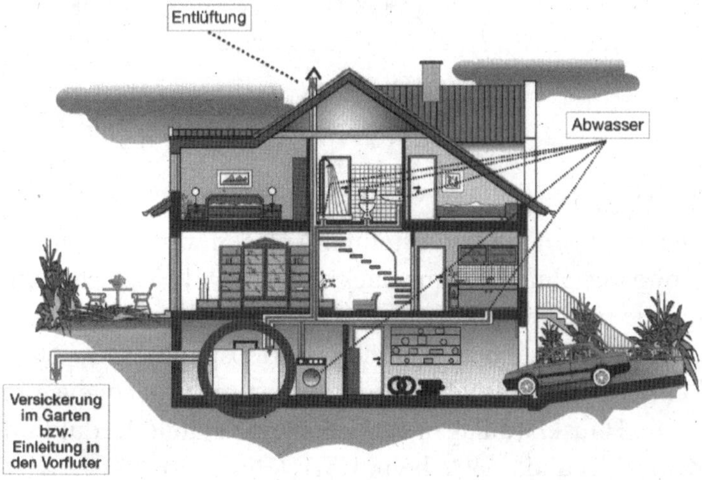

Bild 4:
Komplettlösung für Ein- und Mehrfamilienhäuser mit Keller

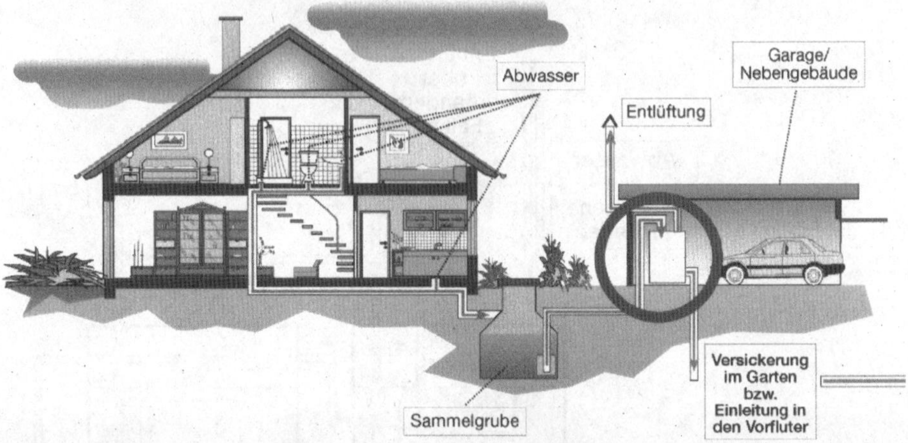

Bild 5: Komplettlösung für Häuser ohne Keller

In Bild 5 ist eine Kombination aus Erdspeicher und frei aufgestelltem Biomembranreaktor dargestellt. Diese Lösung bietet sich für Grundstücke mit bestehenden und gut erhaltenen Sammelgruben oder als Gruppenkläranlage für mehrere Grundstücke an.

Zusätzlich wurde ein System als Komplettlösung für den Erdeinbau aus einem in mehrere Kammern geteilten Kunststoffbehälter entwickelt.

Tabelle 1: derzeitige Referenzen von BioMIR®-Anlagen

	Kapazität	erste Installation	Anzahl der gebauten Anlagen
häusliches Abwasser	2–8 EW	1997	15
Bürogebäude	6–14 EW	1998	2

2.3 Ergebnisse

Die im folgenden vorgestellten Anlagen werden bisher mit häuslichem Abwasser ohne Schlammrückführung und Überschußschlamm – Entnahme betrieben.

Nach Erreichen des stabilen Betriebspunktes (30–60 Tage) wurde keine Überschußschlammproduktion mehr nachgewiesen (Bild 6–7).

Die Hauskläranlagen erreichen eine stabile Reduktion von > 95% beim CSB und > 99% beim BSB_5 (Bild 8–9).

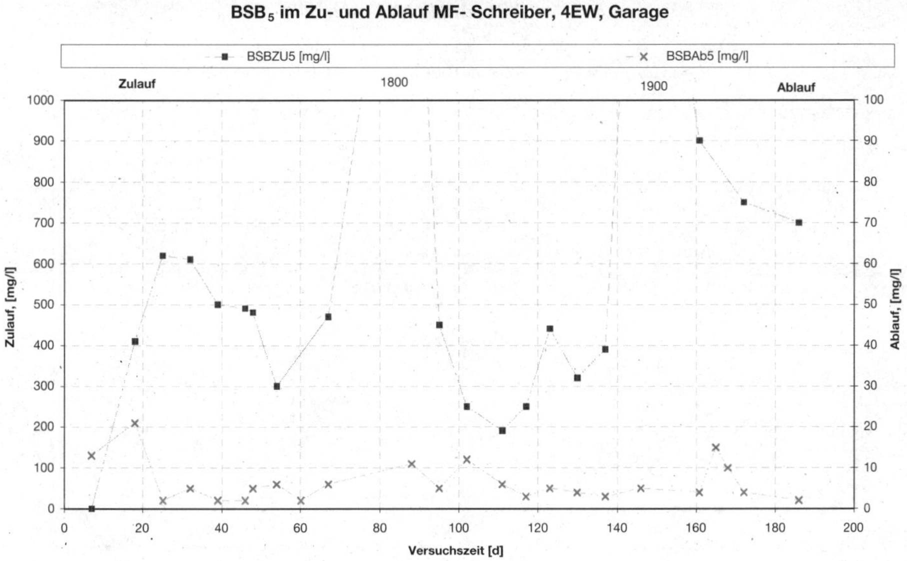

Bild 6: Biologischer Sauerstoffbedarf im Zu- und Ablauf der MF- Schreiber

Weitergehend kann mit den Standartversionen für den Keller und Erdeinbau auch eine stabile Nitrifikation < 10mg/l NH_4-N erreicht werden. (Tabelle 2)

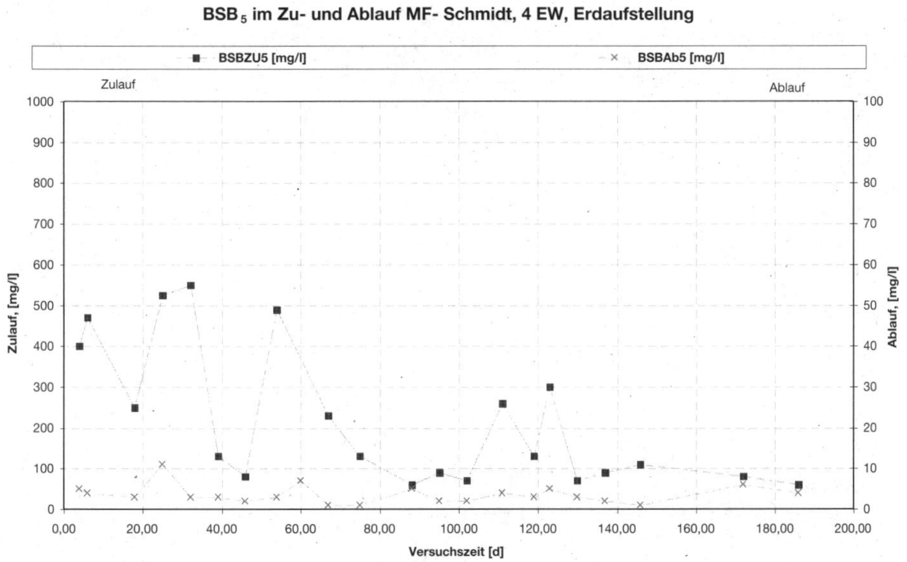

Bild 7: Biologischer Sauerstoffbedarf im Zu- und Ablauf der MF-Schmidt

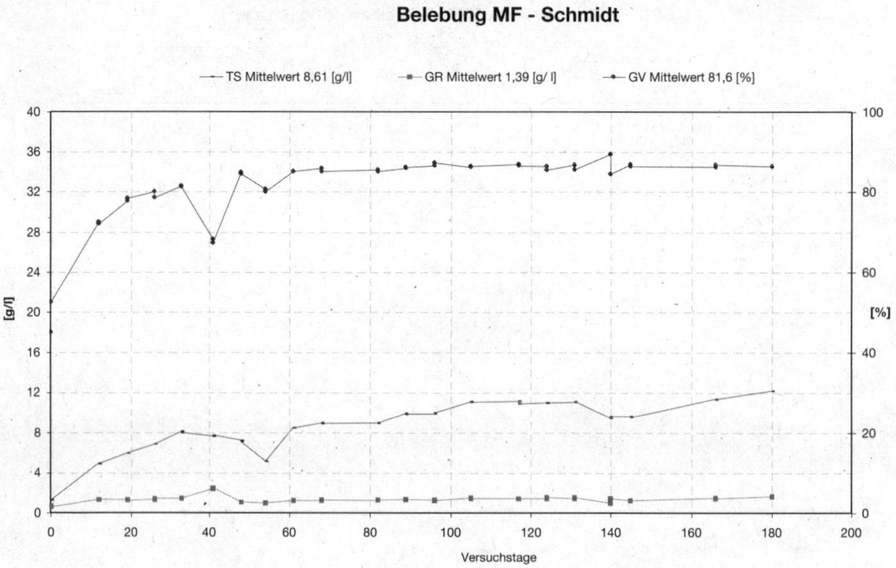

Bild 8: Trockensubstanzgehalt, Glühverlust und Glührückstand MF – Schmidt

Das Filtrat ist schwebstoff- und nahezu keimfrei (Tabelle 2, 3).

Für ein Bewässerungswasser mit hoher optischer Qualität kann ein optionaler Aktivkohlefilter nachgestaltet werden.

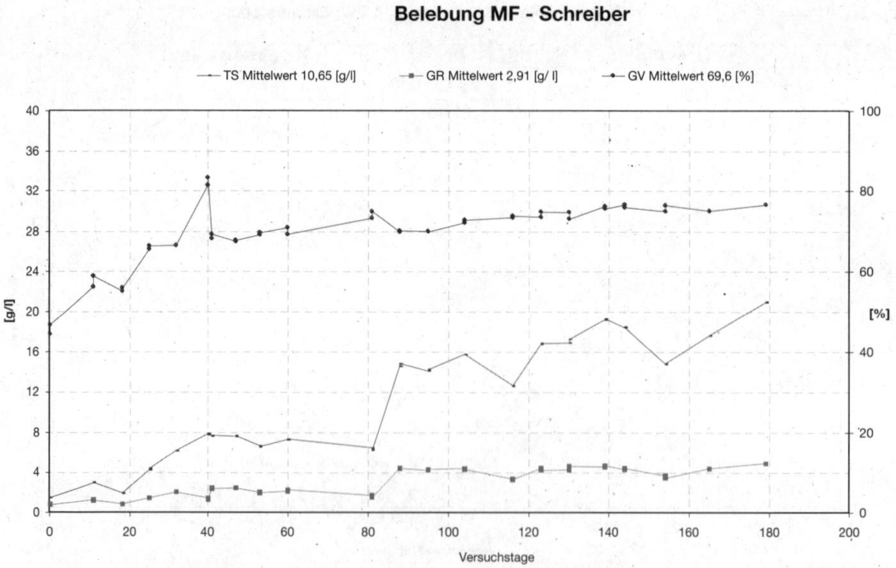

Bild 9: Trockensubstanzgehalt, Glühverlust und Glührückstand MF – Schreiber

Tabelle 2: Mittelwerte im Zu- und Ablauf der BioMIR®-Anlagen (Schmidt & Schreiber) nach der Anlaufzeit

Größe	Einheit	Zulauf	Ablauf	Anforderungen an KKA
CSB	[mg/l]	1344	37	150
BSB_5	[mg/l]	380	4	40
N-Ges	[mg/l]	197	136	
NH_4-N	[mg/l]	n. b.	7	
P- ges	[mg/l]	24	21	
Absetzbare Stoffe	[ml/l]	34	< 0,1	2

Tabelle 3: Mittelwerte im Zu- und Ablauf der BioMIR®-Anlagen in der TU-Berlin [2]

Parameter	Einheit	Zulauf	Ablauf	EG-Richtlinie	
				Leitwert	Grenzwert
E. coli	/ 100 ml	$3{,}0\ 10^6$	0	100	2000
Coliforme	/ 100 ml	$3{,}3\ 10^6$	0	500	10000
Fäkalstrept.	/ 100 ml	$2{,}3\ 10^6$	0	100	–

3. Zusammenfassung und Zukunftstrategien

Mit der Biomembrantechnologie kann das anfallende Abwasser Vorort in Kleinkläranlagen mit konstant hoher Qualität gereinigt werden. Das Abwasser weist eine hohe **hygienische Qualität (76/16/EWG / Badegewässer)** auf, so daß für seine **Verwendung** die **DIN 19650 (Bewässerungswasser)** herangezogen werden kann.

Umweltbundesamt – „Die Entwicklung eines Hauskläranlagentyps, der die ***systemimmanenten Reinigungsleistungen*** *einer membrangekoppelten biologischen Abwasserreinigung auch in kleinsten Einheiten realisiert, ist aus unserer Sicht als ein wesentlicher Fortschritt bei der dezentralen Abwasserbehandlung zu betrachten.“* [1]

Durch die Membrantechnologie wird das abfließende gereinigte Abwasser durch die Porengröße (0,4 µm) definiert. Die sich einstellende Dickschlammbiologie ermöglicht eine stabile Reinigungsleistung auch bei stark schwankenden Nährstoffkonzentrationen im Zulauf. Eine hydraulische Stoßbelastung hat durch die Kombination von Speicher und Membranbioreaktor keine Auswirkungen auf die Reinigungsleistung.

Aber die beste Technologie wird versagen, wenn sie nicht in Intervallen gewartet wird. Die Qualitätsabsicherung über ein flächendeckendes

System – „Wartung und Service“ – ist eine wesentliche Aufgabe, um eine Anhebung des Standards im Bereich der dezentralen Abwasserentsorgung abzusichern. Die einzelnen Bundesländer sollten diesbezüglich einheitliche Regelungen für die Ausbildung von Fachkräften anstreben. Das Schornsteinfeger- Prinzip kann hierbei sicherlich wegweisend für die „Dienstleistungen auf neuen Ebenen“ sein.

Im Zuge einer effizienteren Umweltpolitik sollte auch über Vorzüge eines einheitlichen Wasserrechts nachgedacht werden. *„Landesrecht zu Bundesrecht“* Die Koppelung der Betriebserlaubnis einer Kleinkläranlage an regelmäßig durchgeführten Wartungen ist auch unter dem Ansatz einer nachhaltigen Entwicklung in der dezentralen Abwasserreinigung dringend erforderlich.

Um den Umweltgedanken bei den Bürgern zu stärken ist eine progressive Förderung von Kleinkläranlagen, die eine weitergehende Reinigungsleistung unterstützt, sicherlich interessant. Bisher gibt es in einigen Bundesländern eine generelle Förderung von Kleinkläranlagen nach DIN 4261 Teil 2.

Für eine weitergehende Reinigungsleistung, die mit Pflanzenkläranlagen oder sogar über Membrantechnik erreicht wird, gibt es bisher noch keine erhöhten Fördermittel.

Literatur

[1] J. Hahn, W. Dorau: Stellungnahme zum DBU Projekt Az 13975, 13. 06. 2000

[2] Anonymus: Richtlinie des Rates der Europäischen Gemeinsschaft über die Qualität von Badegewässern (76/160/EWG), Dezember 1975

[3] Anonymus: Hygenische Belange von Bewässerungswasser, DIN 19650, Februar 1999

[4] M. Kraume, S. Rosenberger, U. Szewzyk: Begutachtung der Hauskläranlage BioMIR“, Juni 2000

[5] R.-P.-Busse, C. Belz: 3. Aachener Tagung, Membrantechnik, Februar 2000. Hauskläranlagen mit getauchten Mikrofiltrationsmembranen [WSMS] in der privaten dezentralen Abwasserentsorgung

Günter Fehr[1]

Bewachsene Bodenfilter als Beitrag zu ökologischem Planen und Bauen

Vorwort

Pflanzenkläranlagen werden in der Fachwelt und in der Öffentlichkeit unterschiedlich bewertet. Die vielfach leidenschaftlichen Diskussionen bewegen sich in einem Spannungsfeld von völliger Ablehnung bis hin zu unreflektierter Begeisterung für naturnahe Abwasserbehandlung. In diesem Beitrag soll der Frage nachgegangen werden, warum Pflanzenkläranlagen als Beitrag zu ökologischem Planen und Bauen angesehen werden. Da ökologisches Planen und Bauen neben der sachlichen Sinnhaftigkeit oft auch durch den Wunsch der Bauherren nach Eigenverantwortlichkeit motiviert ist, wird in der Diskussion vielfach mit weiteren Begriffen wie „harte“ oder „sanfte“ Technik, „dezentrale“ oder „zentrale“ Lösung usw. operiert.

Dieser Beitrag behandelt daher auch getrennt voneinander die technischen und naturwissenschaftlichen Grundlagen der Abwasserbehandlung in Bodenfiltern, wie sie Gegenstand eines von der DBU geförderten Verbundforschungsvorhabens sind (Kap. 1–5), und danach eine „Analyse aus dem Bauch heraus“, warum gerade um Bodenfilter so heftig gerungen wird.

1 Einleitung

Aufbauend auf den Pionierarbeiten zur Abwasserbehandlung mit Pflanzenbeeten in den 60er und 70er Jahren liegen nun zahlreiche Erfahrungen mit diesen Anlagen vor. Aus der Vielzahl der Verfahrensentwicklungen und aus den anfangs sehr widersprüchlichen Forschungsergebnissen haben sich in den vergangenen 5 Jahren Verfahrenstechniken, Bemessungskriterien und Betriebshinweise für Pflanzenkläranlagen ergeben, die zukünftig eine zuverlässigere Planung mit hohen chemisch-biologischen Reinigungsergebnissen erwarten lassen.

Während ursprünglich den eingesetzten Pflanzen ein wesentlicher Einfluss auf die Abwasserreinigung zugeschrieben wurde, zeigen neuere

Arbeiten, dass eher die mikrobiologischen Prozesse im durchströmten Boden für die Abbauprozesse verantwortlich sind und den Schilfpflanzen nur eine unterstützende Funktion zugesprochen werden kann. Dieser Beitrag behandelt vorrangig die Prozesse in „**bewachsenen Bodenfiltern**“ als wichtigstem Pflanzenkläranlagenverfahren im deutschsprachigen Raum. Hiermit soll wissenschaftlich und sprachlich eine Unterscheidung zu hydrobotanischen Kläranlagen, Schilfbeetanlagen, Wurzelraumanlagen und zahlreichen weiteren Pflanzenkläranlagentypen zum Ausdruck gebracht werden.

Die Beurteilung der Leistungsfähigkeit von bewachsenen Bodenfiltern wird trotz Festschreibung grundsätzlicher Anforderungen in Arbeits- und Hinweisblättern der ATV (ATV A 262) und der IÖV (IÖV-AW 1/95 und IÖV-HW 1/94) sowie verwaltungsrechtlichen Erlassen auf Landes- und Kommunalebene immer wieder kontrovers diskutiert. Allgemein akzeptierte Beschreibungen der „besten verfügbaren Techniken“ und daraus ableitbare Festschreibungen zum Stand der Technik fehlen nach wie vor.

Anlässlich eines Statusseminars der Deutschen Bundesstiftung Umwelt (DBU) im Herbst 1997 (DBU 1997) in Wittenberg konnte zwar eindrucksvoll die Leistungsfähigkeit von Bodenfiltern aufgezeigt werden. Andererseits wurden neben Unsicherheiten bei der technischen Auslegung und Betriebsüberwachung der Anlagen auch Wissensdefizite hinsichtlich mikrobiologischer, bodenkundlicher und verfahrenstechnischer Grundlagen (Umsetzung von Stickstoff, Adsorption von Phosphor, hygienische Bewertung, Elimination gefährlicher Stoffe, Kolmation, Verbleib von Stoffen usw.) deutlich.

Im Oktober 1998 wurde von der DBU ein Verbundprojekt bewilligt, durch das ein großer Teil dieser Unsicherheiten geklärt werden soll (DBU 1998). Durch eine intensive Öffentlichkeitsarbeit wird hierbei während der dreijährigen Projektlaufzeit den behördlichen Entscheidungsträgern, Planungsbüros, Kläranlagenbetreibern und der interessierten Öffentlichkeit die Möglichkeit gegeben, sich über die Zielsetzung und den Sachstand in den einzelnen Teilprojekten zu informieren und an der Diskussion des „Stands der Technik“ teilzunehmen. Hierzu wurde u.a. auch eine Verbundprojekt-Homepage entwickelt (FEHR, TEMPEL, WELKER 2000), die über die Ziele (Abb. 1) und die Organisationsstruktur des Verbundprojekts „Bewachsene Bodenfilter“ (Abb. 2), die

→ Ermittlung und innovative Weiterentwicklung der besten Verfahren
→ Demonstration der Leistungsfähigkeit bei unterschiedlichen Belastungsverhältnissen
→ Qualitätssicherung für Planung, Bau und Betrieb durch
- kostengünstige Lösungen für ökologisch empfindliche Vorflutverhältnisse (Kommunen)
- Verifizierung und Fortschreibung von Bemessungsansätzen (Planer)
- Fortschreibung von Betriebsempfehlungen zur Erhöhung der Betriebssicherheit (Betreiber)

→ Exportfähigkeit der Verfahren
→ Information der Öffentlichkeit

Abb. 1: Ziele und Forschungsfragen des Verbundprojekts „Bewachsene Bodenfilter" (DBU 1998).

Schwerpunkte und den Sachstand in den Teilprojekten (Tab. 1) und das Angebot an Tagungen und Informationsveranstaltungen der Verbundpartner aktuell informiert.

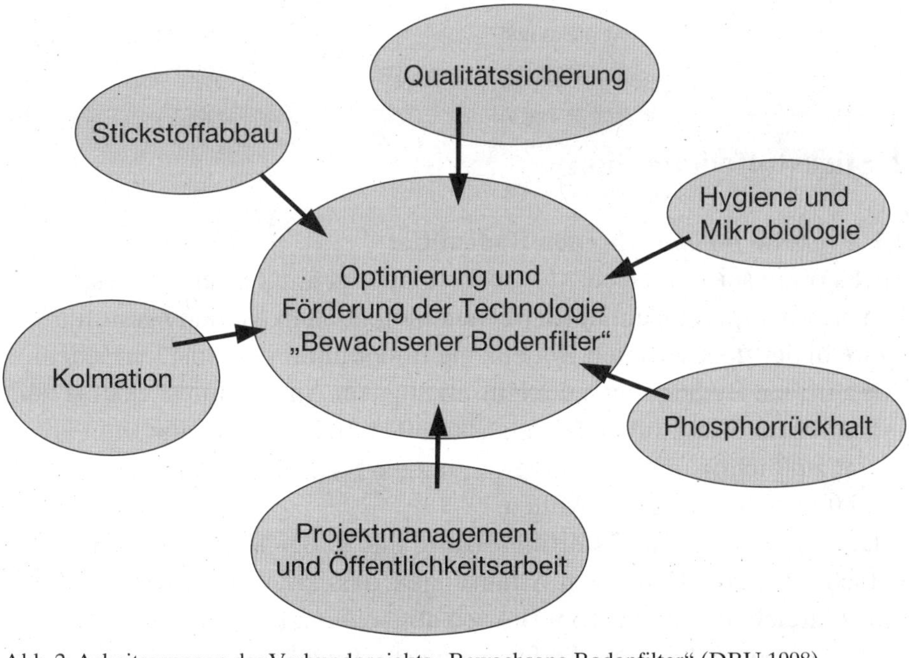

Abb. 2: Arbeitsgruppen des Verbundprojekts „Bewachsene Bodenfilter" (DBU 1998).

Tab. 1: Verbundpartner und ihre Arbeitsschwerpunkte.

Projekt Nr.	Kooperationspartner	Themenschwerpunkt
1	F & N Umweltconsult	Kommunalberatung und Technologietransfer in Polen
2	Universität Hannover, Institut für Siedlungswasserwirtschaft und Abfalltechnik; F & N Umweltconsult	Stickstoffumsetzung und hydraulische Steuerung zur Minimierung der Gewässerbelastung
3	Ökolog Ingenieurbüro Geller & Partner; Technische Universität München, Lehrstuhl für Wassergüte und Abfallwirtschaft	Regenwasserbehandlung von Kompostplätzen
4	AKUT Umweltschutz Ingenieurgesellschaft	Phosphorelimination im Einzugsgebiet einer Trinkwassertalsperre
5	Technische Universität Berlin, Fachbereich Ökologie der Mikroorganismen; Umweltbundesamt, Fachgebiet III, Dienstbereich Langen	Hygienische Bewertung und mikrobielle Aktivitäten
6	Universität Hamburg, Institut für Bodenkunde	Langzeitverhalten des Bodenfilters und Kolmation
7	Ökolog Ingenieurbüro Geller & Partner	Evaluation von Bodenfilteranlagen im deutschsprachigen Raum; Handbuch inkl. CD-ROM
8+9	uve Umweltmanagement und -planung;F & N Umweltconsult	Projektmanagement, Öffentlichkeitsarbeit, Qualitätssicherung

2 Stickstoffelimination

2.1 Prozesse im bewachsenen Bodenfilter

Stickstoff in seinen verschiedenen Verbindungen unterliegt unterschiedlichen Abbauprozessen. In sämtlichen biologischen Reinigungsstufen sowie in der ungesättigten Bodenzone findet unter den dort herrschenden aeroben Bedingungen die Umsetzung von Ammoniumstickstoff und organischem Stickstoff zu Nitratstickstoff statt. Die Denitrifikation von Nitrat zu flüchtigen Stickstoffverbindungen oder elementarem Stickstoff erfolgt nur im anoxischen Milieu.

Die Prozesse der Stickstoffumsetzung sind in der Theorie bekannt, jedoch zeigen die bisherigen Erfahrungen, dass die Wechselwirkungen mit zahlreichen anderen vom Betrieb abhängigen Faktoren einen wesentlichen Einfluss auf die Reinigungsleistung haben.

KUNST & FLASCHE (1996) untersuchten anhand von Versuchen mit Bodensäulen die unterschiedlichen Zonen eines Vertikalfilters und konnten feststellen, dass die Umsetzungsraten für den Kohlenstoff- und Stickstoffabbau mit zunehmender Bodentiefe sinken. In 50 cm Bodentiefe eines Vertikalfilters, der aus einem sandig-kiesigen Material aufgebaut ist, liegt der Gesamtstickstoff zu über 80% als Nitrat und nur ca. 10% als Ammonium vor. Der Gesamtstickstoff-Abbau ist gering, weil die Denitrifikation durch die Durchlüftung des Bodens in den besonders aktiven oberen Bodenschichten gehemmt bzw. unterbunden ist.

Auch die Nitrifikation findet fast ausschließlich in den oberen Bodenschichten statt. 95% des abwasserbürtigen NH_4-N-Stickstoffes sind unter günstigen Sauerstoffverhältnissen bis 20 cm Bodentiefe nitrifiziert. Das Potenzial für die Nitrifikation ist in den ersten 5 cm Boden am höchsten. Wenn die hydraulische oder organische Belastung ansteigt, dehnt sich die Nitrifikationszone in tiefere Bodenschichten aus.

2.2 Reinigungsleistung und Bemessungsansätze

Die derzeit geltenden Bemessungsansätze zur Dimensionierung von bewachsenen Bodenfiltern gehen von einem einwohnerbezogenen Flächenbedarf aus. Für Horizontalfilter sind nach dem ATV-Arbeitsblatt A262 (1996) mindestens 5 m^3 pro Einwohner zu wählen, für Vertikalfilter eine Mindestfläche von 2,5 m^3 pro Einwohner. Bei Berücksichtigung dieser Richtwerte kann davon ausgegangen werden, dass die Reinigungsanforderungen bezüglich der Kohlenstoffelimination sicher eingehalten werden können.

Eine aktuelle, übersichtliche Darstellung aktueller Arbeiten findet sich u.a. in NEEMANN (2000). Eine Reihe von Autoren (HAGENDORF & HAHN 1994, KUNST & FLASCHE 1995, BAHLO 1997, PLATZER 1998) belegen, dass besonders bei der Nitrifikation Vertikalfilter leistungsfähiger sind als Horizontalfilter. Die durchschnittliche Gesamtstickstoffablaufkonzentration liegt jedoch bei Vertikalfiltern mit durchschnittlich 67 mg/l Gesamt-Nitrat (Ges.-N) über dem Wert für Horizontalfilter, die Ablaufwerte von 52 mg/l Ges.-N aufweisen (VON FELDE et al. 1996, GELLER 1997, KUNST & KAYSER 1999). Tab. 2 zeigt die durchschnittlichen NO_3-N, NH_4-N und N_{ges}-N-Konzentrationen in den Abläufen von Vertikal- und Horizontalfiltern, wie sie von KUNST & KAYSER

Tab. 2: Durchschnittliche Zu- und Ablaufwerte von Stickstoffverbindungen (KUNST & KAYSER 1999, VON FELDE et al. 1996).

	N_{ges}-N in mg/l	NH_4-N in mg/l	NO_3-N in mg/l
Zulauf	115	80,5	1,8
Ablauf von Horizontalfiltern	52–90	30–36	5–7,3
Ablauf von Vertikalfiltern	67–70	9,5–10	40–65

1999 und VON FELDE et al. 1996 im Rahmen einer niedersächsischen Umfrage ermittelt und miteinander verglichen wurden.

Allgemein akzeptierte Bemessungsansätze für eine gezielte Stickstofelimination liegen nach wie vor nicht vor. Erste Ansätze entwickelten FEHR et al. (1989) und FEHR & SCHÜTTE (1991), die anhand von Lysimeterversuchen und Auswertungen von Betriebsdaten den Abbau von Ammonium in Abhängigkeit der Raumbelastung darstellten (siehe Tab. 3).

Tab. 3: Zu 90% unterschrittene Ablaufkonzentrationen intermittierend beschickter bewachsener Bodenfilter (vorbehandeltes häusliches Abwasser) (FEHR & SCHÜTTE 1991).

Bemessung	einhaltbare Ablaufkonzentrationen (Stichprobe: 90%-Wert)			
	CSB mg/l	BSB_5 mg/l	NH_4-N Mg N/l	N_{ges} Mg N/l
3 m^3/EW $B_{R,BSB5} \leq 12$ g/m^3xd	100	20	40	–
6 m^3/EW $B_{R,BSB5} \leq 6$ g/m^3xd $B_{R,NH4} \leq 2,5$ g/m^3xd	50	5	5	10

Zur Erfassung des Zusammenhangs zwischen der Flächenbelastung und der erreichbaren Nitrifikation haben danach zahlreiche Autoren versucht, eine Abhängigkeit der Ammoniumfrachten im Zulauf von Bodenfiltern zu den Frachten im Ablauf abzuleiten. Eine sehr umfassende Auswertung folgte von BÖRNER (1992).

In seiner Dissertation wurden die Betriebsdaten und Analyseergebnisse von über 300 mitteleuropäischen Pflanzenkläranlagen zusammengetragen. Dabei teilte er die Anlagen in acht Konstruktionsvarianten mit jeweils bis zu sechs Untertypen ein, wobei nicht generell zwischen Verti-

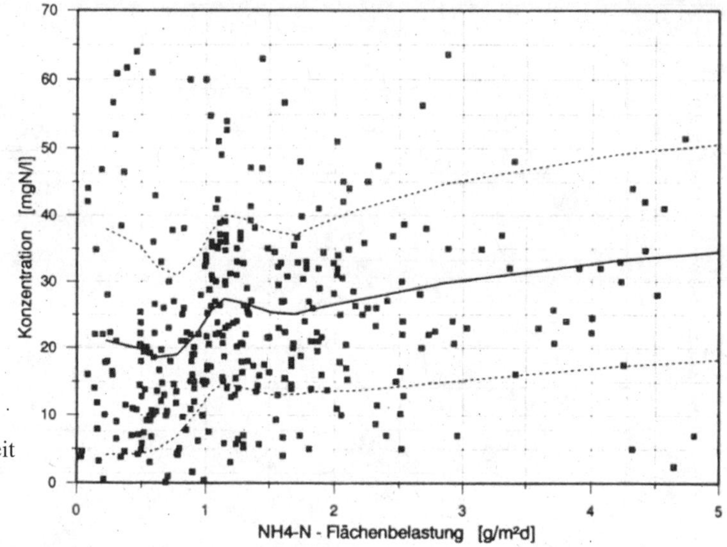

Abb. 3: Ammonium-Ablaufkonzentration in Abhängigkeit von der NH_4-N Flächenbelastung (BÖRNER 1992).

kal- und Horizontalfiltern unterschieden wurde. Als mittlerer Ammoniumgehalt im Ablauf ergab sich eine Konzentration von 25,2 mg N/l, dabei flossen insgesamt 467 Messwerte in die Berechnung ein. BÖRNER konnte jedoch keinen statistisch sinnvollen Zusammenhang zwischen Flächenbelastung und Ablaufkonzentrationen finden (Abb. 3).

Zu ähnlichen Ergebnissen gelangen auch GELLER & HÖNER (2000) in einer aktuellen Auswertung von Betriebsdaten (Abb. 4). Wie bei BÖRNER (1992) ist ein direkter Zusammenhang zwischen Flächenbelastung und Ablaufkonzentration nicht zu erkennen.

PLATZER (1998) hat in seinen sehr systematischen Versuchen dargelegt, dass sich die abfließenden Stickstofffrachten nahezu unabhängig von den TKN-Flächenbelastungen ergeben (Abb. 5). Bei den von ihm untersuchten Bodenfiltern (Merzdorf und Ließen) handelt es sich um zweistufige Anlagen zur biologischen Reinigung, denen jeweils eine mechanische Reinigung vorgeschaltet ist. Die Bodenfilter wurden dabei für 300 EW bzw. 150 EW ausgelegt, wobei von einer Fläche von 2 m^3/EW bzw. einer hydraulischen Belastung von 74 mm/d bzw. einer Stickstoffbelastung von 5 g N/(m^3 x d) ausgegangen wurde. Zunächst wurden zur biologischen Grundreinigung (BSB_5, CSB) und zur Teilnitrifikation Vertikalfilter durchströmt. In der zweiten, horizontal durchströmten Stufe sollte die Restnitrifikation und Denitrifikation erreicht werden. Zur

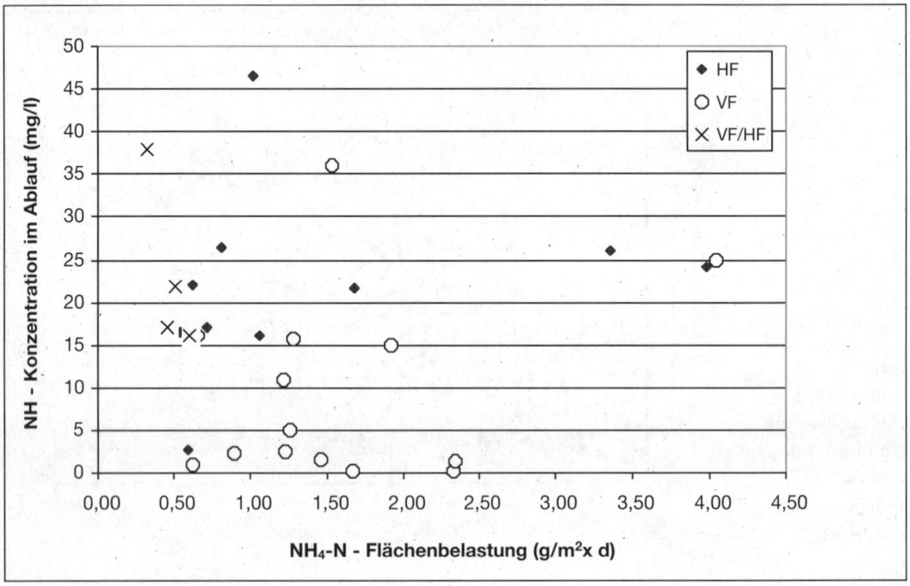

VF = Vertikalfilter; HF = Horizontalfilter

Abb. 4: Ammonium-Ablaufkonzentrationen in bewachsenen Bodenfiltern in Abhängigkeit von der Ammoniumflächenbelastung nach GELLER & HÖNER (2000).

Deckung des hohen Sauerstoffbedarfs in der vertikalen Stufe werden die Becken intermittierend beschickt und alternierend betrieben.

Abb. 5 zeigt auf, dass mit dem Bodenfilter in Ließen noch bei Flächenbelastungen bis 6,5 g/m^3 x d Reinigungsleistungen von ca. 98 % erreicht werden können. In Merzdorf konnten bei Flächenbelastungen von

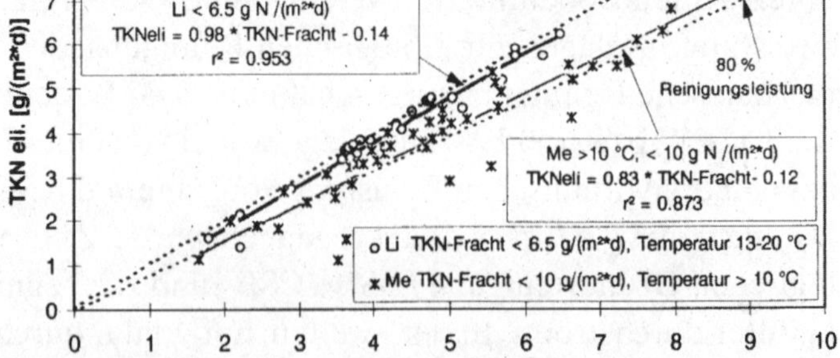

Abb. 5:
Lineare Beziehung zwischen TKN-Zulauffracht und eliminiertem TKN für die Gruppe TKN-Fracht ≤ 6,5 g/(m^3 x d) und die Gruppe > 10°C (PLATZER 1998).

10,0 g/m^3 x d und Temperaturen von mehr als 10°C mehr als 80% der TKN-Fracht eliminiert werden.

PLATZER (1998) stellt für diese Bodenfilter Bilanzen der Sauerstoffversorgung der Organismen im Boden auf und erklärt hiermit die konstant hohe Raumabbauleistung auch bei zunehmenden Flächenbelastungen.

2.3 Forschungsbedarf

Diese Ausführungen lassen darauf schließen, dass für den Ammoniumabbau eine Begrenzung der Flächenbelastung allein kein ausreichendes Bemessungskriterium ist, sondern auch die hydraulische Belastung und die für eine optimale Sauerstoffversorgung günstige Betriebsweise eine wesentliche Rolle spielen. Die Erkundung, welche Randbedingungen aus Bau und Betrieb in Bodenfiltern im deutschsprachigen Raum hier von Bedeutung sein können, ist Gegenstand eines Teilprojekts (GELLER & HÖNER 2000).

Zuverlässige Bemessungsansätze für eine gezielte Stickstoffelimination liegen derzeit noch nicht vor. Die Betriebsergebnisse zeigen, dass bewachsene Bodenfilter sehr gut in der Lage sind, Stickstoff zu eliminieren. Es besteht noch Forschungsbedarf für die exakte Beschreibung der Betriebszustände, die für eine optimale Sauerstoffversorgung (Nitrifikation) bzw. für anoxische Verhältnisse (Denitrifikation) sorgen, sowie Entwicklungsbedarf für eine gezielte Steuerung dieser Abbauprozesse und der exakten Dimensionierung der erforderlichen Stufen. Klar ist, dass in Vertikalfiltern zuverlässig nitrifiziert werden kann und dass bei Horizontalfiltern festzustellen ist, dass die Nitrifikation unvollständig ist aber der nitrifizierte Stickstoff auch weitgehend denitrifiziert wird. Dies führt zur Notwendigkeit der Kombination von Vertikal- und Horizontalfiltern oder der Entwicklung von gleichwertigen Verfahrensstufen. Die einzige Steuerungsmöglichkeit der Prozesse in der Kläranlage ist in der Praxis nur über die Beschickung mit Abwasser gegeben. Hydraulische Steuerkonzepte zur Optimierung der biologischen Reinigungsleistung fehlen jedoch bislang.

Im Rahmen des Verbundvorhabens widmet sich daher ein Teilprojekt (KUNST, KAYSER, FEHR, HÜBNER 2000) mit der Beschreibung der Vorgänge zum Stickstoffabbau im Bodenfilter und mit den Steuerungsmöglichkeiten von mehrstufigen Verfahren. An einem Gesamtsystem

Abwasserteich – Bodenfilterstufe soll über eine gezielte Steuerung der Anlage das hydraulische Puffervolumen der Teiche genutzt werden, um den Bodenfilter in Abhängigkeit von seiner Leistungsfähigkeit zu beschicken. Ferner soll mit dieser Steuerung erprobt werden, ob zum Schutze des Vorfluters der Ablauf in Zeiten mit geringen Abflüssen im System zurückgehalten werden kann und im umgekehrten Fall bei hohen Abflüssen große Mengen von Abwasser über den Bodenfilter gereinigt und abgeleitet werden können. Für die verschiedenen Belastungszustände des Bodenfilters sollen Frachtbilanzierungen, spezifische N-Umsatzraten sowie Konzentrationsverläufe über die Tiefe des Filterkörpers Aufschluss über die genauen Mechanismen und Grenzen des Stickstoffabbaus im Bodenfilter geben.

3 Phosphorelimination

3.1 Prozesse im bewachsenen Bodenfilter

Fast alle Autorinnen und Autoren, die sich zu den Eliminationsmechanismen in bewachsenen Bodenfiltern äußern, betonen, dass die Elimination von Phosphor im wesentlichen durch Adsorptionsvorgänge und nur im geringen Maße durch Fällungsmechanismen im Boden erfolgt (KRASSMANN 1991, GELLER et al. 1992, REDDY & D'ANGELO 1996, JOHANSSON 1996, BAHLO 1997). Übereinstimmend werden dabei der Eisen-, Aluminium- und Calciumgehalt als maßgebliche Einflussfaktoren genannt (GELLER et al. 1992). Selten jedoch wurde die Größenordnung der Eliminationsleistung der einzelnen Stoffe verglichen. Da die Sorptionskapazität ein endlicher Vorgang ist, kommt der Ermittlung der Durchbruchzeit in bewachsenen Bodenfiltern besondere Bedeutung zu.

Hierzu werden in der Bodenkunde häufig Sorptionsisotherme als Berechnungsmodell herangezogen. Gängig ist die Verwendung der LANGMUIR-Sorptionsisotherme sowie die FREUNDLICH-Isotherme. In der Praxis erwiesen sich diese Rechenmodelle oft als nicht verwertbar. In einigen Fällen wurde ein Durchbruch schon weit unterhalb des theoretischen Sorptionsmaximums ermittelt (GÜLDNER & HEGEMANN 1995, STARK & LENNARTZ 1996), in anderen Fällen wurde das Maximum weit überschritten (BARROW 1983, KRASSMANN 1991, RETTINGER 1992). Die Autoren begründen die Abweichungen mit einem Einbau von Sorbenten in das Kristallgitter sowie durch Substitution und

Fällung durch frei gelöste Metallionen. Insgesamt ist festzustellen, dass Sorptionskurven aufgrund von Schüttelversuchen für die Beurteilung des Sorptionsverhaltens in Bodenfiltern wenig geeignet sind.

Zu diesem Ergebnis kommt auch KRAUS (1996) bei ihren Versuchen zur Prognostizierung der Entwicklung der Phosphorelimination in drei langjährig betriebenen Bodenfiltern (Germerswang, See und Kißlegg-Schurtannen). Auch bei ihren Untersuchungen lagen die gemessenen Sorptionskurven wesentlich über den beobachteten Eliminationsleistungen.

Weiterer Gegenstand ihrer Untersuchung war der Versuch einer Vorhersage der Dauer einer Eliminationsleistung, auch aufgrund der schon festgelegten Phosphormengen. Sie kam im Ergebnis zu dem Schluss, dass die Eisengehalte der eingesetzten Böden die wesentliche Rolle bei der Phosphorelimination spielten. Bezüglich des Calciumgehaltes stellte sie fest, dass dieser keinen maßgeblichen Anteil an der Elimination hatte. Ihre Untersuchungen werden unterstützt von BAHLO (1997).

Die einfachste Möglichkeit zur Erhöhung des Eisengehaltes in Bodenfiltern ist die Verwendung eines Materials, welches überdurchschnittlich viel Eisen enthält. Diese Herangehensweise wählte DAFNER (1984). Dazu muss für die Beurteilung von zur Verfügung stehenden Sanden ein Auswahlkriterium ermittelt werden. Eine Möglichkeit hierzu ist die Ermittlung des oxalatlöslichen (amorphen) Eisens. Stehen entsprechende Sande nicht zur Verfügung, bietet sich als künstliches Material der Einsatz von Quarzsanden aus der Trinkwasserenteisenung an.

Der Einsatz von Quarzsanden aus der Trinkwasserenteisenung zur Phosphorelimination in der Abwasserreinigung wurde zunächst von WEGNER et al. (1989) im Labormaßstab untersucht. Aufbauend auf ihren Versuchen betrieben GÜLDNER & HEGEMANN (1995) sowie STARCK & LENNARTZ (1996) halbtechnische Versuchsanlagen. Beide Forschungsgruppen berichten von guten Erfolgen des Verfahrens im halbtechnischen Maßstab, sind sich jedoch bezüglich einer allgemeinen Einsetzbarkeit unsicher. Unklar ist immer noch die Übertragbarkeit der Ergebnisse und es fehlen Kriterien zur Auswahl der Sande.

STARCK & LENNARTZ (1996) schlossen aus ihren Ergebnissen, dass eine Anwendung von Quarzsanden aus der Trinkwasserenteisenung wegen des hohen Sandbedarfs nur für Kleinkläranlagen sinnvoll wäre. Hieraus kann man jedoch auch ableiten, dass das Verfahren dann sinnvoll ist, wenn nur noch geringe Restkonzentrationen wie sie beispielsweise im Ablauf von Bodenfiltern auftreten, sicher zurückgehalten werden sollen. Konzentrationsspitzen nach Regenfällen etc. lassen sich so abpuffern. Eine solche Verfahrensweise ist in dem vorliegenden Vorhaben beabsichtigt.

Eine dritte Möglichkeit stellt die Einbringung von Eisenspänen oder ähnlichem Material dar. Hierzu gibt BAHLO (1997) einige Hinweise, die er in Versuchen im halbtechnischen Maßstab gewann. Wichtig ist die Verwendung von Eisen in Spanform, da die reaktive Oberfläche möglichst groß sein muss. Ist die reaktive Oberfläche zu klein, so bleibt die Einbringung von Eisen ohne Wirkung. Entsprechende Erfahrungen wurden an dem Sandfilter Schattweid gemacht, bei dem Moniereisen zur Erhöhung des Eisengehaltes in den Filter eingelegt wurden. Es wurde erwartet, dass über Korrosionsprozesse eine Verteilung des Eisens stattfindet und eine langfristige Erhöhung des Eisens erreicht wird. Die Untersuchungen von HIRTH & SCHÖNBORN (1994) zeigen jedoch, dass dies nicht der Fall ist.

Der Entzug von Phosphor über das Pflanzenwachstum hat bei bewachsenen Bodenfiltern zur kommunalen Abwasserbehandlung eine untergeordnete Bedeutung. Lediglich 5–10% der Jahresfracht könnten theoretisch über das Biomassenwachstum entzogen werden, und dies auch nur, wenn eine regelmäßige Ernte stattfindet (GELLER et al. 1992, REDDY & D'ANGELO 1996).

3.2 Reinigungsleistung und Bemessungsansätze

Zur Phosphorelimination mit Hilfe von Bodenpassagen existieren zahlreiche Veröffentlichungen, die sehr gute Eliminationsleistungen auch bei bewachsenen Bodenfiltern dokumentieren. Die Zahl derjenigen, die sich detailliert mit den Mechanismen der Phosphorelimination auseinandergesetzt haben, ist dagegen wesentlich geringer. Verschwindend gering ist schließlich die Anzahl derjenigen, die sich mit einer auf definierte Zielwerte ausgerichteten Bemessung der Phosphorelimination in Bodenfiltern beschäftigt haben.

Stellvertretend für die Vielzahl von Veröffentlichungen, die die Phosphorelimination in Bodenpassagen dokumentieren, soll hier die Arbeit von RETTINGER (1991) angeführt werden. Er zitiert über 10 Autoren, die von einer sehr guten Phosphorelimination bei der Bodenpassage berichten (75–99% Elimination) und stellt selbst extreme Leistungen bei Versuchen zur Verrieselung von Abwasser nach Dreikammergruben fest (anhaltende Elimination in Höhe von 98%, Ablaufkonzentrationen $P_{ges} < 0{,}1$ mg/l nach einer Fließstrecke von 1,2 m). Auch bei bewachsenen Bodenfiltern wird bei gut funktionierenden Anlagen zumindest in den ersten Betriebsjahren von einer guten Eliminationsleistung berichtet. In einer Übersicht über eine Vielzahl von verschiedenen horizontal durchströmten Anlagen stellt BÖRNER (1992) eine Eliminationsleistung von über 80% auch im mehrjährigen Betrieb dar. Allerdings ist bei einigen Anlagen eine Abnahme der Reinigungsleistung mit steigendem Anlagenalter festzustellen. Neben der Zusammensetzung des Bodens (Fe-, Mn-, Ca-Gehalte, Anteil an Schluffen und Tonmineralen) wird die P-Sorption durch eine Vielzahl von Faktoren beeinflusst. Hier sind z. B. zu nennen:

- P-Konzentration im Zulauf,
- Aufenthaltszeit des Abwassers im Boden bzw. Kontaktzeit,
- Konzentration von Sorptionskonkurrenten wie Sulfate, Stickstoffverbindungen,
- Redoxpotential und pH-Wert in den Reaktionsbereichen,
- Trockenphasen zur Reaktivierung des Sorptionsvermögens,
- Aktivierung des Sorptionsmaterials bzw. Belegung dessen Oberflächen.

Dementsprechend sind schlüssige Bemessungsansätze selbst für bestimmte Materialien und Bedingungen noch nicht entwickelt.

3.3 Forschungsbedarf

Wie bei der Stickstoffelimination liegen auch zur gezielten Phosphorelimination keine Bemessungswerte zur Dimensionierung des Bodenfilters vor. Das Ziel des Teilprojektes von RUSTIGE & PLATZER 2000 innerhalb des Verbundvorhabens „Bewachsene Bodenfilter“ ist daher, derartige Bemessungsansätze zu entwickeln.

Im Rahmen des Verbundprojektes soll dem Einfluss des Eisengehaltes auf die Phosphorelimination besondere Aufmerksamkeit geschenkt werden. Es sollen Möglichkeiten zur Verwendung von Rückspülschlämmen aus der Enteisenung untersucht werden, da diese eine relevante Abfallmenge darstellen und somit deren Verfügbarkeit ungleich größer ist als beim Quarzsand.

Eine schlüssige Untersuchungsmethode zur Auswahl von Sanden und Kiesen mit Hilfsstoffen wurde bisher noch nicht gefunden. Ziel der derzeitigen Untersuchungen ist daher ferner die Erstellung von Kriterien von Sanden mit und ohne Zusatzstoffen. Dazu wird als Ansatzpunkt besonders die genauere Bestimmung der Eisenformen im Boden gewählt. Einige Untersuchungen hierzu wurden in verschiedenen Arbeiten bereits gemacht (KRASSMANN 1991, HIRTH & SCHÖNBORN 1994).

4 Keimelimination

4.1 Prozesse im bewachsenen Bodenfilter

Häusliche Schmutzwässer enthalten eine Vielzahl krankheitserregender Mikroorganismen, die je nach Art und Anzahl den Menschen gesundheitlich gefährden können und daher im Rahmen der Abwasserbehandlung zu vermindern sind.

Kläranlagenabläufe von kleinen Gemeinden, Streusiedlungen oder Einzelgehöften leiten häufig in belastungsempfindliche Vorfluter (Bachoberläufe oder Gräben) mit z.T. nur geringen Abflussmengen ein. Dabei ist auch nicht auszuschließen, dass die behandelten Abwässer in besondere Schutzgüter, wie Badegewässer oder Gewässer/Trinkwassertalsperren, die zur direkten oder indirekten Trinkwasseraufbereitung genutzt werden, gelangen oder die Versickerung in Boden und Grundwasser nicht zu umgehen ist. In all diesen Fällen ist eine Belastung des Wassers mit Krankheitserregern aus seuchenhygienischer Sicht nicht auszuschließen.

Für die Leistungsfähigkeit von bewachsenen Bodenfiltern sowohl hinsichtlich des biologischen Abbaus der Abwasserinhaltstoffe als auch hinsichtlich der Elimination von Krankheitserregern, sind die von Mikroorganismen besiedelten Oberflächen (Bodenpartikel, Wurzeln) von herausragender Bedeutung. Diese Biofilme finden sich prinzipiell in allen abwasserdurchströmten Bereichen eines Bodenfilters, wobei die Artenzusammensetzung, Zelldichte und Aktivität der Mikroorganismen jedoch in den einzelnen Bodenfilterabschnitten und -tiefen unterschiedlich sind. Die Mikroorganismen sind aufgrund antagonistischer Beziehungen in der Lage, pathogene Keime und Viren zu eliminieren und tragen dadurch besonders zur Hygienisierung des Abwassers bei, wobei die Eliminationsraten von verschiedenen Faktoren (u.a. Ausgangsbelastung,

Verfahren, Sauerstoffeintrag, mikrobielle Lebensgemeinschaften) beim Betrieb biologischer Abwasserbehandlungsverfahren abhängig sind. Es existieren nur wenige systematische, wissenschaftlich fundierte Studien, die in den meisten Fällen anhand von Indikatororganismen (Koloniezahlen, E. coli und coliforme Bakterien) eine Einschätzung des seuchenhygienischen Risikos ermöglichen. Nach neuen wissenschaftlichen Erkenntnissen ist aber die Funktion der Indikatorbakterien bei vielen „neuen" Pathogenen, die über den Wasserpfad verbreitet werden, eingeschränkt (z. B. Parasitendauerformen, Viren).

4.2 Reinigungsleistung und Bemessungsansätze

Zur Beurteilung der Eliminationsleistung von bewachsenen Bodenfiltern für krankheitserregende pathogene Mikroorganismen wurden bisher hauptsächlich Untersuchungen zum Verhalten von Indikatororganismen durchgeführt. Dem Vorkommen der Indikatorbakterien – *E. coli*, Fäkalstreptokokken und coliforme Keime – wird in der bakteriologischen Abwasseruntersuchung traditionell besondere seuchenhygienische Bedeutung beigemessen, da diese Keime regelmäßiger Bestandteil der menschlichen Darmflora sind. Alle genannten Keime werden mit dem Stuhl ausgeschieden. Der Nachweis von *E. coli* bzw. Fäkalstreptokokken im Abwasser zeigt eine direkte fäkale Verunreinigung des Abwassers an, da beide Gruppen nach dem Ausscheiden durch den Menschen im Abwasser nicht oder nicht nennenswert vermehrungsfähig sind. Hingegen deutet der Nachweis coliformer Keime (u.a. *Klebsiella*, *Citrobacter*, *Enterobacter*) im Abwasser auf eine mögliche fäkale Verschmutzung hin, da diese Keime nicht nur im Wasser, an Bodenpartikeln und Pflanzen weiter lebensfähig, sondern z.T. auch vermehrungsfähig sind.

Bei durch das Umweltbundesamt durchgeführten Untersuchungen wiesen die abwasserrelevanten Keime breite Variationsspannen in der Häufigkeit ihres Vorkommens auf (*E. coli*, Fäkalstreptokokken z. B. in Titern zwischen 10^{12} und 10^{0}) (SZEWZYK, HAGENDORF, DIEHL 2000).

Für die Gesamtbewertung der Eliminationsraten wurden die am häufigsten ermittelten Titer als Vergleichsgrundlage herangezogen. So zeigten sich breite Streuungen bei der Reduktionsrate von *E. coli* (Abb. 6) und Fäkalstreptokokken , je nach Aufbau und Betriebsweise der Kläranlagen. Im kommunalen Rohabwasser betragen die *E. coli* Titer um 10^{8},

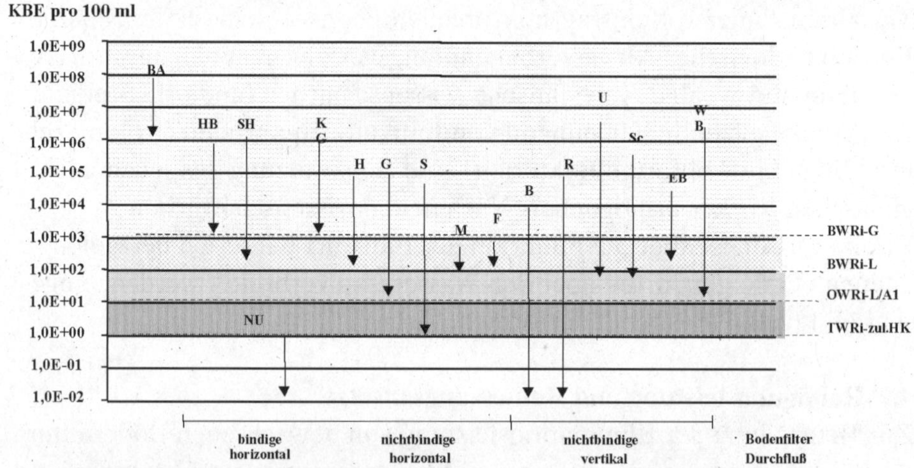

BA-Biologische Belebungsanlage, HB-Hofgeismar-Berbeck, SH-Schwalmtal-Hopfgarten, NU-Neu-Ulrichstein, KG-Kreis Güterloh, H-Höhenberg, G-Germerswang, S-See, M-Marienroth, F-Friedrichrode, B-Bausen, R-Rade, U-Uelzen, Sc-Schneverdingen, EB-Ettenbüttel, WB-Wiedersberg
BWRi-G, -L = Badegewässerrichtlinie-Grenzwert, -Leitwert, OWRi-L/A1 = Oberflächengewässerrichtlinie-Leitwert/A1
TWRi-zul.HK = Trinkwasserrichtlinie-zulässige Höchstkonzentration

Abb. 6: Elimination der Indikatorkeime *E. coli* in bewachsenen Bodenfiltern (SZEWZYK, HAGENDORF, DIEHL 2000).

die durch biologische Belebungsanlagen um ca. 2 Zehnerpotenzen auf Titer um 10^6 reduziert werden. Sie liegen damit noch deutlich über den Bodenfilterzulauftitern von überwiegend 10^4 bis 10^5, wobei geringere Titer im Zulauf (10^3,10^0) auf die Vorklärung (u.a. belüftete Teiche) bzw. Mischwasserzuläufe zurückzuführen sind.

Die Indikatorkeimgehalte in den Anlagenabläufen unterscheiden sich dagegen z.T. erheblich. Die geringsten Titer wurden im Ablauf von sandig-kiesigen Vertikalfiltern gefunden. Gegenüber den Zulaufwerten ergab sich für *E. coli* eine Verminderung von vier bis sechs Zehnerpotenzen. In den Abläufen der horizontal betriebenen Filter lagen die Titer für die o.g. genannten Keime i.M. zwischen 10^1 und 10^2. Das bedeutete gegenüber den Ausgangswerten nur eine Keimverminderung um zwei bis drei Zehnerpotenzen. Im Gegensatz zu den am häufigsten nachgewiesenen Titern in Abläufen der sandig-kiesigen Bodenfilter lagen die ermittelten Titer bei vergleichbaren Ausgangswerten im Ablauf der bindigen Bodenfilter (Wurzelraumanlagen) nur bei 10^2 bis 10^3 und damit deutlich höher. Die relativ geringe Verminderung von Keimen durch diese Anlagen ist auf die unzureichende hydraulische Durchlässigkeit (ausschließlich oberflächennahe Streuschicht) zurückzuführen.

Diese Ergebnisse bestätigen die Möglichkeit hoher Wirkungsgrade zur Elimination von Indikatorkeimen durch bestimmte Typen von bewachsenen Bodenfiltern. Ein Vergleich der Keimzahlen für *E. coli* im Ablauf der sandig-kiesigen Bodenfilter (ohne Berücksichtigung der i.d.R. nachgeschalteten Schönungsteiche) zeigt eine Unterschreitung der Grenz- und Leitwerte der EG-Richtlinien für Badegewässer und erreicht die zulässigen Keimbelastungen der Oberflächenwasser-Richtlinien-Leitwerte/ A1. Einige Ablaufwerte der horizontal und vertikal betriebenen Bodenfilter entsprechen den zulässigen Höchstkonzentrationen der Trinkwasserrichtlinie.

Häusliche Schmutzwässer enthalten neben den Fäkalindikatorkeimen auch Krankheitserreger verschiedenster Art, die mit den Fäkalien des Menschen in Abwässer gelangen können. Man kann davon ausgehen, dass Erreger aller Infektionskrankheiten in Abwässern vorkommen können. Als obligate Krankheitserreger lassen sich mehr oder weniger häufig die verschiedenen Darmbakterien der Typhus-Ruhr-Gruppe, *Campylobacter*, Yersinien, Brucellen, Mycobakterien und andere pathogene Bakterien sowie Viren und Parasiten nachweisen. Die in Frage kommenden Viren umfassen enteropathogene Formen menschlicher Herkunft und die in den Fäzes von Haustieren auftretenden Viren.

Inwieweit auch eine Verminderung dieser pathogenen Keime (u.a. Clostridien, *Campylobacter*, Salmonellen) eintritt, wurde bisher nur vereinzelt untersucht. Die Ergebnisse dieser Untersuchungen deuten darauf hin, dass unter bestimmten Voraussetzungen auch hier ein hoher Wirkungsgrad erreicht werden kann.

Dies können erste Ergebnisse von zwei im Rahmen des untersuchten Anlagen (Wiedersberg, Ettenbüttel) bestätigen Verbundprojektes (SZEWZYK, HAGENDORF, DIEHL 2000). Im Vergleich der Konzentrationen pathogener Clostridien und Campylobacter in der KA Wiedersberg (Abb. 7) zeigen sich jedoch Unterschiede hinsichtlich ihrer Elimination. Während *Campylobacter* mit Reduktionsleistungen von 1,5–2 Zehnerpotenzen pro Bodenfilter in der gleichen Größenordnung wie Fäkalindikatoren eliminiert werden, weisen Clostridien wesentlich geringere Reduktionen auf. Dieses Verhalten bestätigt sich auch in Ettenbüttel. *Campylobacter* werden sehr stark reduziert, Clostridien unterliegen einer geringeren Elimination.

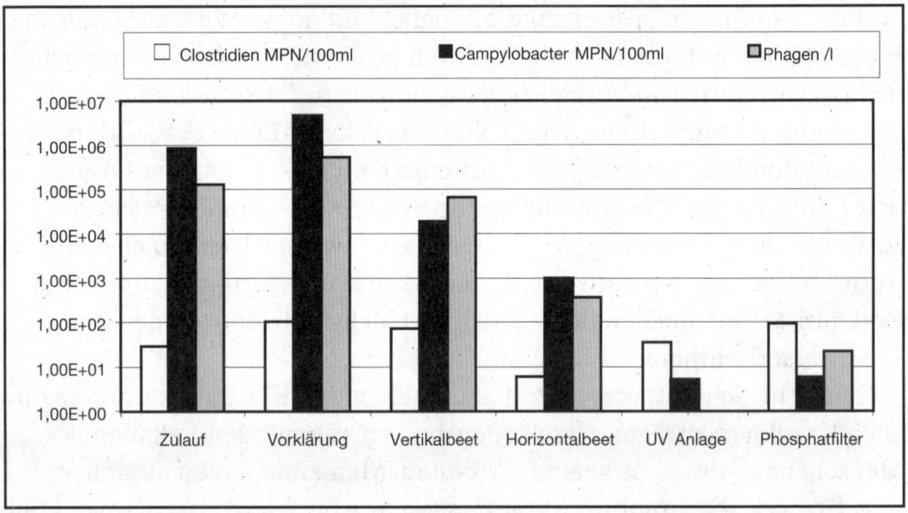

Abb. 7: Mikrobiologische Untersuchungen KA Wiedersberg, Konzentrationen pathogener Keime im Ablauf verschiedener Anlagestufen (Mittelwerte, n = 8).

4.3 Forschungsbedarf

Trotz erster vorliegender Ergebnisse ist festzustellen, dass die Eliminationsleistung von bewachsenen Bodenfiltern für Mikroorganismen nicht abschließend beurteilt werden kann, da nur wenige systematische, wissenschaftlich fundierte Studien vorliegen und das bisherige Untersuchungsspektrum gesundheitlich besonders relevanter Organismen nicht ausreichend berücksichtigt wurde. Ebenso sind bei künftigen Untersuchungen sehr differenzierte Kontrollen aller Anlagenbauteile bzw. -stufen bei unterschiedlichsten Anlagenbauformen und -betriebsweisen im Hinblick auf die Verminderung von Mikroorganismen vorzunehmen, sowie unterschiedliche hydraulischen Verhältnisse, Anlagenstandorte, Sommer-Winter-Betriebsbedingungen und meteorologische Verhältnisse zu betrachten.

Mehrere Fachgebiete des Umweltbundesamtes arbeiten z.Zt. im Verbundvorhaben „bewachsene Bodenfilter“ mit (SZEWZYK, HAGENDORF, DIEHL 2000). Es soll geprüft werden, inwieweit hygienisch-bakteriologische Einleitungsanforderungen für Anlagenstandorte mit besonderer gesundheitlicher und umwelthygienischer Schutzfunktion im Interesse eines umfassenden Gewässerschutzes formuliert werden und differenzierte Vorschläge zur weiteren Nutzung der Abläufe aus bewachsenen Bodenfiltern im ländlichen Raum (u.a. Brauchwasser, Grundwasseranreicherung) unterbreitet werden können. Dadurch sollten die siedlungswasserwirtschaftlichen Planungs- und Untersuchungsansätze um seuchen- und siedlungshygienische Aspekte erweitert werden und somit die mikrobiologischen Befunde zur innovativen Weiterentwicklung verschiedener Bauformen und Betriebsführungen von bewachsenen Bodenfiltern werden.

5 Kolmation

5.1 Prozesse im bewachsenen Bodenfilter

Die Kolmation, d.h. das Verstopfen der Poren eines Filters, ist eine geläufige Erscheinung, die nicht nur bei bewachsenen Bodenfiltern, sondern auch in der Langsamsandfiltration, Abwasserfiltration sowie bei der Grundwasseranreicherung beobachtet wird. Sie kann zum vollständigen Versagen dieser Behandlungsstufe führen. Als Kolmation bezeichnet man ein Phänomen, das sehr verschiedene Ursachen haben kann. Durch chemische Ausfällungen an Kornoberflächen und bei der Bildung von Flocken werden Porenräume verengt bzw. verstopft (BÖRNER 1992). Ähnliche Folgen haben organische Schwebstoffe im Wasser bzw. Biofilme, die durch die hohe Nährstoffzufuhr mit dem Abwasser auf dem Filtermaterial wachsen (ELLIS & AYDIN 1995). Darüber hinaus können auch rein mechanische Einflüsse, wie die Verdichtung durch Betreten der Fläche (KRISTIANSEN 1982, BÖRNER 1992) sowie Verdichtung und Porenfüllung durch Pflanzenwurzeln eine Rolle spielen (LÜKEN 1990, BÖRNER 1992). Der für die Versickerung nutzbare Porenraum kann auch durch Gaseinschlüsse vermindert werden (SOARES et al. 1989).

Neben diesen äußeren Einflüssen ist das Ausmaß der Kolmation von der Anlagentechnik und der Betriebsweise abhängig. BUSCH & LUCKNER (1974) haben für Filtermaterialien geometrische Kolmationskriterien berechnet. Neben Kornform und Größe ist die Siebwirkung auch von Adsorptionsmechanismen an Oberflächen und Sedimentationsvorgängen feiner Partikel in Porenräumen abhängig (HILL 1983). LÖFFLER (1963) leitete aus der Ablagerungswahrscheinlichkeit von Partikeln im Filter eine exponentielle Abnahme der Sedimentkonzentration mit der Tiefe ab. Das führt in der Regel zur Ausbildung von Kolmationsschichten im obersten Filterbereich.

Der Umsatz der organischen Substanz in bewachsenen Bodenfiltern wird von MAUCH (1986) auf Grund von theoretischen Überlegungen kalkuliert, wobei z.T. schwer quantifizierbare Einflussfaktoren, wie z. B. zeitweilige anaerobe Verhältnisse, die zu einer Veränderung der Mikroorganismenpopulation führen (OKUBA & MATSUMOTO 1983), nicht mit einbezogen wurden. In jedem Fall erfolgt auch die biologisch bedingte Kolmation immer an den Filteroberflächen oder am Übergang von gröberen zu feineren Filterschichten.

Die Veränderung der Porengeometrie und damit die Durchlässigkeit von Filtern wurde von HILL (1983) und FLEMMING (1991) theoretisch berechnet. Die Übertragung auf die komplexen Bedingungen bewachsener Bodenfilter ist aber nicht möglich. Auch empirische Modelle des Druckverlaufs in diesen Anlagen ermöglichen keine Langzeitprognosen. Die zeitliche Veränderung der Sickerraten wird von verschiedenen Autoren ähnlich beschrieben (JONES & TAYLOR 1965, KROPF et al. 1975, SIEGRIST & BOYLE 1987). In einer ersten Phase nimmt danach die Filtergeschwindigkeit durch Ablagerung von Schwebstoffen im Filter schnell ab. In der zweiten Phase verlangsamt sich dieser Trend durch Einpendeln eines Gleichgewichtszustandes zwischen Zufuhr, Abbau und Abfuhr organischer Bodensubstanz. Interessant ist der Übergang in die dritte Phase mit einem schnellen Rückgang der Filtergeschwindigkeit und dem daraus folgenden Überstau. Das Erreichen dieser Phase hängt nach Ansicht aller Bearbeiter im Wesentlichen von der Bodenart des Filters, der Abwasserzusammensetzung und der Betriebsweise der Anlage ab (KRISTIANSEN 1982, LACH 1986).

Gröbere Filtermaterialien und intermittierende Abwasserbeschickung wirken der Kolmation entgegen (JONES & TAYLER 1965). Auch die Regeneration der Filter erfolgt nach DE VRIES (1972) bei gröberen Substraten deutlich schneller.

Die Stofffrachten des Abwassers haben naturgemäß wesentlichen Einfluss auf die Kolmation. BAAKE (1985) sowie TOMS & BAYLEY (1988) ermittelten exponentielle Druckanstiege bei steigender Fracht. Langfristig werden die nicht abbaubaren Anteile zu einer zunehmenden Verstopfung der Poren führen. Die Anreicherungsbedingungen für den biologisch umsetzbaren Anteil sowohl der gelösten als auch der partikulären organischen Substanz ist umstritten (LAAK 1986, KUNST & FLASCHE 1995). Es ist ungeklärt, unter welchen Bedingungen der

Sauerstoffgehalt im Filter stärker zum Aufbau kolmatierend wirkender Biofilme führt bzw. wann die organische Belastung besser mineralisiert wird.

In beiden Richtungen kann sich auch die Temperatur auswirken, wobei niedrigere Temperaturen nach DE VRIES (1972) und KRISTIANSEN (1981) besonders in der ersten Beschickungsphase des Filters eine stärkere Ablagerung von Feststoffen bewirken. PIETSCH (1980) beobachtete bei Winterbetrieb einen Rückgang der Sickerrate auf ca. 30% der Sommerwerte. In Laborversuchen und bei Langsamfiltration wurden aber auch gegenteilige Beobachtungen gemacht (GUPTA & SCHWARZENBERGER 1962, TOMS & BAYLAY 1988).

Pflanzen bewirken in einem Bodenfilter nach LÖFFLER (1969) eine Lockerung der Oberflächenschicht durch mechanische Halmbewegung und Wurzelwachstum. Auch PIETSCH (1980) konnte in einem Lysimeter eine verstärkte Versickerung unter Pflanzenbewuchs nachweisen. BOUWER et al. (1980) ermittelten dagegen bei einer Bilanzierung über ein Jahr eine Verminderung der Sickerleistung durch Pflanzenbewuchs. Weitere Untersuchungen von LÜKEN (1990), BÖRNER (1992) und GELLER et al. (1992) führen zu keinem einheitlichen Schluss bezüglich der Wirkung von Pflanzenbewuchs auf die Kolmation.

Die Wirkung geringer Öl- oder Fettgehalte im Abwasser auf die Funktion des Bodenfilters ist noch nicht untersucht worden. ALTMANN et al. haben Abwässer eines Mineralöltanklagers in einem bewachsenen Bodenfilter gereinigt. Die Ergebnisse lassen sich wegen der sehr aufwendigen Vorklärung und der schwierigen Vergleichbarkeit mit Einwohnergleichwerten nicht auf die Klärung häuslicher Abwässer übertragen. Es erscheint möglich, dass eine kurzfristige Hydrophobierung des Bodenfilters eine Kolmation einleiten kann. Für die Regeneration kolmatierter bewachsener Bodenfilter sind längere Beschickungspausen notwendig (BAAKE 1985, LAAK 1986, DE VRIES 1972). Dabei bewirken Bodenbildungsprozesse einen Abbau organischer Substanz und die Bildung von Strukturaggregaten, was zu einer weitgehenden Wiederherstellung der Wasserleitfähigkeit in der Kolmationsschicht führt. Die Nachhaltigkeit dieser Maßnahme wird sehr unterschiedlich beurteilt. Einfach messbare Kriterien für die notwendige Dauer von Regenerationsphasen existieren nicht. HAGENDORF 1999 weist darauf hin, dass sich dort ,wo sich Biomasse bildet, AOX und Schwermetalle langfristig anreichern können und eventuell einzelne Horizonte zu einem entsorgungspflichtigen Abfall werden können.

5.2 Bemessungsansätze

Zur Ermittlung der theoretischen Kolmationszeit von Bodenfiltern entwickelten BLAZEJEWSKI und MURAT-BLAZEJEWKSI (1997) eine Funktion, die von dem Volumen der dränenden Poren, dem wirksamen Korndurchmesser des Bodenkörpers, der Dichte und des Wassergehaltes der Sedimente in den verstopften Poren und der spezifischen Flächenbelastung abhängig ist.

$$t_v = \frac{150 * \varepsilon_w * \rho_{TS} * (1 - w_{TS}) * d_w}{q_{TS}}$$

t_v:	theoretische Kolmationszeit	[d]
ε:	wirksame Porosität	[-]
ρ_{TS}:	Dichte der eingelagerten Feststoffe	[g/m³]
w_{TS}:	Wassergehalt der Feststoffe in den Poren	[%]
d_w:	wirksamer Korndurchmesser	[m]
q_{TS}:	spez. Flächenbelastung	[g/(m³*d)]

Im oberen Bereich der Abbildung 8 können die theoretischen Kolmationszeiten in Abhängigkeit von der Flächenbelastung und der wirksamen Korngrößen abgelesen werden. Als Konstanten gehen dabei das Volumen der dränenden Poren und die Eigenschaften der Feststoffe ein. Die Autoren gehen mit diesem rein mechanischen Ansatz von nicht abbaubaren anorganischen Partikeln im Abwasser aus und berücksichtigen keinerlei Wechselwirkungen mit anderen Mechanismen, die auf einen bewachsenen Bodenfilter wirken. Das wird besonders an Anlagen deutlich, die nach 5–10 Jahren Betriebszeit kolmatieren und nach dem Diagramm eine Kolmationszeit von 50–70 Jahren haben sollten.

Beispielhaft wird in Abbildung 8 anhand der Pfeile aufgezeigt, wie sich die Kolmationszeit von bewachsenen Bodenfiltern aufgrund der Zusetzung der Porenräume verringern kann.

Nach den Empfehlungen des ATV-Arbeitsblattes A262 (ATV 1998) sollte der eingebaute Sand einen wirksamen Korndurchmesser d_{10} von 0,2 mm nicht unterschreiten. Der Durchlässigkeitsbeiwert sollte dabei vorzugsweise im Bereich zwischen k_f ª 10^{-4}–10^{-3} m/s liegen. Die Größenordnung des Durchlässigkeitsbeiwertes kann dabei nach BEYER wie folgt ermittelt werden:

$$k_f = \frac{(d_{10})^2}{100}$$ k_f: Durchlässigkeitsbeiwert [m/s]
d_{10}: wirksamer Korndurchmesser [mm]

Wird z. B. ein Sand mit einem wirksamen Korndurchmesser von 0,25 mm eingebaut, so kann der Durchlässigkeitsbeiwert zu ca. 6,3 x 10^{-4} m/s abgeschätzt werden. Ferner ergibt sich, dass bei einer beispielhaften mineralischen Feststoffbelastung von 0,5 g TS/m³ x d (Beschickungshöhe: 55 l/(m³ x d); Feststoffgehalt: 30 mg/l; mineralischer Anteil: 30%) die Kolmationszeit bei 68 Jahren liegen wird (Fall 1).

Nach dem ATV-Arbeitsblatt A262 kann weiterhin davon ausgegangen werden, dass sich der k_f-Wert im Anlagenbetrieb gegenüber dem Wert vor Einbau des Sandes um eine Zehnerpotenz verringert. Im genannten

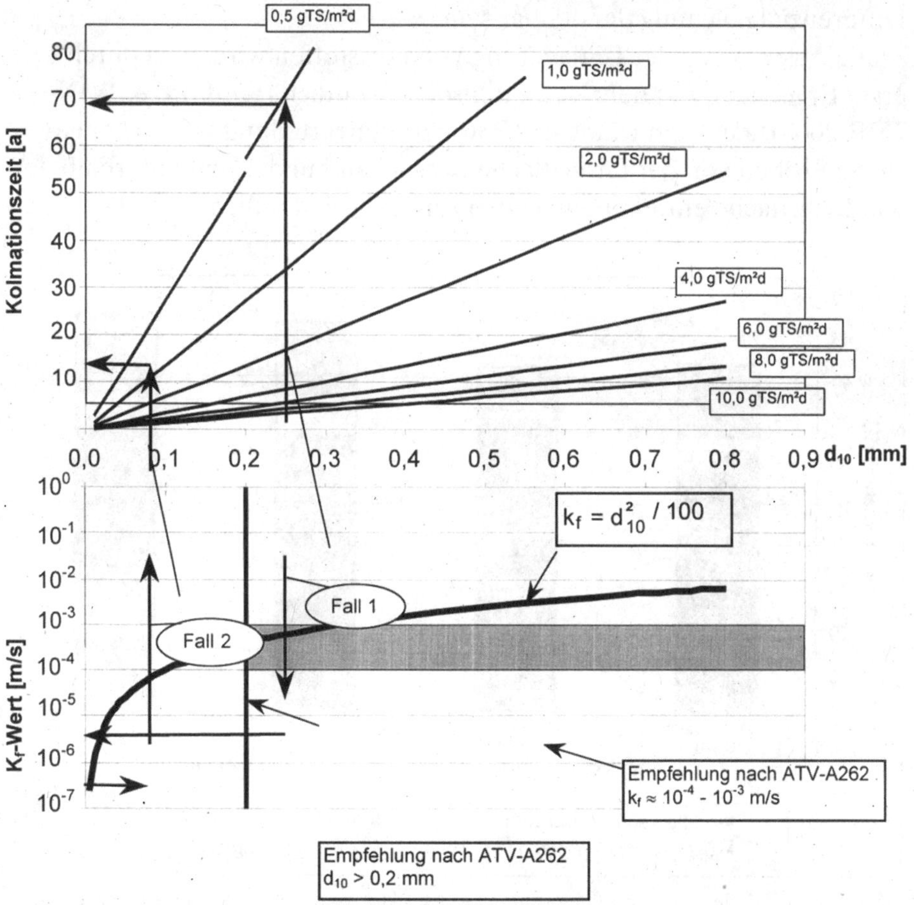

Abb. 8: Kolmationszeit von bewachsenen Bodenfiltern.

Beispiel verringert sich dieser somit auf $k_f = 6{,}3 \times 10^{-5}$ m/s, was einem Sand mit einem wirksamen Korndurchmesser von 0,08 mm gleich kommt. Bei einem derartigen Material ist hingegen nur noch von einer Laufzeit von 22 Jahren auszugehen (Fall 2). MÜLLER & LÜTZNER (1999) stellen in diesem Zusammenhang dar, dass sich die theoretische Kolmationszeit bei einer ungenügenden Sauerstoffversorgung des Bodenfilters auf unter einem Jahr verkürzen kann, da die organischen Stoffe im Abwasser nicht vollständig mineralisiert werden können.

Bemessungsansätze für Anlagen werden eine Reihe weiterer Parameter beinhalten müssen, die dann auch messbar bzw. konstruktiv durch den Planer beeinflussbar sein müssen. Die Abnahme der Wasserleitfähigkeit mit der Veränderung des Porenvolumens wird exakt nur durch eine Differenzialgleichung darstellbar sein.

Die Auswirkung der Einlagerung von Feststoffen wird auch durch erste Ergebnisse aus dem Verbundprojekt deutlich (GOETZ & WINTER 2000). Zur Ermittlung der Porengrößenverteilung wurden ungestörte Proben von der Grenzfläche Kies – Sand und 20 cm unterhalb der Sandoberfläche entnommen. Dabei zeigten sich deutliche Unterschiede

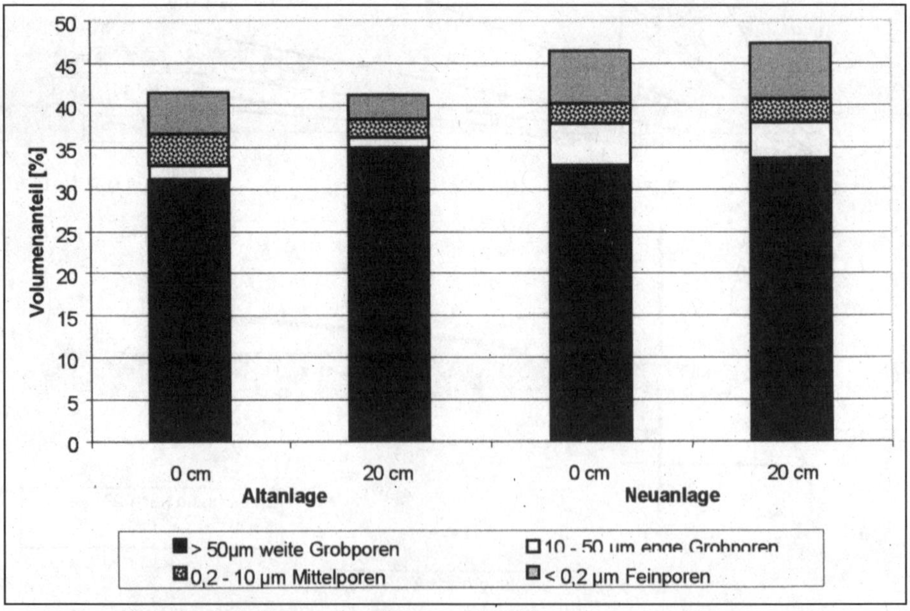

Abb. 9: Vergleich der Porengrößenverteilung in zwei Horizonten zwischen einer neu gebauten und einer seit vier Jahren betriebenen Anlage.

zwischen den einzelnen Horizonten bei Neu- und Altanlagen. Während es bei Neuanlagen erwartungsgemäß keinen Unterschied in der Porenverteilung beider Horizonte gab, zeigten Anlagen mit über drei Betriebsjahren eine Verschiebung der Porenverteilung. Im oberen Horizont war eine Zunahme von Fein- und Mittelporen auf Kosten der Grobporen zu messen. Diese Verschiebung ist allein auf eine Einlagerung von Feststoffen und die Bildung von Huminstoffen zurückzuführen.

Da für die dränenden Eigenschaften eines Bodens allein die Grobporen verantwortlich sind, hat eine solche Verschiebung einen Rückgang der Infiltrationsleistung bzw. der Wasserleitfähigkeit zur Folge.

5.3 Forschungsbedarf

Die Auswertung der Literatur zeigt, dass eine Reihe von Ursachen für die Kolmation genannt werden kann, im Einzelfall ist aber nicht ohne weiteres eine einfache Ursachen-/Wirkungsbeziehung herstellbar. Es ist nicht vollständig bekannt, bei welcher Verknüpfung von Randbedingungen die Kolmation auf jeden Fall auftritt und wie sie jeweils mit dem geringsten technischen Aufwand behoben werden kann.

Durch bodenkundliche und biologische Untersuchungen soll im Rahmen des Verbundprojektes (GOETZ & WINTER 2000) der Zusammenhang der verschiedenen Einflussfaktoren ermittelt sowie die Einstellung von Gleichgewichtszuständen in den Fließsystemen von Bodenfiltern untersucht werden, um dann modellhaft Vorgaben für betriebssichere Systeme zu entwickeln. Das Ziel ist es, Hinweise für Bemessung, Bau und Betrieb zur Vermeidung von Kolmation sowie zur Ertüchtigung kolmatierter Anlagen zu erstellen.

6 Naturnahe und Dezentrale Abwasserreinigung als Kommunikationsproblem

6.1 Naturnahe und dezentrale Abwasserbeseitigung in der kommunalpolitischen Diskussion

Es ist kaum verwunderlich, dass in den Kommunalparlamenten intensiv und kontrovers um eine aus Umweltsicht zufriedenstellende, aber auch kostengünstige Lösung gerungen wird. So sind in den letzten Jahren zahlreiche Bürgerinitiativen entstanden, die eine dezentrale und naturnahe Abwasserreinigung fordern. Bei der Argumentation der Initiativen verschmelzen die aus der politischen Emanzipation einzelner Bürger erwachsenen Überlegungen zu einer Position, die vielfach schon zu einem Prüfstein für die prinzipielle Bereitschaft einer Verwaltung zum ökologischen Planen geworden ist.

Argumentationslinie „Kreisläufe schließen"

Die Bürgerinitiativen (z.B. die IDA; IDA 1989) gehen davon aus, dass die dezentrale Wiederverwertung den lebensnotwendigen Kreislaufprozessen in der Natur mehr dient als die zentrale Beseitigung. Die düngenden Inhaltsstoffe im Abwasser werden in zentralen Kläranlagen nach Auffassung der IDA nicht zurückgehalten und somit den Flüssen und Meeren zugeführt, wo sie große Schäden verursachen. Für die Aufrechterhaltung des natürlichen Wasserkreislaufes sei es aber dringend erforderlich, überall dort, wo man dem Boden Wasser entzieht, ihm dieses auch wieder zuzuführen.

Für die Begriffe „zentral" und „dezentral" schlägt die IDA folgende Definitionen vor:

„Die zentrale Abwasserbeseitigung ist das Sammeln großer Abwassermengen und der Transport durch lange und teure Kanalnetze zu einem Klärwerk, wo es, behandelt und teilgereinigt, in einem Vorfluter beseitigt wird.

Die dezentrale Abwasserentsorgung ist das Zurückhalten und der Abbau der schädlichen Inhaltsstoffe in Kleinkläranlagen am Ort oder in größtmöglicher Nähe der Abwasserentstehung und die Zuführung des Wassers zur Grundwasseranreicherung, gegebenenfalls zu einem Vorfluter oder zur Wiederverwendung im Haus oder im Garten." (IDA 1989)

Als weitere Argumente für die naturnahe, dezentrale Abwasserreinigung werden genannt (IDA 1989):

- Sie ist billiger als die zentrale Abwasserbeseitigung,
- der natürliche Wasserkreislauf bleibt erhalten,
- der Bürger wird zu einem umweltfreundlichen Verbraucherverhalten angeregt,
- das Verursacherprinzip kann zweifelsfreier gehandhabt werden,
- der Umwelt wird zur weitergehenden endgültigen Reinigung ein mit Schadstoffen wesentlich geringer belastetes Abwasser zugeführt,
- der Bürger kann seine Kosten selbst beeinflussen,
- der Trinkwasserverbrauch wird durch Wasserwiederverwendung am Entstehungsort des Abwassers gesenkt,

- der Kunstdüngerverbrauch wird bei Wiederverwendung des stickstoffhaltigen, vorgereinigten Abwassers reduziert,
- die Wärme im Abwasser wird genutzt,
- die Menge und Belastung anfallender Klärschlämme wird verringert,
- eine Umweltschädigung durch das Einleiten biologisch nicht abbaubarer Substanzen kann besser ermittelt werden; sie wäre in diesem Fall örtlich eingegrenzt und könnte wirkungsvoller beseitigt werden,
- bei Versickerungen aus undichten Kanälen bleiben die Versickerungsmengen und der Ort bis zu einer evtl. Reparatur lange Zeit anonym, der Schaden ist nur schwer reparabel.

Die IDA befürwortet damit als extreme Position grundsätzlich eine Abwasserbehandlung in Kleinkläranlagen. Jedoch allein die von der IDA vorgeschlagene Definition der Begriffe „zentral" und „dezentral" zeigt bereits, dass mit Bewertungen und Einschätzungen argumentiert wird, deren Beweise noch zu erbringen wären. Die Argumente der IDA zeigen, wie schwierig sich die konkrete Diskussion in der kommunalpolitischen Entscheidungsfindung gestalten kann. Der einfache Wunsch, einen örtlichen Abwasserkanal zu verlegen, führt zu einer Diskussion, in der auch überregionale Zusammenhänge eine Rolle spielen sollen. Zu kritisieren ist an dieser Diskussion allerdings weniger der inhaltliche Austausch, als vielmehr die Hartnäckigkeit, mit der beide Seiten an ihren Positionen festhalten, so dass notwendige umweltpolitische Entscheidungen mehrere Jahre hinausgezögert werden.

Argumentationslinie „Problembewusstsein schaffen"
Andere Autoren gehen die Fragestellung „zentral oder dezentral?" mit einem eher globaleren Ansatz an (HEEB & SCHUDEL 1986). Die Autoren stufen die zentrale Abwasserbeseitigung als eine sogenannte „harte" Technologie, die dezentrale Abwasserreinigung als eine „sanfte" Technologie ein. Sie versuchen, die Abwasserbeseitigung als einen Teilbereich der gesamten menschlichen Wassernutzung anzusehen. Eine harte wie auch eine sanfte Technologie in der Abwasserreinigung helfe nur einen Teil der Probleme der heutigen Industriegesellschaft im Gewässer- und Trinkwasserschutz zu lösen. Eine langfristig wirksame Qualitätsverbesserung der Gewässer müsse bei den Ursachen ansetzen, was z. B. einen veränderten Umgang mit Chemikalien voraussetze. Eine sinnvolle Abwasserreinigung sollte möglichst wenig Energie erfordern

und mit möglichst geringem Trinkwasserverbrauch und möglichst geringer Trinkwasserverschmutzung verbunden sein.

Der Schutz unserer Wasserkreisläufe beginne daher in erster Linie mit einer veränderten Einstellung gegenüber der Chemisierung unserer Gesellschaft. Von insgesamt rund 10 Mio synthetischen Chemikalien stehen 60.000–100.000 in ständiger Berührung mit dem Menschen. Naturnahe Abwasserreinigung erreiche erst dann ihren vollen Sinn, wenn z. B. Waschmittel auf Seifenbasis und andere eindeutig vollständig abbaubaren Produkte verwendet werden.

So führe die naturnahe, dezentrale Abwasserreinigung dazu, dass die Verursacher täglich mit den Entsorgungsproblemen konfrontiert werden. Hierdurch werde eine Bewusstseinsänderung bei den Bürgern erreicht und wassersparendes und wasserschonendes Verhalten gefördert. Theoretisch abstrakte Begriffe wie Wasser- und Stoffkreislauf werden durch täglich erfahrbare Realität transparent und zugänglich.

An diesem Ansatz ist zu kritisieren, dass die Diskussion um ein lokales Abwasserentsorgungsproblem mit sehr globalen Argumenten angereichert wird, die zwar im Kern richtig sein mögen, aber in der konkreten Entscheidungssituation wenig hilfreich sind. Vielfach werden Argumente ausgetauscht, die sich prinzipiell nicht gegeneinander abwägen lassen. Die Begriffe „zentrale“ und „dezentrale“ Abwasserbeseitigung werden durch ebenso diffuse Begrifflichkeiten wie „sanfte“ und „harte“ Technologie erweitert, was keineswegs zu inhaltlicher Klarheit beiträgt. Außerdem überschätzen die Autoren möglicherweise das Interesse der Mehrheit der Bürger an ihrer Abwasserbeseitigung.

6.2 Naturnähe und Dezentralität als politisches Prinzip

Argumentationslinie „ Selbsterfahrung führt zu Verantwortungsbewusstsein“

Es wird von den Umweltpolitikern immer wieder beklagt, dass die entstandenen ökologischen (und sozialen) Probleme ihren Ausgangspunkt in einer kaum noch politisch kontrollierbaren wirtschaftlichen Entwicklung haben oder zumindest hiervon ungünstig beeinflusst werden. Von den Umweltverbänden wie auch von den politischen Parteien wird daher immer wieder die Entwicklung einer umwelt- und sozialverträglichen Industriepolitik gefordert.

Über die Kriterien für eine solche Politikentwicklung besteht jedoch keineswegs Konsens. Die Umweltverbände, die sich als Anwälte für den Umwelt- und Naturschutz verstehen, beklagen, dass wirtschaftlichen Interessen vielfach Vorrang vor Umwelt- und Naturschutzinteressen eingeräumt werde und dass die mit dem Vollzug der Umweltgesetzgebung betrauten Behörden personell unterbesetzt seien und insofern eine wirksame Umweltüberwachung und kreative Umweltgestaltung fehle. Diese Lageskizzierung ist Ausdruck eines Ohnmachtgefühls dieser Gruppen gegenüber einer als allmächtig empfundenen Industrie und eines eher geringen Vertrauens zu den Bundes- und Landesregierungen und ihren Verwaltungen. Die Komplexität der gesellschaftlichen Zusammenhänge und die räumliche Entfernung zu den jeweiligen Regierungssitzen werden von diesen Bevölkerungsteilen als Ausdruck einer zentralistischen Politik angesehen, die sich ihrer Beeinflussbarkeit und damit Mitgestaltungsmöglichkeit entziehen. Als Konsequenz wird entweder ein Rückzug ins Privatleben (Entpolitisierung) oder ein Engagement (Politisierung) für kleinere und überschaubare (dezentrale) Strukturen angestrebt. Die Forderung nach Dezentralität wird daher als Möglichkeit politischer Emanzipation und eines Willens zu Eigenverantwortung, Gestaltungsmöglichkeit des ökologischen und sozialen Umfeldes und mehr Demokratie interpretiert.

Als Beispiele einer zentralistischen Entwicklung werden z. B. das Ausufern der Ballungszentren und der dadurch induzierte motorisierte Individualverkehr, eine industrielle Agrarproduktion, der Ausbau einer überregionalen Wasser- und Energieversorgung, aber auch eine Abwasserbehandlung in Großkläranlagen genannt.

Diesen Zentralisierungstendenzen werden dezentrale Strukturen, die zu einer eigenständigen Regionalentwicklung führen, gegenübergestellt. Diese Sinngebung des Begriffes „dezentral“ soll im folgenden kurz umrissen werden (vgl. ERN 1991):

Politik

Eigenständige Regionalentwicklung hat zum Ziel, Lebensräume zu Entscheidungsräumen zu machen. Das Selbstvertrauen und die wirtschaftliche Autonomie der Regionen sollen gestärkt, zerstörerische Außeneinflüsse reduziert werden. Die Bewohner sollen in die Lage versetzt werden, die Entwicklung ihrer Region selbst in die Hand zu nehmen und ihre Umgebung aktiv zu gestalten. Dazu muss der Einfluss der prosperierenden Zentren auf die Peripherie, also auf ländliche und altindustrialisierte Gebiete, verringert werden. Um politisch von den Machtzentren unabhängiger zu werden, wird auch eine Reduzierung der wirtschaftlichen Abhängigkeit angestrebt.

Wirtschaft
Es soll eine Wirtschaftsstruktur aufgebaut bzw. gefördert werden, die möglichst weitgehend auf innerregionalen Kreisläufen beruht. Als Grundlage der Produktion dienen soweit wie möglich regional vorhandene und regenerierbare Ressourcen.

Soziales und Ökologie
Für einen verantwortungsvollen Umgang mit der physischen und sozialen Umwelt ist es erforderlich, dass Ursache und Wirkung, der Ort der Gewinnakkumulation und der Produktions-Folgeschäden, nicht räumlich auseinanderfallen. Die Zusammenhänge zwischen der Wirtschaftsweise und deren sozialen und ökologischen Folgen müssen nachvollziehbar sein. Eigenständige Regionalentwicklung bietet dann Chancen für eine Lebens- und Wirtschaftsweise, bei der die Qualität Vorrang vor der Quantität von Produkten und Arbeitsplätzen erhält.

Kultur
Die angesprochene politische, wirtschaftliche, ökologische und soziale Umorientierung ist auf ein offenes kulturelles Klima angewiesen – ein Klima, das der Entfaltung und Freisetzung von Ideen und Fähigkeiten aller Bevölkerungsgruppen dient. Eine lebendige, hochentwickelte Kultur soll auch in der „Provinz“ möglich sein. Sie ist sowohl Bedingung als auch Resultat eines dezentralen und regionalen Wirtschaftslebens.

Dezentral organisiertes Umweltverhalten (z. B. in der Abwasserreinigung) bedeutet demnach für die oben genannten Bevölkerungsgruppen eine Rückkehr wesentlicher Lebensbereiche in den erfahrbaren Verantwortungsbereich der Bürger. Hiermit wird gleichzeitig ein Gefühl der Unabhängigkeit und der Kontrollierbarkeit eines überschaubaren Lebensbereiches verbunden. Die Forderung nach Dezentralität und Naturnähe erwächst somit auch aus einem Gefühl des Misstrauens der

Bürger gegenüber staatlichen oder öffentlichen Institutionen, Verwaltungen sowie politischen und wirtschaftlichen Interessen.

Die in der Diskussion festzustellende Polemik, die beliebige Vermischung von Argumentations- und Entscheidungsebenen und ein manchmal sehr geringer Wissensstand der Kontrahenten führt zu einer Erstarrung der Diskussion und zu Frustration. Die pessimistische Sichtweise einzelner Bevölkerungsgruppen mündet damit vor allem auch in ein Kommunikationsproblem. Akzeptiert werden kann sicherlich der Wunsch nach mehr Information durch Politik und Verwaltung, mehr Transparenz von Entscheidungsvorgängen, eine größere Offenheit für neue Ideen und mehr Experimentierfreude auch bei der Abwasserreinigung. Gerade hierdurch könnte dann unter Umständen ein wesentlich besseres Verständnis für finanzielle Belastungen sowie auch für die unbestreitbare Notwendigkeit eines Technikeinsatzes in der Abwasserreinigung erreicht werden.

6.3 Naturnähe und Dezentralität als ökologisches Prinzip

Argumentationslinie „Schöpferische Freiräume schaffen“

Eine rein technisch oder ökonomisch ausgerichtete Umweltpolitik entspricht dem modernen Ökologiebegriff nur unzureichend. So befasst sich z. B. die Synökologie mit den Beziehungen von Lebensgemeinschaften untereinander und den Einwirkungen derselben auf ihren Lebensraum, oder die Sozialökologie erforscht vor allem die psychologischen Aspekte unseres Umweltverhaltens. Eine nur technisch oder ökonomisch ausgerichtete Umweltpolitik vernachlässigt zwei wichtige Aspekte, nämlich

1. die gezielte Förderung des Verhaltens gegenüber der Umwelt und
2. die Schaffung eines Freiraums für die schöpferische Mitgestaltung der Umwelt.

Wir nehmen Einfluss auf die Umwelt, indem wir Kläranlagen bauen, aber gerade im Abwasserbereich gibt es nur wenige Möglichkeiten einer persönlichen Einflussnahme auf das Verhalten gegenüber der Umwelt. Bis auf bislang wenig erfolgreiche Versuche zum Wassersparen sind ansonsten nur wenig gute Ideen wie

- Wärmerückgewinnung aus dem Abwasser,
- Nährstoffrecycling aus dem Abwasser,

- Schlammvererdung und Verwertung im Garten,
- Brauchwasseraufbereitung

konkret umgesetzt und für eine breite Anwendung weiterentwickelt worden. Eine starke technische Normierung, eine rigide Rechtsprechung oder auch die manchmal erdrückende Lobbyarbeit der Interessenverbände stehen einer schöpferischen Freiheit entgegen. Es ist vielfach unverständlich, warum gerade im Abwasserbereich um jeden Preis eine Norm erarbeitet und dann mehr oder weniger ausnahmslos durchgesetzt werden muss.

In der griechischen Mythologie gibt es für diesen Konflikt zwischen zentralen und dezentralen Strukturen, wie er sich in der tagespolitischen Diskussion häufig darstellt, ein anschauliches Sinnbild. Man ging davon aus, dass sich Erkenntnisse nur aus Erfahrungen gewinnen lassen. Für die Erfahrung gibt es zwei Ufer (s. Abb. 10).

Das Ufer der Geometrie:

Hier gewinnt man analytisch-naturwissenschaftliche Erfahrung. Ihr Charakter ist strukturbestimmt, zerteilend, mathematisch, eingreifend, wertfrei-objektiv, quantitativ. Zum Ufer der Geometrie gehören Monotonie, Erstarrung, Verdrängung des Lebendigen und Tod.

Das Ufer des Genius:

Hier gewinnt man intuitive und integrierende Erfahrung. Diese Erfahrung ist begegnungsbestimmt, ganzheitlich, künstlerisch, wertend-subjektiv. Diese Erfahrung gewinnt man nicht durch Eingriff, sondern durch Beziehung. Zum Ufer des Genius gehören jedoch auch Auflösung im Chaos, Kampf aller gegen alle, Destruktivität und damit ebenso Reduzierung des Lebendigen.

Das Lebendige ist das Dazwischen, der schöpferische Freiraum. Dieses Bild ist Leitbild für die Entwicklung des ökologischen Bauens gewesen (vgl. NEDDENS 1986). Ökologisches Bauen ist gekennzeichnet durch

- mitmenschliche Kommunikation,
- Geborgenheit in überschaubaren Freiräumen,
- Teilhabe am großen Ganzen,
- sinnliche Erfahrbarkeit, denn diese schafft Identifikation.

Gerade die Erkenntnisse, die z. B. durch sinnliche Erfahrbarkeit aus dem schöpferischen Freiraum erwachsen, führen durch Teilhabe am großen Ganzen und offene Kommunikation erst zu einer nachhaltigen Veränderung des Verhaltens gegenüber der Umwelt. Dezentral organisierte

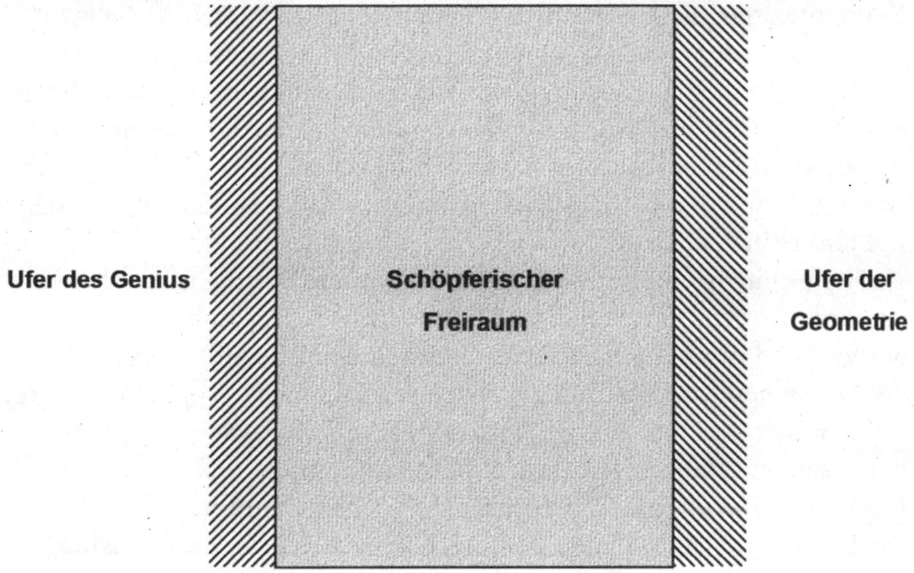

Abb. 10: Der schöpferische Freiraum (nach NEDDENS 1986).

Strukturen sind vielleicht weniger technisch effektiv, dafür umso mehr kreativ. Sie sind vielleicht weniger ökonomisch, dafür vermitteln sie Identifikation und Geborgenheit. Normen gehören zum Ufer der Geometrie, Anarchie zum Ufer des Genius. Dezentral organisierte Strukturen, die einen schöpferischen Freiraum erschaffen, zum Lebendigen. Also lasst sie doch leben.

7 Zusammenfassung

In diesem Beitrag wird ein Überblick über den derzeitigen Stand der Technik, erzielbare Reinigungsleistungen, Bemessungsansätze und Kenntnisse sowie Kenntnislücken bei der Beschreibung der Prozesse bezüglich Stickstoffumsetzung, Phosphorrückhalt, hygienisierende Wirkung und Kolmation gegeben.

Seit vielen Jahren werden im besonderen im ländlichen Raum bewachsene Bodenfilter zur Abwasserreinigung eingesetzt. In Arbeits- und Hinweisblättern verschiedener Verbände können Bemessungsansätze und Empfehlungen zur Bauausführung und zum Betrieb entnommen werden. Anlässlich eines Statusseminars der Deutschen Bundesstiftung Umwelt (DBU) im Herbst 1997 in Wittenberg konnte von zahlreichen

Referenten dargelegt werden, dass in der Regel mit diesen Anlagen die Mindestanforderungen zur Elimination von Kohlenstoffverbindungen sicher eingehalten werden können. Darüber hinaus wurden unterschiedliche Ergebnisse zur Stickstoff-, Phosphor- und Keimelimination vorgestellt. Es wurde deutlich, dass neben Unsicherheiten bei der technischen Auslegung und der Betriebsüberwachung der Anlagen auch Wissensdefizite hinsichtlich mikrobiologischer, bodenkundlicher und verfahrenstechnischer Grundlagen festgestellt werden konnten. Diese Unsicherheiten auszuräumen und den Stand der Technik fortzuschreiben ist Gegenstand des Verbundforschungsvorhabens „Bewachsene Bodenfilter", das von der Deutschen Bundesstiftung Umwelt seit Oktober 1998 gefördert wird.

Im zweiten Teil des Beitrags wird der Frage nachgegangen, warum Planung Bau und Betrieb von Bodenfiltern ein Beitrag zu ökologischem Planen und Bauen sind. Der Bau und Betrieb von naturnahen, dezentralen Abwasseranlagen alleine stellt noch keinen Beitrag zu nachhaltigem ökologischem Wirtschaften dar, denn ökologisches Planen ist mehr als Einsatz von Umwelttechnik. Jede nachhaltige ökologische Planung sollte zwei Wirkungsbereiche haben: die Einflussnahme auf die räumliche Umwelt selbst sowie die Einflussnahme auf das individuelle und soziale Verhalten gegenüber der Umwelt. Letzteres ist vor allem eine Frage der Kommunikationsstrukturen. Diese sind in dezentralen und naturnahen, das heißt überschaubaren, erfahrbaren und mitgestaltbaren schöpferischen Freiräumen besser ausbildbar als in technisierten Systemen.

Naturnahe, dezentrale Abwasserreinigung führt deshalb nur dann zu einer ökologisch nachhaltigen Wirkung, wenn die Kläranlagenbetreiber mehr tun, als eine Normkläranlage zu bauen, sondern auch eine Beziehung zu ihrem Wasser und Abwasser gewinnen und hieraus neben, neuen fachlichen Erkenntnissen auch neue, erweiterte soziale Verhaltensweisen ableiten. Planung, Bau und Betrieb von bewachsenen Bodenfiltern als „Dorfgemeinschaftsaktion" sind damit besonders wertvolle Beiträge zu ökologischem Planen und Bauen.

8 Literatur

ATV (1996): Arbeitsblatt A262. Grundsätze für Bemessungen, Bau und Betrieb von Pflanzenbeeten für kommunales Abwasser bei Ausbaugrößen bis 1000 Einwohnerwerte. – Gesellschaft zur Förderung der Abwassertechnik e. V.

Baake, F. (1985): Biologische Kolmation in Porenräumen. – Schriftenreihe WAR 22. Verein zur Förderung des Institutes für Wasserversorgung, Abwässerbeseitigung und Raumplanung der TH Darmstadt (Hrsg.) S. 117–133

Bahlo, K. (1997): Reinigungsleistung und Bemessung von vertikal durchströmten Bodenfiltern zur Abwasserrezirkulation. – Dissertation am Fachbereich Bauingenieur- und Vermessungswesen der Universität Hannover

Blazejewski, R.; Murat-Blazejewski, S. (1997): Soil clogging phenomena in constructed wetlands with subsurface flow. – Wat. Sci. Tech. 35 (5): S. 183–188

Börner, T. (1992): Einflussfaktoren für die Leistungsfähigkeit von Pflanzenkläranlagen. – Schriftenreihe WAR 58. Verein zur Förderung des Institutes für Wasserversorgung, Abwasserbeseitigung und Raumplanung der TH Darmstadt (Hrsg.)

Busch, K. F.; Luckner, L: (1974): Geohydraulik für Studium und Praxis. – Stuttgart

De Vries, J. (1972): Soil filtration of wastewater effluent and the mechanism of pore clogging. – Journal Water Pollution Control Federation. 44 : S. 565–573

Deutsche Bundesstiftung Umwelt, DBU (1998): Verbundprojekt „Bewachsene Bodenfilter als Verfahren der Biotechnologie". – AZ 14178–01, Deutsche Bundesstiftung Umwelt, Osnabrück, 1998, (unveröffentlicht)

Ellis, K.V.; Aydin, M.E. (1995): Penetration of solids and biological activity into slow sand filters. – Water Research. (29): S. 1333–1341

Ern (1991): Eigenständige Regionalentwicklung in Niedersachsen e.V. – Ideen, Aufgaben, Ziele, Mitarbeiterinnen, Adressen

Fehr, G.; Hübner, R. (2000): Kommunalberatung und Kontaktbörse zum Technologietransfer „Bewachsener Bodenfilter" nach Polen, AZ 14178–02 – Teilprojekt im Rahmen des Verbundprojektes „Bewachsene Bodenfilter als Verfahren der Biotechnologie", AZ 14178–01, gefördert durch die Deutsche Bundesstiftung Umwelt, Osnabrück, 1998, (unveröffentlicht)

Fehr, G.; Kokenge, M.; Flügger, J. (1989): Untersuchungen zur Abwasserreinigung mit stoßweise beschickten, bepflanzten Bodenfiltern. – Wasser & Boden (3): S. 138–150

Fehr, G.; Schütte, H. (1991): Leistungsfähigkeit intermittierend beschickter, bepflanzter Bodenfilter. – gwf Wasser/Abwasser. 132 (4): S. 207–213

Fehr, G.; Tempel, K.; Welker, B. (2000): Projektmanagement und Öffentlichkeitsarbeit für das Verbundprojekt „Bewachsener Bodenfilter", AZ 14178–10. – Teilprojekt im Rahmen des Verbundprojektes „Bewachsene Bodenfilter als Verfahren der Biotechnologie", AZ 14178–01, gefördert durch die Deutsche Bundesstiftung Umwelt, Osnabrück, 1998, (unveröffentlicht)

Flemming, H.C. (1991): Biofilme und Wassertechnologie. Teil 1: Entstehung, Aufbau, Zusammensetzung und Eigenschaften von Biofilmen. – gwf – Wasser/Abwasser. 132 : S. 197–207.

Geller, G. (1997): Jüngere Erfahrungen mit Pflanzenkläranlagen. – WAP. (5): S. 27–32.

Geller, G.; Höner, G. (2000): Handbuch Bewachsene Bodenfilter- Evaluation von bewachsenen Bodenfiltern im deutschsprachigen Raum und Handlungsanleitung mit CD-Rom, AZ 14178–09. – Teilprojekt im Rahmen des Verbundprojektes „Bewachsene Bodenfilter als Verfahren der Biotechnologie", AZ 14178–01, gefördert durch die Deutsche Bundesstiftung Umwelt, Osnabrück, 1998, (unveröffentlicht)

Geller, G.; Höner, G.; Lindenblatt, C.; Wilderer, P.A. (2000): Kompostplatzabwasserreinigung mit bewachsenen Bodenfiltern an Beispielanlagen Thüringen und Bayern, AZ 14178–04. – Teilprojekt im Rahmen des Verbundprojektes „Bewachsene Bodenfilter als Verfahren der Biotechnologie", AZ 14178–01, gefördert durch die Deutsche Bundesstiftung Umwelt, Osnabrück, 1998, (unveröffentlicht)

Geller, G.; Kleyn, K.; Lenz, A.; Netter, R.; Rettinger, S. ; Hegemann, W. (1992): Erprobung der Leistungsfähigkeit Bewachsener Bodenfilter zur Abwasserreinigung. Ermittlung von Bemessungsgrundlagen. – Endbericht des BMFT-Forschungsvorhabens 02 WA 162/85153/88407. Freunde der Landschaftsökologie Weihenstephan (Hrsg.) (7)

Goetz, D.; Winter, K.-J. (2000): Bodenkundliche Untersuchung der Kolmation bewachsener Bodenfilter, AZ 14178–08. – Teilprojekt im Rahmen des Verbundprojektes „Bewachsene Bodenfilter als Verfahren der Biotechnologie“, AZ 14178–01, gefördert durch die Deutsche Bundesstiftung Umwelt, Osnabrück, 1998, (unveröffentlicht)

Güldner, C.; Hegemann, W. (1995): Ermittlung von Bemessungsverfahren und Erprobung einfacher Verfahren zur weitergehenden Phosphatelimination für kleine, dezentrale Kläranlagen. – Technische Universität Berlin, FB 06, Fachgebiet Siedlungswasserwirtschaft. Abschlußbericht (unveröffentlicht)

Gupta, R. P.; Schwarzenberger, D. (1962): Septic tank effluent percolation through sands under laboratory conditions. – Soil Science Soc. Americ. Proc.. 26 : S. 6–10

Hagendorf, U.; Hahn, J. (1994): Untersuchungen zur umwelt- und seuchenhygienischen Bewertung naturnaher Abwasserbehandlungssysteme -Dokumentation, Bewertung und Anforderungen. – UBA Texte 60/94. Umweltbundesamt Berlin

Hagendorf, U. (1999): Verbleib von Abwasserinhaltsstoffen bei bewachsenen Bodenfiltern (Pflanzenkläranlagen) im Langzeitbetrieb. – UBA-Texte 78/99, Umweltbundesamt Berlin

Heeb & Schudel (1986): Naturnahe Abwasserreinigung. – Literaturstudie im Auftrag der freien und Hansestadt Hamburg, Umweltbehörde, 1986

Hill, S. (1983): Untersuchungen über Wechselwirkungen zwischen Porenverstopfung und Filterwiderstand mittels Tracermessungen. – Schriftenreihe WAR 18. Verein zur Förderung des Institutes für Wasserversorgung, Abwasserbeseitigung und Raumplanung der TH Darmstadt (Hrsg.)

Hirth, A.; Schönborn, A. (1994): Verteilung und Bindungsformen von Phosphor- und Eisen im Pflanzenfilter Schattweid. – Bericht des Zentrums für angewandte Ökologie Schattweid

IDA, Initiative Dezentrale Abwasserentsorgung (1989): Was schützt unsere Umwelt mehr, Abwasser zentral zu beseitigen oder dezentral zu entsorgen?
- Buchholz i.d. Nordheide, 1986

Ingenieurökologische Vereinigung, IÖV (1994): Hinweisblatt W1/94: Behandlung von häuslichem Abwasser in Pflanzenkläranlagen. – Ingenieurökologische Vereinigung, IÖV (Hrsg.)

Ingenieurökologische Vereinigung, IÖV (1995): Arbeitsblatt W1/95: Bewachsene horizontal durchströmte Bodenfilter. – Ingenieurökologische Vereinigung, IÖV, (Hrsg.)

Johansson, L. (1996): Use of LECA for removal of phosphorous. – Proceedings of the 5th IAWQ Conference on Wetland Systems in water Pollution Control. 15.–19. 09. 1996. Wien

Jones, J. H.; Taylor, G. S. (1965): Septic tank effluent percolation through sands under laboratory conditions. – Soil Science. 99 : S. 301–309

Krassmann, T. (1991): Untersuchungen zur Phosphatbindung natürlicher anorganischer Bodenminerale. – Berichte zur Ökotechnik, 2. Jahrgang

Kraus, D. (1996): P-Bindungsformen und P-Retention in drei bewachsenen Bodenfiltern. – Diplomarbeit an der TU München. Fakultät für Landwirtschaft und Gartenbau, (unveröffentlicht)

Kristiansen, R. (1981): The soil as a renovating medium-clogging of infiltrative surfaces. – Alternative wastewater treatment. Edited by Eikum, A.S. ; Seabloom, R.W. Dordrecht, Boston, London: D. Reidel Publishing Company

Kunst, S. ; Kayser, K. (1999): Leistungsfähigkeit von Kleinkläranlagen. – Konzepte zur Abwasserbehandlung im ländlichen Raum. Schriftenreihe der Kommunalen Umwelt-AktioN U.A.N., Hannover. (36)

Kunst, S. ; Kayser, K.; Fehr, G.; Hübner, R. (2000): Optimierung der Abflusssteuerung und weitestgehende Nitrifikation in der Verfahrenskombination Teichanlage/bewachsener Bodenfilter zum Schutz kleiner Fließgewässer, AZ 14178–03 – Teilprojekt im Rahmen des Verbundprojektes „Bewachsene Bodenfilter als Verfahren der Biotechnologie“, AZ

14178–01, gefördert durch die Deutsche Bundesstiftung Umwelt, Osnabrück, 1998, (unveröffentlicht)

Kunst, S. ; Flasche, K. (1995): Untersuchungen zur Betriebssicherheit und Reinigungsleistung von Kleinkläranlagen mit besonderer Berücksichtigung der bewachsenen Bodenfilter. – Forschungsvorhaben AZ 32–201–00091. Institut für Siedlungswasserwirtschaft und Abfalltechnik. Universität Hannover

Laak, R. (1986): Wastewater engineering design for unsewered areas. – Lancaster, Basel: Technomic

Lüken, B. O. (1990): Phänomene der hydraulischen Leitfähigkeit dauernd hydromorpher Bodenmatices. – Schriftenreihe des Fachgebietes Siedlungswasserwirtschaft Universität Gesamthochschule Kassel. (6):

Müller, V.; Lützner, K. (1999): Zur Verstopfungssicherheit von Pflanzenkläranlagen. – Korrespondenz Abwasser. 46 (5): S. 701–716

Neddens (1986): Ökologisch orientierte Stadt- und Raumentwicklung. – Bauverlag, 1986

Neemann, G. (2000): Optimierung der Reinigungsleistung von Kleinkläranlagen am Beispiel von Schilfkläranlagen und ausgewählten technischen Systemen.
- Konzepte zur Abwasserbehandlung im ländlichen Raum. Schriftenreihe der Kommunalen Umwelt-AktioN U.A.N., Hannover. (36)

Platzer, C. (1998): Entwicklung eines Bemessungsansatzes zur Stickstoffelimination in Pflanzenkläranlagen. – Dissertation. Schriftenreihe des Fachgebietes Siedlungswasserwirtschaft der Technischen Universität Berlin, Nr.6

Reddy, K. R.; D'Angelo, E. M. (1996): Biochemical indicators to evaluate pollutant removal efficiency in constructed wetlands. – Proceedings of the 5th IAWQ Conference on Wetland Systems in Water Pollution Control. 15.–19. 09. 1996. Wien

Rettinger, S. (1992): Wasser und Stoffdynamik bei der Abwasserperkolation. – Berichte aus der Wassergüte- und Abfallwirtschaft, Nr. 97. TU München

Rustige, H.; Platzer, C. (2000): Pflanzenkläranlagen im Einzugsgebiet stehender Oberflächengewässer, AZ 14178–06. – Teilprojekt im Rahmen des Verbundprojektes „Bewachsene Bodenfilter als Verfahren der Biotechnologie", AZ 14178–01, gefördert durch die Deutsche Bundesstiftung Umwelt, Osnabrück, 1998, (unveröffentlicht)

Starck, H.-G.; Lennartz, B. (1996): Wiederverwendung ausgewechselten Wasserwerkskieses in der Abwasserbehandlung. – Christian-Albrecht-Universität Kiel. Institut für Wasserwirtschaft und Landschaftsökologie. DBU-Abschlussbericht

Szewzyk, U.; Hagendorf, U.; Diehl, K. (2000): Mikrobiologische Untersuchungen zur seuchenhygienischen Bewertung naturnaher Abwasserbehandlungsanlagen, AZ 14178–07. – Teilprojekt im Rahmen des Verbundprojektes „Bewachsene Bodenfilter als Verfahren der Biotechnologie", AZ 14178–01, gefördert durch die Deutsche Bundesstiftung Umwelt, Osnabrück, 1998, (unveröffentlicht)

von Felde, K.; Hansen, K.; Kunst, S. (1996): Pflanzenkläranlagen in Niedersachsen – Bestandsaufnahme und Leistungsfähigkeit. – Korrespondenz Abwasser. 43 (8): S. 1382–1392.

Wegner, M.; Wichtmann, W.; Widmoser, P. (1989): Über die Eignung verbrauchten Quarzsandes aus Filtern der Grundwasserenteisenung zur Phospatelimination. – gwf – Wasser/Abwasser 130. H. 11

Welker, B.; Pfefferkorn, S. (2000): Verbundbegleitende Kommunikation und Öffentlichkeitsarbeit im Rahmen interaktiver Tagungen und Workshops, AZ 14178–11. – Teilprojekt im Rahmen des Verbundprojektes „Bewachsene Bodenfilter als Verfahren der Biotechnologie", AZ 14178–01, gefördert durch die Deutsche Bundesstiftung Umwelt, Osnabrück, 1998, (unveröffentlicht)

[1] Kap. 1–5 unter Mitarbeit von Partnern des DBU – Verbundprojekts „Bewachsene Bodenfilter", u.z. Rainer Hübner, Sabine Kunst, Katrin Kayser, Gunther Geller, Gunhild Höner, Heribert Rustige, Christoph Platzer, Ullrich Hagendorf, Dietmar Goetz, Klaus Winter

Franz-Peter Heidenreich

Zusammenfassung Arbeitskreis Abwasser

Abwasser ist ein sehr breit gefächertes Gebiet mit seinen Unterthemen wie beispielsweise Kanalbetrieb, Kleinkläranlagen, Regenwasser, Membrantechnologie, Industrieabwasser, Fließgewässerentwicklung in der Landschaft und bei urbaner Nutzung, Arzneimittel und Endokrine Stoffe im Gewässer, Bodenschutz und Klärschlammnutzung, um nur einige aktuelle zu nennen. Die beiden Arbeitskreistage konnten sich daher nur auf bestimmte Themen beschränken. So wurde das breite Feld der Abwasserreinigung dem gleichermassen wichtigen und im Grunde vorgeschalteten Bereich der Abwassererfassung und -ableitung vorgezogen.

Eines der Hauptziele in der EU nach dem Entwurf der so genannten Wasserrahmenrichtlinie ist es, die Voraussetzungen für eine flussgebietsumfassende Gewässerbewirtschaftung zu schaffen. Dieses wird als Flussgebietsmanagement bezeichnet. Mit diesem Instrument soll ein „guter Zustand" aller Oberflächengewässer und des Grundwassers erreicht werden. Wenn in Deutschland der bisher erreichte hohe Standard beim Gewässerschutz erhalten oder in einzelnen Fällen verbessert werden soll, kann das nur gelingen, wenn ein *ganzheitlicher und nachhaltiger Ansatz* zur Anwendung kommt. Der Gewässerschutz erfordert Maßnahmen bei der Siedlungsentwässerung und der Abwasserreinigung, im und am Gewässer und im Einzugsgebiet des Grundwassers. Hier müssen die einzelnen Maßnahmen künftig gegenseitig besser abgewogen und gesamtheitlich optimiert werden. Auch künftig bedarf es einer Stärkung des Umweltbewußtseins und nicht nachlassender Anstrengungen aller Beteiligten. Dies wurde insgesamt als ein wichtiges Ergebnis der Diskussionen im Arbeitskreis festgehalten.

Der Trend zum leicht rückläufigen Wasserverbrauch hat sich in Deutschland in den letzten Jahren fortgesetzt. Die Abgabe der öffentlichen Wasserversorgung ging zwischen 1995 und 1998 von rund 5,1 Mio m^3 auf weniger als 4,9 Mio m^3 zurück. Der Pro-Kopf-Verbrauch reduzierte sich im Bundesdurchschnitt auf 129 Liter pro Tag. Dabei bestehen wesentliche Unterschiede zwischen den einzelnen Bundesländern. Während die Bewohner in Schleswig-Holstein (154 Liter) und Hamburg (153 Liter) mehr als 150 Liter pro Tag verbrauchen, begnügen sich die Bürger in den östlichen Bundesländern größtenteils mit weniger als 100 Liter pro Kopf und Tag. Am geringsten ist der Verbrauch dabei in Thüringen mit 86 Litern vor Sachsen (91 Liter) und Sachsen-Anhalt (95 Liter).

1998 betrug der Anschlussgrad der Bevölkerung an öffentliche Kanalisationen 93,2 Prozent und rund 85% an vollbiologische Kläranlagen. Auch in diesem Bereich bestehen noch große Unterschiede zwischen den östlichen und westlichen Bundesländern. Während alle alten Länder Anschlussgrade von über 90 Prozent aufweisen, liegen die Werte in den neuen Ländern zwischen 68,6 (Brandenburg) und 88 Prozent (Thüringen). Der Anteil des in öffentlichen Kläranlagen behandelten Abwassers aus dem häuslichen Bereich betrug etwa 40 %, 16 % der Abwassermenge steuern die gewerblichen Indirekteinleiter bei, der Rest sind Regenabflüsse, Grundwasser, Badewasser und Fremdwasser.

1996 hat die EU die so genannte IVU-Richtlinie „über die integrierte Vermeidung und Verminderung der Umweltverschmutzung" verabschiedet. Unternehmen, die bestimmte industrielle Tätigkeiten (etwa in der chemischen Industrie und der Papierherstellung, aber auch in der Nahrungsmittelindustrie) ausüben, müssen demnächst weitergehende Maßnahmen treffen, um Emissionen „in Luft, Wasser und Boden" sowie bezüglich des entstehenden Abfalls zu vermeiden bzw. zu vermindern. Hierbei sind die „besten verfügbaren Techniken" einzusetzen.

Die steigenden Umweltstandards auf der einen Seite und die immer knapper werdenden Finanzmittel auf der anderen Seite könnten dazu führen, dass in zunehmendem Masse bei der Umsetzung abwassertechnischer Projekte qualitative Einschränkungen nicht auszuschließen wären. Dieser Entwicklung kann durchaus durch die zielführende Entwicklung innovativer Abwassertechniken entgegengewirkt werden, die sowohl neue Lösungswege aufzeigen als auch wirtschaftlichen Lösungen Rechnung tragen.

Zur Behandlung kommunaler und gewerblich-industrieller Abwässer steht eine Vielzahl von leistungsfähigen Verfahren zur Verfügung. Dieses sind mechanisch physikalische (Rechen, Siebe, Filter) und chemisch physikalische Verfahren (Fällung, Flockung), aerobe (Belebungsverfahren/

suspendierte Biomasse, und Biofilmreaktor/ fixierte Biomasse) und anaerobe biologische Verfahren (Schlammbettreaktor, Festbett- und Wirbelbettreaktor, Membranverfahren in Verbindung mit biologischen Verfahren), Verfahrensvarianten (beispielsweise die SBR-Technologie/Sequencing Batch Reactor, als Verfahrensvariante der Belebt- schlammbiologie) sowie naturnahe Verfahren. Je nach lokalen Erfordernissen und Spezifika der Abwasserinhaltsstoffe (zum Beispiel Krankenhausabwässer, Textilabwässer) können auch sehr spezifische Verfahrenskombinationen gefragt sein.

Der Einsatz der biologischen Abwasserreinigungsverfahren in der Industrie läßt sich ausrichten nach den Zielrichtungen: Vorbehandlung zur Einleitung in ein öffentliches Kanalnetz – Reinigung zur Direkteinleitung in einen Vorfluter – Reinigung zur produktionsintegrierten Wiederverwendung im Betrieb.

Generell dürfte beispielsweise dem Einsatz von unterschiedlichen membrantechnischen Anlagen sowohl im kommunalen Bereich als auch produktionsintegriert in Gewerbe und Industrieunternehmen eine große Zukunft zukommen. Beim neuartigen Membranbelebungsverfahren im kommunalen Bereich übernimmt die Membranfiltration die Abtrennung des belebten Schlammes und lässt damit den Wegfall einer konventionellen Nachklärung zu. Der Abtrennungsprozess bei der Membranfiltration mit einer Trenngrenze von 0,1 ^{3}m bis 0,4 ^{3}m erreicht darüber hinaus den Rückhalt von Keimen eine Abwasserqualität, die mit einer Desinfektion vergleichbar ist. Auch die kompakte Bauweise der Membranmodule, unkomplizierte Intergration in den Klärprozess und verringerte Belebungsbeckenvolumina sprechen bei beschränkten Erweiterungsmöglichkeiten einer Kläranlage für Membranbelebungsverfahren.

Im ländlichen Raum ist die Abwasserreinigung in vielen Gebieten noch unzureichend. Doch gerade hier sind die empfindlichen kleinen Fließgewässer vor ungenügend gereinigten Abwässern zu schützen. Der Anschluss an die nächstgelegene öffentliche Kanalisation und die Behandlung der Abwässer in zentralen Kläranlagen ist wirtschaftlich oft nicht vertretbar, so dass davon auszugehen ist, dass etwa 10 % der Bevölkerung in Deutschland auf Dauer nicht an zentrale Abwasserreinigungsanlagen angeschlossen werden können. Für etwa 5,8 Mio. Einwohner (7 %) in Deutschland wird von einer Abwasserentsorgung mittels Kleinkläranlagen (Direkteinleitung) ausgegangen. Darüber hinaus wird das

Abwasser von 2,4 Mio. Einwohnern (3 %) vor Einleitung in die öffentliche Abwasseranlage (Indirekteinleitung) in Kleinkläranlagen behandelt.

Schätzungen des noch bestehenden Bedarfs an Kleinkläranlagen in Deutschland belaufen sich auf bis zu 1,9 Mio. Anlagen. Angesichts dieser Zahl besteht auch künftig Handlungsbedarf in der Entwicklung von kostengünstigen, leistungsfähigen und betriebssicheren Verfahren, wie beispielsweise besonders zur Um- oder Nachrüstung von Mehrkammerabsetzgruben.

Zur Behandlung der dezentral anfallenden häuslichen und gewerblichen Abwässer stehen heute zahlreiche unterschiedliche Kleinkläranlagen zur Verfügung. Dieses sind Anlagen zur Behandlung des im Trennverfahren erfaßten häuslichen Schmutzwassers mit einem Schmutzwasserzufluß von bis zu 8 m^3 pro Tag (< 50 Einwohneräquivalente). Kleinkläranlagen sind weitgehend mit einer allgemeinen bauaufsichtlichen Zulassung durch das Deutsche Institut für Bautechnik (DIBt) in Berlin versehen. Erprobte Verfahren sind: Belebung (auch bereits mit integrierter Membranfiltration), Tropfkörper, Tauchkörper, getauchte Festbettanlagen, Mehrkammerabsetz- und -ausfaulgruben, Filtergräben, Untergrundverrieselung, Pflanzenkläranlagen (Vertikal- und Horizontalfilter), Abwasserteiche.

Die Abwasserrichtlinie schreibt EU-weit vor, dass bis spätestens zum Jahresende 2005 alle Kommunen mit mehr als 2000 Einwohneräquivalenten mit einer Abwassereinleitung in Binnengewässer und von mehr als 10.000 Einwohneräquivalenten mit einer Abwassereinleitung in Küstengewässer, mindestens zweistufige Verfahren zur Abwasserbehandlung einsetzen müssen. Hieraus dürfte künftig auch noch ein weiterer Anstieg des Klärschlammanfalls resultieren.

Gegenwärtig fallen in den Abwasserbehandlungsanlagen in Deutschland im EU-Maßstab die meisten Klärschlämme an. Dies waren im Jahr 1993 rund 3,2 Mio. t Klärschlamm (Trockenmasse), was einem Anteil von mehr als 40 Prozent des EU-Klärschlammaufkommens von 7,6 Mio. t entspricht. Bei der Entsorgung der in der EU anfallenden Klärschlämme stehen die landwirtschaftliche Verwertung mit 2,6 Mio. Tonnen jährlich (34 % in der EU, in Deutschland etwa 27 %) sowie die Ablagerung auf Deponien mit 2,8 Mio. t (37 %, in Deutschland 54 %) eindeutig im Vordergrund. Verbrannt werden 0,8 Mio. t (11 %, in Deutschland 14 %), weitere 0,35 Mio. t (5 %) werden kompostiert und damit auf Flächen zu Dünge- und Bodenverbesserungszwecken verwertet.

Einerseits besteht ein Trend zur Reduzierung der Nährstoffzufuhren auf landwirtschaftlich genutzte Flächen und andererseits verschärft sich für die Klärschlämme die Konkurrenzsituation mit Bioabfallkomposten um die für die Verwertung in Frage kommenden Flächen, so dass zusätzlich anfallende Klärschlämme nicht vollständig in der Landwirtschaft verwertet werden.

Die Technische Anleitung Siedlungsabfall fordert ab dem Jahr 2005 eine Begrenzung des organischen Anteils der abzulagernden Stoffe auf 5 %. Die thermische Behandlung ist dann vor der Ablagerung auf Deponien erforderlich. Möglicherweise kommt künftig auch eine mechanisch-biologische Behandlung vor der Deponierung von Klärschlamm in Frage.

Internationale Perspektiven und Strategien

Kristina Veidemane

STATE AND PROSPECT OF THE WATER SECTOR IN ESTONIA, LATVIA AND LITHUANIA

General information

Estonia, Latvia and Lithuania are situated at the North Western edge of Europe and are usually regarded as one region, referred to as the Baltic States. This is mainly because the three countries are similar in terms of physical geography and size, and because of their political situation during the last century.

Currently, they have around 7,5 million inhabitants: 1.4 in Estonia, 2,4 in Latvia and 3.7 in Lithuania. The population density is relatively low: 32.6 persons per km^2 in Estonia, 38.4 in Latvia and 56.8 in Lithuania. Approximately one third of the population lives in rural areas.

While on the negative side the Baltic States are known for their environmental „Hot Spots“, they are also known for their high level of biological and landscape diversity.

The development of the landscape was strongly influenced by glaciers which formed a typical landscape of lowlands and uplands. Unique landscape formations are found in the coastal area of the Baltic region. The Estonian coastline is characterised by about 1,500 small and large islands important for bird breeding.

Large areas of the Baltic States are covered with forests. The countries are quite rich in mires, especially Estonia.

Area (km^2, as % of total)

	Total area	Forest area	Mires	Inland waters
Estonia	45,227	47%	22.3%	6.3%
Latvia	64,589	46%	10.7%	3.9%
Lithuania	65,301	30.3%	7.3%	4.0%

Data Source: Draft Baltic State of the Environment Report, 2000

Rare species of flora and fauna are still to be found here, as the natural habitat provides ideal living conditions. Certain river areas even provide a habitat in which salmon can reproduce. Large areas of bogs, meadows, wetland forests and coastal lagoons, unique in Europe, also form part of the landscape.

The Baltic States are exposed to prevailing south-westerly wind streams. As a result, their wetland, lake and forest ecosystems are influenced by long-range transboundary pollution from Western and Central Europe. The local climate in coastal areas is largely influenced by sea winds. This has a positive impact on air quality.

The water bodies cover 6,3 per cent of Estonian territory, about 4 per cent of Latvia and Lithuania. In Estonia, just one lake, Lake Peipsi, accounts for 54 per cent of the total area of inland waters.

This article provides an overview on the water sector in the Baltic States, consisting of a comparison between the three countries, as well as with other European countries. The focus of the article is on quantity of water resources and on water quality, indicated by eutrophication as one of the major problems for water quality in the Baltic States.

Water Quantity

What is the state of the resource in the Baltic States?

The Baltic States do not generally have water shortage problems due to the fact that precipitation exceeds evaporation by approximately 50 per cent. The average total volume of freshwater available per capita is medium to high.

Latvia has significantly more surface water resources available than the other two countries. The average total volume of the freshwater available per capita is about 8000 cubic meters in Estonia, 14 000 cubic meters in Latvia and 7 000 cubic meters per capita in Lithuania. Compared to other European countries, the Baltic States are rich of water resources.

On one hand the Baltic States are sufficiently supplied by water resources. On the other hand, our resources are vulnerable in dry years, when rain fall is very low and availability of water resources limited. According to hydrological data, such situations are observed once in every 20 years. Estonian rivers are mainly small with low water discharge

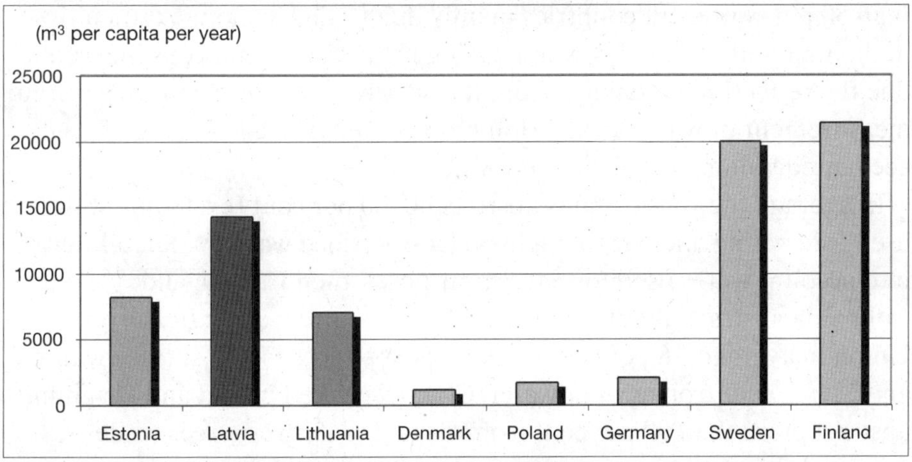

Figure 1. Available freshwater (m^3 per capita per year). Data Source: Baltic State of the Environment Report, 1998 (Estonia, Latvia, Lithuania) OECD Environmental Data, Compendium 1999 (other countries)

and they are therefore particularly sensitive to weather conditions. Therefore surface water abstraction in dry seasons is managed carefully, so that fauna and flora do not suffer.

How much do we abstract?

Significant changes can be observed in water abstraction in the three Baltic States from 1991 to 1999. The volume abstracted decreased more

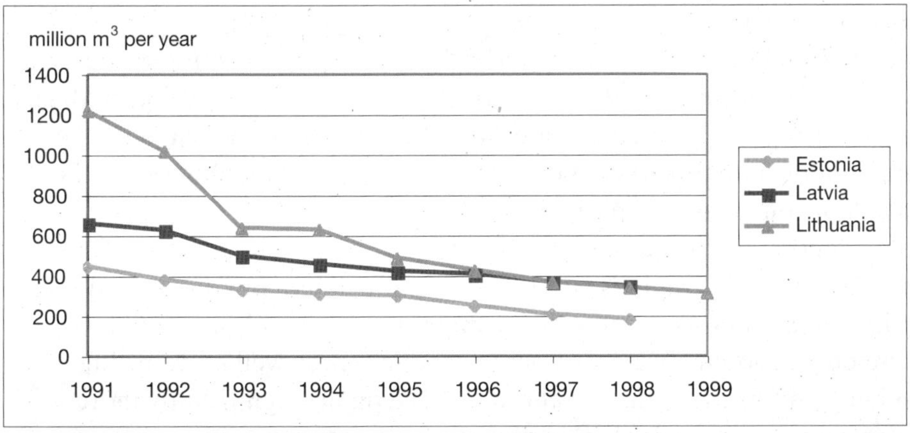

Figure 2. Water abstraction, excluding water used for cooling and accumulated for hydro-engines, (million m^3 per year). Data Source: Draft Baltic State of the Environment Report, 2000

than 50 per cent in all countries mainly due to the economic difficulties in the first half of the 90-s, water saving measures by end consumers, and due the reduction of leakage from the supply system. Also more accurate measurement of water abstraction has resulted in the lessening of accounted volumes of abstracted water.

In average the Baltic States abstract 40–60 per cent (excluding water used for cooling and hydro-engines) from surface water. When taking into account water used for energy purposes, then Estonia and Lithuania abstract about 95 per cent from surface waters. In Europe Union in average, 78 per cent of water is abstracted from surface water and 22 per cent from groundwater. Countries like Finland and Belgium abstract more than 90 per cent from surface water resources while Denmark and Island abstract more than 90 per cent from groundwater. (1.)

Groundwater is the most important drinking water resource for all three Baltic States. About 70 per cent of Estonian and Latvian and 100 per cent of Lithuanian drinking water is groundwater. However, in Estonia surface water is used as drinking water in two big towns, Tallinn and Narva, where more than one third of Estonian population lives. Tallinn gets about 80 per cent and Narva 100 per cent of water from surface water resources. In Latvia surface water is used as drinking water in four towns where lives about 40 per cent of Latvian population. Riga gets about 50 per cent of water from surface water.

Is it sustainable?

A condition for the sustainable use of water resources is that withdrawal of water does not exceed renewal of stocks over an extended period. This relationship is described as water use intensity and is indicated by the amount of water abstracted in comparison with the amount of freshwater available on an annual basis.

In general the three Baltic States abstract water within limits of sustainability, although there is a difference among them. In Estonia and Lithuania, water use is very high compared to Latvia because of large amounts of cooling water in energy production, as well as water for mining and fish-farming. Furthermore, Latvia has significantly more water resources available than the other two countries, its water use intensity is very low at 1.2 per cent. Water use intensity is 21.8 per cent in

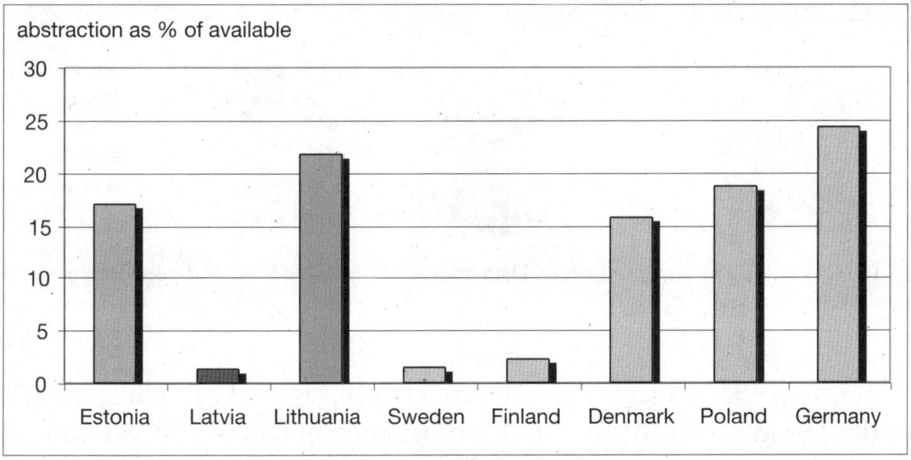

Figure 3. Water use intensity (total water abstraction as % of available resource). Data Source: Baltic State of the Environment Report, 1998 (Estonia, Latvia, Lithuania). OECD Environmental Data, Compendium 1999 (other countries)

Lithuania and 17 per cent in Estonia. This is above the European average. Nearly two thirds of the 44 European countries (like Sweden, Finland) analysed in the Second Assessment Report of Europe, abstract less than 10 per cent of their total available resources. Other countries like Denmark, Poland, and Germany, abstract more then 15 per cent of the total resources. (2)

Due to intensive water use by industry, a continuous sinking of the groundwater level and the formation of depression funnels have been observed in a number of areas close to the largest cities in the Baltic States. In some cases sea water intrusions into the groundwater layers have been observed.

How do various sectors contribute to the water use?
Water is abstracted for different purposes: public supply (including small scale commercial activities), industrial production, cooling water for energy generation, agricultural and mining activities, etc.

There is a large difference in water balance among the three countries. **Energy sector** uses 84 to 95 per cent of consumed water in Estonia and Lithuania. In 1995–1997 Latvia imported 40–70 per cent its consumed electrical energy, therefore the water use for energy generations is comparatively low.

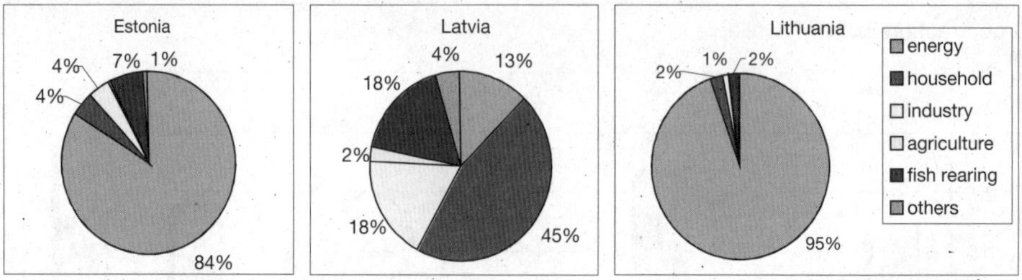

Figure 4. Water use by sectors, per cent. Data Source: Draft Baltic State of the Environment Report, 2000

In Europe 32 per cent of the abstracted water is used as cooling water in the energy sector, 10 per cent for production in industry, 31 per cent for the agricultural purposes and 14 per cent in the public sector. However, there is also large difference among the European countries, e.g., Germany, France and the Netherlands abstract more than 60 per cent for energy, but Sweden, Greece, less then 3 per cent. (1.)

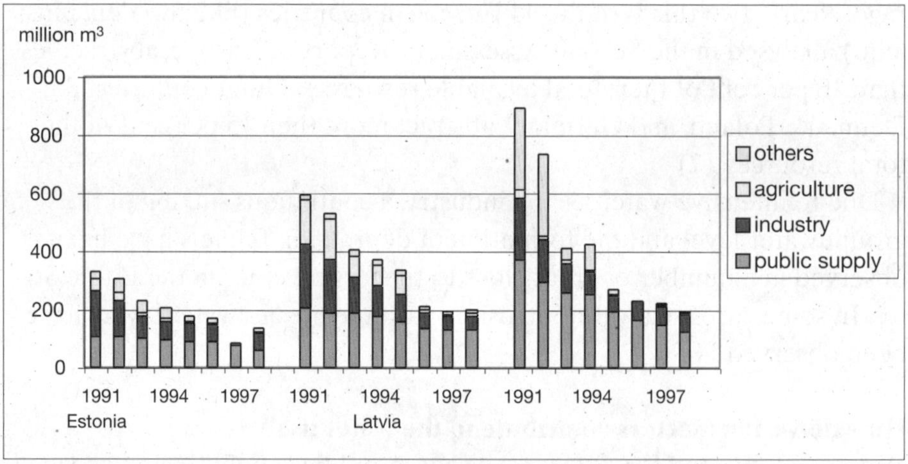

Figure 5. Water use by sectors, excluding water used for cooling and accumulated for hydro-engines, (million m^3 per year). Data Source: Draft Baltic State of the Environment Report, 2000

Drastic reduction took place in **agriculture sector**. In 1998, the water consumption in all three countries by agriculture made from 4 per cent (Latvia) to 18,4 per cent (Lithuania) of the 1991 level. The diminishing of the water used in agriculture is caused by the 1990s production decline mainly due to the land reform, privatisation and decomposition of collective farms and due to a statistical data collecting rearrangements.

Compared to 1991, the level of water consumption in the **public (urban) sector** decreased by 66 per cent in Lithuania, by 37 per cent Latvia respectively 43 per cent in Estonia. The main driver for this was the economical development. To which extent higher water prices, more accurate measurement of water usage, reduction of supply losses or statistical effects influenced the trend cannot be determined based on available data.

The current level of consumed water amounts by public sector Lithuania is less compared to consumed amounts in some European Union country, while Estonia and Latvia are in the same range as Germany and Denmark.

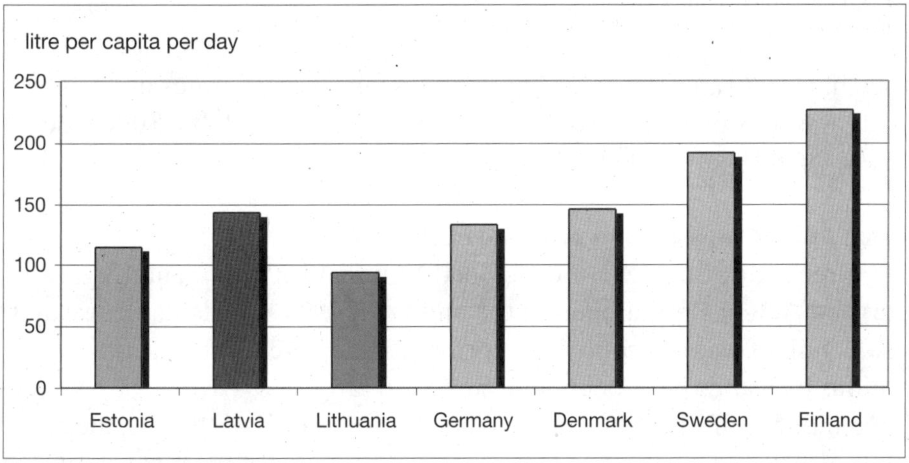

Figure 6. Consumption by public sector (litre per capita per day). Data Source: Draft Baltic State of the Environment Report, 2000 (Estonia, Latvia, Lithuania). Sustainable water use in Europe, EEA, 1999 (other countries)

In **industry** (see figure 5) the decrease is even larger: Estonia 64 per cent, Latvia 62 per cent, Lithuania 73 per cent. This is mainly due to decrease in industrial output. To which extent technical investments in the food processing industry or other sectors have contributed to the trend cannot be determined based on available data.

The comparison with other European countries (see figure 7) show that the average water use productivity in the Baltic States is still lower

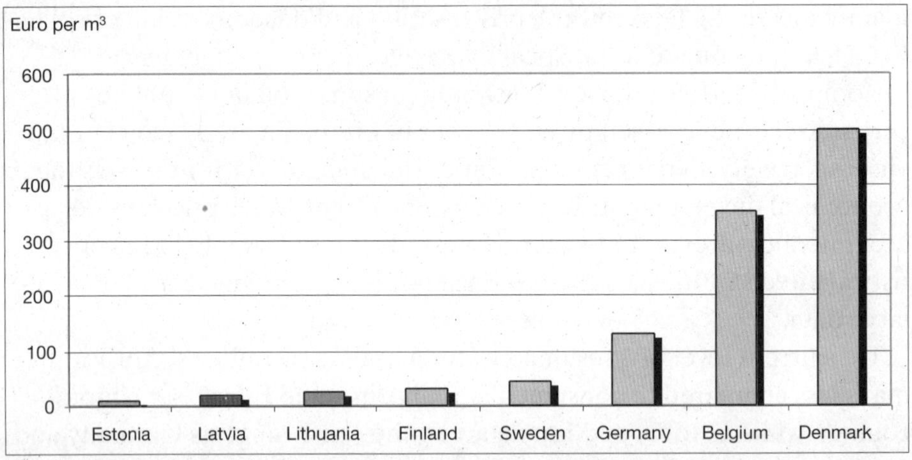

Figure 7. Industry water use productivity (Euro per m^3). Data Source: Draft Baltic State of the Environment Report, 2000 (Estonia, Latvia, Lithuania). Sustainable water use in Europe, EEA, 1999 (other countries)

then in European Union. In European Union, average water use productivity was approximately 100 Euro in 1997, means the Baltic States are below 70–80% of this level. (1.)

What are the measures to promote efficient use of water?

All three Baltic States have developed National Environmental Strategies and Action Programmes in the middle of 1990's. Sustainable use and protection of water resources is a priority issue here. Consequently, various measures have been undertaken so far.

As the three Baltic States aim to become members of the EU, they must also realise goals, specific targets and requirements set in the EC legislation. Water quality objectives are approximated to the EU ones, thus the common approach on assessment of water quality will be established.

Drinking water, as special water supply product, needs to be sufficient both in terms of quantity and quality. Particular attention is paid to the EC Drinking Water Directive when transposing the European standards into the national legislation. Due to naturally high iron content in the groundwater, implementation of these standards will require installation of iron removal devices and substantial investments into the sector for the next years.

In the Baltic States, quality of bathing water is also very important issue due to its recreational value. New standards, which are in compliance with the relevant EC requirements, are currently elaborated.

However, due to the lack of representative monitoring systems for centralised drinking water supply and well waters, as well as for bathing water quality, both issues can not be sufficiently assessed.

Even though the Baltic States do not have general shortage of water resources, water meters are installed for all kind of users to follow-up water consumption patterns.

Furthermore, the water tax has been established to promote efficient use of water. It is a states' policy to shift from groundwater to surface water use. That is also reflected in the tax policy by setting higher tax rates for groundwater consumption then for surface water.

Table 1: Surface water tax and price (Euro per m^3)

	Estonia	Latvia	Lithuania	Baden-Wuertteberg	Poland	Denmark
Tax	0.0128	0.0032	0.002	0.02	0.027	0.4
Price for household	0.81	0.47	0.60	1.62	0.57	1.40

Data Source: Draft Baltic State of the Environment Report, 2000 (Estonia, Latvia, Lithuania). Data base on Environmental Taxes in the European Union Member States, plus Norway and Switzerland, 1998 http://europa.eu.int/comm/environment/enveco/ (other countries)

Compared to other European countries, where water taxes are established, the tax rates in the Baltic States are still low.

However, the water tax itself has relatively low influence on water price and water consumption. It makes only 1–2.5 per cent of the water price. Therefore the current tax functions rather as an income for state budget than as effective economical instrument as opposed to the price level, which is set comparatively effective to promote water saving. In Estonia 50 per cent of the income from the resource tax was allocated to the Environmental Fund and 50 per cent to the budget of the local municipality. In Latvia 40 per cent for Environmental Protection Fund and 60 per cent to budget of local municipality. In Lithuania the resource tax goes 100 per cent to the State Budget.

The investment amount indicates the effort to improve surface and drinking water quality and efficiency. Investments in water management formed more than two third of whole environmental investments in all Baltic States in the second half of the 1990s. Investments in water management measures ranged approximately 50 per cent of total environmental investments in Estonia in 1995 to 70 per cent in Latvia between 1995 to 1996.

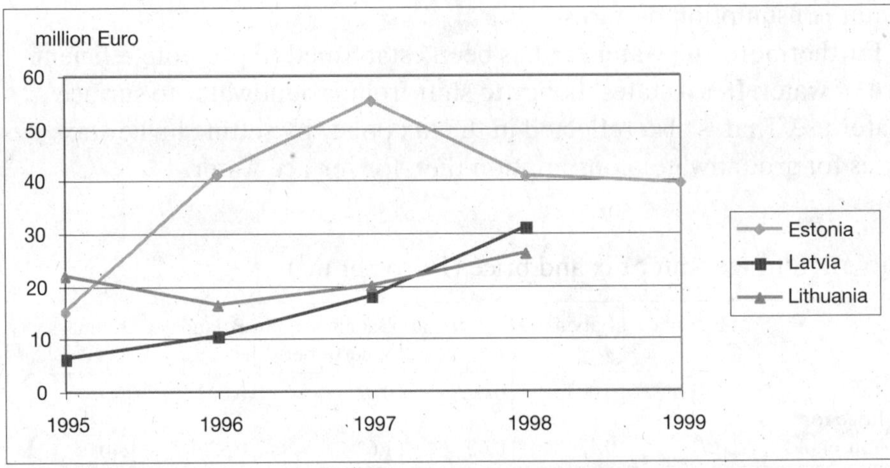

Figure 8. Public investments in water sector (million Euro per year). Data Source: Draft Baltic State of the Environment Report, 2000 (Estonia, Latvia, Lithuania)

The increasing trend reflects the fact that water supply and wastewater treatment is political priorities in the Baltic States. Although precise information on the ration between investment in waste water treatment and drinking water is not known exactly, it is estimated that in Estonia and Latvia up to 60 per cent, in Lithuania 80 per cent from these investments were for improvement of wastewater treatment. The situation in Estonia is slowly changing and investment in drinking water supply is growing.

The trend in investment depends on size of international projects where money is granted or loaned, as well as on previous development in investment policy.

The share of the state budget in total investments in water management decreased during the time period between 1995 and 1999 in all three Baltic States. In Lithuania from 80 per cent to 60 per cent from

1995 to 1998, in Latvia from 40 to 20 per cent and in Estonia around 20 per cent from the total amount is invested in water management.

State budget expenditure is the largest source of environmental investment in Lithuania. The financing strategy of Lithuania differs from the other two Baltic States. In 1998 the state budget share was 17,03 million Euro, which was more than twice bigger compared to Estonia and Latvia who use much more foreign money than Lithuania.

Eutrophication

What is the pollution load?

The discharge of insufficiently treated wastewater from sewage treatment plants and factories, as well as continuation of leaching from agricultural land are the major sources of nutrient input into water ecosystems in the Baltic States. Additionally, atmospheric deposition of nitrogen (traffic, energy generation) contributes to the nutrient enrichment.

Majority of large Baltic rivers are transboundary, therefore the rivers enter the countries already polluted. About 56 per cent of river discharge from Latvia, and 36 per cent of discharge from Lithuania originate from the transit waters, which actually contribute to the eutrophication in the Baltic Sea.

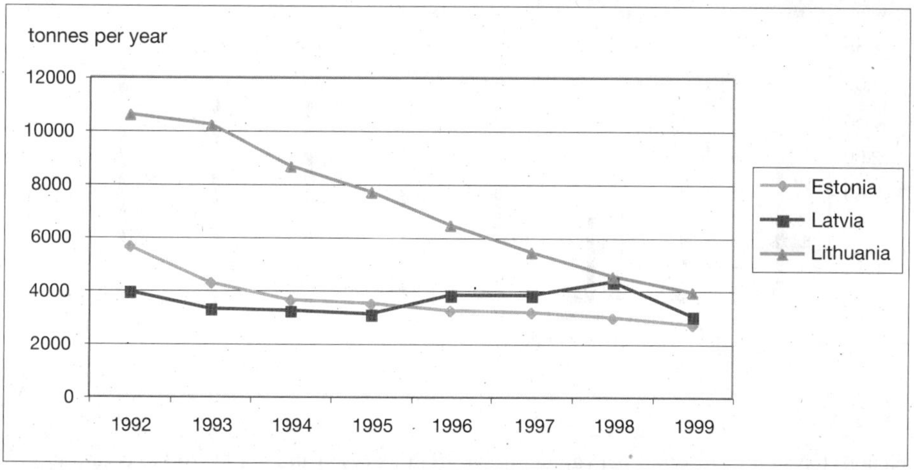

Figure 9. Total N emissions from point sources (tonnes per year). Data Source: Draft Baltic State of the Environment Report, 2000 (Estonia, Latvia, Lithuania)

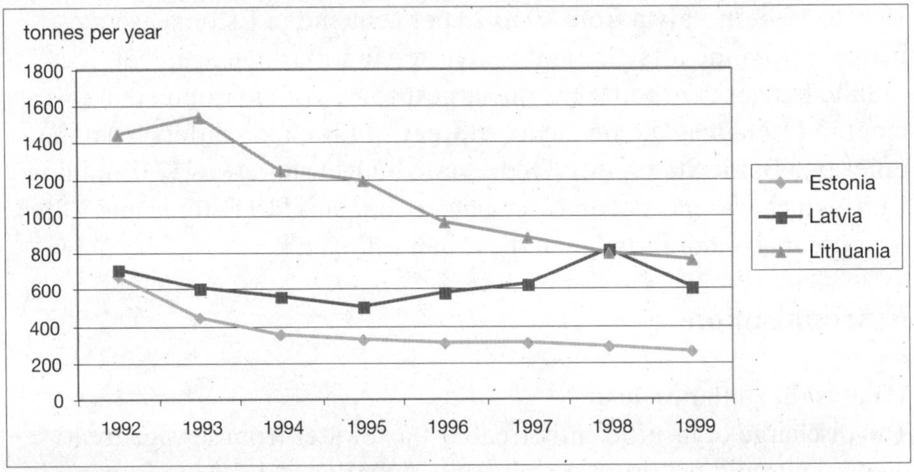

Figure 10. Total P emissions from point sources (tonnes per year). Data Source: Draft Baltic State of the Environment Report, 2000 (Estonia, Latvia, Lithuania)

One can see from the graph that during the period between 1991 and 1999 pollution load by P and N (the key nutrients of eutrophication) from point sources was significantly decreasing in all three Baltic States. Changes in Latvia are not fully reflected in the figures as wastewater treatment plant in Riga started operation in 1991.

Several reasons for the decline should be mentioned: decline in industrial pollution, substantial investments in waste water treatment facilities

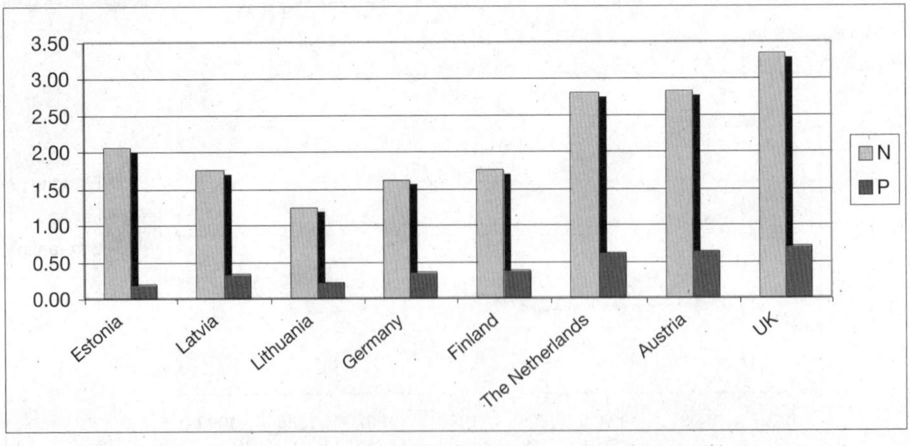

Figure 11. N and P emissions per capita in 1998 (Baltic States) and in 1995 (other countries (tonnes per year). Data Source: Draft Baltic State of the Environment Report, 2000 (Estonia, Latvia, Lithuania). „Towards Environmental Pressure Indicators for EU", Eurostat, 1999

in large cities and smaller towns, increased efficiency of wastewater treatment as well as increased taxes for use of water and discharge of pollutants.

At present discharges of N and P from the point sources per capita in Baltic States are lower or in the same range compared to emissions in EU countries. The respective European countries also still have insufficient waste water treatment.

All three countries have made a substantial progress in treatment of urban waste water. During the period between 1993 and 1998 Estonia has achieved biggest improvement introducing tertiary treatment of the urban waste water (N and P removal). At present 45 per cent of effluents discharged in Estonia undergo tertiary treatment. This progress was achieved due to start of operation of waste water treatment plants in largest cities: Tallinn, Tartu.

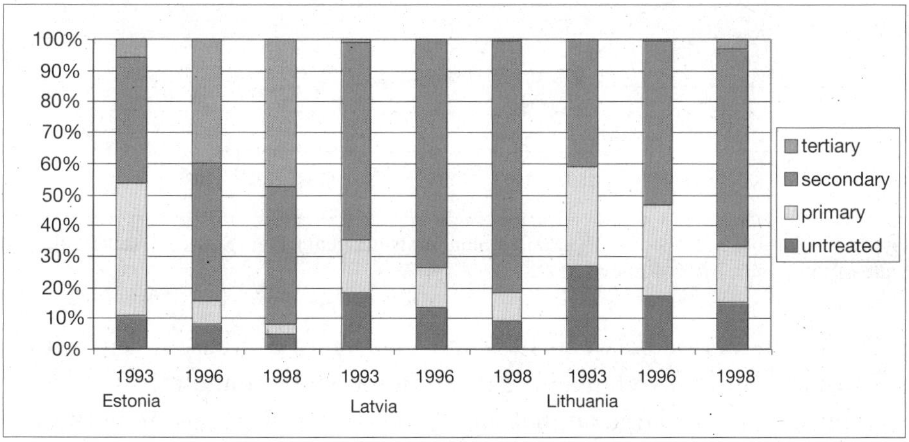

Figure 12. Waste water treatment, percent of total discharge. Data Source: Draft Baltic State of the Environment Report, 2000

The figure above does not quite reflect the latest development in the waste water treatment sector. For example in 1999 a number of new waste water treatment plants started operation in Lithuania, including facilities for mechanical treatment of waste water from Kaunas town (after the start of operation of this plant total volume of untreated effluents discharged in Lithuania was reduced by almost 90 per cent). Several new waste water treatment plants should start operation in 2000. This is also the case in Latvia where several medium size waste water treatment plants start operation in 2000 (e.g. Aizkraukle, Gulbene, Limbazi), while in Estonia the figure on waste water treatment should not change significantly as only few small waste water treatment plants start operating in 2000.

Number of livestock and livestock density should be regarded as indirect pressure by diffused pollution since precise calculations on leakage from manure storage and agricultural fields are not available.

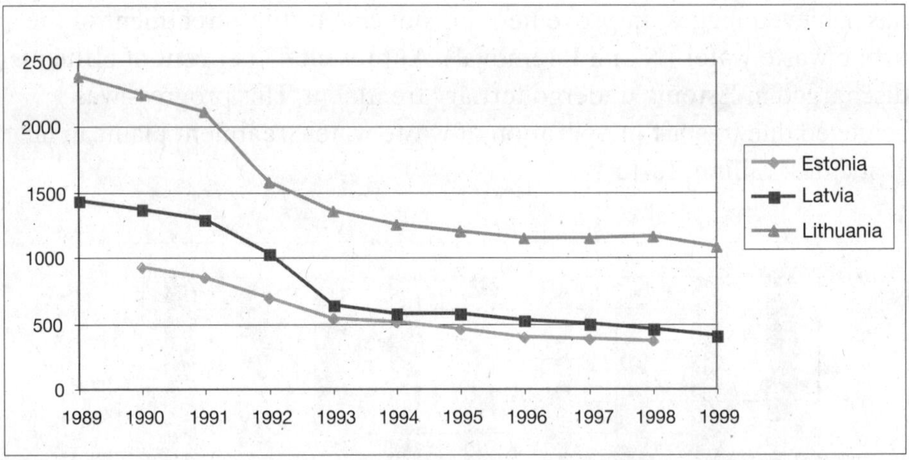

Figure 13. Number of livestock (thousand animal units per year). Data Source: Draft Baltic State of the Environment Report, 2000

During the period between 1989 and 1999 sharp decrease in agricultural production occurred in all the three Baltic States. Land reform, privatisation, collapse of large animal breeding farms and change in market for meat products have all contributed to decline in number of livestock.

Compared to other countries in the Baltic Sea region, livestock density (animal units per ha of arable land) is low in Estonia and Latvia. Alt-

Table 1: Livestock density (number per hectare of arable land) in 1998

Estonia	Latvia	Lithuania	Denmark	Germany	Sweden	Finland	Poland
0.32	0.26	0.40	1.05	0.99	0.424	0.341	0.511

Data Source: Draft Baltic State of the Environment Report, 2000 (Estonia, Latvia, Lithuania). Baltic Agenda 21, 1996 (other countries)

hough Lithuania has higher density as other two Baltic States, the current level is far below such countries as Germany or Denmark, but closer to Sweden and Finland.

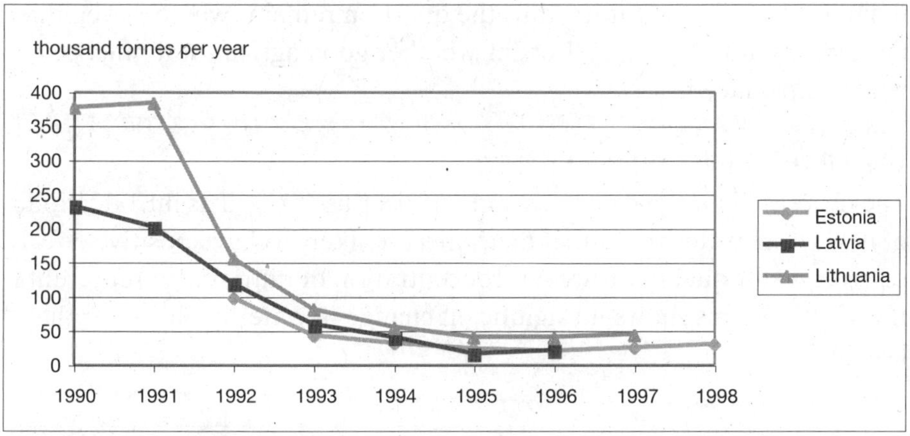

Figure 14. Use of fertilisers, thousand tonnes per year. Data Source: Draft Baltic State of the Environment Report, 2000

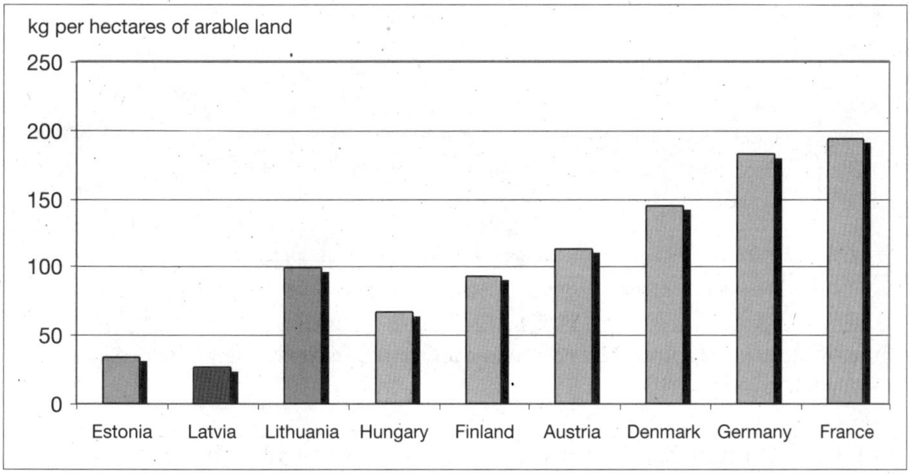

Figure 15. Use of fertilisers, kg per hectare of arable land. Data Source: Draft Baltic State of the Environment Report, 2000 (Estonia, Latvia, Lithuania). OECD Environmental Data, Compendium 1999 (other countries)

Similar to livestock, since 1990 a significant decrease in fertiliser use has occurred in all three Baltic States. However, the sharp decline in fertiliser use during the last decade was caused by economic reasons and should not be attributed to environmental awareness. The main reasons for the observed phenomenon are undergoing land reform, privatisation, and collapse of large collective farms. Agricultural production is expected to increase in the future, thus the question remains whether wealthier farmers will use more fertilisers or whether good agricultural practices will be introduced.

What is the water quality of rivers?

The decrease in animal density, and fertiliser use as well as introduction of new waste water treatment measures are likely to have positive effect on river water quality. However, concentration of nutrients in representative river stations shows no significant change in water quality over the last decade.

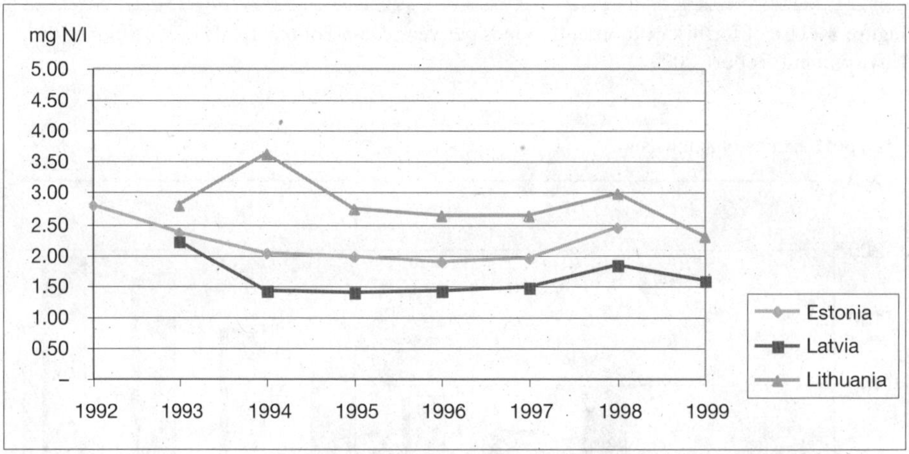

Figure 16. Mean average total N concentration in rivers. Data Source: Draft Baltic State of the Environment Report, 2000

In general higher concentration of nutrients in Lithuanian rivers as compared to Latvian and Estonian water could be explained by different population distribution patterns. Largest Latvian and Estonian towns are situated on the coast while largest Lithuanian towns are located inland and discharge their effluents into the rivers. It is very well illustrated by figure on concentration of total phosphorus, as discharges from urban agglomerations is the main source of phosphorus

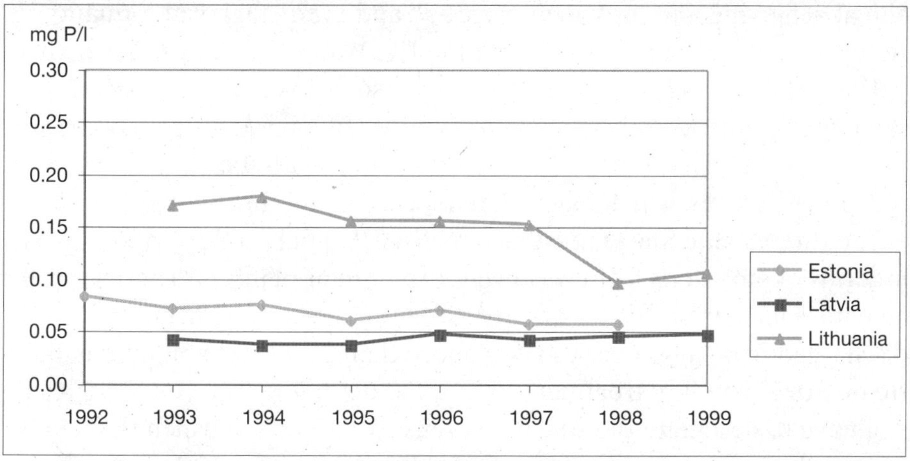

Figure 17. Mean average total P concentration in rivers. Data Source: Draft Baltic State of the Environment Report, 2000

The average concentrations of total nitrogen in Latvia and Estonia are slightly higher than reference concentrations. Therefor it can be regarded as good status. In Lithuania average concentrations in rivers are three to four times higher compared to concentrations in undisturbed rivers. Since Lithuania has rather high share of agriculture land (more than 50% of its territory) elevated concentrations of this element in rivers potentially is determined by this reasons. Compared to major European rivers where average nitrogen concentrations is 3.5–4.0 mg/l, the Baltic States have comparatively lower concentrations.[3]

The river water quality with regard to phosphorous is also better in Latvia and in Estonia. The higher phosphorus concentrations in river waters are mainly related to insufficient waste water treatment. Although average phosphorus concentration in Lithuanian rivers is about 0.1 mg/l, this level is slightly below the European average in major rivers (about 0.15 mg/l).[3]

In general, the state of river water quality with regard to nutrients is rather good in Latvia and Estonia, while water quality in Lithuania can be assessed as fair, particularly with regard to BOD and phosphorus.

What are the measures to improve the situation?

All three Environmental Strategies include targets of water pollution reduction to ensure maintenance of ecological balance. The countries aim at achieving and /or keeping „good“ and even „high water quality status“ in line with requirements of the EU Water Framework Directive.

The Estonian and the Latvian strategies set also concrete targets for reduction of nitrogen (N) and phosphorous (P) emissions from point and diffuse sources. These targets are in accordance with the HELCOM recommendations, which have been adopted by all three countries.

The three Baltic States must also realise EU goals and specific targets in terms of emissions from wastewater treatment plants and agricultural activities and surface water quality standards. For example, effluents discharged from agglomerations of more than 10,000 inhabitants shall be treated by secondary treatment before the discharge. The Baltic States still have to designate the so-called „sensitive areas“, in which the relevant agglomerations of more than 10,000 inhabitants must have tertiary treatment facilities.

The „polluter pays principle“ has been applied in all three countries by setting taxes on pollutants discharged into surface waters. Since 1994 taxes on water pollution were increased in all three countries. Lithuanian decision to reduce pollution by phosphorus compounds was followed by increase in tax on discharge of phosphorus by more than 450% (1994–1999). The level of taxes and the rate at which they are increasing in particular in Estonia and Lithuania encourages incentives to combat pollution of aquatic environment at source and introduce advanced tre-

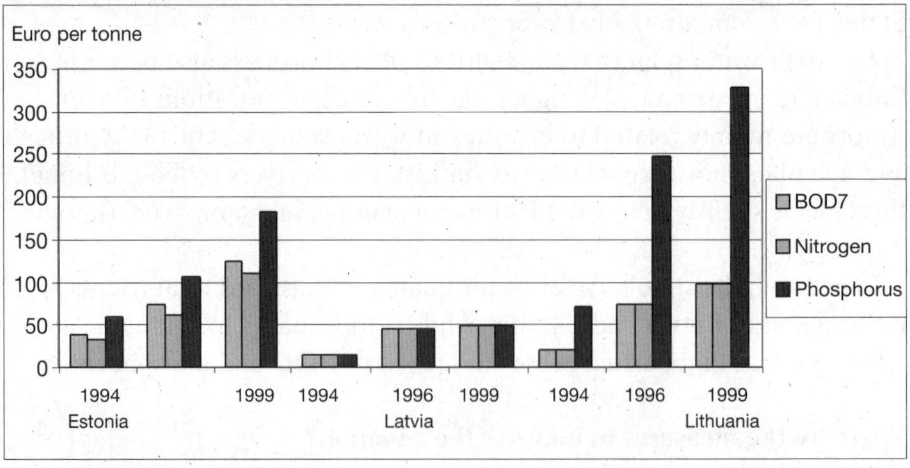

Figure 18. Water pollution tax (Euro per tonne). Data Source: Draft Baltic State of the Environment Report, 2000

atment technologies. In Latvia the rates are set by in the Law on Nature Resources, the changes to which are approved by the Parliament, therefore they do not change that quickly.

Income from pollution taxes in each country is allocated in slightly different way. In Estonia all income is allocated to Environmental Fund until 1999 that has been used to fund environmental protection measures, including investment in waste water treatment facilities. In Latvia 40 per cent is allocated to the Environmental Protection Fund and 60 per cent is allocated directly to municipalities to finance environmental protection measures. In Lithuania 70 per cent of the income is allocated to Nature protection funds of municipalities, 20 per cent to Lithuanian Environmental Protection Investment Fund, and 10 per cent is transferred directly to the State budget. Municipal nature protection funds in Lithuania are used for measures aiming to improve environment in municipalities. Only small part of the money accumulated in these funds are used for investments in urban waste water treatment.

Conclusions

- Compared with other European countries, the Baltic States are rich of water resources.
- The water is abstracted within the limits of the sustainability. However, water use is quite high in Estonia and Lithuania compared to Latvia because of large amounts of cooling water in energy production.
- Water use by public sector in Estonia and Lithuania is less compared to consumed amounts in any European Union country, while Estonia and Latvia are in the same range as many countries.
- Although water abstraction by industry has decreased by about 70 %, the water use productivity in industry in the Baltic States is still below European average.
- The Baltic states have lower emissions of nitrogen and phosphorus per capita than many European Union countries.
- Political and economical changes have resulted in lower pressure from agriculture activities in terms of fertiliser's use as well size of livestock.
- Average river water quality can be assessed as good in Estonia and Latvia, but fair in Lithuania. Population distribution in the bigger cities along the coast in Estonia and Latvia has also positive effect on river water quality.

- The Baltic States have established several economical instruments either to promote efficient use of the water resources as well to implement polluters' pays principle. However, the level of the taxes, particularly regarding water use is very low.
- Water sector has had priority for investments allocated in the recent years, particularly for waste water treatment.

Acknowledgement:
This article is based on the chapters on Water Resources and Eutrophication of the 1st and 2nd Baltic State of the Environment Report. The assessment of the trends has been carried out by Ms. Karin Pachel, Estonia and Mr. Simonas Valatka, Lithuania.

References:

1. Sustainable water use in Europe, European Environmental Agency, 1999
2. Europe's' Environment: the Second Assessment, EEA, 1998
3. Environmental signals, EEA regular indicator report, 2000
4. Baltic State of the Environment Report, BEF, 1998
5. Draft Baltic State of the Environment Report, BEF, 2000

Hermann H. Hahn

Die wasserwirtschaftlichen Konsequenzen des EU-Beitritts – anhand der Situation in der Wasserver- und -entsorgung

1. Einführung – Kann man Vor- und Nachteile des Nichtbeitritts eines Anwärterlandes ermitteln?

Die Frage des möglichen Beitritts von Staaten aus dem mittel- und osteuropäischen Bereich zur Europäischen Gemeinschaft wird, so sieht es der Außenstehende, vor allem politisch argumentiert und entschieden. Dabei versteht er diese politischen Entscheidungen als Opportunitäts- oder Tagesentscheidungen, weniger als solche, die durch rationale Überlegungen vorbereitet sind.

Umgekehrt gibt es aber eine Vielzahl von Bedingungen, die im Falle eines Beitrittes zu erfüllen sind. Sie werden von vielen Institutionen und Instanzen in den einzelnen Beitrittsländern erörtert und analysiert. Sie werden auch öffentlich diskutiert und tragen damit zu einer Meinungsbildung bei. Und die sogenannte Öffentlichkeit beeinflusst die Entscheidungen des politisch Verantwortlichen durch Verlautbarungen aller Art und auf unterschiedlichen Foren. So hat in vielen Bereichen sachliche Erörterung und Vorüberlegung stattgefunden und die Entscheidungen sind sektoriell gut vorbereitet trotz des anfänglichen Eindrucks von (allzu) großer politischer Opportunität der Beitrittsentscheidung.

Dies gilt auch oder gerade für den Bereich des Umweltschutzes. Beim Beitritt werden sehr (kosten)aufwendige Massnahmen notwendig, aufgrund des verhältnismässig hohen Qualitätsstandards, den sich die bisherigen Mitglieder der europäischen Gemeinschaft vorgegeben haben. Dies bewirkt verständlicherweise ungezählte Diskussionen. Ein Teil dieser Überlegungen, resp. der Analysen im Hintergrund, soll im folgenden knapp anhand des Beispiels „Gewässerschutz" dargestellt werden.

Dabei sind aber auch andere Randbedingungen mit in die Überlegungen einzubeziehen, die zunächst nur indirekt mit dem Themenkomplex Umwelterhalt zu tun zu haben scheinen. Dies sind z.B. die Art der Entscheidungsfällung gestern und heute in den einzelnen Beitrittsländern und die wirtschaftliche Situation der Beitrittskandidaten vor resp. nach ihrer Loslösung aus früheren Verpflichtungen. Von direkter Bedeutung für eine Diskussion des Aufwands einer veränderten Umweltpolitik im Rahmen einer Europäischen Union sind die Probleme der sog. grenzüberschreitenden Umweltbelastungen, die Defizite im Umwelttechnologiebereich und die markt- und industrie-fördernde Funktion höherer Anforderungen im Umweltbereich.

In dieser Erörterung soll einerseits untersucht werden, was im Bereich der Wasserwirtschaft geschieht, wenn der Beitritt nicht erfolgt, andererseits welches die Konsequenzen des Beitritts sein werden.

2. Eine knappe Charakterisierung der Situation in der EU und in den CEE Ländern

2.1 Die CEE Länder und ihre wasserwirtschaftliche Situation

Die gegenwärtigen Anwärter eines EU Beitritts bezeichnen sich selbst als Zentral- und Osteuropäische Länder (Central and Eastern European Countries – CEE Countries). Mit diesem Ausdruck, aber auch mit dieser Vorstellung von Ländern im Zentrum Europas soll im folgenden argumentiert werden.

Trotz zweifelsohne grosser Unterschiede in geographischer, wirtschaftlicher und administrativer Hinsicht kann man vereinfachend feststellen, dass diese Länder bis vor kurzem durch eine im weitesten Sinne zentrale Verwaltung bestimmt waren. Alle Entscheidungen des Alltags, aber auch längerfristige Konzeptionen wurden meist fernab von den Betroffenen entwickelt, realisiert und in ihrer Umsetzung überwacht. Dies galt auch in besonderem Maße für Fragen der Umweltgestaltung und damit der Nutzung und dem Schutz der Wasserressourcen. Eine derartige Entscheidungsstruktur vermag die unbefriedigende wasserwirtschaftliche Situation, die in vielen Fällen zu beobachten ist, zu erklären, über die bekannten finanziellen Engpässe hinaus.

Seit der Aufgabe der festen Zugehörigkeit zu (politischen) Blöcken öffnen sich diese CEE Länder nicht nur außenpolitisch sondern erlauben auch in vielen Fällen eine Veränderung ihrer innenpolitischen Entscheidungsstruktur. Dies hat auch Auswirkungen auf Fragen der industriellen und wirtschaftlichen Entwicklung und damit auf die gesamte wirtschaftliche Situation dieser Länder. Nun ist mehr Eigeninitiative möglich und erforderlich aber auch zu beobachten. Und diese vermehrten Initiativen werden dringend benötigt, um eine Belebung der wirtschaftlichen Situation und damit die Schaffung materieller Voraussetzungen für andere erhaltende, korrigierende und vorsorgende Maßnahmen zu ergreifen. In allen Fällen wird in den CEE Ländern ein grosses materielles Defizit in der Infrastruktur, in Vorkehrungen zum Schutz der natürlichen Ressourcen und in der Regeneration und Korrektur von Schäden aus zu intensiver Nutzung der Ressourcen festgestellt.

Die wasserwirtschaftliche Situation ist, wie auch die übrigen wirtschaftsgeographischen Charakteristika, unterschiedlich. In der Abb. 1 sind für die zehn CEE Länder, von denen einige als EU Beitrittskandidaten zu betrachten sind, das gesamte Wasserdargebot, bezogen auf die Einwohnerzahl des jeweiligen Landes dargestellt. Hier zeigen sich erhebliche Unterschiede, etwa vom verhältnismäßig wasserreichen Slowenien zur sehr viel wasserärmeren czechischen Republik. Dies ist ein erster, zugegebenermaßen sehr globaler Hinweis dafür, dass drängende Fragen zu beantworten sind. Wenn man dann weiterhin feststellen muss, wie in

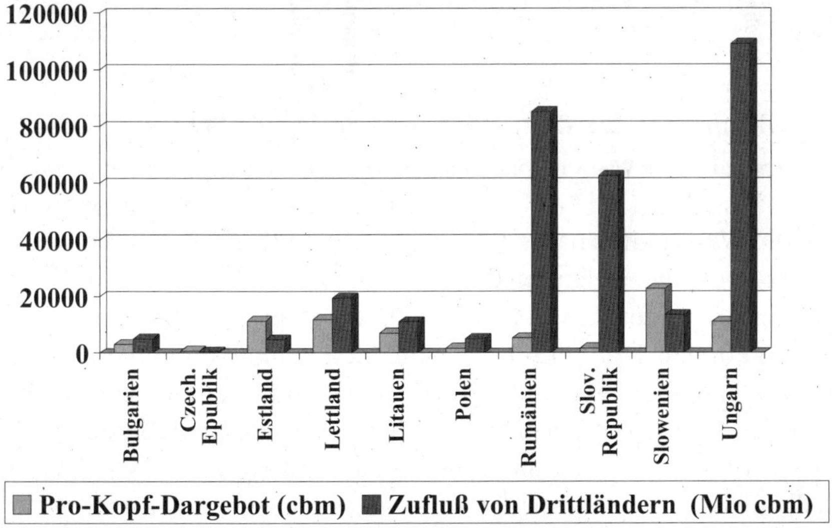

Abb. 1: Die wasserwirtschaftliche Situation in den Beitrittsländern

der Abb. 1 durch Angabe des Wasserzuflusses von Drittländern gezeigt, dass in manchen dieser Länder der grössere Teil des Wasserdargebots nicht aus dem eigenen Staatsgebiet kommt, sondern von aussen zufliesst, so erkennt man die Schwierigkeiten in der wasserwirtschaftlichen Vorsorge und im Management dieser natürlichen Ressource, die diese Länder haben, also etwa Rumänien, die slovakische Republik und Ungarn, ganz im Gegensatz etwa zu Estland oder Slowenien.

Auch die Nutzung der Wasserressourcen ist stark unterschiedlich in den CEE Ländern. Wenn man die prozentualen Anteile etwa der kommunalen, industriellen und landwirtschaftlichen Nutzung der verfügbaren Wasservorkommen analysiert (Abb. 2) so zeigt sich, dass z.B. Rumä-

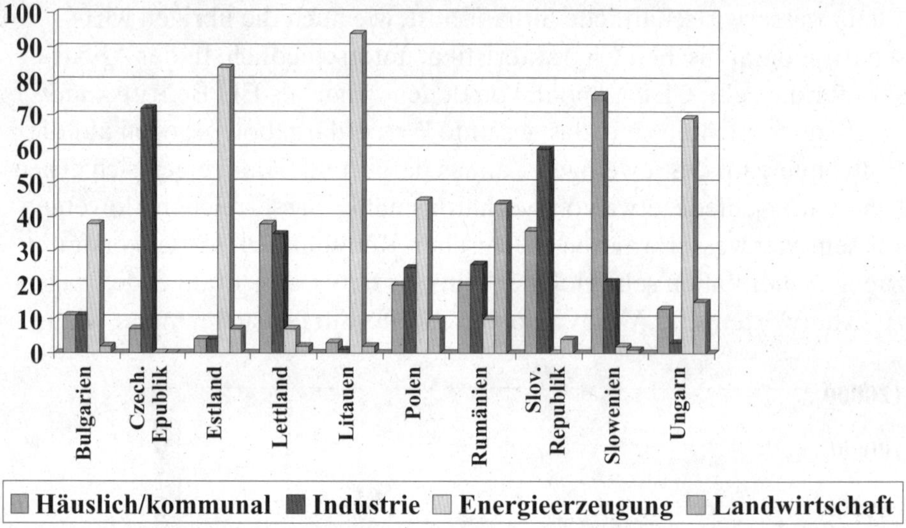

Abb. 2: Die Verwendung der Wasserressourcen in den Beitrittsländern

nien eine die Wasserwirtschaft stark prägende Landwirtschaft aufzuweisen hat, während etwa Bulgarien, Estland, Litauen und Ungarn einen signifikanten Anteil der Wasservorkommen für Energieerzeugung bereitstellen können. Der Sektor der industriellen und kommunalen Nutzung, wobei der letztgenannte Bereich meist nur über eine geringere Nachfrage- und Dargebotselastizität verfügt, ist insbesondere in den Ländern Czechien, Slowakei und Slowenien dominierend.

Schließlich lässt die Situation der Ver- und Entsorgungsinfrastruktur in den CEE Ländern, die in der Abb. 3 dargestellt ist, erkennen, wo zukünftig noch weitere Herausforderungen wasserwirtschaftlicher Art sind. Die Versorgung der Bevölkerung mit Trinkwasser – die Frage der Qualität zunächst einmal ausgeklammert – wird durch den Anschlussgrad an die öffentliche Wasserversorgung beschrieben. Er liegt in allen Ländern, mit Ausnahme des noch weniger entwickelten Rumäniens, zwischen 75 und 90%. Damit ist er im Mittel niedriger als in den westlichen Ländern Europas. Dies führt zu weiteren Entwicklungsaufgaben in diesem Bereich. Die komplementäre Frage einer geordneten Abwasserentsorgung ist durch Angabe des mittleren Anschlußgrades an eine kommunale Kanalisationsanlage beantwortet. Hier zeigt sich ein noch größerer Unterschied zwischen den einzelnen CEE Ländern von im Minimum 40% in Rumänien bis zu 90% in Lettland und im Mittel Größenordnungen im Anschlussgrad die ebenfalls unter denjenigen liegen, die in den westlichen Mitgliedsländern der EU anzutreffen sind. Im Fall der Abwasserentsorgung ist sogar die Möglichkeit gegeben, etwas über die Qualität dieser Infrastruktur auszusagen, nämlich durch Angabe eines mittleren Behandlungsgrades für das Abwasser vor dessen Einleitung. Dieser ist in den meisten Ländern sehr niedrig (im Minimum bei 30% im Maximum 70%) und lässt die erheblichen Zukunftsaufgaben erkennen.

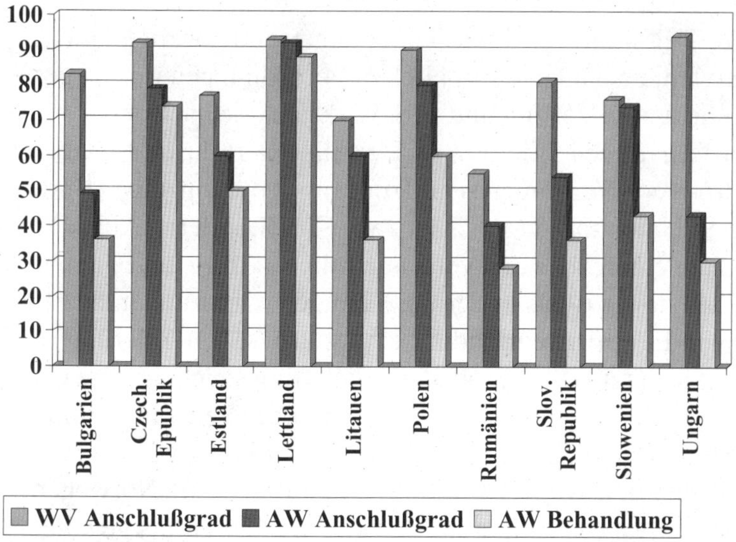

Abb. 3: Der Grad der kommunalen Wasserver- und Abwasserentsorgung in den Beitrittsländern

2.2 Die Europäische Union und einige Aspekte der Wasserwirtschaft in den Mitgliedsländern

Im Gegensatz zu den für die CEE Länder eingangs gemachten Feststellungen, ist die politische und verwaltungsmäßige Struktur in den jetzigen Mitgliedsländern, wenn man einmal von der Frage der föderalen Ausgestaltung absieht, verhältnismäßig ähnlich. Dies gilt insbesondere im Hinblick auf die Mitwirkung der Öffentlichkeit, resp. der Betroffenen, bei der Ausgestaltung der Politik zur Schonung der Umwelt und der Ressourcen. Dem gegenüber haben die Mitgliedsländer der EU sehr verschiedene Schwerpunkte, Strukturen und unterschiedliche Produktivität im wirtschaftlichen Bereich aufzuweisen.

Wichtig für diese Erörterung des Sektors Wasserressourcen im Gesamtkonzept der Umweltnutzung und des Umweltschutzes ist die Feststellung, dass für sehr viele Bereiche des Alltags einheitliche Zielvorstellungen und Standards gelten. Vor allem auch für den Bereich der Wasserwirtschaft! In welchem Maße diese Zielvorstellungen umgesetzt werden und wie die Einhaltung der Standards überwacht wird, sei zunächst ausgeklammert: hier gibt es sicherlich Unterschiede. – Es ist aber nicht unrichtig, wenn festgestellt wird, dass die Europäische Union gerade im Umweltbereich sehr ehrgeizige und weitreichende Zielvorstellungen entwickelt hat. Und das Instrumentarium zur Umsetzung besteht und wird mit der Zeit immer wirkungsvoller angewendet werden, nicht zuletzt auch durch die bei allen europäischen Verordnungen mit vorgesehene Berichtspflicht zum Vollzug und zum Wirksamkeitsnachweis.

Die wasserwirtschaftliche Situation sei kurz illustriert durch Angabe des mittleren Pro-Kopf-Verbrauches an Trinkwasser für einzelne Länder der Europäischen Union im Vergleich zu zwei CEE Ländern (Abb. 4). Hier zeigt sich zum einen, dass das Verbrauchsniveau in vielen Fällen in der EU signifikant höher ist als in der CEE Region. Und zum anderen ist für eine Reihe von EU Mitgliedsländern eine spürbare Veränderung im Verbrauch von 1980 bis 1995 zu beobachten, allerdings nicht in eine einheitliche Richtung: während in einzelnen Ländern der Verbrauch zum Teil aus einer Veränderung in der Organisation der Wasserwirtschaft oder auch aufgrund intensivierter Produktivität anstieg (z.B. Norwegen, Grossbritannien, etc) ist er in anderen Ländern sichtbar zurückgegangen, wie etwa in Schweden, Dänemark und Deutschland, unter anderem auch wegen der zunehmenden finanziellen Aufwendungen für eine geordnete

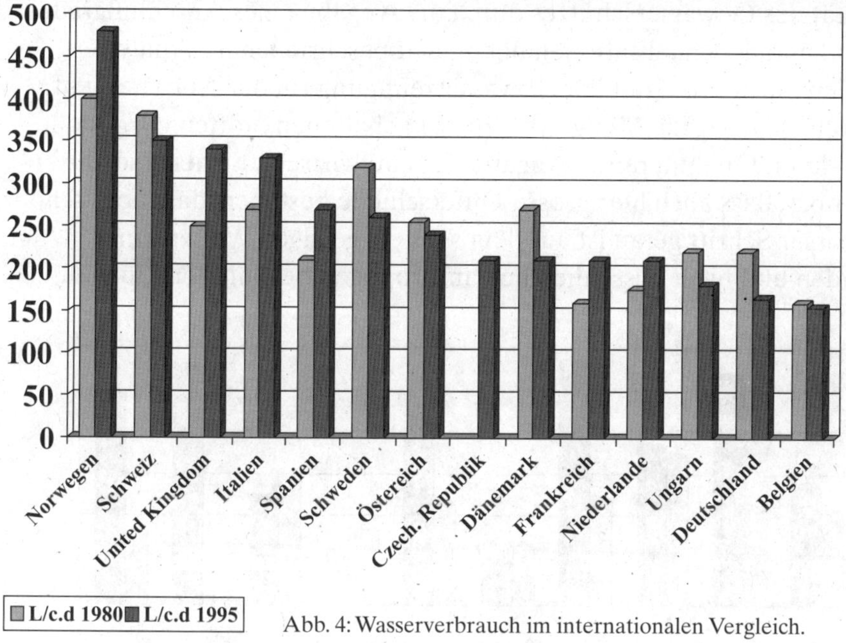

Abb. 4: Wasserverbrauch im internationalen Vergleich.

Wasserwirtschaft. Derartige Entwicklungen mögen auch für einzelne CEE Länder zu erwarten sein.

Eine kurze Beleuchtung der Situation in der Abwasserentsorgung der Europäischen Gemeinschaft (Abb. 5) zeigt, dass die mittleren Anschlussgrade eindrucksvoll hoch sind, wenngleich auch noch grosse Unterschiede bestehen und wenn weiterhin in Betracht gezogen wird, dass die

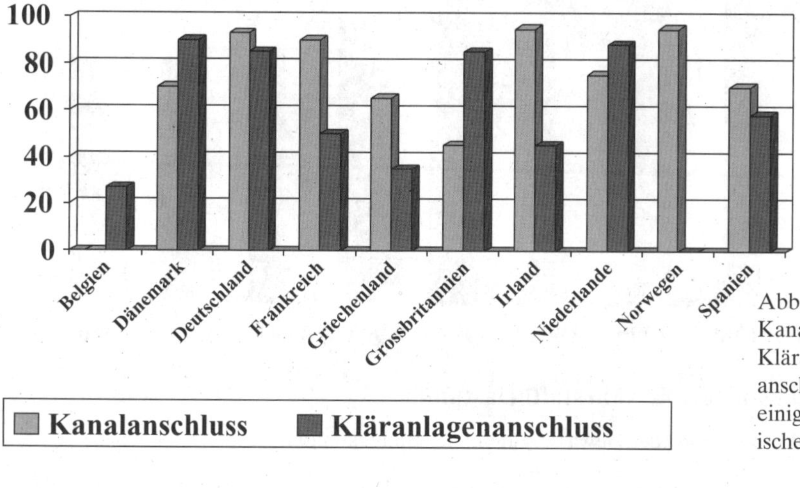

Abb. 5: Kanal- und Kläranlagenanschluss in einigen europäischen Ländern.

Qualität des Gewässerschutzes durch die Angabe eines Anschlußgrades an kommunale Kanalisationen noch nicht beschrieben ist. Analysiert man den mittleren Grad der Abwasserreinigung (in der Abb. 6 als auf Einwohner bezogene Menge von zurückgehaltenen Stoffen dargestellt, sowie deren Qualität durch Angabe der landwirtschaftlichen), so wird erkennbar, dass auch hier grosse Unterschiede bestehen, dass aber schon ein grosser Schritt getan ist auf dem sehr ehrgeizigen Weg zu einer gesunden und nicht ausschliesslich anthropogen bestimmten Umwelt.

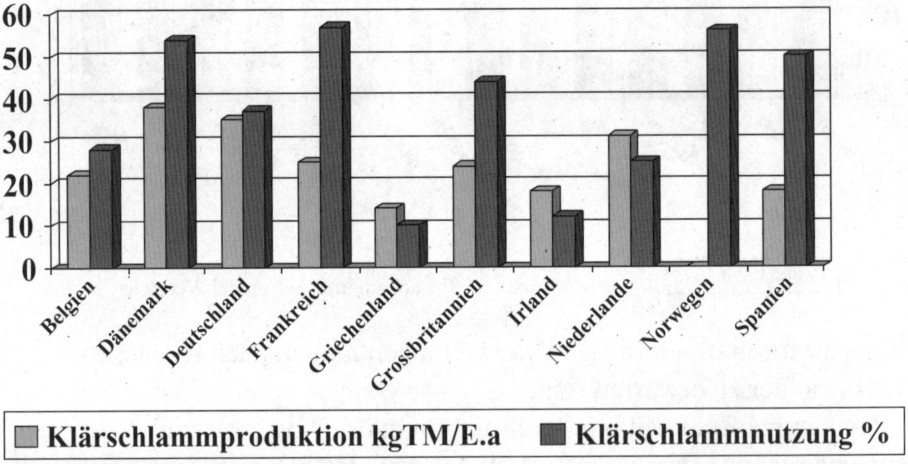

Abb. 6: Klärschlammproduktion und Klärschlammnutzung in einigen europäischen Ländern.

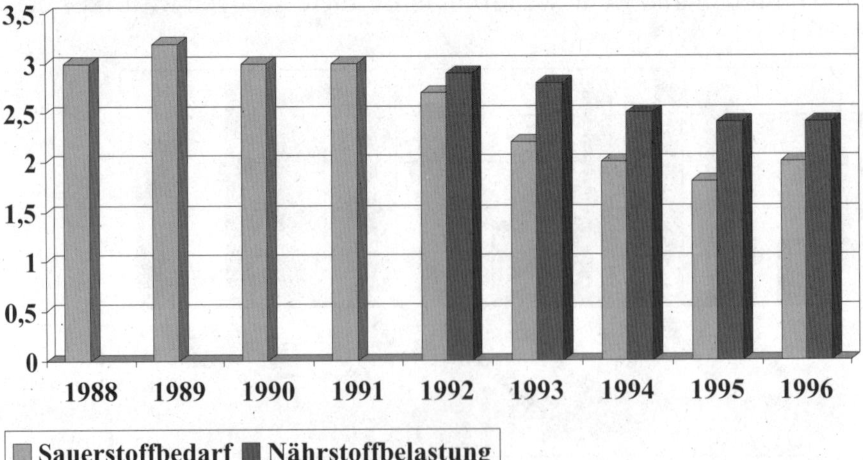

Abb. 7: Die Verbesserung der Gewässergüte in der Bundesrepublik.

Die Darstellung der mittleren Güte der Gewässer in einem Mitgliedsland (Bundesrepublik Deutschland) zwischen 1988 und 1996 (Abb. 7) zeigt die Wirksamkeit dieser wasserwirtschaftlichen Massnahmen: die Belastung der Gewässer mit sauerstoffzehrenden Substanzen und mit Nährstoffen ist nach 1989 stetig zurückgegangen. – Diese Hinweise deuten ebenfalls einen Entwicklungsweg an, der von vielen Mitgliedsländern der EU zurückgelegt wurde oder wird und damit auch für die neue Beitrittskandidaten zu einer Herausforderung werden wird.

3. Forderungen wasserwirtschaftlicher Art in der EU und an Länder die der EU beitreten

3.1 Grundzüge der EU Umweltpolitik

Die zahlreichen und z.T nicht leicht zu überblickenden Regelungen Verordnungen und Richtlinien der Europäischen Union zum Umweltschutz können mit einem Satz zusammengefasst und begründet werden: Industrialisierung oder industrielle Aktivitäten ohne gleichzeitigen Umweltschutz führt zu hohen Folgekosten. Es gibt mittlerweile überzeugende Fallstudien mit deren Ergebnissen gezeigt wird, dass die nachträgliche Reparatur von Schäden aus vorangehender industrieller Produktion unter gleichzeitiger Ausnutzung natürlicher Ressourcen wesentlich teurer ist als der simultan mit der Industrietätigkeit wahrgenommene Umweltschutz.

Dies hat zu einem der ehrgeizigsten und weitreichendsten Konzepte im Umweltbereich geführt, der integrierten Vermeidung und Verminderung von Umweltschäden (IVVU) aus industrieller Produktion. Die Umsetzung der sog. IVVU-Richtlinie hat begonnen; die dafür und dabei gesammelten Erfahrungen können und sollten von Dritten sinnvollerweise genutzt werden. Dies bedeutet aber wiederum, dass ein Teil der monetären Erträge bei der von den Beitrittsländern erhofften oder auch benötigten Re-Industrialisierung gleichzeitig für Umweltschutzmaßnahmen abgezweigt werden müssen. Der momentane Gewinn, vielleicht auch im Sinne der Beachtung der möglichen Umweltschädigungen als Bruttogewinn zu bezeichnen, ist damit verringert. Dies muss den Entscheidungsfällenden in den Beitrittsdiskussionen deutlich sein.

Weiterhin gilt, dass Regionen mit niedrigeren Umweltstandards Industrieansiedlungen anziehen, die entweder schon von ihrer Charakteristik her umweltbelastend sind oder die auch unter den erleichterten Randbedingungen zu einer wenig umweltschonenden Produktionsweise verführt werden. Der Begriff einer „weniger sauberen Produktion" erscheint angemessen. Auch dies ist bei der Überlegung einerseits eines Beitritts zu einem Staatenverbund mit ehrgeizigen Umweltzielen oder andererseits bei einem Zurückstellen dieser Beitrittsbemühungen aus Kostenargumenten zu beachten.

Schliesslich gibt es viele Beispiele dafür, dass maßvoll strenge Umweltstandards nicht nur zu einer langfristig tragfähigen Industrietätigkeit führen sondern auch neben der Verbesserung der industriellen Produktion selbst zur Entwicklung von Umwelttechnik und der hierfür benötigten Produktion führen: hohe Umweltstandards bedeuten zwar höhere Ausgaben für diesen Sektor aber damit auch einen neuen Markt mit Arbeitsplätzen und hohem Innovationspotential.

Ein herausragendes Beispiel für eine derartige integrierte und integrale Betrachtung von Umwelterhalt und Umweltnutzung ist die jüngst nach sehr langer Diskussion und Beratung verabschiedete sog. Wasserrahmenrichtlinie der EU, die den gesamten Bereich des aquatischen Umweltschutzes auf eine gemeinsame Basis stellt und dies unter Berücksichtigung aller heute bekannten naturwissenschaftlichen, ingenieurmäßigen und auch soziologischen Determinanten. Diese so weitreichende Richtlinie auch nur mit wenigen Sätzen wiederzugeben ist nicht möglich. Man kann aber ihrem Inhalt am ehesten gerecht werden, wenn man sagt, dass diese Richtlinie einerseits alle diesen Umweltsektor betreffenden Verordnungen sinnvoll zusammenführt (etwas was z.B. das deutsche Wasserrecht noch nicht erreicht hat) und andererseits die vielfältigen Wechselwirkungen zwischen allen Umweltkompartimenten mit denen das Wasser kommuniziert und zwischen dem Habitat Wasser und allen seinen Bewohnern und Nutzern zu analysieren und nachfolgend zu beachten verlangt. – Diese Richtlinie darf in mehr als einer Hinsicht als eine Art Jahrhundertwerk bezeichnet werden, ein Jahrhundertwerk auch im Hinblick auf seine Umsetzung und die damit erwarteten Folgen, nicht zuletzt auch in den Beitrittsländern.

3.2 Was wäre die Konsequenz eines Nichtbeitritts eines Anwärterlandes?

Wie im vorangehenden Abschnitt erläutert, ist es zweifelsohne eine der Hauptaufgaben dieser nun nicht mehr ideologisch und politisch gebundenen Länder ihre wirtschaftliche Produktion zu sichern und ggfls zu steigern, um damit die vielfachen Wünsche nach materieller Sicherung und materiellem Ausbau zu befriedigen. Und für viele gilt heute noch, dass „ungezügelte“ Industrialisierung (genauer sollte man u.U. von Re-Industrialisierung sprechen) unmittelbar zu Gewinnen, kurzfristigen Gewinnen, führt. Die Verluste bei dieser Art von Industrialisierung werden erst später sichtbar und sind damit erst später zu begleichen.

Auch die meist für die Ver- und Entsorgung verantwortlichen kommunalen Gebietskörperschaften werden zunächst für eine nicht zu schnelle Entwicklung im wasserwirtschaftlichen Bereich dankbar sein. Denn sie haben vor allem die Lasten aus Planung, Finanzierung und Betrieb zu tragen.

Zweifelsohne wird ein Export oder „Spill-over“ bestimmter industrieller Aktivitäten aus anderen EU Mitgliedsländern (weiter) zu beobachten sein. Insgesamt wird dieser Export zu vielen Nachteilen für eine gesunde Entwicklung und für einen nachhaltigen Schutz der Umwelt führen, da er wohl vorwiegend unter dem Motto „Industrialisierung vor Umwelterhalt“ erfolgt.

Und schließlich hat gerade auch die Verabschiedung der Wasserrahmenrichtlinie mit ihren Hinweisen und Bestimmungen zur Mitwirkung der betroffenen und profitierenden Öffentlichkeit an der Formulierung der Ziele der Wasserpolitik generell auf die Notwendigkeit der Mitbeteiligung jedes einzelnen Bürgers an der Gestaltung von Umweltpolitik, d.h. Umweltnutzung und Umwelterhalt hingewiesen. Und dies wäre u.U. nicht in dem Maße sichergestellt, wenn vorwiegend wirtschaftlich-industrielle Argumente gehört würden.

3.3 Was wären die Vorteile des EU-Beitritts für ein Anwärterland im Bereich der Wasserwirtschaft?

Es wäre nicht fair, wenn man die für den Fall des Beitritts fällig werdenden hohen „Vorausinvestitionen“ vor allem im Umweltbereich, verschweigen würden. Zu hoffen oder sogar zu erwarten ist, dass diese durch Beihilfen unterschiedlichster Art erträglich gemacht werden. (Es ist aber immer wichtig, bei jedem Klagen über erhöhte Ausgaben auf die damit meist verbundene Schaffung von Arbeitsplätzen hinzuweisen, ein positiver Effekt, der in solchen Erörterungen gerne übersehen wird.)

Die Umweltpolitik der Europäischen Union ist so konzipiert, dass die (Wieder)Belebung der Wirtschaft ausgewogen und gesamtvolkswirtschaftlich sein soll. Und dies so, dass Entscheidungen dort gefällt werden, wo sie am wirkungsvollsten sind, unter Wahrung eines gleichen und für die gesamten Mitgliedsländer gültigen Rahmens.

Vor allem wird oder soll die davon betroffene und dadurch profitierende Öffentlichkeit, wie z.B. in der Wasserrahmenrichtlinie ausgeführt, einbezogen werden. Wasser ist der gemeinsame Besitz von uns allen.

4. Schlussfolgerungen

In allen Ländern der Europäischen Union und vor allem auch in den potentiellen Beitrittsländern gibt es Defizite im Vollzug der ehrgeizigen Wasser – und Umweltpolitik. Diese Vollzugsdefizite gilt es zu erkennen, zu quantifizieren und zu beseitigen.

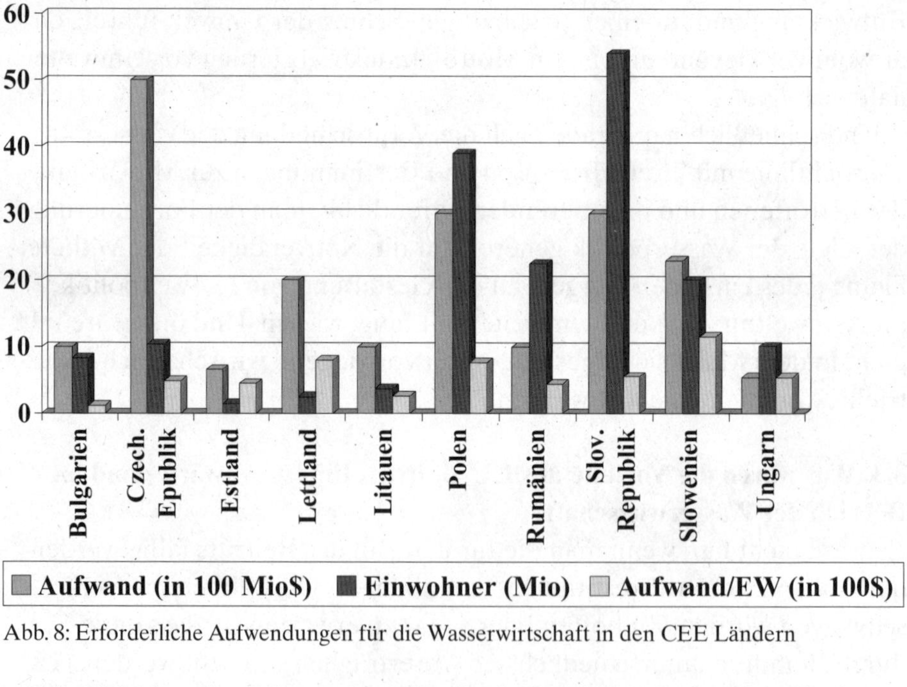

Abb. 8: Erforderliche Aufwendungen für die Wasserwirtschaft in den CEE Ländern

Die CEE Länder haben versucht, die Aufwendungen für eine Umsetzung der Ziele im Bereich der Wasserversorgung und der Abwasserentsorgung abzuschätzen. Diese Zahlen finden sich in der Abb. 8 wieder. (Hier ist zu beachten, dass aus Massstabsgründen die ersten beiden Zahlenwerte dieser Säulendarstellung, also der gesamte Finanzaufwand und die Bevölkerungszahl bei den Ländern Polen, Rumänien und Ungarn um den Faktor 10 reduziert aufgeführt sind. Der rechnerische Pro-Kopf-Wert der Aufwendungen zur Erfüllung dieser Anforderungen ist allerdings für alle diese Länder in gleicher Dimension, also zwischen 300 und 600 US $ (mit der Ausnahme von Slowenien wo postuliert wird, dass über 1000 US $ erforderlich sein werden).

Diese Beträge sind für Länder, die auch in vielen anderen Bereichen Nachholbedarf aufweisen, sehr hoch. Und es ist zu bewundern, wie in voller Kenntnis dieser hohen Aufwendungen die Beitrittsüberlegungen dennoch intensiv weiter betrieben werden. Vielleicht haben dort viele Menschen schon klarer erkannt, was bei uns in den schon lange dem Umweltschutz verschriebenen Ländern nun nach und nach verloren zu gehen scheint, nämlich dass Umweltdefizite, je später sie beseitigt werden um so höhere (Gemein)Kosten verursachen, dass höhere Umeltstandards zwar höhere unmittelbare Kosten verursachen, dass aber die daraus resultierenden, quantifizierbaren Nutzen diese mehr als aufwiegen.

Gaétan Guertin

WATER IN THE 21ST CENTURY: PROSPECTS, STRATEGIES, FIELDS OF ACTION – DAMS AND THE ENVIRONMENT: CONCERNS AND BENEFITS

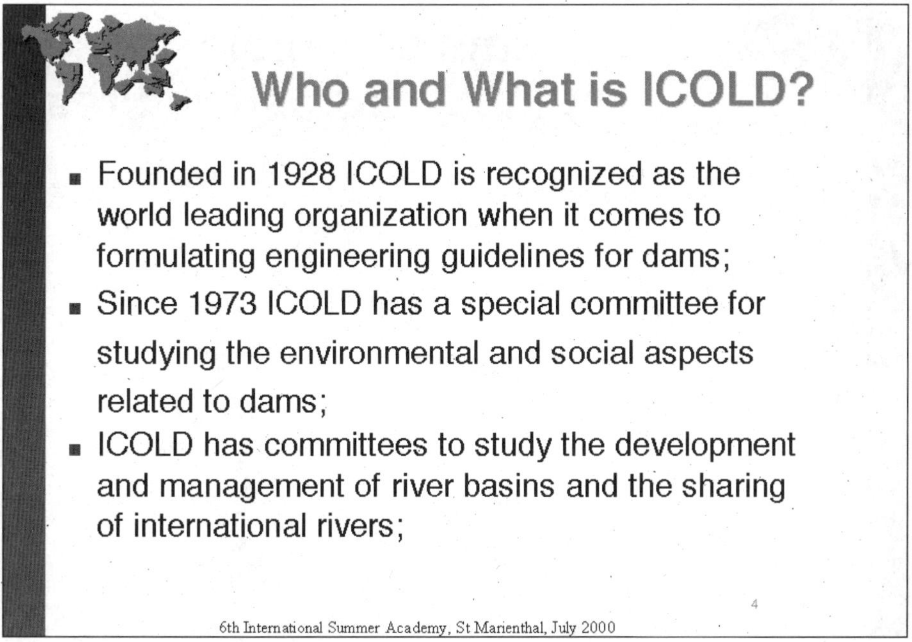

Who and What is ICOLD?

- The work has resulted in many guidelines and a Position Paper on Dams and Environment;
- Emphasis is placed on measures to minimize any negative social and environmental effects;
- The extensive work by the WCD may further improve upon these guidelines;
- ICOLD continues this work after the WCD is decommissioned in November 2000.

5

6th International Summer Academy, St Marienthal, July 2000

Dams as Multipurpose Infrastructures

6

6th International Summer Academy, St Marienthal, July 2000

Background

- World population is increasing in some regions dramatically;
- Freshwater ressources are limited and unevenly distributed;
- Seasonal variations and climatic irregularities impede the efficient use of river runoff;
- Drought and flooding occur with catastrophic consequences.

7

6th International Summer Academy, St Marienthal, July 2000

Existing dams-some statistics

- 45 000 large dams (higher than 15m)
- Estimated 800 000 smaller dams
- 70% of all large dams are lower than 30 m
- 1% of all dams are higher than 100 m
- 250 large dams are completed each year and a 1500 in various stages of construction

8

6th International Summer Academy, St Marienthal, July 2000

Functions of large dams

- Irrigation (food supply) 48%
- Electricity generation 20%
- Water supply (domestic and industrial) 15%
- Flood control and protection 8%
- Recreation 4%
- Inland navigation 2%
- Fish breeding 2%

9

6th International Summer Academy, St Marienthal, July 2000

Irrigation for agriculture

- Of the 1 500 millions of global cropland, some 255 million hectares (17%) are irrigated
- 40% of global food crop production originates from irrigated agriculture
- Concerns are: cost, salinisation, drying up
- Efficiency of irrigation should be improved, ICID

10

6th International Summer Academy, St Marienthal, July 2000

Hydropower

- Hydropower provides 19% (2 600TWh/year) of the world 's electricity (14 100 TWh/year)
- An unprecedented growth is expected for electricity increasing from 14 000 TWh to 22 000 TWh or 64%

11

6th International Summer Academy, St Marienthal, July 2000

Hydropower

The important characteristics are:

- Resources widely spread
- Proven and well advanced technology
- Help reduce greenhouse gas emissions
- Fast response time, peak load energy
- Lowest operating costs and longest plant live
- Lowest external costs
- Integrate and finance multipurpose uses
- Renewable

12

6th International Summer Academy, St Marienthal, July 2000

Hydropower

- More than two billion people in Asia, South America, Africa dont benefit from electricity
- The world gross hydro potential (40 500 TWh/year)
  - 8 100 TWh/year is economically feasible 20%
  - 14 320 TWh/year is technically feasible 35%
- In the short term, hydroelectricity is one of the few forms of renewable energy that can meet
  - the growing needs for electricity
  - and replace generation by fossil fuels

13

6th International Summer Academy, St Marienthal, July 2000

Major Environmental issues: Concerns and Benefits

14

6th International Summer Academy, St Marienthal, July 2000

Benefits vs costs

- Required resettlement in many cases
- Could effect biodiversity
- Impact fish habitat and circulation
- Produce greenhouse gas
- The challenge is to balance the benefits and the costs

15

6th International Summer Academy, St Marienthal, July 2000

Environmental Issues

- **Definition**

  Environmental issues are the major questions raised by a development project at a scale of a given territory; they are also the principal focuses around which research and follow-up programs and programs of mitigation measures will be structured.

16

6th International Summer Academy, St Marienthal, July 2000

Resettlement and rehabilitation

Concerns

- The relocation phase is often a tense and stressful experience for relocatees
  - Grieving for the lost home
  - Anxiety about an uncertain future
- Relocation can also cause physical hardships:
  - Housing and other basic infrastructures are not ready in time
  - Food cannot be found at the new locations
- The health of elderly people and children can be affected

17

6th International Summer Academy, St Marienthal, July 2000

Resettlement and rehabilitation

Concerns

- Relocation can generate severe psychological, social and cultural stress:
  - If host areas are located far away or in very different types of environment
  - If host populations are hostile to relocatees and if social tensions develop
  - If the cohesiveness of social groups and communities is not maintained
- Relocatees often cling to their former work habit of farming techniques

18

6th International Summer Academy, St Marienthal, July 2000

Resettlement and rehabilitation

Mitigation

- The resettlement plan must be financed by project or operation funds and should involve job creation programs resulting in the full economic and social recoveryof relocatees
- Living standards of the relocatees must be improved (or at least maintained) on a long-term basis after relocation
- The relocatees, as well as the host populations, must be consulted and actively involved in the preparation of resettlement plans
- To the extent that occupational changes are required, the jobs offered must match the training and socio-cultural background of the affected persons

19

6th International Summer Academy, St Marienthal, July 2000

Resettlement and rehabilitation

Mitigation

- The actual relocation period must be reduced to a minimum and appropriate nutritional, economic or social support must be provided during the period
- Relocatees must be resettled as close as possible to the areas where they previously lived or to a similar environment
- Families, groups and communities should be relocated together and resettled in the same settlements
- Graveyards, sacred sites, religious building, historical monuments and urban landmarks should be moved to the host areas

20

6th International Summer Academy, St Marienthal, July 2000

Resettlement and rehabilitation

Mitigation

- Homes must be rebuilt according to the needs of the relocatees and should provide similar or better living conditions
- Villages and towns should be designed according to an appropriate city plan, discussed with relocatees, include all necessary infrastructures and make room for expansion
- Infrastructures like roads, bridges, powerlines and sewers must be rebuilt and should provide the same or even a better quality of service

21

6th International Summer Academy, St Marienthal, July 2000

Resettlement and rehabilitation

Benefits

- Financial resources available
- New economic possibilities
  - New farming practices and commercial crops
  - New occupations: tourism, small business
  - Reservoir fishery and Navigation
- Opening of new lands and territories

22

6th International Summer Academy, St Marienthal, July 2000

Resettlement and rehabilitation

Benefits

- Play an active rôle in political, institutionnal and social structures
- Improved infrastructures and services
- Enjoy new living standards
- Improved health and security conditions
  - New public health programs and structures
  - Improved sanitation installations
  - Flood control

23

6th International Summer Academy, St Marienthal, July 2000

Biodiversity

- Is a growing concern worldwide (Convention on Biological Diversity 1992)
- Threats from: agriculture, grazing land, strong demographic growth, clearing of forests, industrial pollution, energy production from wood and fossil fuels
- Reservoirs by flooding and downstream changes can interfere locally with biodiversity

24

6th International Summer Academy, St Marienthal, July 2000

Biodiversity

Québec exemple

- 30 000 MW, 96% electricity, 45 % energy
- Affect 20 rivers, ,5% of the 4 500 rivers
- Only 1% of river lenghts modified
- Reservoir occupy 2% of Québec territory
- No species reported to have disappeared

25

6th International Summer Academy, St Marienthal, July 2000

Fish Protection

Determining Factors:

- Water quality
- Flow velocity
- Depth of water
- Availability of food
- River bottom and banks
- Fish migration

26

6th International Summer Academy, St Marienthal, July 2000

Fish Protection

Mitigation

- Creation of spawning and rearing habitats
- Predators control
- Stocking of adults or fries of commercial species that are well adapted to reservoirs
- Access roads
- Ramps and landing areas

27

6th International Summer Academy, St Marienthal, July 2000

Fish Protection

Mitigation

- Localized tree clearing prior to impoundment for navigation corridors and fishing sites
- Navigation maps and charts
- Recovering of floating debris
- Fish farming technologies
- Fish harvesting, processing and marketing facilities

28

6th International Summer Academy, St Marienthal, July 2000

Fish Protection

Mitigation

- Improvement in turbines, spillway or overflow design
- Avoidance systems (screens, acoustic cannons, etc.)
- Fish ladders
- Elevators
- Trapping/transport/release

29

6th International Summer Academy, St Marienthal, July 2000

Greenhouse Gas Emissions

- Climate change is a global issues thoses days
- In reservoir production of both CH4 and CO2 comes from the bacterial decomposition of flooded forest biomass
- Many studies have focused on energy systems
- Live-cycle analysis and level of service comparison shows the following results:

30

6th International Summer Academy, St Marienthal, July 2000

Greenhouse Gas Emissions

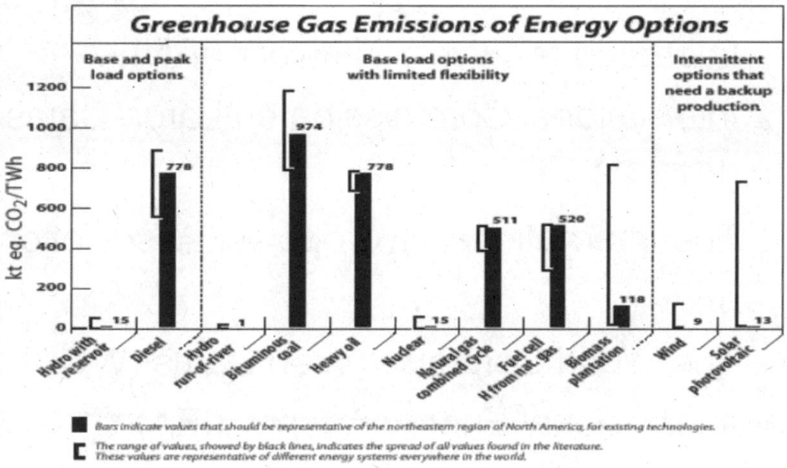

31

6th International Summer Academy, St Marienthal, July 2000

Optimising Hydro Development in the future

32

6th International Summer Academy, St Marienthal, July 2000

The main Actors

- International Rivers Network (IRN)
- International Commission on Large Dams (ICOLD)
- The International Hydropower Association (IHA)
- The World Commission on Dams (WCD)
- International Energy Agency (IEA)

33

6th International Summer Academy, St Marienthal, July 2000

The World Commission on Dams

Background

- Controversies on costs and benefits of large dams
- April 1997: Meeting of World Conservation Union (IUCN) and the World Bank
- Agreement on need for an independent commission
  - to review the performance of large dams
  - set guidelines for the future

34

6th International Summer Academy, St Marienthal, July 2000

The World Commission on Dams

Work program

- Two-year mandate, final report end of 2000
- Case studies (e.g. Kariba, Zambia / Zimbabwe)
- Thematic reviews:
  - social and environmental issues, financing, energy, water supply, flood control, irrigation, planning approaches, etc.
- 150 large dams cross-check surveys

35

6th International Summer Academy, St Marienthal, July 2000

The World Commission on Dams

- **WCD Chairman Kader Asmal recently stated:**
- ...dams per se are not the problematic issue, but rather the flawed process of decision-making that has been at the center of the conflicts associated with some dams.
- In most cases, the « flawed process » is due to failure of governance, implementation or follow-up vis-à-vis the local people affected.

36

6th International Summer Academy, St Marienthal, July 2000

Recommendations and Guidelines

Decision-making process

- A dam project must be decided within integrated watershed planning
- An open planning process to identify and resolve conflicts among Stakeholders
- A strategic Environmental Assessment (SEA) processes must be applied at the policy level.
- An EA balance processes should be address for both adverse impacts and benefits and take into account cumulative impacts.

37

6th International Summer Academy, St Marienthal, July 2000

Recommendations and Guidelines

Decision-making process

- Codes of conduct regarding human rights and environmental protection should be enforce.
- EA studies must be based on recognised scientific methods and factual information and independently reviewed.
- Focus the EA process on assessment of key issues.
- Encourage public participation in the EA process.
- Adopt a code of basic procedural rights for public meetings or consultation to ensure a fair treatment and clear roles of stakeholders.

38

6th International Summer Academy, St Marienthal, July 2000

Recommendations and Guidelines

Project Optimisation

- Prioritise already developed river basin.
- Minimise the flooded area (develop land-use ratio).
- Avoid threats to vulnerable social groups.
- Avoid significant public health risks.
- Avoid or minimise population displacement.
- Avoid recognised and protected natural and heritage sites or features.

39

6th International Summer Academy, St Marienthal, July 2000

Recommendations and Guidelines

Project Optimisation

- Avoid destruction or major damage to habitats of rare, threatened, endemic and migratory wildlife species
- Minimise development in high quality habitats and of commercial and subsistence species.
- Minimise downstream flow modifications
- Maximise useful reservoir life through control of sedimentation.

40

6th International Summer Academy, St Marienthal, July 2000

Recommendations and Guidelines

Project Optimisation

- Mitigate water quality problems.
- Facilitate upstream and downstream fish passage.
- Design and implement flows rules taking into account fauna and people needs both upstream and downstream.
- Plan construction activities to minimise adverse effects during the critical phases of species life cycles and populations cultural and economic activities.

41

6th International Summer Academy, St Marienthal, July 2000

Recommendations and Guidelines

Project Optimisation

- Plan measures to avoid or control reservoir sedimentation.
- Plan and carry out monitoring and environmental follow-up programs to evaluate final impacts and to evaluate mitigation measures effectiveness.
- Compensate the loss of biological production on a regional scale.

42

6th International Summer Academy, St Marienthal, July 2000

Recommendations and Guidelines

Benefits to Affected populations

- Inform and consult with openness and sympaty at all stages and provide economic support for the process.
- Take a special care of minorities culture, social identity and aspirations.
- Search cooperation with social and economic development agency and propose monetary transfer mechanisms.
- Maximaze local and regional spin-offs by training programs, naming a field social agent and breakdown of contract.

43

6th International Summer Academy, St Marienthal, July 2000

Recommendations and Guidelines

Benefits to Affected populations

- Integrate traditional knowledge and involve local populations in the design and implementation of mitigation, compensation and enhancement measures.
- Plan, manage and implement an effective resettlement, rehabilitation and a public health programs with a social monitoring program for reajustment.
- Support multiples uses of reservoirs (fisheries recreation etc.)

44

6th International Summer Academy, St Marienthal, July 2000

Conclusion

- Dams will still be part of the world strategy to satisfy Man kind needs in water, energy, navigation, recreation and flood control.
- With our increased knowledge and understanding, the dams will meet ecosystem requirements and ensure environmental quality through stakeholder involvement, monitoring and evaluation.

45

6th International Summer Academy, St Marienthal, July 2000

Hendrik Hoeck

Binnengewässer von internationaler Bedeutung: Probleme und Lösungsansätze

Einleitung

Wenn wir die gesamten Wasservorkommen der Erde in eine 4 Liter Flasche gießen würden, dann würden die Süßwasserreserven gerade mal in einen Teelöffel passen!

97 % der Wasserresourcen des Planeten sind salzhaltig, 2% sind „gebundene Süßwasserreserven" in der Antarktis, in Gletschern, als Grundwasser und in Seen. Nur ein sehr kleiner Teil (0.016 Millionen km^3) ist für den Menschen als Trinkwasser zugänglich, immerhin noch ca. 2000 m^3 pro Person und Jahr (1, 12, 15, 19, 20).

Daher sind die Süßwasser Ökosysteme von entscheidender Bedeutung für das Überleben der Menschheit. Außerdem sind sie wichtige Bindeglieder zwischen Land und Meer, da sie maßgeblich am Wasserkreislauf der Erde beteiligt sind. Leider sind sie aber ungleichmäßig über die Kontinente verteilt.

Seen und Feuchtgebiete haben eine herausragende Rolle in der Evolution des Menschen gespielt. Frühmenschen siedelten vorzugsweise in ihrer Umgebung, weil diese Gebiete durch einen hohen Artenreichtum (Biodiversität) charakterisiert sind. Die Vielfalt an Pflanzen und Tieren lieferte gute Jagdgründe und reiche Proteinquellen. Zudem wurde die Besiedlung des Umlandes begünstigt, da dort stabilere klimatische Bedingungen vorherrschen.

Seen sind wichtige Trinkwasserspeicher. So liefert der Bodensee (der zweitgrößte Binnensee Mitteleuropas) das Wasser für 4.5, der größte See Japans „Lake Biwa" für 14 Millionen Menschen (3, 20)

Seen widerspiegeln ihre Umgebung

Seen sind offene Ökosysteme und widerspiegeln den Wasser-, Energie-, und Nährstoffhaushalt der Umgebung. Nahezu alle menschlichen Aktivitäten hinterlassen in diesen Lebensräumen ihre Spuren, deren negative

Auswirkungen sich unglücklicherweise addieren und gegenseitig verstärken (1).

Der nachhaltige Schutz der knappen Süßwasserresourcen ist eine der wichtigsten Aufgabe, denn ohne Wasser gibt es kein Leben.

Süßwasser ist nicht nur wichtig als Trinkwasser, sondern auch für die Landwirtschaft, für die industrielle Produktion und zur Energieerzeugung. Die globale Erwärmung dürfte die Süßwasserprobleme in Zukunft eher noch verschärfen, die ein großer Teil der Erdbevölkerung schon heute hat.

Bedrohungen für Seen

Weltweit lassen sich die Bedrohungen für Seen und Süßwasserspeicher in 7 Bereiche einteilen:

1. Eutrophierung

Das Überangebot von Nährstoffen verursacht eine massive Algenblüte und ein exzessives Pflanzenwachstum. Die Folge ist eine Verminderung der Sauerstoffkonzentration. Dadurch haben Fische und andere Organismen zuwenig Sauerstoff zum Atmen.

Dieses Überangebot von Nährstoffen wird durch eine intensive Landwirtschaft und eine dichte Besiedlung verursacht. Stickstoff und Phosphor, aus Dünger- und Waschmitteln, Abwässern, Gülle und der Anhäufung von organischem Abfällen stammend, führen zur Eutrophierung der Gewässer (1,9).

Diese Eutrophierung kann durch verschiedene Methoden bestimmt werden. Eine davon ist die Messung der relativen Häufigkeit von Diatomeenarten. Durch diese Methode kann anhand von Sedimentbohrungen auch der geschichtliche Verlauf des Gewässerzustandes eines Sees rekonstruiert werden (21).

In der Bodenseeregion hat die starke Besiedlung nach dem 2. Weltkrieg und die Intensivierung der Landwirtschaft, zu einer massiven Erhöhung des Phosphatgehaltes des Sees geführt. Die Folge war ein starkes Algenwachstum und der Rückgang einheimischer Fischarten zwischen 1965 und 1982.

Der Bau von Kläranlagen um den See, die den Eintrag von ungeklärten Abwässern verhindern, führte zu einem deutlichen Rückgang der Gesamtphosphorkonzentration bis auf die Werte von 1960 (Grafik 1.).

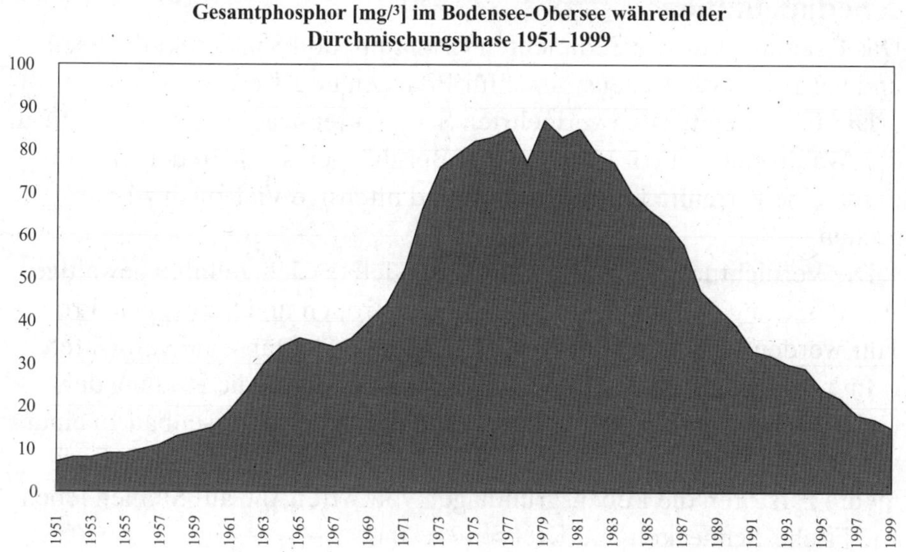

Grafik 1: Quelle: Internationale Gewässer Kommission für den Bodensee 1999

Der zu Uganda, Kenia und Tansania gehörende Victoria See ist ein flacher See, der eine Fläche von 62000 km² bedeckt. Er ist der größte See Afrikas und der zweitgrößte der Erde.

Das Bevölkerungswachstum in der Umgebung des Sees hat in den letzten 40 Jahren stark zugenommen und gehört zu den grössten der Erde.

Täglich gelangen Millionen Liter ungeklärtes Abwasser und industrielle Abfälle in den See. Die Folge davon ist die Bedeckung der Flachwasserzone mit einer dichten Algenblüte. Außerdem herrschen für längere Perioden anoxische Bedingungen (ohne Sauerstoff) in Tiefen von über 45 Metern. Das entspricht etwa 50% der Seegrundfläche (1,4).

80% aller tropischen Krankheiten der afrikanischen Bevölkerung werden durch belastete Wasserresourcen und Mangel an sauberem Trinkwasser verursacht (10).

Die Probleme des Victoria Sees sollten ähnlich wie die des Bodensees angegangen werden. Doch dazu bedarf es großer Investitionen, um Kläranlagen und Kanalisationen zu bauen. Durch die Anwendung angepasster Technologien, wie zum Beispiel biologische Kläranlagen oder Mikrofiltrationsmembranen, ließen sich damit sowohl die Eutrophierung wie auch die Kosten stark reduzieren.

2. Sedimentation

Das Überangebot von Sedimenten (Schlamm und Sand) füllt die Seen und vernichtet die Lebensräume für Pflanzen und Tiere.

Die Ursachen für den vermehrten Sedimenteintrag sind im Bergbau, in den Waldrodungen vor allem an den Berghängen sowie in der Erosion durch eine verfehlte Landwirtschaft und intensive Viehzucht zu suchen.

Die Vernichtung der Wälder hat in den letzten Jahrzehnten gewaltige Ausmasse angenommen, vor allem in den Tropen und Subtropen. Pro Jahr werden schätzungsweise ca. 11 Millionen Hektar Wald vernichtet.

Im nördlichen Teil des Tanganyikasees ist es durch die Rodung der Galeriewälder entlang der Zuflüsse und durch den Strassenbau zu einer vermehrten Sedimentation des Uferbereiches gekommen. Diese Sedimente zerstören die Lebensgrundlagen von Arten, die auf Steinen leben, wie Fische, Schnecken und Krebse (2).

Durch den Schutz des bestehenden Waldes, die Förderung von Aufforstungsprogrammen, durch Änderungen in den Anbaumethoden in der Landwirtschaft könnte die Erosion gemildert werden.

3. Verunreinigung durch toxische Substanzen

Der Eintrag von chemischen Substanzen (z.B. Pestizide, PCBs) und Schwermetalle führt direkt zur Vergiftung von Lebewesen insbesondere von Arten, die am Ende der Nahrungskette stehen, wie Fische und Vögel.

In den letzten Jahren ist auch eine Zunahme von Hormonen (Antibaby Pillen und andere Medikamente) bzw. von in ihrer Funktion hormonähnlichen Substanzen in den Gewässern registriert worden. Diese Substanzen lassen sich nur schwer abbauen und gelangen über die Kläranlagen in die Gewässer. Sie unterbrechen die endokrinen Prozesse im Körper, indem sie die Funktionsweise von Hormonen imitieren. Schon kleinste Mengen können so morphologische, physiologische und genetische Veränderungen auslösen (1).

Die Gewinnung von Gold, Silber und anderen Metallen in allen Erdteilen führt zur Belastung der Gewässer mit Schwermetallen (vor allem Quecksilber) und mit Zyaniden.

4. Übersäuerung

Luftverschmutzung durch schwefelhaltige Abgase führt zum sauren Regen, der eine Veränderung des Säuregehaltes des Wassers (pH -Werte) in Seen und Flüssen verursacht. Durch den niedrigen pH-Wert werden auch Schwermetalle (Aluminium, Quecksilber und Blei) aus den Böden ausgewaschen. Die Folgen für die gesamte Tierwelt sind katastrophal.

Die Einführung von Katalysatoren bei Fahrzeugen und die gesetzlichen Bestimmungen zur Reduzierung von Luftschadstoffen an Industrieanlagen haben zu einer deutlichen Verbesserung der Luftqualität, und somit der Gewässer, in Mitteleuropa geführt.

5. Verminderung der Wassermenge

Der steigende Wasserkonsum durch den Bau von Wasserspeichern, durch die Umleitung der Zuflüsse zur Bewässerung und durch das Abpumpen des Grundwassers hat zur dramatischen Reduktion des Wasserstandes vieler Feuchtgebiete und Binnenseen geführt.

Die intensive Landwirtschaft zählt weltweit zu den größten Wasserverbrauchern und gehört auch zu den größten Gewässerverschmutzern.

Besonders schlimm sind die Folgen der intensiven Landwirtschaft in den Regionen mit geringem Niederschlag, z.B. in Ländern des südlichen und östlichen Mittelmeerraumes.

Ein Beispiel für eine verfehlte Landwirtschaft ist der Anbau von Zitrusfrüchten und Tomaten, die einen hohen Wassereinsatz erfordern. Durch den Export dieser Früchte wird das kostbare Wasser als Fruchtwasser („virtuelles Wasser") in wasserreiche Länder exportiert. Eigentlich müsste es umgekehrt sein (11, 12, 16).

Die Trinkwasserresourcen werden sich in einigen Gebieten der Erde in den kommenden Jahren dramatisch verknappen. Ein Beispiel: Das verfügbare Trinkwasser in Israel und Lybien hat sich in den letzten 30 Jahren dramatisch verringert.

Um die Trinkwasserversorgung dieser Länder aufrecht halten zu können, wird bereits der Import von Wasser aus der Türkei erwogen (11).

Fest steht, dass sich in den kommenden 25 Jahren die Lage drama-

Jährlich verfügbares Trinkwasser in m^3/Kopf

	1960	1990
Israel	1024	467
Lybien	538	154

tisch verschlechtern wird: Experten schließen Kriege um Trinkwasser nicht aus (12).

Das wohl eindrücklichste Beispiel liefert der Aralsee: Seit 1960 hat der See, einst der viertgrösste der Erde, etwa die Hälfte seiner Fläche (von 68.000 auf 39.000 km^2) und drei Viertel seines Volumens eingebüßt.

1960 lag der Wasserspiegel 53.41 m ü.M und 1989 war er auf 39.20 m gefallen. Die Wassertiefe sank von 25 auf 9 m (maximale Tiefe 68 m). Der Salzgehalt des Wassers hat sich verdreifacht und 20 der 24 Fischarten sind verschwunden.

Einst fingen 60.000 Fischer ca. 48.000 Tonnen pro Jahr; heute keinen einzigen Fisch!

Einst wuchsen an seinen Ufern 800.000 ha Riedgras und 148 Tierarten kamen dort vor. Davon sind noch 8 Arten vorhanden und die Feuchtgebiete sind zu kargen Sandflächen geworden.

Mehr als 36.000 km^2 ehemaligen Seegrunds sind heute wüst und öd. Sandstürme verursachen bei den Einwohnern der Region Krankheiten der Atmungsorgane.

Der Grund für diese Verwüstungen sind die umliegenden Baumwollplantagen, die 94% des Wassers der Zuflüsse verbrauchen. Außerdem hat die Bevölkerung in den letzten 30 Jahren im Umland stark zugenommen, 50% davon leben in Städten (1, 7, 19).

Auch in den USA gibt es ähnliche Beispiele: So hat der Staat Kalifornien in den letzten Jahrzehnten 91% von seinen ehemals zwei Millionen Hektar Feuchtgebieten verloren (15).

In den heißen Weststaaten Nordamerikas ist Wasser Mangelware. Millionenstädte wie Los Angeles könnten ohne Zufuhr von Wasser nicht existieren. Wichtige Wasserquellen der Stadt sind die vier von fünf Zuflüssen zum Mono Lake. Über ein 560 km langes System von Röhren und Kanälen fließt das Wasser allein mit Schwerkraft nach Los Angeles. Da der Mono See keinen Abfluss hat, wurde er im Laufe seiner 760.000 Jahre immer salziger. Das ist das Schicksal aller abflusslosen Seen. Von 1941 bis 1994 sank der Wasserspiegel um 13 Meter und entsprechend nahm der Anteil von Salz immer mehr zu. Der Tod allen Lebens im See war vorprogrammiert, wenn die Entnahme so weitergegangen wäre wie seit 1941.

1978 gründeten Studenten das Mono Lake Committee mit dem Ziel, die Ableitung von Wasser nach Los Angeles zu beschränken, um die

Lebensgemeinschaft des Sees zu retten. Die Wasserbehörde der Stadt interessierten die ökologischen Probleme des Sees jedoch überhaupt nicht. 16 Jahre dauerten die Auseinandersetzungen mit Gutachten, Gerichtsverfahren und öffentlichen Kampagnen. Schließlich setzte sich das Mono Lake Committee durch. 1994 wurde die Entnahme von Wasser beschränkt. Die Zuflüsse müssen seitdem das ganze Jahr über Wasser führen. Mit diesem Zustrom ist der See wieder um vier Meter angestiegen.

Inzwischen sind die Wasserbehörden und das Mono Lake Committee Verbündete geworden. Gemeinsam versuchen sie, die Wasserprobleme am Mono See und in Los Angeles zu lösen. Wassersparen mit 700.000 Spartoiletten und die Klärung von Abwasser führte zu weniger Verbrauch. Doch das Potenzial an Möglichkeiten zum sparsamen Umgang mit Wasser ist noch lange nicht ausgeschöpft. Hier gibt es noch viel zu tun (20).

Andere Ballungsräume wie New York, Seattle und Tucson haben inzwischen gelernt, dass der Schutz der Feuchtgebiete und Wälder die kostengünstigste und effektivste Maßnahme ist, um den steigenden Trinkwasserbedarf langfristig zu sichern (15).

6. Vernichtung von Ökosystemen (Lebensräumen) und Biodiversitätsverlust (endemische Arten)

Durch den menschlichen Einfluss werden Feuchtgebiete und Binnenseen verändert oder vernichtet, so dass die Lebensgrundlagen der einheimischen Pflanzen- und Tierarten verloren gehen. Dieser Einfluss kann auf ganz unterschiedliche Weise vor sich gehen:

Durch die Ausbreitung von Siedlungen und Städten, durch eine intensive Landwirtschaft, durch Fischerei, Sport und Tourismus.

So werden z. B. in den Binnenseen Mitteleuropas die biologisch wichtigen Bereiche der Flachwasserzone mit Bojenfeldern für Motor-und Segelboote zerstört. Der Wellenschlag von Schiffen und Motorbooten führt zur Erosion des Uferbereichs.

Die Besucher in Schutzgebieten können ein Störfaktor für Wildtiere, speziell für Wasservögel, werden. (3, 13).

Konsequenter Naturschutz, Aufklärung und Information, die Verwendung von neuen und angepassten Technologien in der Nutzung von Wasserresourcen in der Landwirtschaft und die Anwendung der Solartechnologie zum Antrieb von Wasserfahrzeugen könnten zum Schutz von Feucht- und Seengebieten beitragen (3).

Durch die Anwendung neuester Forschungsergebnisse z.B. der „Meta-Populationstheorie" und durch genaue Kenntnis der Struktur und der Genetik von Populationen lassen sich langfristig die nötigen Strategien für den Artenschutz entwickeln (14).

Forschungsarbeiten haben gezeigt, dass grobe Feuchtgebiete wichtige Rückzugsgebiete für Fischpopulationen sein können. Diese Gebiete müssen daher unbedingt geschützt werden.

In Kanada haben Untersuchungen gezeigt, dass eine negative Beziehung zwischen Artenvielfalt und Straßenbau bzw. eine Positive mit dem Baumbewuchs in Randgebieten von1000 bis 2000 m Entfernung von Feuchtgebieten besteht. Diese Studie hat auberdem ergeben, dass Populationsuntersuchungen von Vogelarten weniger nützlich sind als die von Reptilien, Amphibien und Säugetieren, um den menschlichen Einfluss auf die Biodiversität von Feuchtgebieten zu bestimmen (17).

Viele Amphibienarten vermehren sich im Wasser, leben aber den überwiegenden Teil des Jahres an Land. Daher ist es wichtig, dass man nicht nur die Feuchtbiotope sondern auch das Umland schützt (8).

7. Einführung von exotischen Arten

Exoten können mit den einheimischen Arten um Nahrung und Laichplätze konkurrieren, sie können die Nahrungskette stören und zuvor unbekannte Krankheiten einschleppen sowie Jagd auf ihre Rivalen machen.

Ein beeindruckendes Beispiel für die Einführung eines Exoten und deren schwerwiegende Folge liefert der Victoria See. Im Jahre 1954 wurde der Nilbarsch im See ausgesetzt. 1980 stieg sein Bestand dramatisch an. Im selben Jahr bestand noch etwa 90% der Fischbiomasse aus den einheimischen Buntbarschen (ca. 400 Arten). Bereits 1990 machte der exotische Nilbarsch schon 80% des Fischfanges aus die restlichen 20% lieferte die ebenfalls eingeführte Nil-Tilapia. Die ursprünglichen Fischarten sind inzwischen so gut wie ausgestorben (4,5,18).

Les Kaufmann beschreibt dies als „die erste grobe Massenvernichtung von Wirbeltieren, die die Wissenschaft bisher dokumentieren konnte" (1).

Strukturreiche Randzonen von Seen können einheimischen Fischarten vor eingeführten Exoten schützen, da sie mehr Strukturen für Verstecke und niedrige Sauerstoffbereiche bieten, die von exotische Arten gemieden werden. Untersuchungen in den Feuchtgebieten, die den Victoriasee umgeben, zeigen, dass dort noch einige der ursprünglichen Buntbarscharten überleben (5).

Zusammenfassend kann die folgende Regel aufgestellt werden: „Je höher die Menschendichte, desto gröber die Anzahl an exotischen Pflanzen- und Tierarten"! (6)..

„Global Nature Fund & Living Lakes"

Der Global Nature Fund (GNF) ist eine gemeinnützige, internationale Stiftung für Umwelt und Natur. Der GNF ist staatlich unabhängig, verfolgt keine eigennützigen finanzielle Ziele und ist gemäß § 80 des BGB durch die Senatsverwaltung für Justiz in Berlin anerkannt (20).

Living Lakes – Ein internationales Seennetzwerk

Living Lakes, ein internationales Netzwerk wichtiger Seeregionen, ist das bedeutendste Projekt des GNF. Alle Projekte arbeiten an Lösungen, die den Menschen ausdrücklich mit einschließen. Ziel der alle Kontinente umfassenden Umweltinitiative „Living Lakes" ist der Schutz der Trinkwasserreserven unserer Erde. Eine Untersuchung der UN besagt, dass schon heute über 1,4 Milliarden Menschen zu wenig oder schlechtes Wasser haben. Hier setzt das internationale Seennetzwerk „Living Lakes" an und zeigt Wege zum wirkungsvollen Schutz der Seen unserer Welt auf. Eine weltweite Initiative für unserer Zukunft!

Ausserdem soll mit dem GNFdie Förderung des Natur- und Umweltschutz insbesondere mit

- Projekten zur Erhaltung der Tierwelt und der Lebensräume wandernder Tiere,
- Unterstützung naturverträglicher wirtschaftlicher Nutzung von Naturresourcen, Volksbildung und Förderung internationaler Konventionen.

Das Projekt wurde von vier Seenpartnern in vier Kontinenten gestartet: Bodensee (D, CH, A), Mono Lake (Kalifornien, USA), St. Lucia See (Südafrika) und Biwa See (Japan). Bei den weiteren Arbeitskonferenzen wurden folgende Seen neu aufgenommen: La Nava (Spanien), Nestos Seen und Lagunen (Griechenland), Baikalsee (Russland) und Norfolk & Suffolk Broads (Großbritannien), Militscher Teiche (Polen), Mar

Chiquita (Argentinien), Totes Meer (Israel, Jordanien, Palästina), Tengis See (Kasachstan) und Pantanal Feuchtgebiet (Brasilien, Bolivien, Paraguay).

Das Netzwerk wächst kontinuierlich. Neben den dreizehn Partnern sind derzeit die folgenden vier Kandidaten am Projekt beteiligt: Laguna de Fúquene (Kolumbien), Uluabat See (Türkei), Columbia River Feuchtgebiet (British Columbia, Kanada) und die Mahakam Seen East Kalimantan, (Indonesien). Bis zum Jahr 2001 sollen mehr als 20 Seenregionen unter dem Dach von „Living Lakes" vertreten sein. Ein wichtiger Ansatzpunkt des Projektes ist die Beteiligung von Unternehmen an der Initiative zum Schutz von Seen. Die Wirtschaftpartner des Projektes bringen ihre Kompetenzen zur Schaffung zukunftsfähiger Strukturen ein. Unilever ist weltweiter Partner von Living Lakes. Unilever ist sich als global operierendes Unternehmen seiner Verantwortung für Natur- und Umweltschutz bewusst und unterstützt die internationalen Aktivitäten des Global Nature Fund mit finanziellen Mitteln und Know-how. Darüber hinaus fördern nationale Unilever-Unternehmen Seen-Projekte in Deutschland, Frankreich, Griechenland, Österreich, der Schweiz, Spanien und Südafrika. Weitere Förderer des Projektes Living Lakes sind DaimlerChrysler, Deutsche Lufthansa, Compaq, Ökobank, Conica Technik AG, Rohner,Saeco, Kopf und die Deutsche Bundesstiftung Umwelt (DBU). Medienpartner der Living Lakes sind die Zeitschrift natur & kosmos und das Verlagshaus Gruner + Jahr."

Auf der Living Lakes Präsentation auf der EXPO 2000 in Hannover stellt der GNF die von der DBU geförderten weltweiten EXPO-Projekte vor. Jedes Projekt, insgesamt 17 während der ganzen Weltausstellung, wird mit einem eintägigen Aktionstag, unterstützt durch Video-Projektionen und kulturelle Darbietungen, vorgestellt. Diese zukunftweisenden Projekte sind auf eine sehr große Resonanz bei Medien und Besuchern gestoßen. Die Besucherzahl am Stand liegt an diesen Aktionstagen bei über 1000 Besuchern.

Sehr erfolgreich entwickelt sich auch die Internetseiten des GNF unter der Adresse http://www.globalnature.org.

Zusammenfasssung

Die Ursachen für die Probleme der Ökosysteme von Binnenseen und Feuchtgebieten lassen sich durch das rasche Bevölkerungswachstum und die damit verbundene Urbanisierung, Industrialisierung und Intensivierung der Landwirtschaft charakterisieren.

Prognosen weisen darauf hin, dass im Jahre 2025 das Süßwasser weltweit eine Mangelware sein wird.

Lösungsmöglichkeiten bestehen in der Erarbeitung von langfristigen Schutzkonzepten gemeinsam mit der lokalen Bevölkerung.

Sollen die Süßwassersysteme auf Erden wirklich langfristig erhalten werden, bedarf es vor allem um eine gründliche Erforschung ihrer dynamischen Natur.

Referenzen

(1) Abramovitz, J.N. Gefährdete Gewässer-bedrohte Zukunft. Der Niedergang der Süßwasser-Ökosysteme, Worldwatch Paper, Wochenschau Verlag Band 19 1998

(2) Alin, S. et al. Effects of Landscape Disturbance on Animal Communities in Lake Tanganyika, East Africa. Biol. Cons. Vol 13, No. 5, 1017–1033, 1999.

(3) Bodensee-Stiftung: Zukunftsfähiger Bodensee. Ausgaben 1 und 2, Konstanz 1998–2000.

(4) Chapman, L. et al. Hypoxia Tolerance in Twelve Species of East African Cichlids: Potential for Low Oxygen Refugia in Lake Victoria. Conservation Biology Vol 9, No. 5, 1274–1288, 1995.

(5) Chapman, L. et. al. Refugia for Endangered Fishes from an Introduced Predator in Lake Nabugabo, Uganda. Cons. Biology Vol 10, No. 2, 5544–561, 1996.

(6) Cincotta, R.P. und R. Engelman. Nature's Place. Human Population and the Future of Biological Diversity. In: Population Action International.S. 45. Washington 2000.

(7) Dittfurth, J. Der Aralsee schrumpft aus der Landkarte. Die Weltwoche Nr. 15, 11. April 1991

(8) Dodd, K. Jr.und B. S. Cade. Movement Patterns and the Conservation of Amphibians Breeding in Small, Temporary Wetlands Cons. Biol. Vol 12. No. 2. 331–339, 1998.

(9) France, R.L. und R. H. Peters. Predictive Model of the Effects on Lake Metabolism of Decreased Airborne Litterfall through Riparian Deforestation. Cons. Biology 9, No. 6, 1578–1586, 1995.

(10) Gladwell, J.S. and m. Bonell., Water-related problems of the humid tropics. Nature & resources Vol. 26 No. 3, S. 24–28, Unesco Paris(1990)

(11) Grossbongardt, A. Fische in der Wüste. Schluck unter Freunden. Der Spiegel 21, S. 168–172; und 27, S 168–169, 2000.

(12) Jardine, A. Die Zukunft des Wasssers. Spiegel Reporter Nr. 6 Juni 2000

(13) Klein, M. et al. Effects of Ecotourism on Distribution of Waterbirds in a Wildlife Refuge. Cons.Biology Vol 9, No. 6, 1454–1465, 1995.

(14) Lafferty, K.D. et. Al. Extirpation and Recolonization in a Metapopulation of an Endangered Fish, the Tidewater Goby. Cons. Biology 13, No. 6, 1447–1453, 1999.

(15) National Geographic Special Edition: Water – The Power, Promise, and Turmoil of North America's Fresh Water Vol. 184, No. 5A, 1993.

(16) Pearce, F. Wetlands and Water resources. Conservation of Mediterranean Wetlands, No. 5, 1996.

(17) Scott Findlay, C. und J. Houlahan. Anthropogenic correlates of species Richness in Southeastern Ontario Wetland. Cons. Biology Vol 11. No.4, 1000–1009, 1997.

(18) Seehausen, O. et al. Patterns of the Remnant Cichlid Fauna in southern Lake Victoria. Cons. Biology Vol 11 No. 4, 890–904, 1997.
(19) Shiklomanov, I.A. Global Water Resources. Nature & resources Vol. 26 No. 3, S. 34–43, Unesco Paris(1990)
(20) Thielcke, G. und J. Resch: Lebendige Seen – Living Lakes. Stadler Verlag, Konstanz. 2000.
(21) Wessels, M et al. Reconstructing past eutrophication trends from diatoms and biogenic silica in the sediment and the pelagic zone of Lake Constance, Germany. J. of Paleontology 21:171–192, 1999.

Autorenverzeichnis

Dipl.-Ing. Carsten Belz, Busse GmbH, Baalsdorf

Fritz Brickwedde, Generalsekretär der Deutschen Bundesstiftung Umwelt, Osnabrück

Dipl.-Ing. Ralf-Peter Busse, Busse GmbH, Baalsdorf

Prof. Dr. Emil Dister, Leiter des WWF-Auen-Instituts, Rastatt

Prof. Dr.-Ing. Max Dohmann, Direktor des Lehrstuhls und Instituts für Siedlungswasserwirtschaft (ISA)der RWTH Aachen

Dr. Stefan Dreesmann, Bezirksregierung Hannover, Dezernat Wasserwirtschaft/Wasserrecht, Hannover

Dr. Günter Fehr, Fehr und Niemann-Hollatz Umweltconsult GmbH, Hannover

Dr. Ingo Fitting, Projektträger Biologie, Energie, Umwelt, Forschungszentrum Jülich GmbH Außenstelle Berlin

Staatsminister Steffen Flath, Sächsisches Staatsministerium für Umwelt und Landwirtschaft, Dresden

Prof. Dr. Peter Fritz, Wissenschaftlicher Geschäftsführer des Umweltforschungszentrums Leipzig-Halle GmbH, Leipzig, Mitglied des Kuratoriums der Deutschen Bundesstiftung Umwelt

Dipl.-Biol. Nikolaus Geiler, Lehrbeauftrager für Wasserrecht an der Universität Freiburg, Ausbilder für betriebliche Gewässerschutzbeauftragte

Dipl.-Ing. Felix Gruber, Referat Umweltpreis, Deutsche Bundesstiftung Umwelt, Osnabrück

Gaétan Guertin, International Commission on Large Dams, Environmental Committee, Montreal, Kanada

Dipl.-Ing. Alexander Gutsch, Referat Kreislaufführung, Deutsche Bundesstiftung Umwelt, Osnabrück

Dipl.-Ing. Franz-Peter Heidenreich, Referat Kreislaufführung, Deutsche Bundesstiftung Umwelt, Osnabrück

Prof. Dr.-Ing. Hermann H. Hahn, Abwassertechnische Vereinigung e.V. (ATV), Hennef

Dr. Hendrik Hoeck, Mitglied des Präsidiums des Global Nature Fund, Kreuzlingen, Schweiz

Dr. Fritz Holzwarth, Ministerialdirigent, Bundesministerium für Umwelt, Naturschutz und Reaktorsicherheit, Bonn

Dr. Ulrich Irmer, Referatsleiter Binnengewässer beim Umweltbundesamt, Berlin

Ministerialrat Jens Jedlitschka, Obmann des Ständigen Ausschusses für Grundwasserschutz und Wasserversorgung, Bayerisches Staatsministerium für Landesentwicklung und Umweltfragen, München

Dr.-Ing. Stefan Kaden, WASY Gesellschaft für wasserwirtschaftliche Planung und Systemforschung mbH, Berlin

Dr. Matthias Kleinke, Referat Stipendienprogramm, Deutsche Bundesstiftung Umwelt, Osnabrück

PD. Dr. Werner Mathys, Institut für Hygiene der Universität Münster

Dipl.-Ing. Hartmut Müller, Internationale Kommission zum Schutz der Oder, Breslau, Polen

Dr.-Ing. Thomas A. Peters, Consulting für Membrantechnologie und Umwelttechnik, Neuss

Dipl.-Ing. Kurt Rapp, Daimler-Chrysler-Werk Sindelfingen, Abteilung PWT-VBT

Prof. Dr.-Ing. Karl-Heinz Rosenwinkel, Geschäftsführender Institutsleiter des ISAH Institut für Siedlungswasserwirtschaft und Abfalltechnik der Universität Hannover

Dipl.-Ing. Peter C. Relotius, IMS Ingenieurgesellschaft mbH, Hamburg

Dr. Michael Schwake, Referat Umwelt- und gesundheitsfreundliche Verfahren und Produkte, Deutsche Bundesstiftung Umwelt, Osnabrück

Dipl.-Ing. Verena Starke, Amtsleiterin des Amtes für Umweltschutz der Stadtverwaltung Görlitz, Mitglied der Trilateralen Arbeitsgruppe „Saubere Neiße“

Prof. Dr. Friedhelm Sieker, Ingenieurgesellschaft Prof. Dr. Sieker mbH, Dahlwitz-Hoppegarten

Prof. Dr. Max Tilzer, Fakultät für Biologie der Universität Konstanz, Mitglied des Wissenschaftlichen Beirats für Globale Umweltfragen (WBGU)

Kristina Veidemane, Baltic Environmental Forum, Riga, Lettland

Dr. Volker Wachendörfer, Referat Verwertung biogener Reststoffe, Deutsche Bundesstiftung Umwelt, Osnabrück

Dr. Bodo Weigert, Wasserforschung e.V., Berlin

Regina Wollmann, Äbtissin des Klosters St. Marienthal